日本史籍協會編

武市瑞山關係文書 一

東京大學出版會發行

武市瑞山自畫題詩肖像

武市半太藏

武市瑞山關係文書

緒言

本書ハ舊高知藩勤王黨ノ領袖武市瑞山ニ關スル史料ヲ蒐集編次セルモノニシテ瑞山往復ノ書翰及他人ヨリ瑞山ニ寄セシ書翰ヲ骨子トシ其然ラザルモノト雖モ直接瑞山ノ行動ニ影響アル書翰文書等ハ勉メテ之ヲ網羅シ之ヲ繫クニ編年ヲ以テス刊本上下二卷下卷ニハ瑞山ノ詩歌及ビ關係者ノ日記手記等ヲ附錄トス而シテ本書史料ノ蒐集編纂等ハ專ラ本會幹事岩崎英重氏ノ鞅掌セラレシ所ナリ

大正五年十月

日本史籍協會

自叙

馥郁タルモノハ花ノ香也凜烈タルモノハ人ノ義也武市瑞山志氣高潔的然寒梅一枝春ニ魁シテ清香ヲ放ツガ如シ幕府ノ末造志士龍驤雲騰　乾綱ノ解弛ヲ慷キ　王愾ニ敵セントス而シテ一代士氣ノ鼓吹者トナリ遺烈更ニ百世ヲ薫スルモノ水戸ニ藤田東湖アリ長門ニ吉田松陰アリ瑞山二人者ニ比シテ學殖或ハ之レニ及バズト雖モ丹心火ノ如ク觸ルル所悉ク鎔解セントスル白熱的至誠ニ至テハ松陰ト驂馳シテ多ク遜色ナシ而シテ藩情頗ル薩長二藩ト異ナル高知藩ニ生レ上ニ獨裁自負ノ英主山内容堂ヲ戴キ下ニ強

項自立頗ル馭シ難キ土佐人ヲ統率シテ侃々諤々ノ大義ヲ振ヒ一藩ヲ擧ゲテ勤王ニ終始セシメントセシ苦節力量ニ至テハ或ハ東湖ニ似タル所アリト雖モマタ自ラ異ナル所アリ恐クハ之レ瑞山ノ獨擅場ナランカ其深沈寡默多ク言ハズ言ヘバ必ズ實行セントス強固ナル意志ニ至テハ瑞山頗ル西郷南州ニ似タルヲ見ル曩ニ舊高知藩勤王黨ノ生存者ヲ以テ組織セル瑞山會ニ於テ土佐維新勤王史ノ著述アルヤ主トシテ亡友坂崎紫瀾其任ニ當レリ瑞山ノ行動ヲ經トシ殉難者八十餘人ノ事蹟ヲ緯トシテ無慮壹千餘頁ノ大篇ヲ編述シ脈絡整然條理一貫セル手腕ニ至テハ洵ニ推賞ニ値スベシト雖モ予ハ猶其根本史料ニ於テ幾多ノ遺漏ア

ルヲ發見シ窃ニ以テ遺憾トセリ偶〻田中青山伯ニ依テ武市家ニ存スル瑞山ノ遺簡ヲ見マタ畏友田岡髪山氏ガ嘗テ土陽新聞紙上ニ掲載セル瑞山獄中ノ書簡ヲ見ルニ及ビテ蒐集編纂ノ念頗ル動ク爾來事ノ瑞山ニ關スルモノハ斷簡零墨ト雖モ雲烟過眼視セズ必ズ之レヲ筆記謄寫スルモノ三年有餘昨夏土佐ニ歸省シ一別二十四年ニシテ舊友上田開馬氏ヲ訪ヒ其藏スル所ノ瑞山及ビ同囚志士ノ書翰ヲ見ルニ髪山氏ガ嘗テ採錄スル所ノ原本ナリ是ニ於テ神馳セ意躍リ瑞山我レヲシテ此ノ業ヲ成サシムルカノ感アリ即チ之ヲ借閲筆記シ爾來潛心推究考定ニ從事スルモノ更ニ年餘漸ク茲ニ之ヲ脫稿スルヲ得テ日本史籍協會ニ寄贈シ之

ヲ會員諸君ニ頒ツヲ得ルニ至シハ余ノ尤モ光榮トスル所ナリ
本書ノ編纂ニ當リ太タ苦辛ヲ費セシモノハモト是多クハ瑞山一家ノ私翰ニシテ年號干子月日ノ記載アルモノ尠ク特ニ獄中ノ書翰ニ至テハ祕密通信ニシテ悉ク暗號陰語ヲ以テ滿タサル卽チ事實ニ據テ年次日曆ヲ推シ偶〻日付アルモノニ據テ事實ヲ究メ或ハ故老ニ就テ暗號陰語ヲ質ストモ雖モ晦澀猶朦朧トシテ隔霞看花ノ感アリ懊惱爛額爲メニ幾度カ稿ヲ燒カントセリ而シテ蒐集攷定並ニ未ダ全シト云フヲ得ズト雖モ今ヤ略大要ヲ誤ラザルヲ得ルニ至リシハ余ノ私カニ欣快トスル所ナリ

本書ノ編纂出版等ニ關シテハ田中青山伯、武市半太、田岡髪山、上田開馬、中城直正、武市建山、早川素水ノ諸氏ニ益ヲ受クルコト頗ル大ナリ特ニ記シテ感謝ノ意ヲ表ス

大正五年十月

鏡川　岩崎英重謹識

武市瑞山関係文書 一 目次

一、高知藩監察役場褒状「武市瑞山宛」　安政五年四月四日　三一
一、江戸盟約時代
一、武市瑞山書翰「島村寿之助宛」　文久元年七月二日　三二
一、武市瑞山書翰「島村寿之助宛」　文久元年七月一八日　三三
一、武市瑞山等血盟書　文久元年八月　三六
一、樺山資之日記　文久元年八月二八日　五三
一、久坂玄瑞詩　文久元年九月　五三
一、久坂玄瑞詩　文久元年九月二日　五四
一、樺山資之書翰「武市瑞山宛」　文久元年九月七日　五四
一、武市瑞山書翰「島村祐四郎宛」　文久元年九月一五日　五五
一、帰国鼓舞時代
一、福岡孝弟覚書　文久元年一〇月中旬　五六
一、久坂玄瑞詩　文久元年一二月　五七
一、久坂玄瑞書翰「武市瑞山宛」　文久元年一二月二一日　五八
一、久坂玄瑞書翰「武市瑞山宛」　文久二年正月二一日　六〇

一、周布政之助詩　文久二年四月　六一
一、吉田元吉梟首罪状書　文久二年四月八日　六二
一、吉田元吉暗殺聞書　文久二年四月八日　六三
一、吉田元吉親戚届書　文久二年四月九日　六四
ない物つくし　六五
木綿物大安うり　六七
もの尽し　六八
日本無双奢落し薬　七〇
一、山内豊誉書翰「武市瑞山宛」　文久二年四月一一日　七二
一、山内豊誉書翰「武市瑞山宛」　文久二年四月一一日　七三
山崎慎三書翰「田中光顕宛」　明治一八年八月五日　七三
生原重周覚書　明治二〇年四月　七五
一、武市瑞山書翰「池庫太宛」　文久二年五月一六日　八一
一、間崎哲馬書翰「武市瑞山等宛」　文久二年六月二日　八一
一、上京周旋時代

一、中山忠能書翰「三条実美宛」　文久二年六月一一日　九〇
一、山内豊範書翰「三条実美宛」　文久二年六月二〇日　九二
一、三条実美書翰「中山忠能宛」　文久二年七月二日　九四
一、武市瑞山書翰「岡村甚三郎宛」　文久二年七月一九日　九五
一、武市瑞山書翰「妻富子宛」　文久二年七月二六日　九五
一、武市瑞山書翰「姉奈美子宛」　文久二年八月一日　九六
一、武市瑞山書翰「富子宛」　文久二年八月一日　九七
一、武市瑞山書翰「奈美子宛」　文久二年八月一八日　九九
一、武市瑞山書翰「小南五郎右衛門宛」　文久二年八月二六日　一〇〇
本間精一郎首級図　文久二年閏八月二一日
一、内勅「山内豊範宛」　文久二年閏八月四日　一〇一
一、武市瑞山書翰「富子宛」　文久二年閏八月六日　一〇一
一、高知藩覚書　文久二年閏八月一四日　一〇四
一、間崎哲馬書翰「五十嵐文吉宛」　文久二年閏八月一五日　一〇五
一、武市瑞山書翰「富子宛」　文久二年閏八月二三日　一〇六

一、村山斉助書翰「武市瑞山宛」　文久二年閏八月二八日　一〇八
一、山内豊範建言書案（一）　文久二年閏八月上旬　一〇九
一、山内豊範建言書案（二）　文久二年閏八月上旬　一一二
一、山内豊範建言書案（三）　文久二年閏八月上旬　一一五
一、山内豊範建言書案（四）　文久二年閏八月下旬　一一九
一、姉小路公知書翰「結城筑後守宛」　文久二年九月五日カ　一二四
一、姉小路公知書翰「武市瑞山宛」　文久二年九月五日　一二四
一、武市瑞山書翰「富子宛」　文久二年九月八日　一二五
一、西村武正書翰「武市瑞山宛」　文久二年九年一〇日　一二五
一、中山忠光書翰「武市瑞山等宛」　文久二年九月一〇日　一二七
一、中山忠光書翰「武市瑞山等宛」　文久二年九月一一日　一二八
一、中山忠光書翰「平井収二郎宛」　文久二年九月一一日　一二八
一、中山忠光書翰「武市瑞山宛」　文久二年九月一七日　一二九
一、武市瑞山筆　文久二年九月中旬　一三〇
一、石川潤次郎書翰「樺山資之宛」　文久二年九月二〇日　一三〇

一、中山忠光書翰「平井収二郎宛」　文久二年九月二〇日　一三一
一、中山忠光書翰「武市瑞山等宛」　文久二年九月二六日　一三二
一、武市瑞山書翰「富子宛」　文久二年九月二八日　一三二
渡辺金三郎首級図　文久二年九月二四日
大川原重蔵首級図
森孫六首級図
一、中山忠光書翰「武市瑞山宛」　文久二年九月二九日　一三四
一、徳田隼人書翰「武市瑞山宛」　文久二年九月二九日　一三五
一、武市瑞山書翰「富子宛」　文久二年九月下旬　一三五
一、高崎正風等書翰「武市瑞山宛」　文久二年一〇月一日　一三六
一、武市瑞山書翰「富子宛」　文久二年一〇月四日　一三七
一、武市瑞山書翰「富子宛」　文久二年一〇月一〇日　一三九

一、勅使随従東下時代

一、武市瑞山書翰「奈美子宛」　文久二年一〇月初旬　一四〇
一、那須信吾書翰「父俊平宛」　文久二年一〇月七日　一四三

一、高知藩五十人組脱藩届書　文久二年一〇月一四日　一四六
一、山内豊信書翰「松平慶永宛」　文久二年一〇月一八日　一四九
一、山内豊信書翰「松平慶永宛」　文久二年一〇月二二日　一四九
一、武市瑞山書翰「平井収二郎宛」　文久二年一〇月二三日　一五〇
一、徳田隼人書翰「武市瑞山宛」　文久二年一〇月二三日　一五一
一、手島八助等書取　文久二年一〇月二七日　一五三
一、手島八助筆記　文久二年一〇月二七日　一五七
一、手島八助書取　文久二年一〇月二七日　一六三
一、中川久昭一件書取　文久二年一〇月二七日　一六八
一、吉井中助書翰「本田弥右衛門等宛」　文久二年一〇月二九日　一六九
一、村山斉助等書翰「本田弥右衛門宛」　文久二年一〇月二九日　一七一
一、武市瑞山書翰「富子宛」　文久二年一一月二日　一七四
一、下横目章次闇殺書取　文久二年一一月二日　一七五
一、本田弥右衛門書翰「前田弥右衛門等宛」　文久二年一一月上旬　一七五
一、間崎哲馬書翰「平井収二郎宛」　文久二年一一月一〇日　一七六

目次

一、田内衛吉等口上書　文久二年一一月　一七八
一、山内豊信書翰「毛利元徳宛」　文久二年一一月一三日　一八一
一、周布政之助暴言一件　文久二年一一月一三日　一八一
一、周布政之助暴言一件　文久二年一一月一四日　一八八
一、小南五郎右衛門書翰「横山覚馬宛」　文久二年一一月二〇日　一八八
一、武市瑞山書翰「富子宛」　文久二年一一月二〇日　一九四
一、武市瑞山等書翰「在京同志宛」　文久二年一一月二〇日　一九六
一、周布政之助暴言一件書　文久二年一一月二一日　一九七
一、岩下方平等書翰「武市瑞山宛」　文久二年一一月二六日　一九八
一、高崎五六書翰「武市瑞山宛」　文久二年一一月二七日　二〇〇
一、武市瑞山等江戸登城書取　文久二年一二月四日　二〇一
一、武市瑞山書翰「富子宛」　文久二年一二月四日　二〇三
一、中根靱負書翰「武市瑞山宛」　文久二年一二月四日　二〇四
一、中根靱負書翰「武市瑞山宛」　文久二年一二月四日　二〇五
一、武市瑞山演述書（続再夢記事）　文久二年一二月六日　二〇六

一、同帰京周旋時代
一、武市瑞山書翰「島村寿之助宛」 文久二年一二月二三日 二〇六
一、武市瑞山書翰「富子宛」 文久二年一二月二七日 二〇八
一、間崎哲馬等書翰「武市瑞山等宛」 文久二年一二月晦日 二〇九
一、帰国周旋時代
一、西本近江書翰「武市瑞山宛」 文久三年正月四日 二一二
一、姉小路公知和歌「武市瑞山宛」 文久三年五月四日 二一三
一、田所島太郎等書翰「平井収二郎等宛」 文久三年正月一五日 二一三
一、再上京周旋時代
一、島村寿之助書翰「武市瑞山宛」 文久三年正月二一日 二一七
一、那須信吾書翰「浜田金治宛」 文久三年正月二九日 二一八
一、武市瑞山書翰「富子宛」 文久三年二月一〇日 二二七
一、宮部鼎蔵書翰「武市瑞山宛」 文久三年二月一一日 二二八
一、攘夷期限廟議（佐々木高行日記） 文久三年二月一一日 二二九
一、徳田隼人書翰「武市瑞山宛」 文久三年二月一五日 二三〇

一、徳田隼人書翰「武市瑞山宛」　文久三年二月一五日ヵ　二三一
一、武市瑞山書翰「富子宛」　文久三年二月一七日　二三三
一、武市瑞山書翰「島村衛吉宛」　文久三年二月一七日　二三五
一、武市瑞山書翰「島村衛吉宛」　文久三年二月二六日　二三八
一、武市瑞山書翰「富子宛」　文久三年二月二九日　二三九
一、宮部鼎蔵書翰「武市瑞山宛」　文久三年三月一三日　二四〇
一、加屋霽堅書翰「武市瑞山宛」　文久三年三月一七日　二四〇
一、某藩志士書翰「武市瑞山宛」　文久三年三月ヵ一八日　二四一
一、平井収二郎書翰「久坂玄瑞等宛」　文久三年三月二四日　二四二
一、武市瑞山書翰「富子宛」　文久三年三月二九日　二四四
一、村上右兵衛大尉書翰「武市瑞山宛」　文久三年三月晦日　二四五
一、中村禎輔書翰「武市瑞山宛」　文久三年四月三日　二四五
一、那須信吾書翰「田中光顕宛」　文久三年四月八日　二四六
一、山内豊栄逝去記　文久三年四月一五日　二四八
一、山内豊信命令書　文久三年四月下旬　二四九

一、帰国周旋時代

一、広瀬友之允書翰「武市瑞山等宛」　文久三年五月二日　二五〇
一、武市瑞山建言書案「山内豊信宛」　文久三年六月三日　二五一
一、武市瑞山建言書案「山内豊信宛」　文久三年六月三日　二五四
一、武市瑞山建言書案　文久三年六月　二五八
一、武市瑞山建言書案「山内豊信宛」　文久三年六月上旬　二五九
一、武市瑞山建言書手扣「山内豊信宛」　文久三年六月　二六二
一、大和弥八郎書翰「武市瑞山宛」　文久三年六月一〇日　二六五
一、佐々木次郎四郎等書翰「武市瑞山等宛」　文久三年六月一一日　二六六
一、大和弥八郎書翰「武市瑞山宛」　文久三年六月一五日　二六八
一、武市瑞山書翰「島村寿太郎宛」　文久三年六月中旬ヵ　二六九
一、安岡実之丞山口藩使節応接書取　文久三年六月一九日　二七〇
一、武市瑞山書翰断簡「小南五郎右衛門等宛ヵ」　文久三年六月下旬ヵ　二七四
一、大島友之允等書翰「武市瑞山宛」　文久三年七月一五日　二七六
一、武市瑞山薩長二藩調停書取　文久三年七月二三日　二七七

一、武市瑞山建言書扣「山内豊範宛」　文久三年七月下旬　二七九
一、武市瑞山書翰「在京同志宛」　文久三年七月下旬　二八〇
一、武市瑞山書翰「島村寿太郎宛」　文久三年八月七日　二八五
一、武市瑞山書翰「島村寿太郎宛」　文久三年八月七日　二九〇
一、武市瑞山書翰「岡村甚三郎宛」　文久三年八月九日　二九一
一、島村寿之助等書翰「武市瑞山等宛」　文久三年八月上旬　二九二
一、金子平十郎等書翰「寺村左膳等宛」　文久三年八月一八日　二九三
一、伊藤伊之助手記　文久三年八月一八日　二九六
一、島村寿之助等書翰「武市瑞山等宛」　文久三年八月二〇日　二九九
一、土方久元書翰「武市瑞山等宛」　文久三年九月四日　三〇三
一、土方久元書翰「武市瑞山等宛」　文久三年九月四日　三〇四
一、清岡公張書翰「武市瑞山宛」　文久三年九月一二日　三〇七

一、入獄時代

一、高知藩達書「武市瑞山宛」　文久三年九月二一日　三一五
一、小南五郎右衛門等勤事扣　文久三年九月二一日　三一五

一、岩神主一郎等勤事扣　文久三年九月二一日　三一六
一、山内豊範諭告書　文久三年九月二三日　三一七
一、高知藩達書　文久三年九月二三日　三一八
一、北添佶摩書翰「同志宛」　文久三年九月二七日　三一八
一、北添佶摩カ書翰「在国同志宛カ」　文久三年九月二七日　三二一
一、楠本文吉書翰「在国同志宛カ」　文久三年一〇月初旬カ　三二七
一、武市瑞山書翰「富子宛」　文久三年一〇月頃カ　三三一
一、武市瑞山書翰「奈美子・富子宛」　文久三年一〇月頃カ　三三三
一、中岡慎太郎書翰「武市瑞山宛」　文久三年一一月六日　三三五
一、能勢達太郎書翰「父魯足宛」　文久三年一一月二一日　三三七
一、武市瑞山書翰「美多子・富子等宛」　文久三年一二月二〇日　三四一
一、武市瑞山書翰「富子宛」　文久三年一二月二〇日　三四九
一、檜垣清治書翰「武市瑞山宛カ」　文久三年一二月二九日　三五一
一、武市美多子等書翰「武市瑞山宛」　文久三年一二月末日　三五三
一、武市瑞山書翰「富子宛」　文久三年一二月末日　三五四

目次

一、武市瑞山和歌　文久三年一二月晦日　三五五
一、武市瑞山和歌「富子宛」　元治元年正月　三五五
一、武市瑞山和歌「河野敏鎌宛」　元治元年正月　三五七
一、武市瑞山和歌「奈美子宛」　元治元年正月四日　三五七
一、武市瑞山和歌　元治元年正月　三五八
一、武市瑞山書翰「奈美子・富子宛」　元治元年正月一一日カ　三五九
一、武市瑞山書翰「奈美子・富子宛」　元治元年正月カ一五日　三六〇
一、武市瑞山書翰「富子宛」　元治元年正月中旬カ　三六一
一、武市瑞山書翰断簡「奈美子・富子宛」　元治元年正月中旬カ　三六三
一、武市瑞山書翰「富子宛」　元治元年正月下旬カ　三六四
一、武市瑞山書翰「富子宛」　元治元年正月下旬　三六四
一、武市瑞山書翰「奈美子・富子宛」　元治元年正月下旬カ　三六六
一、武市瑞山書翰「奈美子・富子宛」　元治元年正月末日カ　三六八
一、武市瑞山書翰「富子宛」　元治元年正月末日カ　三七一
一、武市瑞山書翰「富子宛」　元治元年正月カ　三七二

一、武市瑞山書翰「村田丑五郎宛」　元治元年正月　三七三
一、武市瑞山書翰「富子宛」　元治元年正月カ　三七四
一、武市瑞山書翰「奈美子・富子宛」　元治元年二月末日　三七五
一、武市瑞山書翰「富子宛」　元治元年二月頃カ　三七八
一、武市瑞山書翰「富子宛」　元治元年二月頃カ　三七八
一、武市瑞山書翰「富子宛」　元治元年二月下旬カ　三八〇
一、武市瑞山書翰「富子宛」　元治元年三月一日　三八〇
一、武市瑞山書翰「富子宛」　元治元年三月一日　三八二
一、武市瑞山書翰「奈美子・富子宛」　元治元年三月四日　三八三
一、武市瑞山書翰「富子宛」　元治元年三月上旬　三八五
一、武市瑞山書翰「奈美子・富子宛」　元治元年カ三月一五日　三八六
一、武市瑞山書翰「奈美子・富子宛」　元治元年三月二五日　三八八
一、武市瑞山書翰「富子宛」　元治元年三月カ二五日　三九一
一、武市瑞山書翰「富子宛」　元治元年三月下旬　三九五
一、武市瑞山書翰断簡「奈美子・富子宛」　元治元年三月下旬カ　三九六

一、武市瑞山和歌「富子宛」　元治元年三月頃カ　三九八
一、武市瑞山書翰「奈美子・富子宛」　元治元年四月一日　三九九
一、武市瑞山書翰「富子宛」　元治元年四月五日　四〇〇
一、武市瑞山書翰「奈美子・富子宛」　元治元年四月一五日　四〇三
一、武市瑞山書翰断簡「奈美子・富子宛」　元治元年四月中旬カ　四〇四
一、武市瑞山書翰「富子宛」　元治元年四月頃カ　四〇七
一、武市瑞山書翰「奈美子・富子宛」　元治元年四月二〇日　四〇八
一、武市瑞山書翰「富子宛」　元治元年四月カ二四日　四〇九
一、武市瑞山書翰「奈美子・富子宛」　元治元年四月二五日　四一〇
一、武市瑞山書翰「富子宛」　元治元年四月下旬　四一二
一、武市瑞山書翰「奈美子・富子宛」　元治元年五月三日　四一四
一、武市瑞山書翰「奈美子・富子宛」　元治元年五月五日　四一六
一、中岡慎太郎書翰「樋口真吉等宛」　元治元年五月一一日　四一八
一、武市瑞山書翰「奈美子・富子宛」　元治元年五月一二日　四二四
一、武市瑞山書翰「富子宛」　元治元年五月中旬カ　四二五

一、武市瑞山書翰「奈美子・富子宛」　元治元年五月一五日　四二六
一、武市瑞山書翰「奈美子・富子宛」　元治元年五月一七日　四二八
一、武市瑞山書翰断簡「富子宛」　元治元年五月中旬ヵ　四三〇
一、大石弥太郎意見書　元治元年五月中旬　四三二
一、武市瑞山書翰「奈美子・富子宛」　元治元年五月ヵ二〇日　四三四
一、武市瑞山書翰「奈美子・富子宛」　元治元年五月二三日　四三七
一、武市瑞山書翰「奈美子・富子宛」　元治元年五月二五日　四三八
一、武市瑞山書翰「富子宛」　元治元年五月下旬ヵ　四四〇
一、島村衛吉書翰「島村寿之助宛」　元治元年五月下旬　四四一
一、武市瑞山書翰断簡「島村寿之助宛」　元治元年五月二五日　四四三
一、武市瑞山書翰「獄外同志宛」　元治元年五月二六日ヵ　四四六
一、武市瑞山書翰「島村寿之助宛」　元治元年五月下旬　四五三
一、武市瑞山書翰「奈美子・富子宛」　元治元年五月二六日　四五四
一、武市瑞山書翰「富子宛」　元治元年五月下旬ヵ　四五五
一、武市瑞山書翰「奈美子・富子宛」　元治元年六月一日　四五八

一、武市瑞山書翰「奈美子・富子宛」　元治元年六月五日　四六一
一、武市瑞山書翰「奈美子・富子宛」　元治元年六月五日　四六二
一、武市瑞山書翰「奈美子・富子宛」　元治元年六月七日　四六三
一、伊藤善平書翰「伊藤甲之助宛」　元治元年六月八日　四六四
一、武市瑞山書翰「同志宛」　元治元年六月初旬カ　四六九
一、島村衛吉等意見　元治元年六月初旬カ　四七〇
一、島村衛吉書翰「武市瑞山宛カ」　元治元年六月初旬　四七一
一、武市瑞山書翰断簡「奈美子・富子宛」　元治元年六月一〇日　四七二
一、門田為之助等請願書　元治元年六月一三日　四七三
一、上岡膽治書翰「上岡淡斎等宛」　元治元年六月一四日　四七八
一、武市瑞山書翰「奈美子・富子宛」　元治元年六月一五日　四八〇
一、武市瑞山書翰「奈美子・富子宛」　元治元年六月一六日　四八二
一、河野敏鎌書翰「武市瑞山宛」　元治元年六月二〇日カ　四八五
一、河野敏鎌書翰「武市瑞山宛」　元治元年六月下旬　四八九
一、河野敏鎌書翰「武市瑞山宛」　元治元年六月下旬　四九四

一、武市瑞山書翰「島村寿之助宛」　元治元年六月下旬ヵ　四九七
一、武市瑞山書翰「奈美子・富子宛」　元治元年七月一日　四九七
一、武市瑞山書翰「奈美子・富子宛」　元治元年七月七日　四九九
一、武市瑞山書翰「奈美子・富子宛」　元治元年七月一三日　五〇一
一、林勇等書翰「福岡孝弟等宛」　元治元年七月一四日　五〇三
一、山内豊範諭告書　元治元年七月一七日　五〇六
一、山内豊信・豊範告諭　元治元年七月一七日　五〇八
一、高知藩達書　元治元年七月一七日　五〇九
一、中岡慎太郎書翰「中岡小伝次等宛」　元治元年七月一八日　五〇九
一、武市瑞山書翰断簡「富子宛」　元治元年七月中旬ヵ　五一一
一、安藤真之助「同志宛」　元治元年七月二〇日　五一四
一、松山深蔵書翰「千屋金策宛」　元治元年七月二〇日　五一五
一、千屋菊次郎書翰「千屋金策宛」　元治元年七月二〇日　五一六
一、能勢達太郎書翰「清岡公張宛」　元治元年七月二〇日　五一七
一、天龍寺焼失之事実略記　元治元年七月　五一八

一、武市瑞山書翰「奈美子・富子宛」　元治元年七月中旬ヵ　五二〇
一、武市瑞山書翰「奈美子・富子宛」　元治元年七月二四日　五二二
一、清岡道之助等書翰「安芸郡奉行宛」　元治元年七月二七日　五二四
一、清岡道之助等上書「高知藩宛」　元治元年七月二七日　五二五
一、山内豊範直書「小笠原唯八宛」　元治元年七月二七日　五二八
一、野根山始末（宮本覚書）　元治元年七月二七日　五二九
一、武市瑞山書翰「奈美子・富子宛」　元治元年八月一日　五四〇
一、武市瑞山書翰「奈美子・富子宛」　元治元年八月三日　五四二
一、武市瑞山書翰「富子宛」　元治元年八月初旬ヵ　五四三
一、河野敏鎌書翰「小畑孫三郎宛」　元治元年八月初旬ヵ　五四四
一、小畑孫三郎意見　元治元年八月初旬ヵ　五四七
一、武市瑞山書翰「富子宛」　元治元年八月一〇日ヵ　五五〇
一、武市瑞山書翰「獄外同志宛」　元治元年八月一二日　五五一
一、武市瑞山書翰「獄外同志宛」　元治元年八月一三日　五五六
一、武市瑞山書翰「富子宛」　元治元年八月中旬ヵ　五五八

一、武市瑞山書翰「富子宛」　元治元年八月一五日ヵ　五五九
一、武市瑞山書翰「富子宛」　元治元年八月中旬ヵ　五六〇
一、田内衛吉書翰「小笠原保馬宛」　元治元年八月一六日　五六一
一、武市瑞山書翰「獄外同志宛」　元治元年八月一九日ヵ　五六二
一、武市瑞山書翰「島村寿之助宛」　元治元年八月一九日　五六六
一、武市瑞山真辺栄三郎応答附箋　元治元年八月一九日　五六八
一、田内衛吉等書翰「島村寿太郎宛」　元治元年八月一九日　五六八
一、武市瑞山書翰「獄外同志宛」　元治元年八月二〇日ヵ　五七〇
一、武市瑞山書翰「富子宛」　元治元年八月二〇日　五七二
一、武市瑞山書翰「島村寿之助宛」　元治元年八月二三日　五七三
一、武市瑞山書翰「島村寿之助宛」　元治元年八月下旬ヵ　五七五
一、武市瑞山書翰「島村寿之助宛」　元治元年八月二八日　五八〇
一、武市瑞山書翰「島村寿之助宛」　元治元年八月二九日　五八一
一、武市瑞山書翰「獄外同志宛」　元治元年八月二九日　五八二
森田金三郎書翰抜萃「島村寿之助宛」　慶応元年二月二九日　五八三

一、武市瑞山書翰「獄外同志宛」	元治元年八月下旬ヵ	五八四
一、清岡道之助等断罪書	元治元年九月五日	五八五
一、寺尾権平等断罪書	元治元年九月五日	五八五
一、徳島藩使者口上書	元治元年九月	五八六
一、武市瑞山書翰「島村寿之助宛」	元治元年九月上旬ヵ	五八七
一、武市瑞山書翰「奈美子・富子宛」	元治元年九月上旬ヵ	五九一
一、武市瑞山書翰「島村寿之助宛」	元治元年九月上旬ヵ	五九二
一、武市瑞山書翰「島村寿太郎宛」	元治元年九月六日	五九七
一、武市瑞山書翰「島村寿之助宛」	元治元年九月上旬ヵ	五九九
一、武市瑞山書翰「島村寿之助宛」	元治元年九月上旬ヵ	六〇三
一、島村衛吉書翰「武市瑞山宛」	元治元年九月上旬ヵ	六〇六
一、武市瑞山書翰「獄外同志宛」	元治元年九月上旬	六一〇
一、武市瑞山書翰「富子宛」	元治元年九月ヵ九日	六一一
一、武市瑞山書翰「富子宛」	元治元年九月一〇日	六一三
一、島村衛吉書翰「武市瑞山宛」	元治元年九月一〇日頃	六一四

一、武市瑞山書翰「島村寿之助等宛」　元治元年九月一一日　六一六
一、武市瑞山書翰「島村寿之助宛」　元治元年九月一二日頃　六二二
一、武市瑞山書翰「獄外同志宛」　元治元年九月一二日頃　六二四
一、武市瑞山書翰「獄外同志宛」　元治元年九月一二日頃　六二九
一、大石弥太郎書翰「武市瑞山宛」　元治元年九月一三日　六三一
一、武市瑞山書翰「島村寿之助宛」　元治元年九月中旬カ　六三四
一、小畑孫二郎等書翰「武市瑞山宛」　元治元年九月中旬カ　六三四
一、武市瑞山書翰「島村寿之助宛」　元治元年九月中旬カ　六三六
一、武市瑞山書翰「島村寿之助宛」　元治元年九月一八日　六三六
一、武市瑞山書翰「島村寿之助宛」　元治元年九月一九日カ　六三八
一、武市瑞山書翰「富子宛」　元治元年九月一九日　六四〇
一、武市瑞山書翰「島村寿之助等宛」　元治元年九月二〇日　六四一
一、武市瑞山書翰「獄外同志宛」　元治元年九月二〇日カ　六四三
一、武市瑞山書翰「島村寿之助宛」　元治元年九月カ二一日　六四三
一、武市瑞山書翰「奈美子・富子宛」　元治元年九月二二日　六四五

一、武市瑞山書翰「島村寿太郎宛」　元治元年九月下旬　六四七
一、武市瑞山書翰「島村寿之助宛」　元治元年九月二一日　六四七
一、山内豊誉詩「武市瑞山宛」　元治元年九月下旬カ　六四八
一、武市瑞山書翰「山本喜三之進宛」　元治元年九月下旬カ　六四八
一、武市瑞山書翰「富子宛」　元治元年九月下旬カ　六四九
一、武市瑞山書翰「島村寿之助等宛」　元治元年九月二四日　六五〇
一、武市瑞山書翰「島村寿太郎宛」　元治元年九月カ二五日　六五二
一、武市瑞山書翰「島村寿之助宛」　元治元年九月二五日　六五二
一、武市瑞山書翰「島村寿之助宛」　元治元年九月二七日　六五六
一、武市瑞山書翰「島村寿之助宛」　元治元年九月下旬　六五八
一、武市瑞山書翰「奈美子・富子宛」　元治元年九月カ二七日　六五八
一、小畑孫三郎書翰「島村寿之助等宛」　元治元年九月二八日　六六〇
一、武市瑞山書翰「島村寿太郎宛」　元治元年九月三〇日　六六一
一、武市瑞山書翰「富子宛」　元治元年九月頃カ　六六二
一、武市瑞山書翰「富子宛」　元治元年九月末日カ　六六五

一、武市瑞山書翰「島村寿之助等宛」　元治元年一〇月ヵ二日　六六六
一、武市瑞山書翰「島村寿之助宛」　元治元年一〇月二日　六六七
一、武市瑞山書翰「島村寿太郎宛」　元治元年一〇月上旬　六七一
一、河野敏鎌書翰「島村寿之助等宛」　元治元年一〇月二日　六七二
一、武市瑞山書翰「島村寿之助宛」　元治元年一〇月三日　六七三
一、武市瑞山書翰「奈美子・富子宛」　元治元年一〇月三日　六七五
一、小畑孫三郎書翰「島村寿之助宛」　元治元年一〇月三日　六七六
一、森田金三郎書翰「島村寿之助等宛」　元治元年一〇月三日　六七七
一、武市瑞山書翰「富子宛」　元治元年一〇月ヵ四日　六七八
一、田内衛吉書翰「剛八宛」　元治元年一〇月八日　六七九
一、武市瑞山書翰「奈美子宛」　元治元年一〇月一〇日　六八〇
一、小畑孫三郎等書翰「島村寿之助等宛」　元治元年一〇月一八日　六八一
一、武市瑞山書翰「富子宛」　元治元年一〇月一八日　六八二
一、小畑孫三郎書翰「南六宛」　元治元年一〇月一九日　六八四
一、小畑孫三郎書翰「島村寿之助宛」　元治元年一〇月一九日　六八五

一、武市瑞山書翰「島村寿之助宛」　元治元年一〇月一九日　六八八
一、武市瑞山書翰「島村寿太郎宛」　元治元年一〇月二一日　六八九
一、河野敏鎌書翰「島村寿之助宛」　元治元年一〇月二二日　六九〇
一、武市瑞山書翰「島村衛吉宛」　元治元年一〇月下旬ヵ　六九三
一、武市瑞山書翰「奈美子・富子宛」　元治元年一〇月二三日　六九七
一、武市瑞山書翰「富子宛」　元治元年一〇月末日ヵ　六九八
一、小畑孫二郎書翰「島村寿之助宛」　元治元年一一月朔日　六九八
一、武市瑞山書翰「島村寿之助宛」　元治元年一一月三日　六九九
一、森田金三郎書翰「武市瑞山宛」　元治元年一一月三日　七〇〇
一、田内衛吉書翰「島村寿之助宛」　元治元年一一月四日　七〇一
一、檜垣直枝書翰「山田町獄組宛」　元治元年一一月九日ヵ　七〇二
一、田内衛吉書翰「森田金三郎宛ヵ」　元治元年一一月上旬ヵ　七〇三
一、武市瑞山書翰「富子宛」　元治元年一一月上旬ヵ　七〇六
一、武市瑞山書翰「奈美子宛」　元治元年一一月上旬　七〇七
一、今橋権助書翰「武市瑞山宛」　元治元年一一月上旬ヵ　七〇八

一、森田金三郎書翰「伊知郎宛」　元治元年一一月一一日　七一二
一、武市瑞山書翰「獄外同志宛」　元治元年一一月中旬　七一三
一、小畑孫三郎書翰「島村寿之助宛」　元治元年一〇月二一日　七一四
一、武市瑞山書翰「島村寿之助宛」　元治元年一一月二四日　七一五
一、武市瑞山書翰「島村寿之助宛」　元治元年一一月二八日　七一七
一、武市瑞山書翰「島村寿之助宛」　元治元年一二月　日　七一九
一、武市瑞山書翰「富子宛」　元治元年一二月四日　七二〇
一、武市瑞山書翰「富子宛」　元治元年一二月五日　七二二
一、武市瑞山書翰「島村寿之助宛」　元治元年一二月六日　七二二
一、武市瑞山書翰「富子宛」　元治元年一二月六日　七二四
一、吉永良吉書翰「島村寿之助宛」　元治元年一二月上旬　七二七
一、武市瑞山和歌　元治元年一二月上旬ヵ　七三〇
一、武市瑞山書翰「島村寿之助宛」　元治元年一二月一二日　七三一
一、武市瑞山書翰「奈美子宛」　元治元年一二月一二日　七三三
一、武市瑞山書翰「島村寿之助宛」　元治元年一二月一五日　七三五

目次

一、武市瑞山書翰「富子宛」　元治元年一二月一五日　七三八
一、武市瑞山書翰「富子宛」　元治元年一二月二〇日　七四〇
一、武市瑞山書翰「島村寿之助宛」　元治元年一二月二〇日　七四二
一、武市瑞山書翰「島村寿之助宛」　元治元年一二月下旬　七四四
一、武市瑞山書翰「島村寿之助宛」　元治元年一二月二三日　七四五
一、武市瑞山書翰「島村寿之助宛」　元治元年一二月二八日　七四七
一、武市瑞山書翰「曾和伝左衛門宛」　元治元年一二月頃ヵ　七四八
一、武市瑞山書翰「富子宛」　元治元年一二月頃ヵ　七四八
一、武市瑞山和歌「富子宛」　元治元年一二月頃ヵ　七四九
一、武市瑞山書翰「富子宛」　元治元年一二月下旬ヵ　七五二
一、武市瑞山書翰「富子宛」　元治元年一二月下旬ヵ　七五八
一、武市瑞山書翰「美多子・富子宛」　元治元年一二月下旬ヵ　七五九

系圖

武市治部佐康重

藤原武智麿之後胤備後守安友ハ中納言雄友之四男ナリ數代伊豫ニ住シ武市ヲ氏トス八代之孫武市伊豫入道安基之玄孫武市武者所六代之孫ナリ文安之頃ヨリ土佐長岡郡仁井田ニ住ス

武市三郎左衛門重勝

別ニ世系アリ

武市賴母佐重芳

武市治太由

別ニ世系アリ

武市喜助重貞

武市三介

武市左兵衛

武市五郎右衛門

武市新左衛門

武市久介

子孫ナシ

- 武市七右衛門 ― 武市介左衛門
  - 武市友甫
  - 女
- 武市傳藏　庶民ト成ル
- 武市六郎兵衛　庶民ト成ル
- 武市三介
  - 武市利兵衛
  - 武市栗助
- 奥村自庵
- 井上左兵衛
  - 井上龜藏
  - 井上吉三郎
- 大塚六郎兵衛
- 武市五郎左衛門 ― 武市貞右衛門
- 武市仙慶 ― 武市順卜
- 武市喜右衛門

女
女
武市又左衛門重勝
武市忠兵衛重直
武市春悦―武市春賀―武市春賀
武市惣助 實先春賀子
武市三甫
武市又左衛門―武市忠兵衛 後ナシ
武市源左衛門 後又左衛門ト改ム

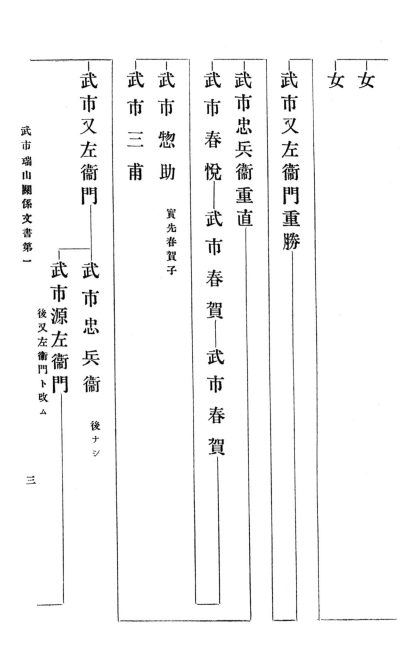

武市槇右衛門

武市喜助

武市元丞

女

女

萬五郎　早世

武市半右衛門重高

武市喜助――武市半六――武市十郎兵衛

女　武市少左衛門妻

武市半助
武市半右衛門
武市半七
女　北川又八妻
女　横山治大夫妻
女　北川半五郎妻
武市半四郎　早世
岡徳太郎
岡團之助
岡來之丞

武市忠助

岡新之助　早世

武市平六正勝

武市伴右衛門正信

武市彌八郎　早世

女

武市半八正久

女

女（登美）勝賀瀬小八郎妻
武市半右衛門正恒（妻大井氏鉄）
女（菊）鹿持藤太妻

女（美多）小笠原嘉助妻
女（奈美）山崎孫平妻
武市半平太小楯
女（琴）内村彌平妻
田内惠吉

武市半助
從是二代先野鄕士ニ被召出候由
系燒失

實子
半右衞門
無子仍而由緒有之小笠原茱ノ子養嗣ス但鄕士ニ被立享保十一午年貳人扶持切
米五石被下鄕士御用人ニ被仰付

半助二男
半七

半四郎

實子
德兵衞
武市平六養育安藝郡田野へ移明和五子年岡收八養育ニ替苗字岡ト革
實子岡團之助後見相勤中安永五申ノ年團之助病死無子仍而鄕士職分相續天明
辰ノ年長岡郡西野地ヘ轉住

上ニ德太郎
トアリ

實子 岡團之助

明和五子年小松宅平ヨリ讓受鄕士ニ被召出幼年ニ付父德兵衛後見ヲ以相勤中病死無子仍而跡式鄕士職分父德兵衛相續

實子 來之丞

文化七午年父跡目職分相續

實子 甫助

文政五午年父跡目職分相續

新之助

早世

左彌太

永次郎

養子 平六

享保十八丑年養父跡目無相違相續被仰付之

（原註）直正曰下文――ノトコロ可疑姑ク原文ニ従フ

實子 伴右衛門

安永五申年父平六代勤同六酉年十二月父跡目無相違相續被仰付之

實子 半八

寛政二戌年父半助代勤同十四巳十二月父跡目無相違相續被仰付之文政五午年數ヶ年御用方出精殊ニ丑ノ年御藏御算用向之儀存寄申出盡粉骨相勤候譯を以御詮義之上格式白札ニ御引直シ被仰付之

實子 半右衛門

文政九戌年父半八煩名代相勤天保二卯年父跡目格祿共無相違相續被仰付之弘化二巳年病症快氣迄倅半平太御番煩名代奉願嘉永二酉年病死

實子 半平太

弘化二巳年煩名代相勤嘉永二酉年父跡目格祿共無相違相續被仰付之嘉永五午年御褒賞之上一生二人扶持被下置之御目附方ニ而被仰付之

（武市家藏）

武市半平太世代記

年月不知毎月十二日祭リ來ル

德應院釋淨果得生居士

寶光院釋寂雲妙貞信尼

二代　天文十四巳八月十八日

圓德院釋淨慧得本信士

天文十八申七月十七日

淨行院釋妙光信尼

三代　天正八辰八月十二日

常德院釋遍照光專

元祿元辰六月八日

善覺院釋達性妙淨

四代　元祿三午八月十三日

淨雲院釋常圓道放

武市治部佐　康重

同　人　妻

武市半平太元祖

武市賴母佐　重芳

同　人　妻

同　喜　介　重貞

同　人　妻

同又左衞門　重勝

慶長四亥八月八日
諦善院釋寶林妙誓　同　人　妻
年月不知
專秀院釋妙常信尼　同人後妻ト有
五代　元和六申二月十四日
智淨院釋廣榮法雲　同　忠兵衛　重直
寛永一〔マヽ〕寅三月四日
圓瀧院釋延重妙正　同　人　妻
六代　寛永八未三月三日
釋貞淨善通信士　同半右衛門　重高
寛永十四丑四月四日
釋貞心妙照信尼　同　人　妻
七代　寛保元酉二月十八日
釋大圓深廣信士　同　半　介　支

寛保元酉十一月廿一日
釋誓了妙林信女　同　人　妻
八代　延享二丑十月廿四日
釋智敎淨誓信士　同　半右衛門支
元文四未二月八日
釋壽性妙説信尼　同　人　妻
九代　寶暦二申六月廿六日
釋至弘道淸信士　同　弟半七支
寶暦十一巳七月四日
釋閑了妙貞信尼　同　人後妻
十代安永六酉八月廿九日
釋悉念得生信士　同　平六支
寛政四子八月十七日
釋放光妙蓮信女　同　人　妻

十一代　文化十四丑十一月五日
釋慈光淨臻信士　　　同　伴右衛門妻
　文化十酉九月十一日
釋捷(マヽ)齊妙映信女　　　同　人妻
十二代　天保二卯三月廿四日
釋願慧成滿信士　　　同　半八妻
十三代　嘉永二酉九月八日
釋頓敎智淳信士　　　同　半右衛門妻
釋智照妙淳信尼　　　同　人妻
　寶暦二酉六月十日
釋秀隆玄心信士　　　武市半四郎妻
　安永八亥六月十日
釋正世受生信士　　　同半助弟彌八郎妻
　　　四十五才ニ而卒ス

（武市家藏）

武市半八(正久)

- 女(登美) 勝賀瀬小八郎妻
- 半右衛門(正恒)
  - 女(美多) 小笠原嘉助後妻即保馬ノ繼母
  - 女(奈美) 山崎孫平妻即チ鹿兒ノ山崎七平ノ弟よめナリ(孫平後分家ス)孫平死後武市家ヘ同居ス半平太ノ書翰ニ姉上様トアルハ是ナリ
  - 半平太(小楯) 贈正四位
    - 愼三(カツテ武市家ノ養子タリ)
    - 仲吉(文繁醫)
      - 女(千賀) 武市半平太養子半太ノ妻即チ愼三ノ姪ニ當ル
  - 女(琴) 内村彌平妻
  - 衛吉(茂稔) 田内喜三次養子 贈從四位
- 女(菊) 鹿持藤太(雅澄)妻

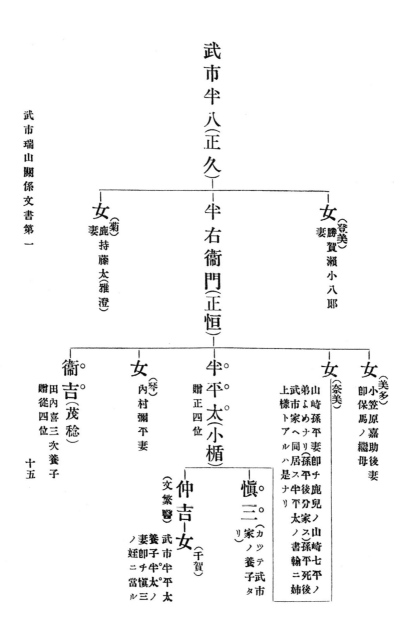

小笠原嘉助

- 先妻 赤野包國氏ヨリ來ル
- 保馬（正實）後忠五郎、和平
  - 妻 島村源次郎弟祐作（濱口氏ヲ嗣グ）ノ女、即武市富子ノ従妹
- 女 元ハ武市家ノ養子タリシ半平（岡甫助ノ二男）ノ妻タリシカ半平離退後植田氏（醫）ヘ嫁ス
- 後妻 武市半平太姉

嘉助ト云フ人ハ妻仕合セ悪敷武市ヨリ嫁セシ人ハ五六番目ナリシトカ今繁ヲ厭ヒテ之ヲ記セス

島村祐四郎

(1) 女（島村壬生平妻）
- 島村外内
- 同　衛吉（初八太郎名重險 贈從四位）

(2) 女

(3) 源次郎
- 女富（武市半平太妻（存））
- 洲平（雅董）（初壽太郎後四郎、祐四郎）
- 女
- 女
- 女
- 笑兒（兄洲平男子ナク洲平死後其ノ後ヲ嗣ク）

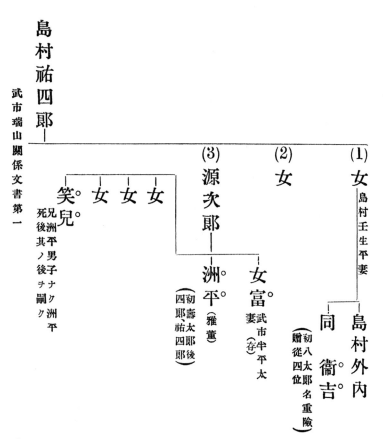

- (4) 辰右衛門
- (5) 女　桑津臺七（當時山本）ニ嫁ス
  - 琢磨　後澤邊氏
  - 女
  - 一兵衛（初山本三治）
  - 女
- (6) 祐作　濱口氏養子トナル
  - 女　たつ　小笠原保馬（正實）妻（存）
  - 女
  - 男
- (7) 壽之助（雅事）　贈正五位
  - 女　島村笑兒妻
  - 茂衛（存）
  - 男（存）
- (8) 女　北川深淵（存）母

（中城直正文書）

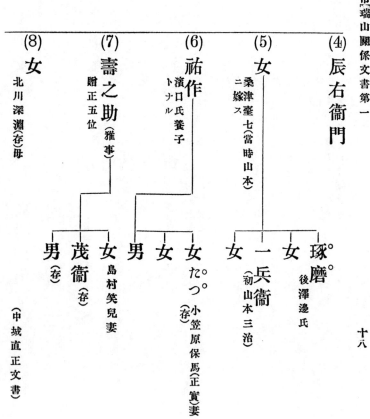

○安政三年七月（藩廳ヨリ瑞山ヘ江戸差立ヲ命ズル書）

先達而御内意被仰付置候通り御臨時御用を以て北山通江戸表へ被差立來月七日发元出足尤參着之上御用間を以て劍術修行方被仰付依之爲御補金七兩被成遣候（武市家文書）

島村源次郎、瑞山ノ妻富子ノ父

○安政四年八月十七日（瑞山ヨリ島村源次郎ヘ）

愚筆殊ニ取紛中分り兼候間

そろ〳〵御推讀奉願候

今十二日八ツ時頃河野信太郎私之己家へ參り申ニハ下槇丁佐劦屋金藏ト申道具屋ゟ御留守居方へ書付ヲ以今月四日夜通ニおゐて狼藉ニあい持居候時計ヲ取落しよけ歸り候然ニ右之品（數字不明）之者ゟ借居候品ニ付人ニとられては（數字不明）殊に根元盜物にて段々人之手おつた（一二字不明）元の盜人ハ奥州ニおゐて取れ候赴《マヽ》付是非尋不出ていハ不相成譯ニ付此赴を時計

屋不殘掛合置候處其後土劦藩桃井内弟子山本格馬ト申人右淺草之方へ賣ニ參り候由直樣通達いたし呉候もし御屋敷ニ右樣之御方有之候哉ト問出ておるゐ琢磨ハ右樣之人でハなんが土藩桃井内山本と申と外ニハなんもしどふゐした間違て有ふゐと信太郎申ニ付取あへず琢磨を呼にやり相尋候處實ハ私しちやと申事委敷相尋候處實ニ興覺安ゐらず盜賊追はぎの仕方仍而先腹を切すへき事ゐと存龍馬大石彌太郎(龍馬、彌太郎、私三人同宿ニ候)と三人色々詮議仕候琢馬ももふ此上ハ玄んたいを御任せ申ス腹を切ゐよければは切如何樣とも仕候事私ともつく／＼相考候處是非外輪へ掛り殊に盜もの故公儀ゟ詮義掛り居候赴（マヽ）に付先右之品も佐劦屋方へ返し内濟之取計ゟ外なしと存右時計ハ龍馬私兩人受取候琢磨は桃井へ歸り此事之決著する迄爾來之通稽古致居候樣申聞かへし申候夜に入(衛吉も呼寄色々詮義仕ル)翌十六日之朝肴代として金子五兩包右之時計とを持テ龍馬半平太兩人右佐州屋方へ參り候處亭主留守ニ付晩方迄相待候へとも不歸女房へ

龍馬、坂本龍馬

島村衛吉

ゐふ、方言デアラフノ意

荒増右之次第ヲ咄し候處女房申ハ右之品ハ盗物ゆへ御上ゟ詮儀掛り候ゆへすてたと御届申上候處只今又明日五ッ時役所へ出候様さし紙參り誠ニ今でも右之品さへ手ニ入上ハ又罪もあるくなる只此間内右之品之出る様ニ神様へ御願立計と申て涙を出し女房へ渡し候處亭主歸り候へハ嘸歡ろふと申て泪をおとし最早日も暮候故女房へ迄内濟之義頼入且明朝參ルニ付亭主扣呉候様申置歸り候翌十四日早朝參り亭主出合段々内濟之儀頼入候處亭主申ハ昨日女房へ迄御噂之趣承委細承知仕今日御役場出詮儀《マヽ》にてゐ候へとも御屋敷之御名前ハ不申合ニ御坐候乍併役所之方へすてたと届有之儀ニ付ひらは主なくては不成只今ひらは主を詮儀はたしおしらへ居候場合と申事故私共ゟ右様なれは物ハ入ても不苦赴《マヽ》申念頃ニ頼置歸り居候處間もなく右金藏ト外ニ壹人同道ニテ御屋敷へ參り申ニハ扨ひふゐ主之儀《マヽ》色々詮儀仕候處ひらは主ニなつて呉る人無御座ニ付如何仕ふ勿論私も人ゞのひろふてくれたと申て御名前ハ不申心得ニて候へとももし詮儀《マヽ》嚴

て縄手にも掛り候様之事に相成候ては是非ニ不及と申て泪をこぼし申ニ付實ニ尤至極利（マヽ）ニ詰候故右様なれは仕方なし名前を言ト申て(ひらい主ハ琢磨取次ニハ龍馬半平太)歸し八ッ時頃龍馬私右佐州屋へ參り候處未不歸相待居候處よふ〳〵日暮頃亭主大よろこひにて歸り御名前も不出又私も無事ニ相濟誠に々々大歡と申てた而ひによろこひ先々大安心ニて歸り候處龍馬と私兩人御目附方ゟ急御用之趣ニて呼ニ參り早速出候處山本琢磨儀御詮儀（マヽ）掛候ヲ以同列幷鄕士ともへ御預ケ被仰付候尤琢馬儀品川屋敷へ(原書缺字)賦被仰付候故當夜召連候様被仰付不安儀ニ候へとも仕方なく屋敷へ歸り龍馬ト示談之上支度等仕此時夜四ッ半頃之桃井へ參り候處琢馬ハどこ而出候趣にて居合不申仍而私儀ハ目附方へ出其趣届置桃井へ參り先生へも咄候處夫ハ先出口々々尋而よきと申事にて塾之者不殘取分り板橋之方品川之方新道（宿カ）之方千ゑ也之方不殘相尋候へども不知今日ニて四日尋候へとも一向にてどもなし□□□□（不明）來ル十九日迄私とも尋度願□（不明）有之ニ

付夫迄ニ行衞不相分候へは出奔之届仕心得ニて御坐候
一琢磨之著物其外道具等相改候處なよもゐも其儘よて有之候只きのまヽへ大小をさし出候物よて御坐候
一衞吉も其夜よいの内は屋敷へ參り五ッ頃桃井へ歸り候處琢磨ハ早おらさつたと申事ニて候又塾之者も琢磨が出た事ハ壹人不知趣にて御坐候
以藏、岡田以藏
一以藏彌太郎ハ品川へ金をかりに參り夜四ッ半頃ニ歸り内ニ居合不申候
一件之佐州屋金藏ハ到而正直なる物にて江戸よをめつらしき物ニ御座候
一右之一件ニ付物入之筋色々御坐候間只今迄ハ少々ッヽ御屋敷内よて借ゐつめ事たらし居申候乍併直様不返ては不成仍而只今外輪ニて借ゐけ居申候先貳拾五兩ニて荒增事たり申候
一琢磨狼藉之次第ハ今四日之夜田那マヽ村作八と申人ト同道ニて酒をのみ大醉にて歸りニ往來人へ行ゐたり來ル人々を足がらなとよてかやしなど致し夫を樂しミ其内件之佐州屋いゆきゐたり取て打つけると風呂敷包

をすてゝよけ候由夫ゟ風呂敷包を足よてけとばし箱ふみくだき其儘とつて歸り候よし是まてゟ醉狂ニ無相違候夫ゟ兩人よて賣工面を時計屋なと諸方參り候よし其内件之淺草へ參り候處向原ニつく／＼見て買ふと言て直段いたしどふせ金子をもつて御屋敷へ參ル御屋敷ハとこぞと問れると土佐桃井内山本琢馬と申候よし

一ねつけ時計二ッ壹品ニ付代七八兩ゟ拾兩位之よし其内一ッハおろしやゟ渡り物のよしこれが盜物と申事

一右（琢磨のつれ板橋樣（マヽ）の士之）田那村作八と言やつは桃井之内弟子よて安方塾之者にも毎々ちやにするやつ琢馬もよくくがでん致し爾來不付合候處いかなる事か其夜にかぎり同道いたし候よし此者ゟ名を不出候故無事よて御坐候

一深情に世話致し呉候人

町人へ引〔合ノ字脫カ〕・金子の世話致呉候人

戸部厚〔廉カ〕平

彌太郎ハ此間出足之筈之處右
ニ付延廿日ニハ立筈ニ御座候

大石彌太郎
田中嘉右衛門
日根野辨治
市川元衛
川野信太郎

右大体右之通之次第ニ御座候尚追々委敷可申上尤龍馬近日出足仕筈ニ御坐候間是ゟ御承知可被仰付候右ニ申上候金子貳拾五兩ハ出來次第藤坂太平宛よて御差越よて宜御坐候龍馬以藏抔とも歸り又私も其内御暇出候事かいづれ衛吉ハ居申事ニ付。琢磨之行衛も追々は随分相分候事と奉存候金子も拾兩計ハもつて居たよふなと申人も御坐候先荒々如此御坐候

。衛吉ゟ向原へ戻す譯ニ御座候

八月十七日　半平太

源治郎様

(田岡正枝文書)

○安政四年十月廿九日（瑞山門弟ヨリ師家ヘ申立書）

口上扣

武市半平太

一格式白札御宛儀三人扶持御切符七石
一正年貳拾九歳尤只今迄御咎等被仰付候儀無御座候
一天保十二丑年一刀流劒術千頭傳四郎江入門仕修行方相初申候
一弘化二巳年九月七日父半右衞門煩名代勤被仰付候
一同三午年閏五月廿日御番沓勤仕譯を以御褒詞被仰付候
一嘉永二酉年十一月六日父半右衞門跡式無相違家督相續被仰付候
一同三戌年同流劒術麻田勘七殿ヘ入門仕候
　但千頭傳四郎儀病死仕候を以如此
一同年右同流初傳被差免申候
一同年自力を以稽古場相構取立方相初申候

（原注）（貼紙）此度指出處之本紙へ此廉落シ候得共已後のため記置候事

一五子年中傳被差免申候

一同六丑年十月廿一日於御目附方御臨時御用を以西國筋ぃ被指立旨被仰付置候所同月卅日右御用御免被仰付候

一同七寅年皆傳被差免申候

一安政二卯年七月九日於御目附方田野御郡方江劒術爲見繕被指立旨被仰付八月七日宿元出足仕九月四日迄同所ニ相詰相手方仕候尤御郡奉行中より御挨拶之上金子貳百疋拜領被仰付候

一同三辰年春桃井春藏弟子共御呼下シ被仰付其砌右面々之藝術於南御會所御覽被爲　遊候節半平太儀も右相手方被仰付冥加至極難有仕合奉存候處其節忌中ニ罷在出勤難相調殘念至極之趣ニ御座候

一同年四月廿九日於文武方赤岡御郡方ぃ劍術爲引立被差立旨被仰付五月七日宿元出足同十七日迄同所ニ相詰相手方仕候尤御郡奉行中より御挨

拶之上金子百疋拜領被仰付候

一同年七月十七日御切紙を以先達而御內意被仰付置候通り御臨時御用を以北山通江戸表江被指立來月七日爰元出足尤參著之上御用間を以劍術修行方被仰付依之爲御補金七兩被成遣候

一同年八月七日兼而被仰付置候通り出足仕江戸表參著之上鏡新明智流劍術桃井春藏之方江入門仕最初通ィを以修行方仕罷在候得共博々《マヽ》敷無御座仍而入塾之儀遂御斷右春藏方に寄宿仕申候

一於江戸表
太守樣御侍中之劍術
御覽被仰付候節半平太儀も被　召出
御覽被仰付冥加至極難有仕合奉存候

一於同所他所人御呼寄劍術
御覽被仰付候節半平太儀も右相手方被仰付難有仕合奉存候

九月廿八日ハ安政四年

一右師家春藏ニ被召連度々　諸家樣御稽古所ゟ罷出殊ニ伊達樣仙石樣等ニ而も毎々御相手も被仰付候
一同流他流ニ不拘諸師家をも相尋修行方仕候
一於右春藏方流儀皆傳被差免且塾監をも被申付罷在候
一半平太儀兼而も於彼表御暇被仰付候共自力を以詰越奉願修行方仕度存念之趣ニ御座候所不計於宿元極老之祖母中症ニ而大切ニ罷在候旨相聞候上も不得止内情申出御暇被仰付九月廿八日下著仕候儀ニ而存分之修行方相果し不申殘念ニ罷在候趣ニ御座候
一先達而取立方相初候已來も朝ヨリ午時迄も於師家稽古仕午時より晩迄ハ於自宅相手方仕數年之間終日同樣修行仕候
右之通幼年之節より只今迄無間斷出精仕殊ニ取立方ニおゐても深切ニ世話方行屆私共一同相競益盛ニ相成只今迄入門之者都而百貳十人餘も御座候將又桃井塾中ニおゐても修行方別而際立盡粉骨候を以新弟子之

身分ニ御座候得共塾監等被申付其上流儀之皆傳等被差免候段畢竟師家之預見込候譯と推察仕候且平常私共見及申候所老祖母ゟ仕方宜若病氣等之節ハ側相離レ不申實ニ寐《マヽ》食を不安看病方仕候儀ニ而內外共屹度私共之龜鑑と相成申候ニ付一同見捨難申御達仕候間厚御詮議被仰付度奉存候

右之趣宜御執成被仰付下度奉願候已上

安政四年

巳十月　　惣弟子

連印

麻田勘七殿

（武市家文書）

○安政五年正月二日（瑞山ヨリ戸部廉平ヘ）

春陽之御吉慶不可爲《有カ》盡期申納候先以其御地愈御安泰可被成御越歲且御留守樣御同樣目出度御儀ニ奉存候次而私儀無事ニ加年仕候乍憚右樣思召被

仰付度奉存候舊冬御懇書被仰・〔脱アルカ〕候難有奉存候私も都而御安否等相伺不申大ヽ失敬仕候段御幾重も御仁恕被仰付度奉希候先右年始御祝詞迄申上度早々如此御座候尚期永日ノ時候恐惶謹言

正月二日　　武市半平太　五

戸部廉平様

参人々御中

尚以未殘寒强候間厚くいとひ被成候様奉存候

頓首百拜

（上田開馬藏文書）

○安政五年四月四日（監察役場ヨリ瑞山へ褒狀）

此節弟子共凡百餘人も有之且他弟子等も拾貳人稽古所へ致出席處自他之差別なく懇に相導候趣相聞奇特之至仍之達御聽一生之中格段貳人扶持被下置候

（武市家文書）

○文久元年七月二日（瑞山ヨリ島村壽之助ヘ）

例之早筆御推讀奉願候

去月五日御認之尊書相達難有拜讀仕候暑强候處御祖母樣三崎奉初皆樣益々御勇健可被成御座目出度御儀ニ奉存候隨而私儀無異儀修（仕脱カ）行居申候乍憚左樣御休意可被仰付候御國許御靜謐奉恐悅候文武館且御改格等之說爲御聞被遣度奉願候江戶も先格別之儀も無御座候尤一両日前虎之御門ニ而御老中松平豊前守樣御籠ヘ水戶之士壹人切掛否擒ハれ候由此士ハ頗大醉之由如何ある事哉分り不申切懸召捕られ候事ハ實事ニて御座候何分騷ヶ敷事ニ御座候扨今日も取紛右迄得貴意度如此御座候尙期重便之時候　恐惶謹言

七月二日　　半平太　五

壽之助樣

尙以皆樣へ乍憚よろしく奉願候暑中別而御自愛專一ニ奉存候　頓首

（山崎好昭藏）

文武館文久二年四月四日開館

○文久元年七月十八日（瑞山ヨリ島村壽之助へ）

去月十九日御認之尊書當月十五日相達難有拜見仕候殘暑強候處被成御揃愈々御安泰可被成御座目出度御儀ニ奉存候隨而私儀無事ニ修行仕居申候間乍憚御休意可被仰付候留守内不相變御厄介ニ相蒙り可申難有奉存候尚々宜奉賴上候扨御國許文武館もちとよとみま（候とカ）之事ト申説御座候趣成程最早文武館等御建立等ハ間ニ合申間敷哉如何程立派ニ御作事出來候とて上下人心不歸服よてハ何之やくニも立ぬ事よて既ニ大坂御陣屋いかよも結搆ニ御造營之處纔之御人數誥（詰カ）ニ候へとも不伏（マヽ）文武共不盛少し乱妨等有之趣右ニ付御目附參り候由承り申候御國ニ居候てハ左程よも存不申候處當地へ參り惣分之摸樣且他藩之勢見聞仕候てハ御國之御政事如何哉（ト脱カ）ト存不安事ニ御座候對州公より先達之御屆書其餘之咄ハ疾御承知之御事奉存候先日外國奉行小栗豐後守御目附溝口八十五郎對州ゟ歸り其咄承り候處初は牛之事より彌よ起り候よしかの魯西亞船之修覆ニ對州へ入滯留之内近

村之百姓へ牛賣呉候樣異人より相談之處直段壹疋三両なれは賣候樣百姓答致し候處異人夫ハ大ニ下直左樣之牛ニてはなし壹疋六両ニ買ふと云ニ付百姓共大ニ其利ニまよひ内々ニて數疋之牛を賣候由此事對州役人聞付右之百姓共詮儀致し候處異人とも不時ニ來り牛を盗ミ取或ハ無理ニ取られ候樣色々僞申出候よし是を役人眞とおもひ夫より對州大おおりニて異人へ取てかゝり言葉分らさるより余程ひときめニ致し又異人も大立腹ニて乱妨ニ相成候よし是より付ケ上り對州之地をかし呉候樣頻ニ申趣御目附溝口八十五郎ト云人ハ此頃引籠候由對州ハ離島故蝦夷之樣ニ致すといふ公邊之御詮儀以前ゟ有之候由ニ御座候此頃之風説ニてハ對州ハ最早渠ニやり候よしニ御座候去月廿九日水戸藩落合庄之助と云もの御老中松平豊前守樣御籠へ切掛ケ被召捕申候醉（狂カ）犯之樣ニ噂有之候處此頃承り候へハ頗る・（脱アルカ）人ニて自分之存慮公辺へ申説積りニて策を以右之通被捕候由否御預ニ相成申候當月十二日之夜麻生善福寺へ夜四ッ半頃數人切入かけ候處異

人ょ早く見付られ否彼者ハ一人も不殘逃夫《失カ》行方不知異人共鉄炮頻ニ打大騒ょて御座候別紙水戸之もやり歌老女之歌等御婦人様方初おちへにも讀て御聞せ被遣度候三崎へも書付共御上ヶ被遣度御頼申候御咄も澤山御座候へとも先此頃御見廻御報迄申上度如此御座候尚期重便之時候

恐惶謹言

七月十八日　半平太　五

壽之助様

尊下

祖母、島村祐四郎妻

尚〳〵御祖母様初皆様へよろしく奉願上候殘暑皆様御いとひ専一ニ奉存候

本阿味《マヽ》ニ月ニ一度づゝ劒會御座候由ニ付來月より參る筈ょて御座候勢州村正之刀以前より承り居候處此度石山孫六ニ頼詮儀致しくれ候様申置候處一向不分昨日御屋敷稽古場へ笠井老人參り直々咄承り候處此刀ハ前々

より名高き刀ニて是迄度々江戸へ出居候處たゝると申事ニて始終元へ帰る先正宗と申様之出來ニて長貳尺五寸餘も有之申事ニ御座候此頃些出すが六ヶ敷と申事なれとも頼置申候是も見ねハ不分事なれとも耳よりニて相樂しミ居申候本阿味《マヽ》ハ目くらへひニおちずニて札を入る積りニ御座候追々御咄し可申上候　頓首

（山崎好昭藏）

○文久元年八月　（瑞山以下同志ノ盟書草案者ハ大石圓（彌太郎）ナリト云フ）

盟　曰

堂々たる神州戎狄の辱しめをうけ古より傳はれる大和魂も今は既に絶えなんと　帝は深く歎き玉ふしかれども久しく治れる　御代の因循委惰といふ俗に習ひて獨りも此心を振ひ擧て
皇國の禍を攘ふ人なしかしこくも我が　老公夙に此事を憂ひ玉ひて有司の人々に言ひ争ひ玉へども却てその爲めに罪を得玉ひぬ斯く有難き

御心におはしますをなど此罪には落入玉ひぬる君辱かしめ・受《イを》る時は臣死すと況《イむ》てや皇國の今にも衽を左にせんを他にや見るべき彼の大和魂を奮ひ起し異姓兄弟の結びをなし一點の私意を挾まず相謀りて國家興復の萬一に裨補せんとす錦旗若し一とたび揚らバ團結して水火をも踏・む《イま》と爰に神明に誓ひ上は帝の大御心をやすめ奉り我が　老公の御志を繼ぎ下は萬民の患をも拂はんとす左れば此中に私もて何にかくに爭ふものあらば神の怒り罪し給ふをもまたて人々寄つどひて腹かき切らせんとおのれ〳〵が名を書きしるしおさめ置ぬ

文久元年辛酉八月　　武市半平太小楯

以下連署血判

（瑞山會文書）

土佐勤王黨血盟者姓名簿の寫

武市半平太	小楯血判（以下同）	賜死屠腹贈正四位
大石彌太郎	元敬	後圓特旨從五位
島村衛吉	重險	獄死贈從四位
間崎哲馬	則弘	賜死屠腹贈從四位
門田爲之助	毅	
柳井健次	友政	禁門變戰死贈正五位
河野萬壽彌	通明	後子爵敏鎌
小笠原保馬	正實	
坂本龍馬	直陰	京都ニ刺客ニ斃ル贈正四位
岡本恒之助	俊直	
川原塚茂太郎	重幸	
上田楠次	元永	戊辰ノ役戰死贈正五位

弘瀬健太	年定	賜死屠腹贈從四位
多田哲馬	則孝	
曾和傳左衛門	正直	
島本審次郎	仲道	後仲道
中岡光次	爲鎭	後愼太郎京都ニ刺客ニ斃ル贈正四位
島村壽之助	壽榮	贈正五位
吉井茂市	則行	
望月清平	彌鹽	
土方楠左衛門	久元	後伯爵
小畑孫三郎	和	贈從四位
安岡實之丞	正方	
島村壽太郎	雅董	贈正五位
吉本善吉	守成	

奈半利磧ニ刑死贈從五位

後管野覺兵衛

後田所壯輔贈從四位

高橋牛之助　介吉
鎌田菊馬　張楯
吉田省馬　篤明
山本三治　重時
石川喜久馬　義秀
依岡權吉　弘毅
宮田頼吉　貞亮
森脇唯次郎　重成
千屋寅之助　孝訓
濱田清藏　正敏
仲彥太郎　正幹
谷嶹太郎　恒誠
岩崎馬之助　維慊

大坂ニ闘死贈正五位

刑罪贈従四位

後正存

檜垣清治　度會正路
村上保次　守行
藤本駿馬　正和
千頭嘉源次　重固
大利鼎吉　正義
宮崎勝藏　保之
北代忠吉　恕
三瀬八次　峻明
村田忠三郎　克復
田所助次郎　元晶
小畑五郎馬　敏行
池田卯三郎　義道
島地磯吉　義石

吉松恒吉 恒敬
野々村庄吉 利敬
沖野平吉 信篤
禁門ノ變戰死
贈正五位
尾崎幸之進 直吉
田所莊之助 愛敬
志和寅之助 履
岡田啓吉 宜稔
贈從五位
小松熊市イ吉 樂盛
伊藤四十吉 弘長
大和義擧後刑
死贈正五位
土居左之助 金英
中島與市 光尹
安岡覺馬 正愼
山本四郎 義忠

贈従五位

禁門ノ變戰死
贈正五位

後志澄

闘死贈正五位

山本兼馬　正義

田口文良　明正

岡野佐五郎　義正

伊藤甲之助　和義

田岡祐吾　正路

平石六五郎　雄

西山直次郎　盛城

小川平馬　善道

楠本文吉　安茂

岡崎山三郎　茂樹

上田官吉　正秋

中城益四郎　政信

石川潤次郎　正之

贈正五位

佐井松次郎　正民
板垣寬之助　高幸
島村源六　義路
中澤安馬　正和
南部展衞　忠成
千頭小太郎　久胤
宮川助五郎　長春
粟井兎之助　正穗
白石馬之助　盛忠
秋澤清吉　貞道
安岡權馬　正德
矢野川龍右衞門　爲雄
尾崎源八　忠治

毒ヲ仰テ自殺
贈従四位

濱田良作　秋登
田内衞吉　茂稔
深瀨鐵馬　和直
吉永良吉　正則
三宅謙四郎　幹正
田中作吾　茂藝
村田右馬太郎　有倘
村田角吾　貞宜
公文藤三　景高
武政左喜馬　定敬
中村惠三郎　義直
中平菊馬　定純
長尾省吾　直行

天王山ニ自殺
贈從四位

美作國土居ニ
屠腹贈正五位

觀音寺　智隆
山崎喜藏　正良
千屋菊次郎　孝健
今橋權助　重泰
千屋金策　孝成
谷脇清馬　修彝
高橋俊助　重利
片岡左太郎　正雄
海路十寸吉　安行イ敬
戸梶直四郎　泰敬イ行
竹村猪之助　敬義
山崎廣馬　正義
片岡盛藏　實純

池田屋ニ闘死
贈從四位

奈半利磧ニ刑
死贈正五位

奈半利磧ニ刑
死贈從五位

奈半利磧ニ刑
死贈正五位

北添佶馬　正信
江口參太　定長
中村左右馬　政茂
片岡團四郎　好直
中平喜之助　忠治
中平大治　忠表
市川長《イ辰》三郎　祐成
今橋武之助　重昌
西田可藏　共治
近藤龜彌　爲美
宮田節齋　秀貫
和食牛馬　龍虎
安岡斧太郎　直行

美作國土居ニ屠腹贈正五位

後伯爵田中光顯

後井原昂

後滋

後大橋愼三

後男爵片岡利和

上田蜂馬　元春
川久保健次　成清
井原應輔　德道
濱田辰彌　光正
岩神主一郎　正〔イ爲〕路
鳥羽謙三郎　勝益
下方彌三郎　範爲
中山刺擊　光儀
古澤迂郎　光迂
橋本鐵猪　有藏
土方左平　直行
那須盛馬　利和
堀見久庵　輔勝

清岡治之助　正道
奈半利磧ニ刑死贈從四位
阿部多司馬　正幸
小畑孫次郎　綽裕
後男爵美稲
久松喜代馬　重和
刑死贈從四位
松山深藏　正夫
天王山ニ屠腹贈從四位
田邊豪次郎　義温
高松太郎　清行
柏原禎吉　義勝
奈半利磧ニ刑死贈正五位
筒井米吉　清與
五十嵐幾之助　敬正
佐井寅次郎　忍石
川田貞七　正敏
堀內賢之進　直正

山本喜三之助進カ　重孝
屠腹贈従四位　平井収二郎　志敏
贈従五位　森助太郎　爲政
森田金三郎　維種
中平保太郎　定晴
三原兎彌太　正亮
刑死贈従四位　岡本八之助　忠保
戊辰ノ役戰死贈従四位　上田宗兒　則正
坂本榮十郎　忠光
浪越肇　宗義
服部東藏　雅世
川田乙四郎　義德
吉本平之助　祐雄

戊辰ノ役戰死
贈正五位

禁門ノ變戰死
贈正五位

天王山ニ屠腹
贈正五位

楠瀨六衞　直樹
都賀田文八　茂穗
安岡覺之助　正美
上岡膽治　武雄
弘光明之助　利條
田所駒吉　元道
岡　甫助　澄明
島村左傳次　雅文
西山平馬　秀幸
池知退藏　重胤
安東眞之助　好成
島村外內　重正
岡本猪之助　正利

安岡金馬　忠綱
足達行藏　貞正
細木核太郎　榮敦
楠目民五郎　正幹
一瀨源兵衞　正藩
岡本瀧馬　元貞
森下幾馬　茂晴
宮地宜藏　正覺
山田三藏　房淸
庄村良達　正房
西村廣藏　治家

大和鷲家ニ鬪死贈正五位
贈正五位

以上百九十二人

〔參考〕按するに右加盟の手續に及びし者は彼の文久三年亥の二月武市瑞山が京師に

於て容堂の前に盟書を提供せる以前に止れるものゝ如し而して其の平井坂本中岡等多く舊諱若くは舊名を用ゐてある所は最も史證たるの價値を有す唯吉村寅太郞の名なきは其の早く脫藩せる際に之を削りしものなるべく池內藏太も亦然りしが如し又大石團藏安岡嘉助那須信吾の三人を除きある理由は全く吉田暗殺事件の累を避けんが爲めなりき卽ち亥年二月中に草せる上岡膽治歸國の日記に據りて明白なりとす

（瑞山會文書）

島根英吉ハ島村衛吉ノ誤

○文久元年八月廿八日（樺山三圓日記ノ一節）

二十八日曇

土州の藩武市半平太島根英吉同伴被參候此內より武市氏の事承及候處初て面會健なる人物と相見得武術師範の由彼是の咄にて八つ前に歸られ候事

（瑞山會文書）

○文久元年九月（久坂玄瑞ノ瑞山ノ描ケル墨竹ニ題スル詩）

挺立山巖竹數竿　故人心事畫中看
男兒再會期難得　唯喜清風襲座寒

江月齋遺稿ニハ
題武市半平太畫竹送其歸土佐半平太將有所論駁
清風百尺掃空難
石上蟠根鞭進且
蟠蠹痒唯須斃而已
故人苦節畫中看
トアリ思フニ後日改刪セシモノカ

（武市半太藏）

○文久元年九月二日（久坂玄瑞ノ瑞山ノ描ケル墨竹ニ題スル詩）

別時何必說平生　畫竹贈吾無限情
從茲白露金風夕　獨對此君斟酒觥
題武市君所贈竹言別辛酉九月初二日也

長門日下誠

（伯爵田中光顯藏）

○文久元年九月七日（樺山三圓ヨリ瑞山ヘ）

愈御壯剛御道中無御障御安着之趣大慶奉存候隨而小子も御別袖後相替不

申來る十九日發足之積御座候偖御立之砌に者居宿いたし御待合申候處多分御延にも相成候歟と一寸外出致直ニ歸申候處最早御立寄被下候段承知仕實ニ殘念千萬に存候是非々々拜面仕度考に御座候處誠ニ以遺憾至いつを亦々拜顏を得奉《マヽ》候節も可有御座候得共猶亦其內文通可申上候付左樣御含置被下度旁之儀も追々可申上候實以暫時計之御拜面に付甚遺恨に奉存候別章御願上奉り候用向のみ如此御座候草々謹言

九月七日　　　　　樺山三圓

竹《マヽ》市君侍史

（田岡正枝藏）

〇文久元年九月十五日（瑞山ヨリ島村祐四郎ヘ）

島村祐四郎後ニ壽太郎ト改ム、始ノ名ハ、雅董、後ニ洲平、瑞山ノ配富子ノ弟、

一筆啓上仕候秋氣深相成候所愈御安全可成御修、行且御留守御同樣目出度奉存候扨野生儀無異儀尤當今之時勢考合候へば最早落合て修行致す事出來がたく右に付當月三日江戶表出足を以東海道通り今日著阪致候尤衞吉

衞吉島村衞吉も同道にて御坐候巨細の儀は追々得貴顔御咄可申貴君も近々の中御歸國被成候ては如何に御坐候哉と相考申候其御地にては當時の模様は如何の取沙汰御坐候哉江戸表にて諸方の模様承り候ては實に世之中もさしつみ之様に御坐候先づは鳥渡一應之御左右迄得貴意度如此に御坐候恐惶謹言

九月十五日　　武市半平太

嶋村祐四郎様

野生抔は兼而御咄申候通兩三年も江戸表に相詰居候含に御坐候所何分落合不申に付俄に歸國仕居申候尙々御考慮可被成候

（田岡正枝文書）

○文久元年十月中旬　（福岡藤次覺書）

右半平太申出之大意將軍家王威ヲ蔑如シ却而夷人を親睦且姦計を以　和

宮様を奉迎等之儀有之より薩長二藩力を戮せ義を擧げ　和宮様御下向の期ニ先達て事を發し候色相顯れ別而長藩にては誰某々等必死之擧動時々相見え且薩長より御國を同志と見附候様に有之第一容堂様御起居及小南五郎右衛門儀成行を被相尋候段申出しに付右等動もすれば書生の釀成し候説にて容易に信用いたしがたく縱令其實ありとも於御國は猶更是等に動搖致し萬一又々御隱居様御首尾ニ御關候様相成候ては不安次第ニ付其方等も容易に發言致し人心を煽動致候儀無之様相心得尤官府へ申出候儀は如何様なり共不苦且つ又他國の風聞新に承り候はゞ時々可申出と申聞候(下略)

(子爵福岡家藏)

○文久元年十二月　(瑞山山本喜三之進大石團藏ノ二人ヲ長藩ニ遣スヤ久坂玄瑞ノ賦シテ二人ニ贈レル詩)

辛酉臘月土佐山本大石二君
來遊萩府將去作詩爲贈

葛長旄丘心事違　包胥何意等閒歸
送君郊外歳將暮　氷滿髭鬚雪滿衣
（江月齋遺稿）

○文久元年十二月廿一日（久坂玄瑞ヨリ瑞山ヘ）

毫末なから御同志中へも宜御鳳聲可被下此後は逐々御書狀御往復仕度候

大石山本二君御來遊にて承り候處其後益御淸榮被爲在候段奉大賀候僕十月十二日歸國仕候百事齟齬碌々眠食不仕候段御愧敷事に有之候さては京都も御緣組相濟み天下之大事去り申候浩歎千萬奉存候尊藩御事も二君より承候處何共御苦心之段奉察候敝邑も委靡至極にて二君御來遊之御思召通にも相叶不申面目も無之次第に御座候僕等一兩輩友人共申樣は諸侯賴むに足らず俗吏依るに足らずと存じ候之を賴み之に依る樣にては迚も天

御緣組相濟ハ和宮降嫁ヲ云フ

下に裨益する事は相叶まじく此節者仕方無之様に存じ候也折角二君御來遊を幸に政府の因循打破度存候得共夫にても徹底仕らず殘念之至なり二君明朝薩を指し御發行に相決申候彼藩も矢張別段之快事も有之間敷と存じ候二君も屹と確乎不拔之御議論無之而者迚も御志通に相成申間敷欤御氣遣申上候何も草々如此

十二月念一夜　久坂玄瑞

二白　折角御厭申も踈に御座候嚴寒風雪之折柄二君遠路態々御來遊何共奉感佩候然る處御志通にも相成申兼何共御氣毒千萬に奉存候併し役人共に關係せぬ事にて僕等友人中にて御相談被下度事も御座候得者何時被仰越可被下如何樣にも熟考仕可申奉存候已上

委曲の事は二君より御聞取可被下候

武市半平太樣　玉案下

上包ニ
土州樣御家中　長門

武市半平太様

久坂玄瑞

（瑞山會文書）

○文久二年正月廿一日　（久坂玄瑞ヨリ坂本龍馬ニ托シ瑞山ニ贈レル書）

其後ハ如何被爲在候や此内ハ山本大石君御來訪被下爲何風景も無之御氣毒千萬奉存候最早御歸國ならんと御察仕候此度坂本君御出浮被爲在無腹臓御談合仕候事委曲御聞取奉願候竟ニ諸侯不足恃公卿不足恃草莽志士糾合義擧の外ニは迚も策無之事と私共同志中申合居候事ニ御座候乍失敬尊藩も弊藩も滅亡しても大義なれは苦しからず兩藩共存し候とも恐多も
皇紲（マヽ）綿々
萬乘の君の
御叡慮相貫不申而ハ神州に衣食する甲斐ハ無之歟と友人共申居候事に御坐候就而ハ坂本君ニ御申談仕候事とも篤く御熟考可被下候尤モ沈密を尊

ぶは申迄も無之候樺山よりも此内書狀來る彼藩も大に振申候よし友人を一兩日内遣す積ニ御座候樣子次第尊藩へも差出可申と存申候何も坂本樣より御承知ならんと草々亂筆推讀是祈敬白

正月念一

時氣御自保申も踈に御座候已上

日下　誠

武市　先生

（田岡正枝藏）

親姻ハ、毛利慶親ノ養女喜知姫ノ山内豐範ニ嫁スルヲ云ヒ會盟ハ、長土志士ノ同盟ヲ云ヒ連營ハ、當時土佐ハ住吉ノ長州ハ兵庫衛戍ヲ命ゼラル、ヲ云フ

○文久二年四月（周布政之助大石彌太郎ヲ贈ル詩）

上締親姻下會盟　且欣攝海共連營

畿南縱有蠻船到　不許腥塵汚帝京

大石盟兄將帰土佐賦之以送併正周布猶再拜

（西田鎌太郎藏）

一本假名ヲ平假名送リトナス

文久二年十月七日文久三年正月廿九日那須信吾書翰參照

○文久二年四月八日（吉田元吉梟首ノ罪狀書）

此元吉事重キ役義ニ有（イ在）ナガラ心儘成ル事を取行天下不安時節ヲモ不顧一日モ安氣ニ暮度所存ヲ以御國次第ニ御窮迫之御勝手ニ相成候モ乍悟表ハ御餘銀モ有之候樣都合能申飾リ既ニ先年ヨリ御囲ヒ相成居候精米追々存分摺盡シ御國内御寶山不殘切拂何ニ不寄下賤之者ヨリハ金銀嚴敷取上御國民上ヲ親ミ候心ヲ爲相隔自分ニヲイテハ賄賂ヲ貪リ無類ニ驕ヲ極メ於江戸表輕薄之小役人へ申付御名ヲタバカリ結構成銀之銚子ヲ相調且自己之作事平常之衣食住彌花（イ華）美ヲ極メ候事モ此儘差置候テハ士民之心彌相離レ御用ニ立候者一人モ無之樣相成御國滅亡之端トモ相成候ニ付不肖之我輩共無餘義堪忍難成上ハ國患（イた患ヒ）ヲ下ハ萬民之艱苦ヲ救ン爲メ己之罪ヲ忘レ如此取行ヒ尚又サラシオクモノ也

（イ戌）四月

（瑞山會文書佐々木高行日記ニ據リ校訂）

〇文久二年四月八日（吉田參政暗殺聞書）

雁切ニ差置有之首へ如是扎付有之

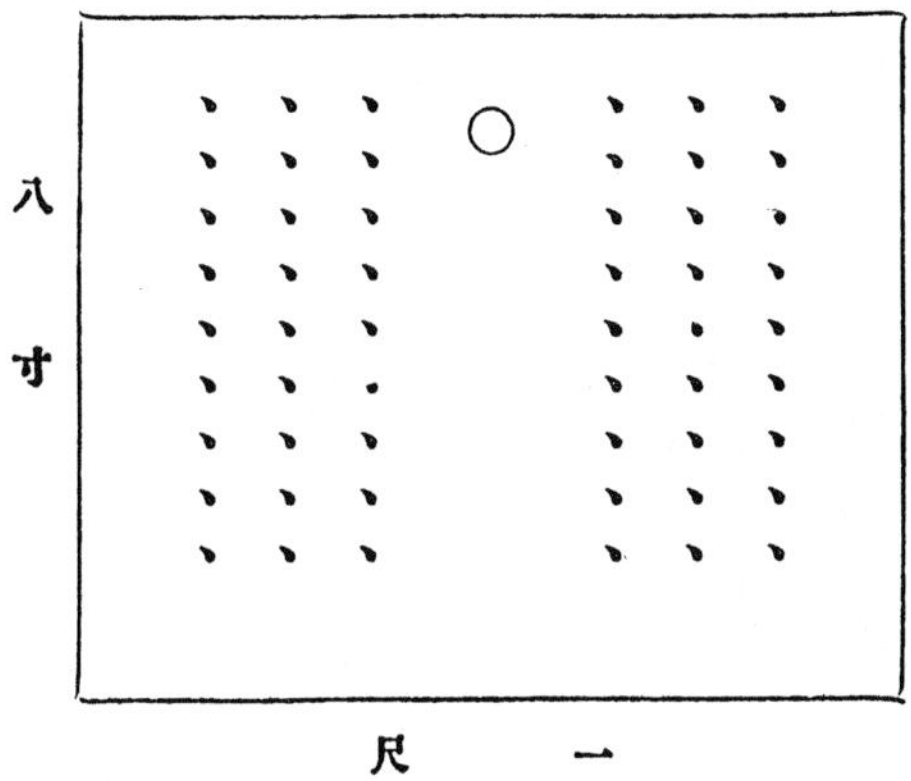

（中城直正文書）

○文久二年四月九日（吉田元吉親戚ヨリノ届書落首等）

袖扣

吉田本〔元カ〕吉

右者昨八日之夜於途中ニ狼藉者有之及刃傷相果申候故早速右狼藉者尋方仕候得共迯去今以相分不申候處右死骸其儘差置候之義御作法ニ御座候得共源太郎父子之情ニ而屍を道途ニ置居候儀難忍不得止自宅江取寄御座候ニ付此段御届仕候以上

源太郎後正春

四月九日　百々幸彌

原註 檢使御取次長瀨八馬

先刻御届仕候死体猶詮議仕候處疵三ヶ所之内肩疵長五寸深二寸開壹寸五歩右之腕かすり疵四寸計り首腮より放行衛相分不申候處雁切川ニ封狀相添有之取寄候封狀之儀は御目附方へ早速差出し申候以上

（○右封書ニ而も無之罪文板ニ記シ有之趣）

月　日

右遺家同月廿日之夜斷絕ニ被仰付候

吉田次郎左衛門

（土佐人筆記）

○

なれ物盡くし

凡土國になれ物つくし多中にをこんとはたんとなれ

惣分御主から留てかなれ

文武のやかたゐ（マヽ）行人らなれ

やかたの高下いとほふがなれ

輕（マヽ）物まはやすみらなれ

夫でをさき〳〵御出あなれ

處々の樂書ハ主らなれ

役目の御人ゑおさとりなゐ
きあらでやぶさねやしよふりなゐ
きれやあき御役目御首りなゐ
方々扱《マヽ》せど有所りなゐ
御腹ハ立とも志みちの゙なゐ
むごゐと一口言人の゙なゐ
とふから止たら言事なゐ
せけんのねたみも際限なゐ
あんな騒動今迄なゐ
御國はこれではおさまらなゐ
古來の御心配云人がなゐ
新手をするのをとてつがなゐ
跡役さはもり志よふハなゐ

後日の御役目え《マヽ》付がなへ
國中さはぱり
ばこらて下々をうるそふなへ
ない物を只仇口作り立めはたな事云物てなへ
（土佐人筆記）

○

木綿物大安うり

一四辻のアカネ染
一首ハ雁切サラシ木綿
一女夫カ遠足アノ世木綿
一跡ハ斷絶ニ鳴海絞り
一氣味カヱヽと結城縞
右品々卯月八日夜より切賣致シ申候外ニ色のさめた江戸紫品川邊ニ押込
御坐候得共是亦近々大名筋ニすがやして近日世ニ出し可申候間多少不限

御用向之程奉願候

賣捌所土州高知

帶屋丁右衛門

(土佐人筆記)

此ノものが盡ハ「寂ふ出ぬものが今やまつた役ト吉田の相手」との如く、上二行下二行に讀ムベシ

寂ふ出ぬ
ものが
浮雲加減で
仕合の能きをのが
歎ふそ
居る物が
五月雨通して見ね
ぞ分らぬものか
都合の抜《マヽ》タ

今やまつた役人ト
吉田の相手
西御邸の御作事ト
島村左五郎
吉田の石突ト
浦々御分一
川合純郎
文武館
御留守達の交代ト

おのが　野村ゟ女房
治り付ぬ　櫻馬場と
をのが　御場所止り役人
六ケ舗　是から向キの御勝手ト
をのが　北の口の御奉行
追付運の開る　雨森と
ものが　御北の御老女
氣の悪い　櫻馬場の玉向《マヽ》キト
ものが　市原八郎右衛門
辭《マヽ》ヤト言もぬ　大手筋改易ト
ものか　半知御借上
せねばならぬ　植疱瘡ト
をのか　古格御役人

（土佐人筆記）

○

日本無雙奢落し藥

一此藥誠忠之時鳥を主藥として蘭方を交ゑず漢方専らとして調合をせしむるより四月八日甘茶を以服す時もいかなる叛逆大望の頭を落し又御奉行御仕置御目付其外小役人なりとも一身役位を震う者と云らさる事なし一國の動氣を靜め米穀を安ンし足の輕をまし一念の季をまし紙蠟燭の病を直し改正等相發事を暫く昇進する事なし逆政を治め兩格とす何も良劑なり此藥水道本町邊ニ近年紛敷毒藥出し候間能く々々御吟味之上御求め可被下候

本家調合所

西大門ニ而　安房館製

此藥ハ天竺釋迦如來へ御夢報ニ而弘法大師歸朝之後土佐國長濱雪溪寺

月曉ニ相傳有之西田衞門の狸申出候事我等先數輩　御先代樣前より住居ニ候所武家之御方ニハ引料家地等相當候得共我等畜類とは乍申有性ハ何之沙汰も無之伐剝退所も無之恨ヲ含ミ申候

狂歌ニ

渡邊のかとて取たる鬼の首

けものゝ里の恨み成りけり

四月八日題

料理しなおを見ニ行や初鰹

鳴ても忘れぬ首打《キユエ》のゆきさた

ない捨てか忘らを

とるや初鰹

（土佐人筆記）

山内豐譽兵庫又民部ト稱ス豐信ノ弟資性謹厚勤王ノ志深ク心ヲ傾ケテ瑞山等ヲ庇護ス

○文久二年四月十一日（山内豐譽ヨリ瑞山へ）

包紙奉書

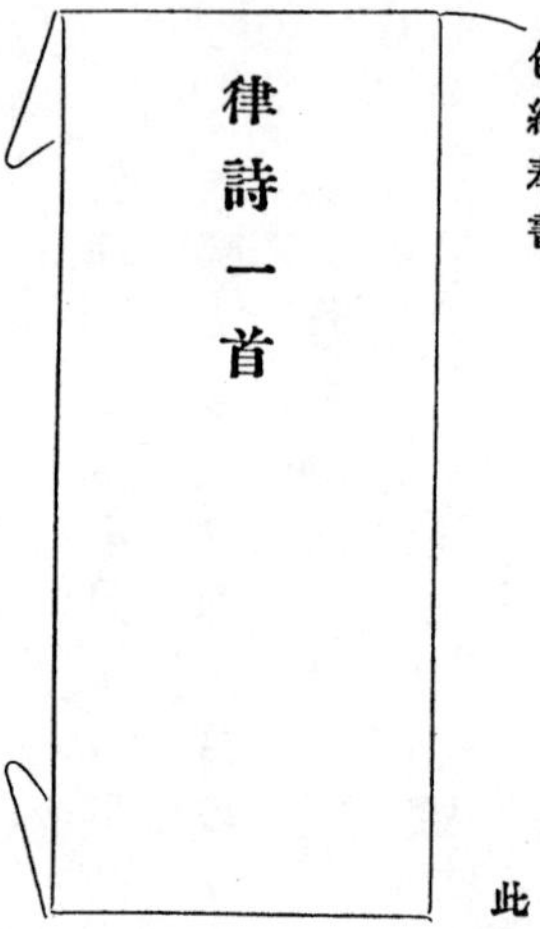

此包紙ノ中ニ左書ノ文書入紙ハ通常ノ白紙ナリ

又宛名モナシ

一只今一等（マヽ）必死相極及傷ニも相成候勢之由然るニ今取手參り候とも先心静ニ縛ニ就相待候得者直ニ刑儀定候譯ニモ有之間敷又我々屹度力を盡し一時ニ打隤（イ潰シ）し可申ニ相定候間先左樣相心得候が至極忠義ニ相當り候乎と存候

四月十一日　民部

此分モ亦奉書ノ包紙ニテ黄色ノ紙ニ
左ノ文書認有之之ニハ日附モ宛名モ
都テ何よもなし

少將様ハ山内豊資

○文久二年四月十一日（山内豊譽ヨリ瑞山へ）

取手先暫延引ニ相成候様先刻少將様へ言上ニ相成候ガ只今形勢如何内々氣を付可申來候　（武市家文書）

『明治十八年八月五日（山崎愼三ヨリ田中光顯へ）』（參考）

拜啓時下炎暑難耐候處益々御靜榮可被爲在御從事奉拜賀候降而鄙生瓦全御放懷相仰申候陳ハ先般於御地御契申上候歷史材料取纒主任之

嶋村壽之助明治十八年七月卅日歿ス

古澤氏、古澤滋

愚叔、瑞山ヲ云フ

義嶋村翁長々病氣終ニ死去候樣ノ都合ニテ今以テ誰トモ相定リ不申其内過日出高致候ニ付猶嶋村笑兒等へ引合候處同姓ノ不幸一條相片附候ヘハ二三ノ同志者ニ計リ撰定可致段申立居候ニ付不日相定リ申スヘケレハ其上ハ早速御報道可申上候此段御了知相願上候偖豫而古澤氏詮議致居候牛邸公子帶屋町一條豫知云々ノ件過日其証ヲ得候ニ付指上申候古澤ヘ御都合モ候得ハ御廻送相願申候

過日出高中一日武市ニ到リ愚叔常ニ相用居候懷中物ヲ改メ見ルニ律詩一首ト表書シテ最嚴ニ奉書ノ紙モテ包ミシ物有之披テ之ヲ見ルニ詩ハナクテ別紙寫ノ如キ短簡有之又同シ紙ノ包ニ覺ト表書セシモノ有之之ヲ見ニ別紙寫ノ如キ書類ナリ此分ハ黃色ノ紙ニ認有之卽當時ノ御用紙ナリ依テ思ヘハ之も亦同公ノ許ヨリ發セシ候モノ歟右二片ノ文面ニテ十分彼公子豫知セシヿハ明瞭ナランカト相考申候猶別紙御熟讀ノ上御賢考ヲ乞

身前之義ニ付過般東村迄仰聞セレ候都合同人ヨリ承知仕候誠ニ深情ノ段肝銘之至深奉拝謝候實ハ過日ノ場所ハ豫テノ希望トモ異ヒ豫期セサル事故心事決兼候義有之其赴東村迄申遣申候猶又此上不悪御配慮ノ程相願申候時下炎威裸体モ不耐別而御自愛専一之御事ニ奉存候先ハ右迄書外期後鴻候也　誠恐々々頓首拝

八月五日　　山崎慎三

田中光顕様

玉案下

（瑞山會文書）

『明治廿年四月　（生原重周覺書）』（參考）

武市先生其他八十余人ノ紀年碑ヲ土佐國五臺山之麓ニ建設既ニ成ルト聞ク曩キニ予モ醵金ノ一部ニ關ル故其工事ニ係ル決算書ヲ井出君ヨリ予ニ示サレ其盛大ナルニ驚キ過キシ昔ヲ追想シテ始テ斬奸ノ談

井出正章

山内民部、名ハ豐譽容堂ノ弟

山内兵之助、名ハ豐積容堂ノ弟

話ニ及ヒ予ハ最モ其機密ニ關リシモ故アリテ未タ人ニ吐露セザリシガ其實ハ云々ト語リシニ井出君曰今日ニ在テ何ノ憚ル所アランヤ此頃同志者東京ニ在テ武市氏ノ履歴書編纂ス其書畫遺蹟ニ至ル迄集緝シテ遺スヿナシ兄其顚末ヲ記セヨトノ需メニ應シ大略ヲ左ニ記ス

文久二年ノ頃予ハ山内民部公子容堂公ノ四弟ナリノ近習場ヲ勤メシ頃執政吉田元吉大ニ改革ヲ行ヒ國政ヲ左右スルヿ如意權威一人ニ歸シ衆皆畏懼セサルハナシ此時ニ當テ武市先生京師ヨリ歸リ始テ尊攘ノ説ヲ唱ヘ慷慨悲憤同士ヲ募リ吾藩薩長ノ義擧ニ後レンヿヲ憂ヒ屢政府ニ説クモ容レラレス執政吉田元吉佐幕論ヲ唱ヘ君側ニ在ルヲ以テ如何トモ爲ス能ハス千辛万苦止ムヲ得ス斬奸ヲ行ヒ國是ヲ一定シテ他日大ニ義兵ヲ擧ケンヿヲ竊カニ正義ノ士ニ謀ル爰ニ山内兵之助南邸同民部東邸兩公子ハ正義ニシテ殊ニ民部公子ハ頗ル英邁ノ聞アリ當時ノ權臣ヲ厭フト岩崎馬之助兵之助公子ノ教授ヲ勤ム公子ニ説ク同公子ヨリ之ヲ民部公子ニ

告ク公子大ニ武市先生ノ意ヲ賛シ共ニ奸臣ヲ攘ハンヿフ勉ム一日武市先生予カ家ニ來リ曰時大ニ迫ル薩長夙ニ勤王ヲ唱ヘ遂ニ討幕ノ論既ニ決ス吾藩時機失ス可カラス然リト雖モ奸物君側ヲ擁シ吾言固ヨリ容ラレス却テ禍害吾黨ニ及ハンヿ必セリ故ニ止ムヿヲ得ス事斬奸ニ決ス君今民部公子ノ許ニ勤ム宜シク努力ス可シ予之ヲ諾シ感慨死ヲ以テ誓フ翌日東邸ニ赴キ窃カニ公子ニ説ク公子予カ心ヲ疑フテ實ヲ言ハス予頻リニ切論止マス前日武市先生予カ家ニ來リ與ニ死ヲ以テ誓ヒシヿヲ述ヘ漸クニシテ心解ケ或ハ云フ古來機密ノ漏ル丶ハ多ク閨房ノ内ニアリ戒心セサル可カラス抔ト談話時ヲ移シテ退キ英敏ニシテ且沈毅ナルニ感シ同志中最モ望ヲ公子ニ歸ス其後亦先生予カ家ニ來リ曰ク斬奸ノ機會未タ至ラス只恐クハ藩主發駕（此ノ時江戸參勤令アリ）ノ期日迫ルト予曰其機會ヲ探知スル如何曰執政ノ若黨ニ懇意ナル者同志中ニ一人アリ故（ニ脱カ）執政ノ動止時々知ルヿヲ得ト談時ヲ移シテ去ル後四

月六日先生予カ家ニ來リ云フ天幸既ニ至ル明夜君公終會ヲ催ス執政則チ待〔侍カ〕講ニ當ルト實ニ好機會ヲ探知セリ計略既ニ整フ其任ニ當ル者ノ外ハ誰モ知ラス果シテ遂ケ得タル上ハ君側ノ奸臣ヲ除クハ偏ニ公子ノ盡力ヲ仰ク君努力セヨ果〔ト脱カ〕シテ先生ノ言ニ違ハス翌八日朝市中皆言フ吉田元吉斬セラルト大ニ狼貶〔狽カ〕上下騷擾探索至ラサルナシ同九日ニ至ルモ奸臣退カス探偵益密ナリ有志輩大ニ疑ヒ若シ奸賊ノ手ニ縛セラレンヨリ寧ロ脱走スルニ加カスト議論沸湯〔マヽ〕同十日未明予カ門ヲ叩キ來ル者ハ楠瀬六彌ナリ其容貌ヲ看ルニ旅粧ナリ曰ク武市先生ノ使ニ來レリ事切迫委細ハ武市先生ノ書翰ニ盡セリ直チニ東邸ニ出テ盡力アランヿヲ乞フト書翰ヲ投シ去ル此ノ時予兩親ノ嫌疑ヲ受ケ書翰ヲ披ク能ハス窃カニ屋後ニ至リ披封ス其大意ニ云フ斬奸後既ニ若干ノ時日ヲ經ルモ奸臣〔マヽ〕依然タリ政府未タ改革ノ令ヲ發セス探偵彌密ナリ有志輩大ニ沸湯既ニ破レントス寧ロ賊手ニ縛セラレンヨリ早ク

奸ヲ攘ヒ脱走スルニ如カスト衆議一決ス軍貝ノ一聲ヲ待テ愛宕山ニ勢ヲ揃ヘ襲ヒ來ル賊ヲ破リ京師ニ走ラントス實ニ危窮存亡ノ秋一髪千鈞ヲ曳クカ如シ公子宜シク吾輩ノ赤心ヲ惘（憫カ）ムナラバ寸時モ早ク奸臣ヲ攘ヒ正議ノ臣ヲ擧ケンコヲ切望ス君直チニ吾書翰ヲ以テ公子ニ告ケヨ云々讀終リ吃驚卒カニ書翰ヲ携ヘ東邸ニ赴ク公子寐ニ在リ未タ起ク（タカ）ス故ニ具サニ切迫ノ事況ヲ書シ老女ヲ以テ封書ヲ奉ス暫ク在テ公子予ヲ召ス予先生ノ書翰ヲ出シ事實ヲ告ク公子大ニ驚ク稍在テ岩崎馬之助南邸ヨリ馳セ來ル曰勢已ニ迫ルト予公子ニ告ク公子忽チ一書ヲ草シ予ニ與フ其大意ニ云フ假令賊手ニ陷ルトモ縱（従カ）容縛ニ著ケ敢テ疎暴ノ擧動アル可カラス他日正奸ヲ正スハ吾等カ任疑フ可カラスト予之ヲ馬之助ニ與フ馬之助馳テ武市先生ニ與フ大ニ歡ヒ涙ヲ垂レテ之ヲ受ケ有志ニ示ス有志尚馬之助ノ策カト疑フ生（先カ）生衆ヲ叱シテ曰決テ疑フ可カラス衆漸ク鎭マル暫在テ民部公子書ヲ大學公子追手邸

山内大學名ハ豐榮豐信ノ父豐資ノ弟

土佐守豐資致仕景翁ト稱ス

及家老山内下總ニ送ル予使者ノ任ヲ勤ム下總ニ面會シ焦眉ノ急ヲ告ク下總曰到底下手人ヲ活スコ難シ所謂大石藏之助ノ如キ忠臣モ尚且如此其ヨリ大學兵之助ノ兩公子及家老山内下總同深尾丹波東邸ニ來會ス大學公子曰事穩密ニ謀ルニ加カスト同公子ヨリ北邸御隱居（後景翁ト稱ス）ニ奥向ヨリ（密脱カ）書ノ往復再三ニ及フ漸ク十（一脱カ）日ノ夕方ニ至リ政府改革ノ令ヲ發シ時ノ奉行職深尾弘人執政由井猪内大目附市原三郎左（八郎右カ）衛門等其他ノ權臣盡ク退ケラレ山内下總奉行職ヲ命セラレ深尾丹波近習家老ヲ命セラレ平井善之進（丞カ）執政トナリ小南五郎右衛門大目附トナリ漸ク鎮靜ス其後ノ沿革ハ人皆知ル所ナレハ此ニ贅セス

明治廿年四月記ス

生原重周

（瑞山會文書）

池内藏太、名ハ定勝變名細川左馬之助又細江德太郎

○文久二年五月十六日（瑞山ヨリ池庫太へ）

先夜も御來臨難有奉存候之かれば急々入用御座候ニ付上邊同志之格式親の名御しらべ被下御廻し被下度奉願候右迄早々頓首

五月十六日　墨　龍拜

池庫太兄

（瑞山會文書）

堀次郎、本田彌右衛門

○文久二年六月二日（間崎哲馬ヨリ瑞山及ヒ島村壽之助門田爲之助へ）

四月廿九日月次之飛脚未タ著セス餘リ遲緩故人々不審セリ

五月廿三日薩邸黑田嘉右衛門ヲ訪フ此仁記錄役トテ國史官ノ由一昨年ヨリ在府隨分質直ナル人物堀本田抔共懇意ノ由也此人モ兎角永井雅樂ヲ疑フ樣子金子與三郎武井勘平ヨリ姦狀ヲ承知ト申故近日金子ト面論相與ニ邪正ヲ糺シ長藩ヘモ質問ノ筈ニ約束ス尤モ此事ニ付其前兩度金子ヲ尋タ

ボッタリ、落職ノ意カ

ル處始終他行ノ留守也

同日脇坂老侯楫水御呼出閣老被蒙久世侯モ未タ御免無之廿八日ニ拜辭ノ義被願出候處厚ク養生相加ヘ追テ快氣ノ上出仕可致尤モ外國掛御國益掛等ノ兼帶ノ役義ハ御免被仰付トノ由

只今承リ候處久世侯モ昨日又再願今日御免内藤侯ハ一昨日御免松平豐前守抔モ近々ボッタリト《申カ》由說愉快々々板倉脇坂水野三侯越前侯ヘ力ヲ添ヘ大御奮發之由御側衆之内大久保志摩守御免安對等之黨ト申事此節御側衆邊ヨリ親近之重臣ノ奸物及ヒ御奥之姦婦人一掃之密議ニテ越前侯三閣老等大苦心之由也

五月廿四日越前藩千本彌三郎ヲ訪フ中根靫負ヘハ未タ緣手ヲ得ス何分此度春岳公御重役蒙ラレ候事故藩士モ容易之儀吐露不致樣ノ内議ト見ヘ外交ヲ憚ル樣子也併シ彌三郎ハ桂小五郎懇意ノ人故半日計談論ス將軍家上洛等之議論長藩建白之通同意也中根等モ同斷之由春岳公之意モ不問シテ

可知ト思フ
同廿日將軍家被仰出左之通
近年御政事向姑息ニ流レ諸事虚飾ヲ取繕候ヨリ士風日々輕薄ヲ增御當家御家風ヲ取失ヒ以テノ外之儀殊ニ外國御交際ノ上ハ別テ御兵備充實ニ無之テハ不相成就テハ時態ニ應シ御變革被取行候間簡易ノ御制度質直之士風ニ復古致シ御武威相輝候樣被游〔遊〕度思召候間一同厚相心得可勵忠勤候
同廿七日又々被仰出有之是ハ御書付未得一覽候得共諸事寛永前之御制度ニ御本ツキ被遊ト申事ノ由何分幕議ハ鎖國ノ御沙汰ナルヘシト云說多シ因ニ云フ薩ノ黒田ノ話ニ只今ノ勢一ト先鎖國ト主意ヲ立サレハ終ニ姑息ニ流ルヘシ其上ニテ長崎箱館邊ニテ兩三蕃制シ易キ不法ヲ働カサル者ノ互市ヲ許スヘシ長藩ノ建白ハ何分開港ノ方ヘ落著候樣ニテ太平人氣振起之處乏キ樣ナリ僕等不同意ト云此論長藩ノ開鎖ハ時之宜ニ從フ

ト云底意ヲ知ラサルニ似タリ然共薩藩議論剛正之如ク見ルニ足リ甚頼
舖事ニ思フ於尊兄如何
都下市中ニも御觸有之是迄苛嚴ノ法ハ盡ク被除候由半藏御門通モ明キ昨
夜モ右御門ヲ通候者之話モアリ見附々々夜中往來不及燈火其外兩山御廟
參及御代參等之時ハ臨時之警衛等一切被差止之脇坂侯抔ハ僅之人數ニテ
大通ヲ輕々舖往來萬人悅服難有々々ト云人氣ト云モノハ可笑物也夫ニ付
人心夷賊ヲ惡ム事益甚シ唐人嫌ヒノ御老中揃ヒシ故彼ヲイヽ氣味ニアハ
スヘシト鳶輩迄相語ル
新閣老孰モ不正之音物ヲ取ラス裏通之使者一切被斷何用何進物タリト
モ表玄關通トノ御沙汰アリ脇坂ノ役義御蒙リ之御歡ヲ被戾候迚御留守
居方ニアキレテ居ル樣子也
同廿八日カ廿九日カ上洛ノ儀被仰出有之近年内是非御上洛被遊ニ付左樣
相心得兼テ用意可致置御日取之義ハ追テ被仰出ト也長州侯ニモ廿九日御

暇被下候也昨朔日長州侯ニ加賀御嫡筑前守御兩侯へ將軍家御對顏有之上意之處不相分ト云フ

同廿八日酒井雅樂侯京師守護職御蒙ニテ當地出立井伊家御免追々黜罰之下タ地ト云説多シ爰ニ又タ一快事アリ聞タマヘ一昨廿九日ノ夜九ッ時頃東禪寺ニ寓スル英夷歩卒隊長「ソフレン」「コソツ」トカ云兩賊ヲ狙撃セシ者アリソフレン右ノ股ニ槍疵一ケ所右ノ腕ヨリ切落有之絶命コソツ腹ニ二箇所槍疵アリ深手ナレトモ未殊ヨシ一体昨年ノ騒ヨリ右寺内モ殊ノ外嚴重三重ノ墻垣ニテ犬猫ノ通リテサヘ知レル樣ニ用心致シ有之由之處一昨夜ニ於テハ門戸之鑰モ依然墻垣ノ間モ猫ノ通リ候跡モ無之ト申事夷人ノ馬取ニ浪人雜リ居タリト云説多シ然ニ警衛人數奴僕ニ至迄遁去ル者無之同心抔モ更ニ不審晴レサル也

ミニストル二十七日登城之後如何成譯カ早速横濱へ引取候也夫故此禍ヲ脱セシト見ユ

東禪寺守衛ノ士松本藩士伊藤軍兵衛英國公使館員二人チ斬リ自殺ス

昨年ノ騒、文久元年五月廿八日水戸藩士有賀半彌等東禪寺ノ英國公使館チ襲ヒシチ云フ

周布政之助

直八、時山直八

大石彌太郎

宮田丹齋田内衛吉村田忠三郎ナリ

墨龍、瑞山賢弟、田内衛吉上田楠次カ

僕モ廿五日ヨリ暑痢之風ニテ相煩ヒ今日漸起上候樣ノ事ニテ周布邊ヘモ得出掛不申明日明後日之内ニハ彼邸ヘ參ルヘシ西村鐵之助病中ニ毎々來リ世間之動靜ヲ知ラセクル長之櫻田邸留守居大和彌八郎手近故異事ハ時々手紙ヲ以報シクル直八モ下痢相煩往來スル事能ハサルヿ久矣大石君御狀早速持參セリ木原ノ事モ呑込候樣子追々相談スヘシト也

宮田村三友志氣依然彪三郎一昨日御詮議掛リヲ以類族同列之内ヘ御預ニ相成候處勘定方ニ游（遊カ）學生ナリ迚預カラス村田ト僕ヘ御留守居方ヨリ申來候得共僕ハ病氣忠三郎モ同列ハ勘定方ナリ我ハ同列ニ無之且一人ニテ番手不相調段申張リ居候内昨日品川邸憲府ヘ又被召出類族同列ヘ御預之立リヲ以揚屋入被仰付候

次便伏水ヨリモ御國許ヨリモ細々尊答奉煩候五月十四日發之御飛脚本月二日之夜著府墨龍君ヨリ賢弟ヘ御越之短簡傳覽御細書ノ參ラサル子細ヲ得且楠二（次カ）ヨリ浪華認之書到來四人共屈指楠之著府ヲ相樂居候長州侯今日

御發駕中山道通御上リ也周布時山等ハ十日頃之發足也先相變ル事無之只
建白之意一二徹通滿足ノ氣色也
敕使井島津泉州君今夕品川驛御止宿明朝御入府ト申事京師ニテ公卿方へ
下リ候敕書疾ク京師ヨリ廻リ可申トハ存候得共爲念一通寫取差出申候南
海之忠士義臣ノ歸嚮抔申御文意冥加ニ餘リ感涙ニ堪不申候僕因テ思フ本
藩亡命諸人國ノ常刑ヲ加フ可ラス何トナレハ聖天子ノ叡慮ニ叶ヒ忠臣義
臣ト被仰下候者ヲ藩國ニテ呵ルヘケンヤ大過アルナレハ格別小過ハ赦シ
無罪トスヘキ事論ナシ若右等罪案ノ論ニモ至候ハヽ御賢慮ノ程奉仰候
幕府被仰出左之通
一六月朔日月次御禮以前布衣以上之役人一役一人宛於芙蓉間御老中列座
　被仰渡候趣
近年之內御上洛可被游《遊カ》旨被思召候御治定之義ハ追テ可被仰出候此段先
御內意可申達旨被仰出之

一御禮後万石以上之面々再於御黑書院御目見被仰付上意之趣近年不容易時勢ニ付今度政事向格別ニ令變革候間孰モ爲國家厚相心得心附候義ハ可申聞猶年寄共可申談

石谷因幡守

御側御用人水野出羽守殿モ落職其外御町奉行石谷御免勘定奉行邊モ奸物被差退候由未夫々名前得承リ不申春岳公之御力居多ト申事ニ候今朝水藩內田清次郎ト申男突然ト尋參リ咄承リ候處中納言公ニモ此節一橋越前兩公ト繁々御面談之由也

新御隱居、山內豊信容堂

同志中此地へ罷越候義眼前危急之時勢ヲ政府ニ頓著無之ヨリ銘々微忠之至誠ヨリ出テ三都游〔遊カ〕寓私財ヲ費シ公用ヲ辨シ候處此節ニ至リ政府ニモ憂慮有之譯ニ候得者新御隱居樣護衞之人數等ハ片時モ早ク御手配ニ相成就テハ是迄三都之間ニ罷在微忠ヲ盡候者ハ右護衞之人數之內ニ編ミ入レ志願ヲ達セサセ候義當然之義ト奉存候勿論君家之爲メ費用等厭ヒ申譯ハ無之候得共同志ノ內多ハ微祿貧生之事ニテ金錢ノ事計ハ力ニ能ハサル者ニ

候得者是等ハ上タル人ノ勘考アルヘキ事歟ト奉存候既ニ三友共近來之勢
穩故一ト先歸國致スヘク左ナクテハ何ツ迄モ財力續キ申間舗トノ事僕ヘ
被談候是亦尤之事ニ候乍併未タ鮫州邸ヘ御人數モ參リ不申最早內亂ハ有
之間舗ナレトモ攘夷ノ議起居候事故夷賊之寇亂難計今暫相見合候筈ニ評
議仕候僕ハ探索之任故乍不及何ツ迄モ滯在之心得ニ御座候得共三友之內
ハ事宜ニヨリ歸國之程モ難計甚以殘念之至ニ御坐候此義ハ社中ヨリ申立
候ト鄙劣ニモ相聞ヘ候樣之嫌疑モ可有之候得共國家之爲メ御賢慮被成要
職之諸先生ヘ御謀被成候テハ如何將又上邸鮫洲之御用役何分明斷ニ乏シ
ク動モスレハ俗吏ニ被欺吾黨諸願等多ク沮ミ止メ一同鬱悶不平勝ニ候中
々ケ樣ノ時節ニ忠義之論ヲ折シク樣ニテハ勤王モ何モ出來不申是等モ御
考モ可有ト奉存候故入御耳置候
容堂樣今以上邸御滯坐也
圓齋君還俗之上純二郞ト革名致度段願出候處當地御目附方計ニテ相濟ス

竹五郎君ヨリ於御國許願出候上ト申事餘程議論モ致候得共埒明不申其上同人實ハ元服致居候テ上御屋舗往來モ難出來大迷惑ニ候竹五郎君ハ住吉之戍營ニ被詰候欤ト存候大寶君急ニ御引合右之通願出ニ相成候樣御周旋被下度圓君ヨリ被托候

六月二日夜燈下書　楓川

墨龍君（墨龍、瑞山）

稚戎君（稚戎、島村壽之助）

伏水ニテ

大寶君（大寶、門田爲之助）

同志之諸君へ御序ニ宜シク三友ヨリモ同シ

（瑞山會文書）

○文久二年六月十一日（中山忠能ヨリ三條實美へ）

原書卷表三條實美自筆

従忠能卿内東匆卒不克寫得送土州之間
借乞彼卿草案書寫之畢　六十三　實美
文久二六十一於御前書試草案即日御内定
實美朝臣ヘ遣ス同日同朝臣參内示談下官正三
○島津方容堂ノ事被示六十二本多彌右衛門へ示

追て本文之趣至極御内々之義に候間必々他漏無之樣御取計御含可給
候　乱書

弥御安全珍重存候抑ミ御尋申入候土州當主今歳出府年に候処因所勞延引
被願候欤の説有之候右も實事ニ候哉内實ハ伏見通行も有之候ハヾ京都へ
立寄ことも有之候樣被遊度御内々
叡慮ニ被爲在候尤兵などを被召動候与申樣の儀ニハ一切不被爲在候へと
も方今世上の形勢何共深被惱
宸襟候就而も薩長両藩厚周旋之次第粗御承知の通ニ候於土州も御内々御

依賴被遊度御事も被爲在候に付通行の便　思召之邊も被仰出候へハ至極穩ニ而宜与被　思召候處先文所勞延引之由被　聞食深以御殘念被　思召候凡いつ比出府通行相成候哉御內〻被　聞食度との御沙汰に候仍此段密〻貴卿迄御尋申入候御內調之上否御答可給候也

六月十一日　忠能

三條羽林公

（公爵三條家文書）

○文久二年六月二十日（山內豐範ヨリ三條實美ヘ）

貴翰被成下恭拜誦仕候甚暑之節御座候處先以被爲揃愈御勇健被成御座恭賀之至奉存候然者方今京師之形勢御內密被仰越候事共實に不容易時勢と奉存候右に付中山大納言殿より極內々を以當時勢旁參府仕候節京師ニ滯

在薩長同樣皇都警衛之義弱年不肖之私へ御依賴被仰付度　叡慮之御旨御
內沙汰之委曲貴君樣へ迄御示之趣拜承仕候ては身に餘り難有奉畏候然に
方今之形勢弊藩に傍觀難相成短才黃吻を不顧乍不及公武御合體之筋兼て
關東へ建白仕度深慮之筋御座候に付早々彼地へ罷下心得に御座候處今春
以來不勝にて其儀延引仕漸此節快和に相移り候間此度發途仕一先關東へ
罷下り前文之意味父容堂へも斟酌仕候上にて取計申度存念有之候故滯京
之儀は今暫御宥恕之御沙汰を奉蒙度依て御都合に寄爲名代召連候人數差
分相應手配方仕　皇都爲守衛差置申度奉存候間此段預め得貴意候に付右
之旨趣大納言殿へ御都合宜敷被仰入度猶委細之儀は近々上京御直談可仕
夫迄之內任來諭家來之者一人貴殿へ迄伺候爲仕前以彼是御引合爲仕可申
間其節委曲私內情御聞取を以不惡樣御取扱被仰付度伏て奉願候右彼是不
外御親戚之御續合に候得者猶此上返々も宜敷御取持被仰付相成丈忌諱に
不觸樣之處偏に御配慮被仰付度奉希候右御報旁愚札候恐惶謹言

六月廿日　　土佐侍從

三條少將殿　參貴殿

（公爵三條家文書）

○文久二年七月二日（三條實美ヨリ中山忠能ヘ）

暑熱酷烈難堪候倍御清佳雀躍之至候抑唯今土州返翰來着致候間則入電覽候今明日之中にも中老先着仕候と存候猶其上承可言上候不取敢返書入御覽候尤持參可申上心得之處時邪感冒平臥之仕合乍・（欠カ失カ脫）敬先々以僕差上候猶一兩日之內拜面可申伺義も有之候間宜希上候仍不取敢早々要用如此候也

七月二日　　實美

中山亞相公

密　展　　（忠能朱書）〔七三來即日入　叡覽〕

（侯爵中山家文書）

○文久二年七月十九日（武市瑞山ヨリ岡村甚三郎へ）

一筆啓上仕候殘暑强候處被成御揃愈御安全可被成御渡愛度奉存候隨而私儀無事ニ消光仕候間乍憚御休意可被仰付候時々何角御世話相蒙り千万々々難有仕合ニ奉存候又々此度も品物留守へ差廻し候間宜樣奉頼上候先取紛右御頼御挨拶迄申上度如此御座候尙期重便時候恐惶謹言

七月十九日　半平太（花押）

甚三郎樣

尙殘暑御いとひ專一ニ奉存候以上

（伊藤修藏文書）

○文久二年七月二十六日（瑞山ヨリ妻富子へ）

との樣御病氣ニてまゝゝ御滯坂日々用事有之どこへも參られ格別はなし

もなし

はしか、痲疹

との様もきのふ御らみ御とき被遊來月の初ニて　御發駕の御趣なりはし
か大流行なれともしる人ニも死ニそふな人ハなし安心〻〻惣分へ御ふさ
たよろしくらしん

七月廿六日　　半平太

おと乙との

無事

（武市家文書）

○文久二年八月朔　（瑞山ヨリ姉奈美子ヘ）

奈美子、瑞山ノ姉山崎孫平ノ妻

此間ハ御文被遣難有そんし〳〵殘暑强候へとも御きけんよく小供のそ
く才ニて兊て度そんし〳〵扨御引越被遣候よし留守向何角御世話被遣
難有そんし〳〵私事ハそく才ニて夜ひる世話敷くらし候乃ゝ少も〻〻
御氣遣被遣間敷願〳〵足のそねへねぶとらでゝつまみ候處とごめてい

ねぶと、腫物ノコト

いしぶ、イノゴ
竹馬、瑞山ノ甥愼三ノ幼名
仲吉愼三ノ弟

しぶニなりきのふハ往來も來出にひるいしやと云ものが有て夫ニかゝり
ひるをつけ大ニつへくはろき申候竹馬も文武をむけむろふ仲吉もよふ云
事を聞ろふまあ〳〵めてとふこさりまにらしれ

八朔當賀　　　　　　　　　　　　半平太

姉上さ母へ

衞吉、田内衞吉茂稔瑞山弟

衞吉もけさ戻りました當時留《トヽメ》置つもりておさりませ
暑御いとひ御保養専一トそんしり〳〵

（武市家文書）

○文久二年八月朔　（瑞山ヨリ妻富子へ）

ほ《こカ》とニよるととの様よりさき壹人《ひとり》京都へ被差《さし》立らも忘れん
なと月十二日の文相達候殘暑强候へとも皆さな御きけんよく光て度そん
し候

丑五郎、瑞山ノ僕

太守様此頃ハ御全快被遊恐悦相唱次ニ我等丑五郎無事氣遣有ましく候扨

小笠原保馬、楠瀨六衛、岡田以藏、阿部多司馬

兼齋、前ニ圓齋トアリ

もしら大流行ょて保馬以藏六衛田那部高松阿部多田其外御供之人九歩通り相煩《ワヅライ》候處此頃ハ皆々仕まひ大ょ々々安心々々丑五郎も同様ょて候處是又全快ょてくつろき候御國ももやる事トそんし候
一衛吉今朝江戸より歸り來り村田忠三郎ト兩人來ル兼齋ハ直ニ御陣《ヂン》屋の方へ行候よし兼齋ハ竹五郎の石とふ抔たてゝをき夫より歸るよし衛吉ハ當分大坂ニ留メ置つもりなり此頃ハ天下の大事の場合《ハアイ》ょて只うらうらした事ょてハ不相成事なり
一田那べの兄さん金子三兩もつてき・（た脫カ）のへ持ておんらへ云ておおさんせ
一今月の十日ゟ十四五日ょゑ御發駕ょて京都へ御出なり夫より又京都ょて御滯座なり
先格段の咄もなしらし九

八朔の夜　　半平太

おとみとの

不相替世話敷事内ニおるも同し事ニて朝から晩まて人ニたてられ候あつんそく〱

（武市家文書）

〇文久二年八月十八日（瑞山ヨリ姉奈美子へ）

ほゝヨウノ意

田内、衛吉茂稔瑞山ノ弟

此頃はさん〱雨ふり暑も次第ニうすらき少しは暮しよく相成候先々御前さま初外皆々御きげんよく悦て度存まいらせ候私事大坂へ著て以來日々世話敷心配致しゐるん處ハ少しもなくよお〱一兩日前より少しもきニ相成きのふハ無據人ニさそゐれらの日本一の太夫長門ト云を聞ニゆき朝顔日記宿屋の段を聞ましたけふハ人ら來て終日もかしましたあもいまゝ御陣屋へほゝ行ませんきニ朝からゆくつもりておさりましたもの少も々々御氣遣被遣間敷くれ〱存上まいらせ候扨衛吉も廿日廿一日頃ニ出足ニて歸る筈てあさりまし嘸々おもさぬ方御待かねと存まし太守様も來る廿三日御發駕ニて京都の方へ御いでニなりまし京都ニては

又長々御滯座でおさりまに先格別の御咄もおさりません暑御いとひくれ〳〵存り〻らしん

八月十八日の夜　半平太

姉上さ〻へ

（武市家文書）

○文久二年八月二十六日（瑞山ヨリ小南五郎右衞門へ）

奉願口上覺

私儀病氣ニ御座候而今日御供相調不申於當所養生相加へ快氣次第妙心寺之方へ罷越申度奉存候間宜御聞屆被成下度奉願候

右之趣急々御執成被下度奉願候以上

八月二十六日　武市半平太　五

小南五郎右衞門殿

（川田豐太郎藏）

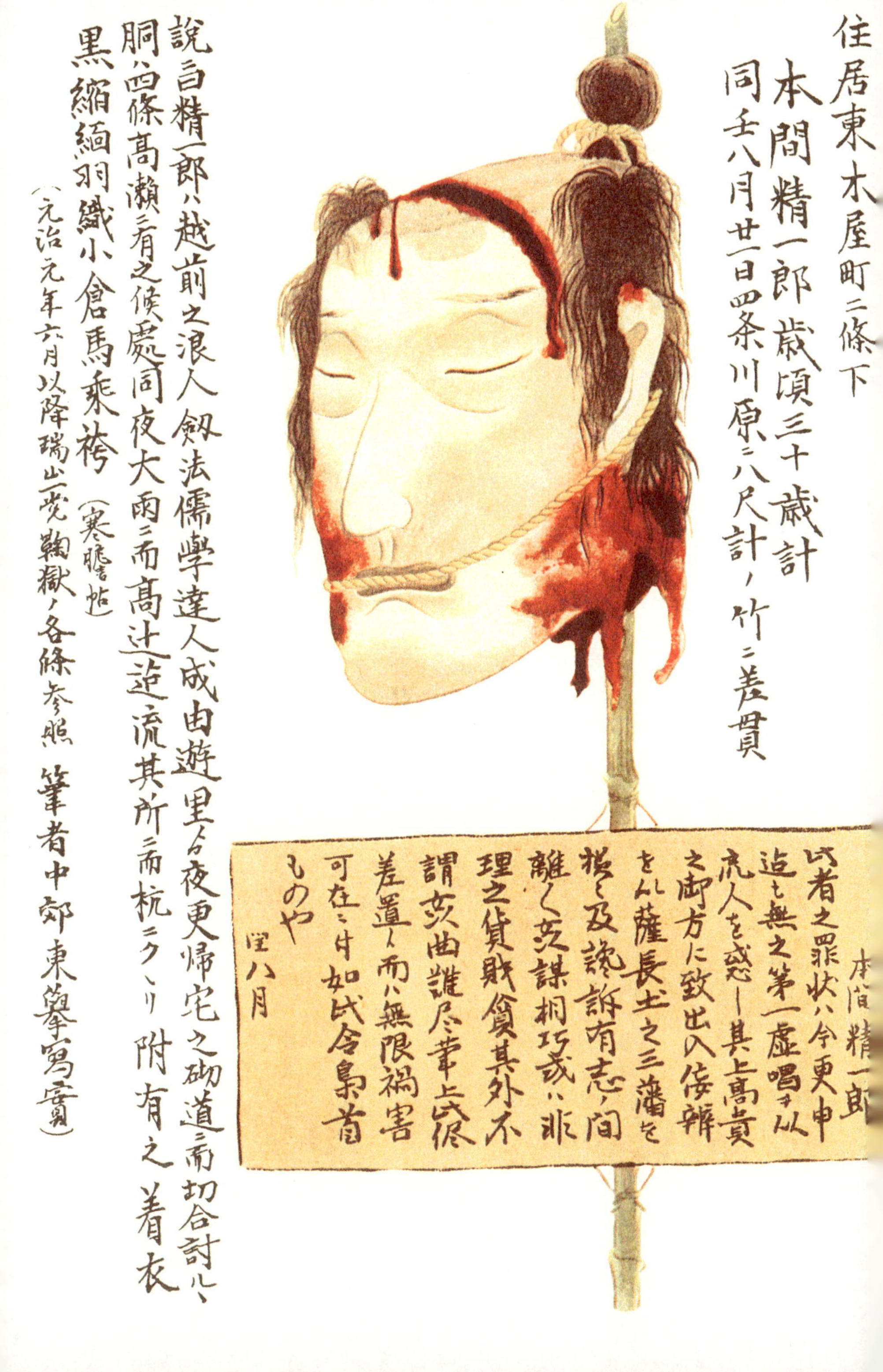

住居東木屋町ニ條下
本間精一郎歳頃三十歳計
同壬八月廿一日四条川原ニ八尺計ノ竹ニ差貫
本間精一郎
此者之罪状ハ今更申
迄も無之第一虚喝ヲ以
浪人を惑し其上高貴
之御方に致出入傍辯
を以薩長土之三藩を
様々及讒訴有志之間
離く之謀相巧或ハ非
理之貨財貪其外不
謂奸曲難尽筆上候
差置候而ハ無限禍害
可在ニ付如此令梟首
ものや
閏八月
說ニ曰精一郎ハ越前之浪人剣法儒學達人成由遊里ゟ夜更帰宅之砌道ニ而切合討ルヽ
胴ハ四條高瀬ニ有之候處同夜大雨ニ而高辻迄流其所ニ而杭ニクヽリ 附有之 着衣
黒縮緬羽織小倉馬乗袴 （寒聽帖）
（元治元年六月以降瑞山一党鞠獄ノ各條参照 筆者中郊東肇写寄贈）

ぞふをゐ。雜炊

○文久二年閏八月四日（山內豐範へ內敕）

蠻夷渡來後　皇國の人心不和を生じ候處旣に去夏以來帝都にも彼是不穩の義暴說有之薩州取鎭後先靜謐に候得共萬一京都騷擾の事有之候ては追々國亂の程難計彼の夷賊胸算に可陷の條深被惱　宸襟候於松平土佐守は自關東兼て大坂御警衛も被申付有之候幸此度通行の由被聞召候間非常臨時別義を以て暫滯京有之御警衛御依賴被安　叡慮度　御內沙汰候事

（侯爵山內家文書）

○文久二年閏八月六日（瑞山ヨリ妻富子へ）

冷氣ニ移り暮しよく候處皆樣御きけんよく㐂て度存候我等事あと月廿四日伏見へ御著之晩より少々不心地候處翌廿五日おして御供致し京都著其夜よりねつ有之少々の風と心得ぞふをゐなとおしふへむし餘程あせも出翌廿六日ゟ

大守様、豊範

きんしよふの
ふ、焮衝腦

太守様大通院へ御引移《うつり》被遊候處何分不心地ゆへ御供もできは宮地と云醫者にかゝり見せ候處風にてさしたる事をなしと云しきりにむしあせを澤山に出れとも食もとゝまれば次第にねつも強《つよ》くなり不心地言べからば九日頃に至り一向飯もとゝまれば大ニわるく候故考へ見候處此大都《たいと》へ出おりなからやぶ醫者ニかゝりておるを安《あ》房《はう》らしき事とおもひ夫ゟ京都一番の醫者新宮良民と云醫者ニかゝり見せ候處是を甚危《あやう》しきんしよふのふと云て今の内なれはりよふぢあり候ニ付御仕合なりと云夫よりひるを百貳三十ひたんへつけ四日計ひるの付ケとふし薬を下しにてしきりニ下し候處がさ〳〵とよく相成大ニ仕合のよき事なり今日を髪さかやき入湯なと致し足ならし二出て行候最早爾來之通相成候ニ付氣遣有ましく存候扨我等事は他國の人へ引合ウ事を申付られ候ゆへ大通院の方へも参られとゞまりおり候難有キ事之其替り著《き》物か入りもや著《き》てきた夏ぞおりをなわの様ニなり壹つこしらへ候處これも最早ふるび又壹つこしらへ申候ろの肩《かた》衣《きぬ》地

小南五郎右衛門
小原與一郎
五十嵐文吉
丁野左右助
後遠影
谷守部、後干城
小笠原保馬、
瑞山ノ甥
楠瀬六衛

前ノ親父様、
富子ノ父嶋村
源次郎

袴《はかま》なとおしふへ申候是ハおおりの様なれとも全《まつた》く左様にてハなし御公卿《くげ》様へ出る事もあるニ付此ゐさの修行者の風とハ大違ひなり洛中ニのおる人ハ御目附の小南と小目附の小原と徒《かち》目附の五十嵐と丁野と谷守部《もりへ》と我等と六人なり此組へ入ふれ本望なり大通院の方ハ山れふちにて在郷《さいごう》なり是ハ頗安氣なり安馬衛吉六衛抔とも度々來ル惣分皆々息才なり太守様御きゝんよろしく彼是の御都合もよく恐悦至極なり丑五郎もそく才又御かし人の直次と云ものハごくどふされにてとりらへ赤岡の丑之丞と云もの下使《したつかい》にて來り候處是ハ頗《すこむ》るよきものにて安心なり其上是ハ仕立屋のよしにて著物抔ぬひをするに都合よくおびをらゐ候處直《すぐ》ニ丑之丞がぬひ至極てふほうなり扨夜が長くなり此間中ハひるもねるゆへ夜がねふれぞ夜るにハおまり入々ふハ久しぶりニ足なふし致しだれ候ゆへ今夜ハ快寐《こゝろよくねる》ろふと存候前の親父様の御病症《しよふ》と同し事にてのふへ病が入り甚危《あやう》く候處幸ニ早くよき醫者ニかゝり全快致し候明日よりハ諸方へ又もしくり廻る

心得なり先はふ〳〵らしれ
閏月六日夜認　　半平太
おとみとの
ねへさんへよろしれ申傳其外何あさへも同様御申有へく候らしれ　（武市家文書）

○文久二年閏八月十四日　（土佐藩應接方）

一土州
君公當《マ》月　日、參內始終長州ノ如シ御家老山內下総御椽迄伺公之由
在京家老　山內下総
應接方　小南五郎右衛門
武市半平太
平井收次郎　（見聞集）

土佐藩ノ記錄ニヨレバ此時應接役トナルモノ七人コノ外ニ小原與一郎、谷守部、丁野左右助、五十嵐文吉ナリ又藩主ノ參內ハ十月五日ナリ

○文久二年閏八月十五日（間崎哲馬ヨリ五十嵐文吉ヘ）

將軍家御上洛も明亥五月と御內決之由海軍練習之御趣意にて江戶海より軍艦に被爲召攝海迄御越之趣列藩陪從之儀は如何相成るも難測候得共本藩に於ては急に蒸氣船之類御詮議之上御買入有之度長州には今正月高杉晉作と申す人上海へ赴き和蘭へ注文に相成明年正月迄に乘廻る筈長さ貳拾五間許價は七萬ドルと申候尙近日晉作に直話之上可申上阿州も横濱にて相調かけ候樣子に候運用之人尤急ぎ候急〻御撰之上海運署邊へ御賴みに相成度長州は海軍署に四五人箱舘洋學舘に同く長崎に同じ位出し居候阿州藝州抔も皆十人許海軍署に賴込みに相成候

議論多く成功少きは今日天下之通患に候先此一事斷然と御詮議決奉仰候其他は次之御飛脚に可申上候

後八月十五日黃昏　　間崎哲馬

五十嵐文吉樣

普通之文言は御免を蒙り申候先頃五郎右衛門殿へ罷出候時事見聞の所は密々老兄迄申上候様被命候先格別之事も無御座右本藩急務のみ申上候都下事情此度は委細得不申尤門田爲之助武市半平太等へは荒模様申遣し候間是等より御耳に入り候筈に御座候○別封乍憚五郎右衛門殿へ御直に御差出奉願候（瑞山會文書）

○文久二年閏八月二十三日（瑞山ヨリ妻富子ヘ）

ひと月廿九日の文又かき添の文とも此間相達し先々ほとなく寒ゝ相成候處姉上さま御きゞんよく外皆々ふじ小供も皆々もしらも仕舞候よし前、嶋村家ょも皆々相濟可申めて度そんし候我等ふじ日夜せはしく相暮し候間御氣遣有間敷存候衛吉ももはや歸國と存候扨宮崎兼齋も誠ょ氣のとく千万死るとを思ひわけもなき事宮崎のおもさん方いか計と存候此度ハ大取紛ゆへ田内へも見廻狀もねゝ（ねゝハヨウノ意）やらんくれ〳〵よろし〔く脱カ〕御傳へ有へく候

一たよハ《駄荷カ》江戸へハやふを持ており今度少しもこまる事なし
一京都ょて殿様の御滞留の事まゝ玄れ不申中々當時江戸へ御出の事ハ有間敷と存候されとも江戸の御都合次第なり
一我等ゟ先日より公卿方《おくげさま》へ出何ゟく申上御咄いゝし候御くけさ海ハおもぐろを付白のき物ニ紫のもゟまなときており候誠ょけつこふょ物を言ものなり

勝賀瀬小八郎瑞山ノ姨登美子ノ嫁スル所
小笠原嘉助瑞山ノ姉美多子ノ配

一勝賀瀬小笠原抔《など》其外の間柄へまゝ狀をへねやふん誠ょ夜るひるのゟきりなくをひしくゆへ誠ょ御ふさゝなりよろしく御傳へ有へく候
一きものをおゐせハ京都御屋敷内小畑孫次郎をゐてゝおゐしてよし
一おくけさ海へとも出るニ著物が入ゐまるなりろの肩《かた》衣《きぬ》なとゟけて行所ゟ我身なゟふおゟしき事ゝ

前のおちさん島村壽之助

一前のおぢさんへまて忠義の人の書付をさし出し候ニ付御聞有へく候
扨もなしもゐれとももやねんとたまふん　ゟしれ

閏月廿三日夜　半平太

おと乙との

ねへさんへもよろしく

（武市家文書）

○文久二年閏八月廿八日（村山齊助ヨリ瑞山ヘ）

先日者御枉駕被下候處草々之仕合に而御失敬仕候然は少々御示談申度儀有之今朝參上と存立候得共俗務繁多に而不能其儀就而は近頃恐入候得とも八ッ後ゟ晩景迄之所御隙操《マヽ》被成下御來臨被下間敷哉右御願度草々

閏八月廿八日　村山齊助

武市半平太樣

玉《机脱カ》下要用

（田岡正枝藏）

口上

今日ゟ晝後ゟ御入來被下候樣申上置候處指限り候御用向出來唯今ゟ外出仕候甚以失敬之至御座候得共何卒御海涵被成下度いつれ明後日野生御寓居へ參入可仕候右御斷之爲如此御座候已上

閏八月廿八日　村山齊助

武市半平太樣

内用

（上田開馬藏）

○瑞山立案藩主建言書（其二）（藩主ノ名ヲ以テ起草セルモノ前後數通アリ最後ノ一通ヲ以テ成案ト認ムベキモノトナス本書即チ是ナリ）

○文久二年閏八月上旬稿

此度

勅諚を以京師御警衛之仰を蒙り若年不肖之身分ニ御坐候得共天下安危之所係深被爲腦(惱カ)　震襟(宸カ)不容易時勢ニ至り候上ハ粉骨碎身一國之力を盡し敬

而遵奉仕候抑外夷跋扈手ニ餘り候源ゟ昇平久敷相續き自然君臣之大義忘却因循偸安仕候ゟり忠憤義烈之士沸騰仕事ニ御坐候君臣名分相正候儀も兼而薩長二藩周旋仕候處ニ御坐候兎角方今歸著仕候處も攘夷之一儀与奉存候其策ニ至りてハ容易ニ難被行詮もる處ゟ根元を整不申而も不相成事ニ御座候卽根本を相固メ候愚策左ニ申上候今諸侯を見渡申處各相應ニ臣子蓄育仕自ラ緩急之用ニ相立申樣ニ御坐候得共　皇國第一之於京師ゟ却而防禦之用ニ相立候者無御坐候素り諸藩ゟ警衞仕候事當然之義ニ而兼而其御手當ニ相成居候へ共外寇不可測之時ニ至り而も諸侯各其國を捨遠く京師を警衞仕候事決而難出來事ニ御坐候左有ル時ハ根本甚危候間五畿一圓御領ニ奉附　親王以下諸縉紳へ御分與被遊萬一不虞之戒有之候共畿內一箇之力ニ而充分ニ御防禦ニ相成候樣被遊度尤河泉二國を以近江一國ト御取替ニ相成候樣被遊度奉存候攝山和江之四國を以御領ニ奉附之義も則根本ヲ固メ內を整之大眼目と奉存候右四國之內ニ而爾來封食仕候諸侯ハ

幕府より自領ヲ以裂（割カ）與へ不殘其地ニ爲移　叡慮之儘親王方ヲ置キ諸國忠
勇ノ浪士悉御召抱被遊扱又大坂邊豪富之者へ申付器械戎具充分御手當被
遊豫防禦之御手配相立其上ニ而斷然と攘夷之　勅ヲ御下被遊候樣仕度右
四ヶ國御領ニ奉附之儀被爲行候時ハ萬民乍恐
天意ヲ奉恐察不示して實意へ（ニカ）基キ必死之覺悟相極メ申候右樣相成候時ハ
彼ノ醜夷共譬へ神州を取卷來ルとも不足憂事与奉存候右方今之御急務無
此上御事与奉存候然ニ能々關東之事情を相考候ニ先達而被　仰下候
勅旨をへ未遵奉不仕苟且仕候体ニ御坐候得も今又一二之諸侯ニ被　仰含
右件口述を以周旋仕候とも必然遵奉仕間敷奉存候雖然今此義不行時ハ攘
夷之謀も難相立事柄ニ御坐候へハ一時之權議（マヽ）を以兼而　勅書奉内願候肥
後幷備因二州阿波を初メ九州諸藩へ上洛警衛仕候樣　倫（綸）旨御差下ニ相成
大藩七八　闕下ニ參候仕赫々之武威を御觀シ被遊其後ニ　勅使を以關東
ニ被　仰遣仁恕正義之命を以幕吏之心膽を挫き堂々之權威を以虛喝因循

之意底を碎き候時ハ寛猛之御處置ニ恐怖仕り　敕旨遵奉仕可申候何分只今之患人心之因循而已ニ御坐候今方ニ神州英武之氣を挽回し王室を恢復スル之大機會ニ御坐候へハ早々　御英斷被遊候樣奉仰候臣土佐守邊疆微弱之國柄ニ御坐候得共唯天意之儘ニ進退可仕微忠之愚慮萬一ニも御採用被　仰付候ハヽ難有奉存候以上

壬戌閏八月

（瑞山會文書）

後ノ數通亦前同樣之者ナリ少シク意味ノ增加アルヲ以テ別ニ寫置ク是ヲ以テ見レハ山内豐範戌秋之獻白ハ卽チ瑞山ノ立案ナリ當初三藩ノ名ヲ得ルモ蓋シ此ニ原ス此外同立案數多アリ今略ス

○文久二年閏八月上旬稿

○瑞山立案藩主建言書（其二）

（大底前同文意）

此度

敕諚ヲ以京師御警衛之　仰ヲ蒙り若年不肖之身分ニ御座候得共天下安危之所係深被爲腦《惱カ》　震《宸カ》襟不容易時勢ニ至り候上ハ粉骨碎身一國之力を盡し敬而遵奉仕候抑外夷跋扈手ニ餘り候源も昇平久敷打續キ自然君臣之大義忘却し幕吏因循偸安仕候ヨリ忠憤義烈之士騰《マヽ》沸仕事ニ御座候君臣名分相正候義も兼テ薩長二藩周旋仕候處ニ御座候兎角方今歸著仕候處ハ攘夷之一義ト奉存候其策ニ至りてハ容易ニ難被行詮スル處ハ根元を整不申而ハ不相成事ニ御座候卽根元を固候愚策左ニ申上候

今諸侯を見渡候ニ各相互ニ臣子儲蓄仕自ラ緩急之用ニ相立候樣ニ候得共　皇國第一之京師ニおひてハ却而防禦之御用ニ相立候者無御座候固ヨリ諸藩ゟ警衛仕候事當然之義ニ而兼而其御手當ニ相成居候得共外寇不可測之時ニ至りてハ諸侯各其國ヲ捨遠ク京師を警衛仕候事決而難出來事ニ御座候左候時ハ根本甚危候間五畿一圓御領ニ奉附　親王以下諸縉紳ヘ御分與被遊萬一不虞之戒有之共畿內一箇之力ニ而充分御防禦ニ相成候樣被遊

度奉存候尤河泉二國を以近江一國と御取替ニ相成攝山和江四國之内爾來封食仕候諸侯ハ幕府ヨリ自領を以裂《割カ》キ與へ申度扨又幕府從來之規則諸侯之妻孥江府ニ閣キ毎歳參府仕候ニ付財用缺乏之國柄而已ニ御座候是全德川氏諸侯ヲ弱クスル之權道ニ可有之候得共如今外夷隙を窺之時ニ當り皇國一圓之正氣ヲ不挫《マヽ》ハ不可爲之義ニ付諸侯參勤之之《衍カ》規則ハ國之遠近路程之難易を測り五年或ハ三年モ一度ツヽ參府仕候樣相成妻孥ハ各其國ニ就カしめ申度奉存候右方今之御急務無此上御事ト奉存候然ルニ徒ニ關東之事情を相考候ニ先達而被　仰下候　敕旨さへ未タ遵奉不仕苟且仕候体ニ御座候へハ今又一二之諸侯ニ被　仰含右件口述を以周旋仕候共必然遵奉仕間敷奉存候雖然今此義不行時ハ攘夷之謀も難相立事柄ニ御坐候へも一時之權議《マヽ》を以兼而　敕書奉内願候肥後幷因備二州阿波ヲ初メ九州諸藩ニ上洛警衞仕候樣　倫《綸カ》旨御指下ニ相成大藩七八　闕下ニ參候仕候樣相成赫々之武威を御覽シ被遊其後ニ　敕使を以關東ニ被　仰遣仁恕正義之命

を以幕吏之心膽ヲ挫き堂々之權威ヲ以虚喝因循之意底を碎き候時ハ寛猛之御處置ニ恐怖仕　敕旨遵奉仕り可申候何分只今之患ヒ人心之因循而已ニ御座候今方ニ　神州英武之氣ヲ挽回し　王室ヲ恢復する大機會ニ御坐候得共早々御英斷被遊候樣奉仰候臣土佐守邊疆微弱之國柄ニ御座候得共唯　天意之儘ニ進退可仕微衷之愚慮萬一ニも御採用被仰付候ハヽ難有奉存候以上

壬戌閏八月

（瑞山會文書）

○文久二年閏八月上旬稿

○瑞山立案藩主建言書（其三）

（大底前同文書）

此度

敕諚を以暫滯京仕御警衛の蒙　仰若年不肖之身分としあ恐入候次第ニも御坐候得共不容易時勢ニ至り斯被爲懸　叡慮上ハ難有御請仕粉骨碎身一

國之力を盡し深遵奉可仕与苦心配慮仕候
抑外夷跋扈シ手ニ餘り候源も昇平久敷打續き因循偸安仕候ゟ自然君臣之大義を忘れ幕吏各恐怖を抱《き》因循姑息之所置有之ゟ赫々たる　神州國体を汚穢し往古未曾有之大耻辱を招卒ニも智者ありといへとも不能善其後之大害を釀候段言語同斷不安次第ニ御坐候爰以《故ニ》忠憤義烈之輩も慷慨切齒ニ不堪憤怒之餘り度々暴發も有之候得共幕吏總而暴政之介然處を不覺悟却而忠直正誼之士を懲治し慘刻を極メ益醜夷無饜之求ニ應し　皇國之疲弊萬民之愁苦を不顧偸安を旨とし聊憂國之心無之ゟ諸藩有志之士彌憤惋《怒》を抱き天下之變不可測深被爲惱
震《宸カ》襟候處薩長貳藩ニおゐてハ天意ヲ奉承《体》仕り盡力周旋種々建議も有之兎角歸著仕候處ハ攘夷之一策ニ可有之其攘夷ノ策ニ至り候而も尤一大難事ニ而容易ニ難被行所詮《詮スル處ハ》根本を整不申而も不相成事ニ御坐候ニ付其根本を固候愚策左ニ申上候
一畿内ハ根元　天子之御給奉ニ相定り候所柄ニ御坐候得も今其本ニ挽回

し五畿一圓御領ニ奉附　親王已下諸縉紳之《ヘ》胎士ニ御分與被遊《御分與被遊》向後も畿内一箇之力ニ而も醜夷之不虞を充分御防被成候事相成候樣奉存候尤河泉二國を以近江一國ニ御取替相成候時も御便利之筋与奉存候

一列侯於關東平生畜育仕候妻孥も各自其國ニ就し然其身亦參勤相止候時ハ粉黛之給且奔命之費も無之自然富國ニ相成可申不而已於江戸も輻輳之口喙を減し無益之粮穀を費不申候

一政令も朝廷ゟ御施行被成候處よし而往古ゟ天子躬自訴訟を聽斷被遊候處鎌倉氏草創ゟ而以還壹是ニ《なカ》權門ニ御委託被遊是以漸々君臣之分不分明自然習俗之久ゟ至今てハ幕府を尊奉之餘り畏も　天子を凌慢仕樣ニ相成誠ニ以奉長歎息事ニ御坐候此度屹度名分御正被遊政令一切朝廷ゟ御施行ニ相成諸侯亦直《ママ》ニ朝廷ニ參《ママ》勤仕候樣被爲成度奉存候尤方今外夷艱難之時節ニ候ヘハ朝勤之期を御宥緩有之各國儲蓄强兵之義相勵ミ神州之藩屛ニ相成候樣奉存候

右三條も方今之御急務ト奉存候間早々叡斷被遊御施行ニ相成候樣奉存候乍併一二之諸侯ニ被　仰含關東罷下於彼地ゟ仮令每人ニ說諭之周旋仕候共斯迄苟且偸安仕り候人情ニ御坐候得も決ゟ遵奉仕候義も有間敷却ゟ幕吏之侮謾〔慢カ〕ヲ受可申候畢竟幕吏之遵奉不仕效〔マヽ〕シハ先達被仰下候　敕旨御請乍申其實今以不被行且又此度一橋越前連署差出候紙面上ニ時勢難被行なと申處よて分明ニ御坐候此上ハ兼ゟ　敕諚奉內望候肥後備前阿波を初九州諸藩へ上洛警衞仕候樣　倫〔綸カ〕旨御投下被遊大藩七八　闕下ニ參候仕り赫々之武威御觀被遊　其後ニ　敕使を以　關東ニ被　仰遣仁恕正義之命を以幕吏之心膽を挫き堂々之權威を以虛喝因循を碎き候時ハ威惠之御處置ニ恐怖仕不得已　敕旨遵奉仕可申候何分方今之憂先ッ人心之因循ニ御坐候ト角從古俗吏ノ因循を馭候術權威ニ非もしてハ不行樣奉存候今既ニ神州英武之氣を挽回し
王室を恢復もるれ大機會實ニ此時御坐候間早御英斷被遊度奉仰候臣土佐

守邊疆微弱之國柄ニも候へ共唯　天意之隨意進退仕可申間微忠御採用被
仰度奉存候已上

閏八月

右獻白案亦蓋瑞山ノ立按ナリ遺書中大同小異之草按點竄塗抹ノ者數紙アリ今其內ニ就テ稍ヤ脫稿ト思ハルヽ者ヲ寫ス　（瑞山會文書）

○文久二年閏八月下旬

○瑞山立案藩主建言書（其四）

（此書草按ノ儘村井修理少進ヨリ谷森外記ノ手ヲ經テ栗田宮ニヨリ乙夜ノ覽ニ入ルト云フ）

此度
勅諚を以て京師御警衞之仰を蒙り弱年不肖の身分として恐入候次第に候得共天下安危所係深被爲惱　宸襟不容易時勢に候得者粉骨碎身一國之力を盡し候而遵奉可仕と苦心配慮仕候抑外夷跋扈手に餘り候根源は昇平久敷打續き因循偸安自然君臣の大義を忘れ幕吏恐怖を抱き姑息之所置有之より赫々たる神州國體を汚穢し往古未曾有之大恥辱を招き遂には智者あ

りといへども不能善其後之大害を釀し候段言語同斷不安次第に御座候是故に忠憤義烈之士は慷慨切齒に不堪度度暴發も有之候得共幕吏之所置其當を失するの所令然を不覺悟却て彼の輩を懲治し慘刻を極め益醜夷無饜之求に應じ　皇國之疲弊萬民之愁苦を不顧聊かも愛國之心無之より諸藩有志之士彌憤怒天下之變不可測に立到候處薩長二藩に於ては天意を奉體仕り周旋盡力種々建議も有之兎角歸着仕候處は攘夷之一策に有之其策に至ては尤一大難事にて容易に難《被カ》取行詮する處は根本を整へ不申而者不相成事に御座候其根本を整へ候愚策左に具上仕候

一今日諸侯を見渡候に各相互に士卒を養ひ自ら緩急の用に相立候樣に候得共皇國第一之京師におゐては却而防禦之御用に相立候者無御座候固より諸藩より警衛仕候は當然之儀にて兼而其手當に相成居候得共外寇不可測之時に至りては諸侯各其國を捨てゝ遠く京師を警衛仕候事決して難出來事に御座候左候時は根本甚危く候間五畿內一圓御領に奉附

親王以下諸搢紳へ御分與被爲遊萬一不慮《虞カ》之戒有之共畿内一箇之力にて充分御防禦相成候樣被爲遊度奉存候尤河泉二國を以て近江一國と御取替相成候樣被爲遊度奉存候攝、山、和、江四國を以て御領に奉附之儀は則ち根本を整之大根本と奉存候右四國之內にて從來封食仕候諸侯は幕府より自領を以て裂《割カ》き與へ不殘其地へ爲移右四國は
叡慮之儘　親王以下御配置又諸國忠勇之浪士御召抱倘大阪邊豪富之者へ被仰附器械戒《戎カ》具充分御手當被爲遊豫め防禦之御手配相立候其上にて斷然
攘夷之
勅を御下し被爲遊候樣仕度右被相行候時は乍恐萬民
天意を奉恐察不示して實意に基き必死之覺悟相極可申右方今御急務無此
上御事と奉存候

一幕府從來之規則諸侯之妻孥を江戶に置き每歲參府仕候に付財用缺乏之國柄而已に御座候是れ全く德川氏諸侯を弱くするの權道に可有之候得共

如今外夷隙を窺之時に當り候に付諸侯參勤之規則は國之遠近路程之難易を測り五年或は三年に一度づゝ參府候樣相成妻孥は各其國に就かしめ候時は粉黛之給且奔命之費も無之江戸においても輻湊の口喙を減じ無益の粮穀を費し不申自然富國に相成可申と奉存候
一政令は朝廷より御施行可被爲遊處にして往古は
天子躬ら訴訟を御聽斷被爲遊候處鎌倉置府以還壹是に《をカ》權門に御委任相成漸々君臣の分不分明習俗之久しき今に至ては幕府を遵奉の餘り畏くも
天子を凌慢仕樣に成行誠に以て奉大息事に御座候此度屹度名分御正被爲遊政令一切朝廷より御施行に相成諸侯も亦直に
朝廷に參覲仕候樣被爲成度奉存候
右三條方今の御急務と奉存候間早々　御英斷被爲遊御施行相成候樣仕度乍併今日一二の諸侯に被　仰含關東へ罷下り於彼地而假令每人に說諭周旋仕候共斯迄苟且偸安の人情に陷り居候得ば決して遵奉仕候儀は有之間

敷却而幕吏の侮慢を受可申畢竟幕吏の遵奉不仕しるしは先達而被下候勅旨御請乍申其實今以不被行且又此度一橋越前連署差出候紙面上に時勢難被行など申處にて分明に御座候雖然今此儀不被行時は攘夷の謀も難相立事柄に候得者一時の權議を以て兼而　勅書奉内願候肥後並に因備二州阿波を初め九州諸藩へ上洛警衛仕候樣

綸旨御指下に相成大藩七八　闕下に參向仕候樣相成赫々の武威を御覬めし被爲遊其後に　勅使を以て關東へ被仰遣仁恕正義を以て其傲慢の心を諭し權力權勢を以て其虛喝の意を挫き候時は寬猛の御處置に恐縮仕り勅旨遵奉可申何分方今之憂人心之因循に御座候兎角古より俗吏之因循を馭し候術權威に非ずしては不被行樣奉存候今方に　神州英武の氣を挽回し　王室を恢復する大機會に御座候得者早々御斷行被爲遊度奉仰候臣土佐守邊疆微弱之國柄に御座候得共唯　天意之儘に進退可仕微忠之愚慮萬一にも御採用被仰付候はゞ難有奉存候以上

壬戌閏八月

百二十四
（瑞山會文書）

○文久二年九月五日カ（姉小路公知ヨリ結城筑後守へ）

拜讀仕候昨日者以石山無沙と相賴候儀御承知種々御配慮何共々々深く忝次第に存候貴命至極御尤の御事何卒長の方へ可然御申込給る間敷哉土の處も可然哉ながら小子緣邊更に無く如何と心配仕候尙御勘考如何樣とも御盡力伏而々々御賴入申候若し御差支無之候はゞ今夕御入來之儀相成間敷哉何か咄申入度任序御賴申入候也

公知

筑後守殿

（瑞山會文書）

○文久二年九月五日（姉小路公知ヨリ瑞山へ）

包紙ニ左之通記載有之

昨夜之一紙遂密閲完璧《還カ》候御落手可有之候也

九月五日　　　　　　　　　　公

武市半平太殿　　　　　　　　知

（武市家文書）

○文久二年九月八日（瑞山ヨリ妻富子へ）

口上

あみをおり候黒のもおり壹枚大のへ御頼ミて御越有へく候京都ハ寒き處ミておまり入候大野が直ニくるきミ御頼ミて御越有へく候用事まてかしく

九月八日之夜　　　　　　半平太

おと乙との

（武市家文書）

西村武正、文意ニヨルニ津和野藩士ナルカ如シ

○文久二年九月十日（西村武正ヨリ瑞山へ）

過日は初而拜顔大慶奉存候其節内々主人へ建白致度旨有之ニ付拜顔相願

上候處其夜家老共ゟ同志之者を以暫不快に致し愼籠居候樣申聞候子細は一月他出六度暮六ッ時限り之門限至而嚴敷有之候處不堪慷慨諸有志之快談ヲ承り度他出過度夜歸り等致シ候ニ付主人ゟ咎之不出前以家老之惠右樣申付候事に御座候實以後悔先ニ不立噬臍申候右ニ付同志ゟも平日之强情ヲ以テ愼中建白樣之事有之候而は遂ニ・（脫アルカ）遇可申も難計候間決而不相成候樣申聞候右建白之事は同志之者へも少しも不洩事に御座候私も只今國え被歸候而は殘念至極當時形勢之樣子に而は一日も京師に滯留仕度勤王之微志御憐（マヽ）察被下候者ニ付私ゟ建白致候儀は默止申候間此段何卒不惡御聞取被下候ハヽ難有奉存候其內愼解候へハ早々拜謁相願申上候薩州御藩田中君ゟも福羽文三郎へ御深情成被下過分之書感泣仕候田中君へは右之次第福羽ゟ傳吳候樣忍而罷出吳々申置候相達候哉自然御逢之節宜敷被仰上被下候樣奉願候右建白默止之儀乍略義以書中申上候不遠拜顏を得申度ト樂〔罷在候時候折角御厭是祈

田中君、田中新兵衞
福羽文三郎後男爵美靜

重陽後一日　　　　　　　　　　　　西村武正拜

武市半平太樣

机下

一劍瓢然滯洛陽　向人慷慨說勤王

耳鳴淸酒剛腸出　髯帶秋風義膽張

徒然中一律得半申候不能續思御笑草迄ニ御座候

（田岡正枝藏）

○文久二年九月十日（中山忠光ヨリ瑞山へ）

口述

昨夜面會之儀ニ付唯今早々武市氏平井氏兩人入來之儀賴入候談之上一寸書取ニ而も相賴候事も有之候哉右談之上取計度候間早々内々入來賴入候事

九月十日　　　　　　　　　　忠光

武市半平太殿
平井收二郎殿
（武市家文書）

○文久二年九月十一日（中山忠光ヨリ瑞山及ヒ平井收二郎ヘ）

口述

昨日ハ毎々入來相賴御苦勞存候其砌申入置候三藩ゟ御申立之儀如何相成候事ニ候哉心得迄ニ伺置候右仍早々如是候事

九月十一日　忠光

武市半平太殿
平井收（マヽ）
（武市家文書）

○文久二年九月十一日（中山忠光ヨリ平井收次郎ヘ）

口述

大納言、中山忠能

昨日者入來御苦勞存ル抑其砌御噂之細川家之儀大納言へ申聞候處何分所勞之事故相役之内え御申立儀可然申付之事候仍右申入如之〔マヽ〕候事

九月十一日　忠光

平井収次郎殿

追而昨夜武市氏入來之節申入置之處延引ニ相成事故先書取にて申入候也

（平井家文書）

○文久二年九月十七日（中山忠光ヨリ瑞山ヘ）

口述

明十八日朝之内入來相頼入候仍早々如此候也

九月十七日　忠光

武市半平太殿

（平井家文書）

敕使ガ幕吏ニ論スベキ袖扣ニシテ瑞山ノ立按ナリ

○文久二年九月中旬稿

此書奉書半切紙ニ御家流ト稱スル書体ニテ認メアリ蓋シ敕使東下ノ時瑞山幕吏ニ論スル時ノ袖扣ヘナリ

是迄從幕府言上之文書等ニ被仰進或も思召等之文字被用候右も全被對
朝廷敵禮之姿ニ相成御不都合之事ニ候追々
君臣之名分被正候上も右等之文字も勿論敵禮之姿ニ相當候文体屹度改正
可有之事
但右も近々
敕答御請可有之ニ付從今度速ニ改正有之度事　（武市家文書）

石川潤次郎名ハ眞義池田屋ノ變ニ斃ル

○文久二年九月二十日　（石川潤次郎ヨリ樺山三圓ヘ）

未得貴意候得共御高名兼々承候ヘハ乍不遠慮以寸楮得御意候深秋之候御賢
勝可被成候動定奉大賀候小生昨日當御表着仕彼是御厄介相蒙候乍早速就

當時態御高論承度候處於旅館大ニ混雜仕御細談難相調御構も無御座候ハ、貴邸ニ罷越申度奉存候間是非ニ御面接被下候樣御取計被下度奉希候同藩武市半平太ゟも被托候儀も有之候間兎角拜聲萬々得貴意度早々閣筆

九月念　　　　　石川潤次郎

百拜

樺山三圓君

机下

（樺山家文書）

○文久二年九月二十日（中山忠光ヨリ平井收次郎へ）

口述

可令面會之處少々子細有之ニ付今酉剋後三條木屋町武市亭ゑ參入候間其儀不惡賴入候也

九月廿日

（平井家文書）

○文久二年九月二十六日（中山忠光ヨリ瑞山及平井收次郎へ）

口述

申入度儀出來候條御用閑ニ而候得ハ入來之事相願候事

九月廿六日　忠光

武市半平太殿

平井收次郎殿

（平井家文書）

○文久二年九月廿八日（瑞山ヨリ妻富子へ）

卷表ニ「十月十日よ此狀つく」

もやおひ

早追のたよりニ鳥渡差立る

一筆申進候冷《次カ》第寒相成候處姉上さは初皆々御きけんよく御暮しと存候爰

姉上さは、奈美子

元ぶし氣遣有間敷存候扨

同年九月廿四日粟田口仕置場向ノ岳ニ切掛首ニ〆如圖

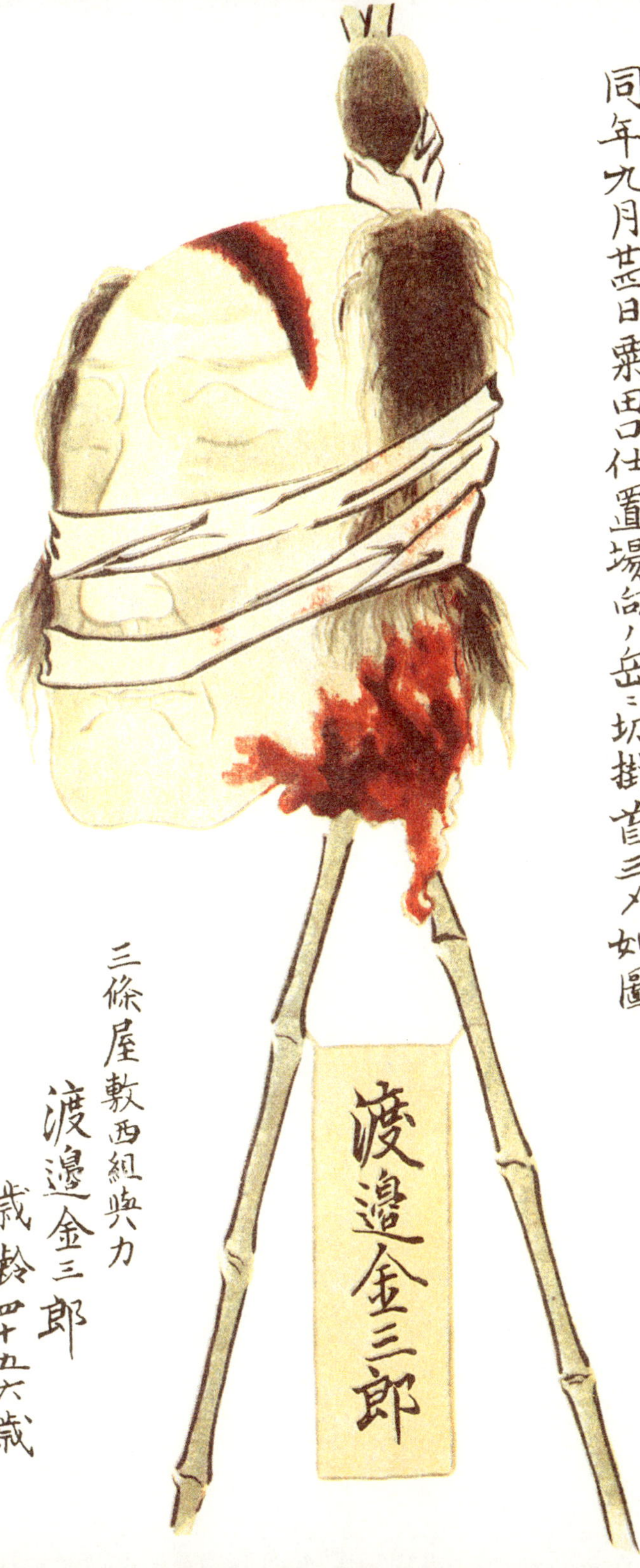

三條屋敷西組與力
渡邊金三郎
歳齡四十五六歳

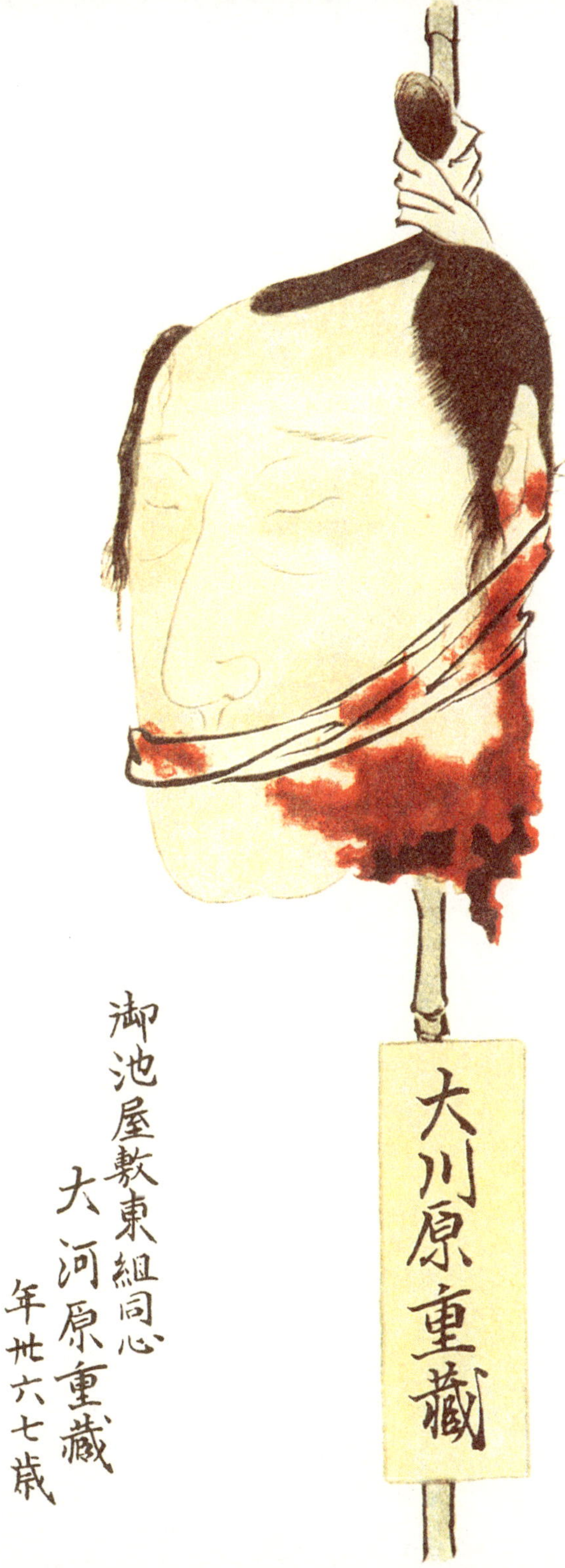
大川原重蔵
御池屋敷東組同心
大河原重蔵
年卅六七歳

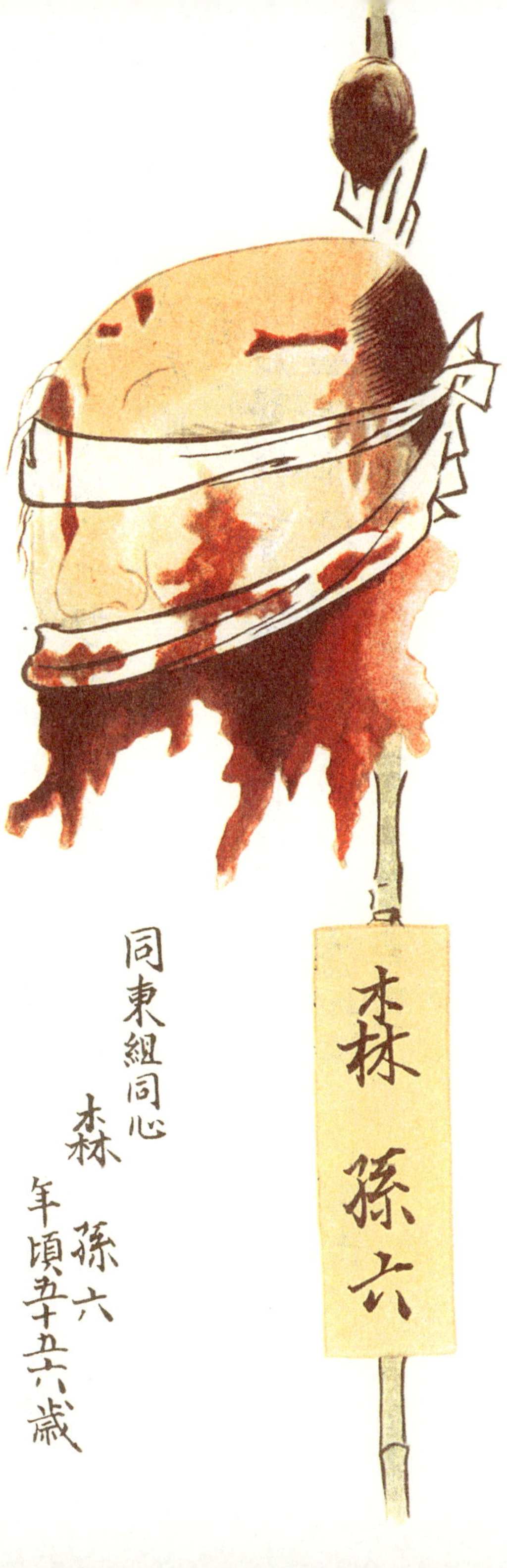

同東組同心
森孫六
年頃五十五六歳

説曰右之外古屋敷西組同心上田助之丞以上四人之者共江戸表ゟ御尋之筋有之急御召依之九月廿三日早暁京出立同夜石部宿泊りニ而夕暮大勢之侍ニ切殺され候由

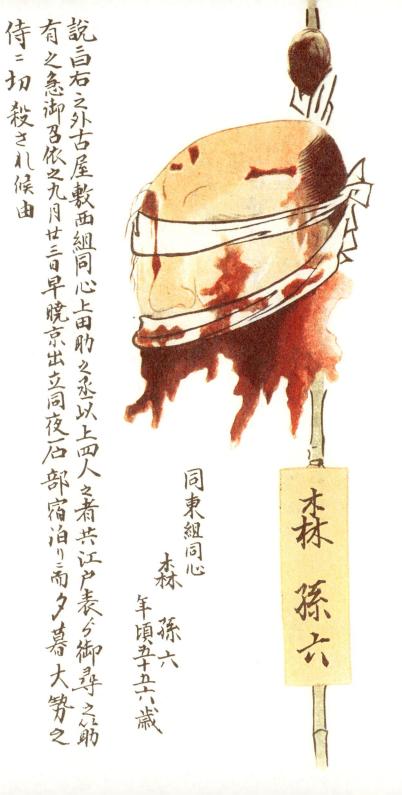

右罷書寫

右之者戊午年以来永野主膳嶋田左近等之大逆謀ニ與シ加納繁三郎
上田助之丞等之諸奸吏ト共《トカ》ニ心を合古来未曽有之御国難を醸し聊ニ而
も國家を憂候者ハ妄《妄カ》無名之罷を羅機《織カ》し甚敷ニ至而ハ死流ニ以厳刑を用
巳之毒計を逞《逞》せんと致必天地不可容罷状一ニ不逞牧《投カ》擧依之加天誅
もの也

戌九月

裏ヽ

石部驛ニ宿於而不計禍生候ニ付地頭具《旨カ》町内ゟ可相
恤若其儀於無之者追ニ可及誅伐候以上（寒胆帖）

（元治元年六月以降瑞山一党繫獄ノ條參照）

島村衛吉重險
小笠原保馬正實
岡田以藏宜振

御勅使《ちよくし》江戸へ御下りニ付太守様も江戸へ御下り之事ニ相成來月十二日御發駕と申ニ相成候爰元初衛吉安馬い藏なと皆々　勅使之御供ニて江戸へ下り申候十二月の初頃ニハ又此地へ歸り申へし都合ニよれハもやゝ又都合ニよれハ十二月の末ニなるへし我等ハ　勅使の御側《そば》ニ付き江戸の御城ニ出ふれ候ても付てゆくよし右ニ付のし衣長上下なと入用のよし可笑事のふ

一久留米の眞木《まき》和泉《いつみ》と云人のいもふと小棹《こさを》と云女十七歳

　一ト筋ニ君のミさめと身をもてゝ
　　雲の上まて名をも上けなん
　あさ糸のみされしすおハ去ふねとも
　　もやうおとけてあ包んとそおもふ

此和泉の弟が京都へ出る時ニよみ候よし是ハ此春の事なり和泉ハ長門國赤間關ニてめしとふれ弟ハ其處ニて服〔マヽ〕を切候よしなり

はなし澤山なれとも最早ねふたしなふ〱らしれ

九月廿八日の夜　　半平太

おと乙との

皆さまへよろしく

何事もつぎのひきやくニ申へし

(武市家文書)

○文久二年九月廿九日　(中山忠光ヨリ瑞山ヘ)

口述

御用閑ニも候得は明日入來相賴入度存候事

九月廿九日　　忠光

武市半平太殿

追而今日は當番ニ候間明日相賴候事

(武市家文書)

○文久二年九月廿九日　（徳田隼人ヨリ瑞山ヘ）

武市半平太様　　　　　　　　　　　　　　　　　徳田隼人

内用　　　　　　　　　　　　　　　　　　口演

愈御壮健被成御坐且

御主君様

勅使御随身御東行ニ付ても必御供之義与重畳目出度御事ニ奉存候扨大口

名前ニゐ侍従殿ゟ之一封則爲持さし上申候御落掌可被下候萬一事變候義

も御坐候ハヽ早々下拙迄御内々被　　仰聞可被下候當時ニゐも大キニ心解

ケ候様子ニ見受安心ハ仕居候得共此段爲念得貴意申候早々頓首

九月廿九日　　　　　　　　　　　　　（上田開馬藏文書）

大口出雲守（中山家家士）

侍従、中山忠光

○文久二年九月下旬　（瑞山ヨリ妻富子ヘ）

十二月二日つく

岡村甚三郎あてよて差立候

宮様よりいたゝき候菓子此度品もの入として差立候間御受取有へく候

勝賀瀬田内前小笠原邊へ御とけ有へく候

〔勝賀小八郎　田内衛吉ノ養父喜三次　前、島村家　小笠原保馬〕

此間も田中ゟ歸りに

親王様よりいたゝき候ゟし相賴候間田中作兵歸り著候ハヽ御受取有へく

候ゟしれ

（武市家文書）

○文久二年十月朔日（高崎左太郎村山齊助ヨリ瑞山へ）

今日は御出會之儀藤井良齋《節カ》え被仰聞候由右に付本田藤井兩人は差限り候

用向にゐ難罷出候故小子共小南様御寓居迄致參上候處今外出之由承候ゐ

〔小南五郎右衛門〕

罷歸申候就ゐは御兩藩之處御出會御咄合被成下候ハヽ其段明日にゐも參

上拜聞可仕仕《衍カ》候今日は國許ゟ小松帶刀上京之筈夫故多用取紛右御斷旁恐

々此段得御意候已上

十月朔日　　　　　　　　　　　　高崎左太郎

村上齋〔齊カ〕助

武市半平太様

（田岡正枝氏藏）

○文久二年十月四日（瑞山ヨリ妻富子ヘ）

下横目

濱田守之丞

守丞御國へ歸るニ付

たより有之文さし出候皆々御機嫌よき事とそんし候爰元ふし氣遣有間敷候

扨　敕使御下向ニ付太守様も江戸へ御下りニ相成來ル十二日　敕使御立

太守様、豊範

太守様ハ十一日御立と相定り候我等事ハ　姉之小路様の雜掌《さつしよよ》と申者ニなり柳《やな》川《かは》左《さ》門《もん》と云名を姉小路様より下され候

前、島村家

本《ほん》棒《ほふ》の籠《かご》にのり若黨《わかとふ》二人槍持《やりもち》そふり取具足櫃《ぐそくひつ》はさん箱をもたせ候都合六人つれ候其内にて丑之丞と丑五郎とを若黨ニつれる筈にて候誠に狂言《きようげん》の樣な事なり右ニ付別紙之通の入用にあまり入候されども江戸へいたれハ御城へも出又將軍《しよふぐん》へ御目見《めみへ》もそる由之又けん上物もそるよし又將軍樣よりいか拜領《はいりよふ》物もあるよしなり誠にふしぎな事此かしハ御くげさまよりいたゝき候ニ付前へも御包け有へく候又天子樣より下され候菊の花前へさし立候扨咄もあれとも大取紛次便ニ申へしらしん

十月四日　半平太事

左　門

おと乙との

柳川左門と云ハ江戸へいて又京へもとるまでの名なり　（武市家文書）

○文久二年十月十日（瑞山ヨリ妻富子へ）

此間姉小路少將様の御門出ニて始てれしめ麻上下ニて籠ニのわ御供致し祇《ぎ》園《をん》社へ御出ニて其上の寺ニて御やすみ御上段の間へめされ御盃いたゞき夫より御歸り被遊候扨れし炎の下著ニあ白むくをきねハなふに又々白むく小袖もんぎもなき三枚白をおしらへ候扨難有き事ハきのふ　青蓮院宮様へ御いとまごひニ出候處せんべつとして三德《とく》とたゞお入扇子御盃《さかつき》をいたゞき候又々ふハ正親町三條大納言様へ出候處是又御餞別として三德《とく》と扇子をいたゝき候夫より大原三位様へ出候處是又御せんべつとして風呂敷の様なものいたゞき其上御酒・（下脱カ）され何角御咄ニて日暮前より出四ツ頃御暇乞申上歸り候誠ニ此上もなき難有き事なり其内宮様より拜領《はいりよよ》物などおいあ様願ふても出來ざるものニて我等が少々の志《こゝろざし》の天ニ通し候故と落《らく》涙《るい》いたし候皆々よろこひ有べく候たよりのなりしだい差立申べく候扨もかしも澤山なるがふも朝あふ諸方へゆきもそや夜もふけなまも山

のおとく用事有之其上太守様の御立ゆへ早々おきんとなふに先〻はふは
ら申留候らしれ

十月十日の夜　左門

おと乙どの

（武市家文書）

○文久二年十月初旬（瑞山ヨリ姉奈美子へ）

姉小路少將御行列

御先拂

御歌書櫃

御箱　御箱

御番士　御番士

（此組ハ皆々御中扈從ト云）

清岡治之助

森　助太郎

岡田以藏

弘瀬健太　阿部多司馬

曾根東吉　御近習　同　御沓

高松太郎　御輿　丁十八

松山熊藏　御近習　同　御傘

多田鐵馬　松田金三郎

若黨
村田丑五郎

柳川左門

御茶辨當　御割箱　御用簞笥　目籠　具足箱　雜掌乘物

若黨
赤岡丑丞

鎗　　若黨　　鎗
草履取　具足櫃　雜掌乘物　草り取　御用人乘物
箱　　若黨　　箱

若黨　鎗
下目附　鎗
御目附　加番　御側駕籠
草り取　草り取　草り取

小頭預り
物供　笠籠　竹馬　家中兩掛ケ　兩掛ケ　押

御姉上さ母へ
御覽ニ入候
半平太

（武市家文書）

文久二年四月八日吉田元吉梟首罪状書参照

○文久二年十月七日　（那須信吾ヨリ父俊平へ）

極密人前御無用

當春本間精一郎檮原へ參リ候節ヨリ天下之時勢委敷承リ實ハ〔イは〕私儀佐川へ參リ候抔ト〔イと〕申シ時々出府仕リ有志ノ人ニ付キ合ヒ政府ノ事ヲ能々聞合セ其往返鼎公へモ計リ何分此頃ノ時勢其上大奸物旁以テ元吉ヲ退役為致不申候テハ勤王之事行ハレ申間敷ト申事ニ至候不得已〔イ止〕ハ刺除クヘキナレ圧成丈ケハ平穏ニ退役為致候ヘハ靜謐ニ事足リ候トテ大學樣雅樂助樣民部樣其外御家老中頻リニ御世話被遊候得共御力ニ及不申遂ニ四月朔日ヨリ彌刺スニ極リ同志之者共毎夜毎夜場合ヲ伺ヒ候處既ニ八日夜機會ヲ得猶又同志共能々盟ヲナシ其内首請取獄門ニ掛ケ且私共荷物ヲ持候者共十人計四半〔脱アルカ〕・橋觀音堂へ廻シ置キ候扨最早夜半前登城ノ歸リヲ私共帶屋町ニテ待受ケ先ツ私後ヨリ首ヲ見込ミ唯一ト打チト思ヒ刀ヲ下シ候處傘ニ障リ淺手ニテ彼ノ者直ニ見返リ拔合セ聊斬合候處ヲ外方ヨリ段々手ヲ下シ否

佐川邑主深尾鼎重椁

山内大學豊榮
山内雅樂助豊積
山内民部豊譽

彼ノ者、吉田元吉

斬伏セ直ニ私首ヲ取候内餘ハ觀音堂へ引取私首ト刀ヲ側ノ小溝ニテ洗ヒ用意ノ下帶ニ包ミ提ケ唯一人帶屋町ヨリ南奉公人町通リ西へ參リ候處毎々犬ニ吠ラレ既ニ首ニ喰ヒ下リ可申程近寄リ大ニ迷惑仕候得共如何樣無難ニ觀音堂へ持付《イ附》ケ同志ニ相渡シ安堵仕リ《イナシ》夫レヨリ寛々荷物手槍等受取旅支度取調へ乍暗夜一同懇ニ暇乞シ且又於京師機會ヲ待テ死ヲ共ニスヘキ事ヲ約シ西ニ向ヒ候處今コソハ父母ノ國ヲ去ルノ期ナリ又再ヒ生キテ歸ル事モ覺束ナシト思ヒ窃ニ涙ヲ拭ヒ大石團藏安岡嘉助ト三人シホシホト暗地ヲ歩行佐川岩目地ニテ夜明（中略）十一日未明馬上ニテ打立松山城下へ晝過キ著夫ヨリ歩行ニテ七ツ前三津ノ濱へ著幸ナル哉直ニ出船有之直樣打乘リ（中略）上京長州同志へ面會同居致居候内追捕頻ニ烈シク相成長藩有志ヨリ薩ノ同志へ賴ニ相成候處直ニ島津三郎樣へ御聞ニ入リ五月十六日薩ノ同志海江田武次吉井中介兩人ノ旅宿へ引移リ居候處二十二日三郎樣御東下ニ付右兩人御供ニテ候へハ外輪旅亭ニテハ不工面ニ付二十三日御邸

海江田武次、後子爵信義、吉井中介、後伯爵友實

中平龍之助

内ニ入ル誠ニ以テ御叮嚀ノ御扱ヒ實ニ驚入候(中略)八月中旬ヨリ夜分ハ往來
仕居候邸中ノ事故門刻四ツ限ニ付夫迄ハ段々奔走シ中平氏ニモ面會父上
樣御志ノ事ヲモ委敷承リ大ニ安悦仕候過シ一昔ニ近キ丁卯ノ春幾千代目
出度親子ノ御契約仕リ依御慈悲テ是迄武門ニ志ヲ伸ハシ月日ヲ送リ候上
ハ親子ノ内ニ於テ一點ノ隔意有間敷譯ナレ𪜈畢竟私愚昧ヨリ不行屆ニシ
テ御深意ノ程得伺ヒ不盡故此度ノ一條ニ付思召ノ程ヲ恐レ憚リ且此頃ハ
數多ノ海陸ヲ隔テ潜伏ノ身ト成居候得共此上ハ異體同心ト乍恐奉存候間
若シ此地ニテ可然機會ヲ得候ハヽ志ヲ抱キ快ク相働キ可申候内ノ事ハ俗
事萬端宜敷御配慮奉願候(以下略)

右跡ヤ先分リ兼候得共御閑暇ノ節御慰ミノ一端ニモ相成候ハヽヤト奉
存拙文ヲ綴リ指出候返ス返スモ人前御無用ニ奉存候

十月七日認

(瑞山會文書)

○文久二年十月十四日（五十人組脫藩屆書）

乍恐此度　叡慮ヲ以關東御紀律御一新之折柄恐多モ　容堂樣ニハ重キ敕命ヲ被爲蒙諸事御周旋被爲遊候御事御當家ノ御面目ハ不及申上國家ノ大幸不可過之孰モ難有感激仕候乍去大名之下ニハ久ク處シ難ク大功之所在者衆怨之所帰ニシテ古今其例不少既ニ此度諸大名樣御參勤格別御□（イ弛）ニ相成候ヨリ万端御簡約ニ趣候段實ニ絶世ノ御英斷富國强兵之基礎・（自脫カ）是相立可申ト心有者ハ誰レ雀躍不仕者無御坐候處是迄御府内ニ罷在候町人共ノ中ニモ無賴之族者却テ是ヲ奉怨哉ニ御坐候畢竟御府内之義者申上ニ不及海外ニモ稀成繁華ニテ別テ無上下無輕重自四方入込候人十カ七八ニ候得者市井無賴之者共是ニ依テ光陰ヲ送候處今日ニ至リ追々人鮮事簡相成候而者平常遊手座食之輩者必至口腹ニ差泥ミ自然種々ノ不義ヲ相企候者顯然ニ御座候左候得者平常無事之御家者何之可恐儀モ無御座候得共正義之御家ニテ少ニ而モ天下之事ニ御關係被遊候而者屹度御覺悟不被遊而者相

成申間敷既ニ　　先達テ　此方様御登城懸リ御途中無頼之者共馳集耳目ニ堪兼候廉モ御座候哉ニ傳承仕候是等追々相募候得ハ以後如何様ノ溢者出來候程モ難計一日モ早ク御人數被差遣御往來御供廻其余遊兵等格別御差備不被遊而ハ難相成様奉存候先達而櫻田坂下之浪人共ハ孰モ正邪利義之分別有之者ニ候得バ覺有御家者恐ル丶モ當然ニ候得共正義之御家ニ於テ萬々可恐儀者無御坐（イ候）市井無頼之族ニ至テハ邪正義理ハ差置所爭ハ飢寒死生之間而已ニ候得ハ實ニ可恐ノ至リニ御坐候千金之子ハ不死盜賊ト申事ニ候得ハ如何程御用心被遊候迚モ決而御臆病トハ申間敷奉存候右者万々有間敷筋ニ候得共不虞之禍ハ何時無之𪜈難申其期ニ至リ後悔無詮事ト存込不顧非分是迄同志之者共達々奉言上候得共未ダ何等之御處置モ無御坐如何之御事ニ候哉一同疑惑仕候乍去微賤之身累代御國恩ヲ奉戴候得バ此期ニ至リ片時モ難安寢食一日モ早ク彼地へ罷越九牛ノ一毛ニテモ御役ニ相立申度奉存候不得止一同申合又々奉言上候間御聞届被仰付度奉存候

右者私共過半小身者ニ罷在平常口腹ニ差泥ミ候者モ不少且老年ノ父母ヲ扣ヘ難捨置者モ御坐候得共兎角
君上之御安危國家之御大事ニハ難易儀ト一圖ニ存込及右次第候間全ク喪心犯《狂カ》氣之御取扱ニ不日不被仰付候者ハ此上難有仕合ニ奉存候以上

文久二戌年十月十四日

新四郎嫡孫　山本三治
清右衛門倅　島地磯吉
清平弟　望月龜彌太

森　藤太夫殿
寺村義平殿

右之外大同小異ノ願文ノ由ナリ

（佐佐木高行日記）

○文久二年十月十八日（山内容堂ヨリ松平春嶽ヘ）

爾來如何御消光　霜威相加候間御自愛可被成候唯今大監察と談論相濟候所三寸の舌殆んど切れ申候乍去至結局なる程それでは左様の所までは氣が付きませなだ《かカ》つたと申候位にて別れ申候又々明日は登城閣老を責め可申と存候何分足下早々御出勤此徳川氏の危急御救可被成御家柄と云御職掌と云此時に當り欝々然臥病候譯無之御勉強可被成候僕は不才非力にても盡す丈けは御座候間書外期面盡候恐々

初冬旬八　　九十九洋外史

越相公閣下

尙々御疾病は御厭可被成候以上

○文久二年十月二十二日（山内容堂ヨリ松平慶永ヘ）

刑君德川慶喜
板倉周防守勝靜
小笠原圖書頭長行
松平豊前守正質
水野和泉守忠精
井上河內守正直

唯今退出卽一書呈上仕候刑君不參右に付板倉小笠原一橋へ參不得面會候豊前和泉河內へ面晤候所實に京を御尊ひ無之は不相成云々彼より發言僕曰いかにも左樣無之時は不相濟候僕又敕使着の節は品川へ迄大君御出迎可然井上の小僧曰く餘り尊ひ過候ては諛には成間敷哉此時僕不堪憤恕(怒カ)向小僧曰君臣の大義を以て申之　足下の如論則吾輩の家來吾前に來り疊に頭を付候是亦諛にて御座候哉少々大聲に相成候所二言は無之閉口に及候今日は昨日より閣老も誠實尊卑はならぬと存候樣子也

十月二十二日　　醉璋

閑鷗樣

(侯爵山內家文書)

御兩卿、三條實美、姉小路公知

○文久二年十月廿三日（瑞山ヨリ平井收次郎ヘ）

當月十六日之貴書相達拜讀愈御勇猛御周旋奉賀候御兩卿御順之通御越恐

悦唱申候然は一橋公之如《処脱カ》何敷聞申候因州侯急々東に下周旋之敕御下に相成候はヾ都合よき事と兩卿御詮議も有之旁世子格太郎差立中候此仁は實直にて隨分咄之出來候人故萬事御談話被成度奉存候其御地之模様はさして入用になき事まで乍御面倒委敷爲御聞被下度奉存候薩之高崎長之桂抔へも御面會奉察候
容堂君も大によろしき御勢と聞御互に喜躍事に御坐候右迄申上度如此御坐候頓首

十月廿三日　柳川左内《門カ》

平井收次郎様

（田岡正枝藏）

世子格太郎、名ハ延世伊勢松坂ノ人

高崎佐太郎、後男爵正風

桂小五郎、後孝允

○文久二年十月廿三日　（德田隼人ヨリ瑞山へ）

以幸便《マヽ》一翰拜呈仕候向寒之砌ニ御坐候處益御壯健ニ而御旅中無御滯御著府被成候御事与重疊目出度奉存候隨而下拙儀無異ニ消光仕候間乍憚御放

意可被下候

一去ル廿日因州侯參

内御内敕ニ而翌廿一日當地出立ニ相成申候右も一橋君御柔弱ニよつて

萬端御心添御座候樣ニとの事ニ御坐候由御内々御模樣相伺候事ニ御坐

候

一久坂玄瑞寺島忠三郎今度早打ニ而江戸表へ下向ニ相成申候間京師之義

も彼方ゟ巨細御承知可被下候

一去ル廿日之夜亂法者御坐候而寺町丸太町上ル所ニ而万里小路殿家來小

西直記ト申者及横死候其夜五辻殿下部四ヶ所切レ町人貳人切《ヲ脱カ》レ申候右

樣之亂法もれハ取調度候得共官家ニ而も不及事ニ御座候

一三條殿姉小路殿御機嫌克御著被遊候御事と奉存候

敕答之趣早々奉拜聽度奉存候御幸便ゟ御樣子早々被仰知可被下候

大口出雲守

一大口達者ニ而専周旋仕居申候

侍従ハ中山忠光

一侍従殿無異ニ而剣術等心掛出精被致候増々青雲之志相見大慶之事共ニ御坐候外ニ相替儀も無御座候得共右之段迄得貴意申候猶斯重便（マヽ）候

恐惶謹言

徳田隼人

愛敦（花押）

十月廿三日

武市半平太様

参人々御中

尚々乍末時候柄折角御厭被成候様奉祈上候

小南五郎右衛門　丁野左右助

一小南様并丁野様へ御序之節宜御傳言可被下候已上　（上田開馬蔵文書）

○文久二年十月廿七日　（中川侯一件手島八助乾作七書取）

手嶋八助、後季隆

一左ノ書面ハ當時京師表周旋掛手島八助乾作七ヨリ土佐ニ送リタルモノナリ

十月二十七日朝長藩桂小五郎佐々木男也粟田宮樣へ參殿法親王被仰出候ニハ中川修理太夫家來小河弥右衞門ヲ嚴罰申付致幽閉候其徒中川土佐始嚴罰申付候樣以之外之事也彌右衞門儀ハ先達而勤王正義ヲ唱速ニ上京危急之場合周旋致シ實ニ勤王ノ巨魁ト可謂也事少シク平穩ニ相成候節至尊御叡感之上御褒文ヲ以本國へ御差下定テ修理太夫賞譽モ可致筈之處右之次第言語同斷之事畢竟　天意ヲ輕蔑之有樣皇國振起致候哉否之場合箇樣之事一藩之諸侯ヨリ相顯シ候テハ不安事也殊更此度　勅使下向重大之　敕諚幕府遵奉之程叡念奉煩候時節且又外へモ大ニ關係致候事モ有之旁以決而其儘ニ差置候義難相成
主上へ申上三藩申合此度修理太夫出府之趣何地ナリ共通行之道筋へ罷下リ幾重ニモ説得致シ万々一承服致不申時ハ違勅之宛（マヽ）所置致候事可然尤薩土ハ主人在京無之如何致候哉如何樣薩藩ハ爲警衞人數許多在住土州ハ幸ヒ大坂表警衞之人數差遣候ニ付其・（人脱カ）數差立候事當然之事

欲ト被仰出候

一　二十八日　朝薩州村山齊助關白樣へ參殿々下被仰聞ハ三藩申合修理太夫へ承服遵奉致候樣說得可致トノ御沙汰若モノ事難計ニ付伏見へ人數差向候儀モ御內沙汰之由ニテ薩州ヨリ百五十人計遊兵出張長州ヨリハ五十人計御國住吉御警衛之中御人數出候筈

一薩藩下坂之両士村山齊助鵜木孫兵衛ヨリ御國京師詰之人へ懸合紙面廿九日初夜頃著坂直樣長州両士ニ桂小五郎佐々木男也引合三藩同意ニテ岡之屋敷へ出懸熊田万八へ出會重大之御內沙汰ニ付罷下候間君公へ御面會相願度段申述候處所勞彼是及夜陰何分面會ノ所ハ相斷重役へ委細申聞吳候樣トノ儀ニ御坐候得共押出シ及演舌候處無據出席ニテ一同君公ニ面會致シ小河一列處置不宜朝廷ヲ輕蔑被成候姿ニ相當殿下幷宮樣議奏方御憤懣之趣委細申述候處色々申訳有之畢竟イヽマギラシ直樣上京トノ趣意被申述候處

猶又此儘ニテ御上京之儀決ゐ不宜重々不都合之理解申上候處夫ヨリ篤ト勘考之上追テ可及返答段被申聞別室ニ差扣候處熊田要助小原隼太其外重役衆彼是出席ニテ嚴敷恐入候趣様々及陳謝何レモ明日ハ滯坂ニテ重役ヨリ京師ヘ使者差立候テ恐入申上御差圖次第ニ進退可仕トノ趣承リ候先今日ハ三藩一同引取申候然處修理太夫殿初重役ハイツレモ其實俗吏俗論取ニ足ザル人物ニテ中々勤王ノ者ナドハ夢ニモ不存輩計ト相見唯々恐怖致候マデノ事ニ御坐候尤小原一列赦免之事ハ大体役々承知之模様ニ候得共今夕迄ハ決定之返答ハ無御坐候（御國周旋掛リ乾作七手島八助兩人）

右紙面薩藩ヨリ相廻候趣御國取扱之委細ハ畧之然ニ小河彌右衛門一列根元致脱藩候者之儀ニ付縱令勤王之志トイヘドモ對主家シテハ非常之筋ニ付純粹忠士トハ難申處　叡慮被思召旨御内命乍恐如何敷然処右　叡慮島津三郎様ヨリ彌右衛門ヘ被仰聞御書下ニ相成候趣是又

右紙面以下ハ侯爵佐佐木高行ノ記ス所ナリ

如何之儀實ハ薩州ヨリ　叡旨御願出御取持ニ相成候哉然共右様　叡慮奉蒙御用之節可抽忠勤トモ被仰付有之輩ヲ猥ニ幽閉被申付候中川侯之御處置最有間敷事　朝廷ヲ輕蔑ニ相當候然ニ同藩小河同志之者ヨリ隱名之書牘ヲ以長藩へ願出彌右衞門一列御咎之儀畢竟奸臣共所爲之由委細國辱ヲ發露シ何卒彌右衞門列被差免奸邪之輩被退候様頗煩擾ニ認周旋賴出候趣是亦有間敷儀右等之事迹ヨリ相起粟田宮様御下知ニ相成候趣

(佐佐木高行日記)

○文久二年十月廿七日　(中川侯一件手島八助筆記)

一手島氏筆記ニ云フ

小監察ヲ以小原與一郎乾作七手島八助西京ニ相詰同年(文久二年)十月二十七日夜半平井收次郎來リ云フ此度中川藩小河彌右衞門以下十七士先達テヨリ上京周旋ノ筋

三郎君、嶋津久光
中川侯、中川久昭
桂小五郎、後木戸孝允
村山齊助、前名木村仲之丞
北條右門、後村山松根

叡感之御書取薩州三郎君ヘ御渡ニテ彌右衛門以下拜承八月帰國ス即チ岡侯右ノ者共禁錮嚴敷親戚之書信ヲ絶チ其内一士某大禍ヲ遁ル、者窃ニ薩藩ニ訴フ　朝議御不興ニ被思召中川宮ニモ以ノ外御恐恚ニ而三藩打合中川侯出府ニ付説得致シ東行ヲ差留若シ彼カ不敬甚シクハ征討スベシトノ事ナリ中川侯ハ關東ヘ御用召ニテ老中職歟寺社奉行歟蒙ルノ説ナリト其夜與一郎作七八助同道ニテ大監察横山覺馬方ヘ到リ收次郎モ來リ永談ス翌廿八日未明覺馬與一郎作七八助同道シテ長藩前田孫右衛門僑居ヘ行同藩士桂小五郎佐々木男也モ來ル薩藩村山富《齊カ》助モ來ル富《齊カ》助云フ今朝關白殿下ヘ罷出候處中川修理大夫ヘ朝廷御不興ノ處説得ニ可致万一承服不致事モ難圖ニ付三藩ヨリ人數兼テ伏見ヘ差出シ可置ト被仰出也ト然ル上ハ異議無之訳《マヽ》ト申テ孫右衛門方ヨリ帰ル覺馬ヨリ作七八助両人浪花ヘ罷越シ薩長ト示シ合中川旅舘ヘ罷出朝議ノ御旨ヲ以説得可致ト被申付タリ覺馬ヨリ攝州陣屋総督村田仁右衞門大監察鄕權之丞へ人數伏見へ出張之作配致候樣早追ヲ仕立七ッ前両人京師出足翌廿九日大坂著長州邸へ行桂小五郎佐々木男也出會薩藩村山富（齊カ）助鴉（鵜カ）木孫兵衞モ來リ同道シテ夜四ッ時中川侯旅館へ罷出留守居熊田万八出ヅ修理太夫樣御目通仕度申談候上万八申ニハ主人病氣ニ付重役ノ者へ被仰聞度ト申用人草刈敬助出會主人出立之砌病氣ニ候得共押而罷越シ候處寒氣ニ被障當夜別而不快ニ而寢所ニ被入明朝ハ押而發足致シ上京可仕心得ニ御坐候仍テ家老ノ者迄被仰聞度トノ事ト云對而申ニハ明朝御發駕被遊候得バ猶更差懸リ當夜不申上候テハ相叶不申縱令御上京ノ思召ニ御坐候トモ其儀ハ御調被遊間敷ト奉申上候斯申上候儀ハ重大ノ事件ニテ何分御取次ニテハ難申上御病氣ニ被爲在候得バ御寢所へ罷出申上度乍恐御家ノ御浮沈ニモ相係リ候儀ニ付尙此ノ筋被仰上候樣申述候處敬助仰天シタル氣也（色カ）ニテ立出稍刻移リ再ビ來リ被仰聞旨達候處

主人當家浮沈ニ懸リ候程ニ付テハ各方來臨別ゟ忝被存候ニ付乍病中推ゟ面會致サレ候ニ付御通リ被下候樣トノ儀ニ付即チ一同罷出御膝下ニテ申上候宮樣關白殿下御內命ノ趣ハ御家來小河彌右衛門御嚴罰被仰付候一件等　朝廷御不審ノ達々申上候處侯種々御取合ニテ御申訳被仰出候處御條理分明ニ難相分其內彌右衛門儀ハ　叡慮之旨モ有之於我等難有奉存候乍去右ノ者每々國法ニ戻リ無余義子細モ有之其儘差置候而ハ家中ノ者ヲモ心服不致我等固ヨリ勤王ノ儀ハ代々家風ニテ有之候得共家來共心服不致ゟハ却テ勤王ノ本意モ難相立譯ニゟ此段ハ推量可給乍去朝議ニ背キ候段ハ誠ニ御恐レ入候儀ニ付此段尙又上京ノ上御斷可申上ト被仰出候處押返シ申上候ハ御意ノ趣一應御尤ニ奉存候得共殿下御內意承リ候處當時天下弊習御一變被遊度　叡慮被惱候折柄彌右衛門カ如キ者數輩先達テ上京周旋ノ筋　天意ニ相叶　叡感相蒙リ候儀　朝廷ニモ御美目ニ被爲有仍テ於御當家樣モ御

賞譽可被爲在筈ノ處却テ御一家ノ法令ヲ以テ斯ク被仰付候趣　叡慮御遵奉ノ御誠心トモ不相見御一家ノ法令ヲ以　天意御塞ギ被遊候ゟハ大ニ外々諸侯ヘ關係殊ニハ當今幕府ヘモ重大ノ事トモ　勅諚被仰出於幕府　叡慮必ズ遵奉可相成場合且又戊申年以來御制度ニ相背候者共報國盡忠ノ節〔筋カ〕ヨリ相犯候者追々御赦免モ相蒙可申哉ノ御沙汰モ御坐候趣於御當家樣御齟齬ニ相成候而ハ　天威モ御立不被爲成誠ニ御恐レ入候事ニテ第一天下御革政ノ御妨トモ可相成彌右衞門其儘難差置事跡ニ御坐候得バ殿下ヘ御伺ノ上御所置可被遊訳〔マヽ〕ト奉存候此段御手落ニ御坐候哉ト奉存候乍併右ノ儀先　主上ニハ御叡聞不被遊立リヲ以朝議御內命ノ儀ニ付私共申上候筋直樣御悔悟被遊候得ハ御當家樣ノ御爲朝議ノ御趣意モ相立御都合宜御事歟ト不顧憚申上候別ゟ粟田法親王樣ニハ御不興ニゟ御途中御遮申候樣御意モ御坐候尙御勘考被遊候ゟ何分ニモ明朝ノ御發駕ノ儀ハ御延引被遊可然哉ト奉存上

粟田法親王、即チ中川宮青蓮院宮

候段達々申上候處大ニ御恐怖ノ御模樣ニテ其元共申處朝議御不與相蒙候而ハ奉恐入候次第ニ付此上ハ篤ト考慮致シ各方是迄被參候儀御苦勞千万不淺忝存尙家來トモヘモ誤呉度其上ニテ各方ヘ相賴候儀モ可有之トノ議ニ付一同御挨拶申上殊ニ御不例ノ御都合不奉顧推參重々恐レ入次第申上候而退出仕候

但右ノ節重役ノ面々肩衣著シ八九人列座ニ而侯御一人御應答ニ而此方ヨリ別而村山桂両人申上候殿下御內命ノ筋齊助申上天下重大ノ御革政ノ筋ハ小五郎申上宮樣御不與ノ條ハ男也申上　叡慮御戾ト御國法御立被遊ト輕重大小ノ區別ヲ以御勘考被遊候儀ハ八助申上明日御發駕御延引被遊候筋ハ作七申上候ナリ

暫クシテ別館ニ被延重臣七八人出會主人ヨリ呉々モ挨拶被仰出此上ハ兎ニ角御三藩ヘ御依賴申明日出達ハ被差止其內手元取調御答ニ可及申ニ付返々モ不惡樣御量見ニ預リ度段申事ニ相成候ナリ七ツ半頃

用助、上ニ要助トアリ

御旅館ヲ出相分レ下宿へ帰ル〔マヽ〕村田仁右工〔マヽ〕門下宿へ來リ大略申述既ニ陣屋ノ者ドモ伏水〔マヽ〕へ出兵致シタリト申候ナリ翌十一月朔日中川家臣用人熊田用助留守居熊田万八來リ主人篤ト勘考各方被申通納得被致彌右衞門一類赦免申付飛脚相立私共ハ今夕上京仕正親町大納言様御緣家ノ訳〔マヽ〕ニ付御詫申上議奏御方ニ御取計御頼申上候如何哉ト申候ニ付御尤ノ御事ト相答候也其後歎願書出御憐宥ヲ以格別ニ不被及御沙汰以來厚ク心懸當時國家安危此時ニ候間精忠盡力可有之候事

（佐佐木高行日記）

○文久二年十月廿七日　（中川侯一件手島八助書取）

一此節京師ノ邊リ〔マヽ〕諸浪人躰ノ者往來無之ニ到子細ハ薩州島津三郎君御取鎮以來孰モ帰國致候既ニ中川修理太夫君家來小川彌右衞門等モ同志引纒メ罷帰〔マヽ〕候由

朝議ニモ內々御稱譽モ有之三郎君ニモ御口上被添候由
同十月二十七日長藩前田孫右衛門僑居ヲ横山覺馬乾作七八助等相訪又
桂小五郎佐々木男也モ參會小五郎男也申スニハ今朝　青蓮院宮久邇宮樣ノ事
殿下ヘ參拜仕候處法親王被仰出ニハ中川修理太夫其家來小川彌右衛門
等ヲ嚴罰申付禁固致候趣（マヽ）以之外ナル事彌右衛門儀先達而京攝之間ニ罷
出勤王正義ヲ唱ヘ諸有志之大ニ引立ニモ相成　至尊叡（マヽ）譽之上本國エ被
差歸（マヽ）必ズ修理太夫賞譽モ可致筈之處右之次第畢竟
天威ヲ輕蔑之姿此度
勅使下向重大之勅諚幕府遵奉之程如何ト　叡慮被惱候時節其際修理太
夫違勅之筋有之候而者其儘差置候事不相成大樣之處我レ　主上ヘ奏聞
シ三藩申合セ此度修理太夫幕命ニテ御老中內命ノ由東武エ下リ候趣何地成共通
行之道筋ヘ罷出說得敎諭致シ万一承服致シ不申時ハ違勅之罰ヲ以三藩
ヨリ人數伏水ヘ兵卒出張シテ可然處置可致ト

宮様被仰出候也又薩州ハ爲警衛人數夥敷出張致候土州ハ幸ヒ大坂陣家ノ兵卒之人數差置キ候ニ付出張可然トノ儀ヲ被仰出候事也八助等對テ此儀ハ實ニ以重大之事件ニ付篤ト勘考之上明日打合參會可致申置キ一ト先帰（マヽ）僑致候翌日早朝同人宅へ參會小五郎申ニハ昨夕再ヒ宮様へ參殿仕候處

法親王少シハ御緩リノ御量見被仰出候ハ修理太夫万一説得承服致シ不申時ハ伏見ニテ三藩ヨリ東下ヲ差留メ將軍ノ命ヲ以征討可然ト被仰出ト申ス八助等弊藩之者両君共東武エ罷越シ私共ノ取極難相成孰レ表ニテ屹度朝命無之而ハ如何敷ト申候場合ニ薩藩村山齊助來リ申様某今朝早々關白殿下エ參堂仕候處三藩申合セ修理太夫此度朝議御不審之處説得可致万一彼承服不致候時ハ三藩ヨリ人數兼テ伏見へ出張致シ置候様被仰出候ト申ス也然ル上ハ朝命異議ハ無之ト相決シ早ク其筋へ取掛リ議奏ノ御方へ御受申候ト申出是ハ齊助直様御受ニ參殿スト申也夫ヨリ

八助等孫右衞門方退出直チニ留守居宅ニテ相會シ直樣作七八助兩人浪花ヘ罷越シ薩長示談之上中川侯旅館ヘ罷出朝議之御旨說諭可致被申付即刻住吉陣屋惣督村上《田カ》仁右衞門監察鄕權之丞ヘ伏見兵卒出張之都合急飛ヲ以通達シ同日七ツ時不《下カ》坂翌日七ツ半着シ直樣長藩邸ヘ參リ頓而薩藩村山齊助鴉《鵜》木孫兵衞來ル齊助ヨリ中川留守居ヘ書狀遣シ夜四ツ時頃中川侯旅館ヘ罷出玄關ニテ取次ヘ申入候處留守居熊田万八出會一同ヨリ御直ニ申上度儀有之御目通リ仕度申候處万八申ニハ主人病氣ニ付重役之者エ被仰聞度申候內用人草刈敬助出會主人當夜ハ別而不快ニ付何卒家老之者エ思召被仰聞度ト申ス當夜是非御直ニ不申上而ハ相成リ不申御病氣ニ候得ハ御寢所ヘ罷出申上度乍恐御家之御浮沈ニモ相關リ候儀ニ付尙又被仰上候樣申候處然バ主人御面會可仕ト申否中川侯御出浮御膝下ニテ一同　宮樣關白殿下御內命之趣ハ御家來小河彌右衞門御嚴罸被仰付候一件ニ付朝廷御不審之御旨趣ニ申述候處種々御取合モ有之

候ニ付猶又縷々申陳候得バ候ニモ朝議ニ違背ト相成候而ハ誠ニ以テ恐入候儀ト被仰出漸御悔悟之御模様ニ相成リ此上ハ篤ト勘辨シ答ニ可及各方是迄被參御苦勞之段千万忝ク存ジ候也此上ハ各方ヘ相頼候儀モ可有之ト御挨拶モ有之一同退出致候事

同十一月朔日長州屋敷ヘ參候處中川侯用人熊田陽助留守居熊田万八來リ昨夜之挨拶アリ且主人篤ト勘考之上實ニ各方之申通リ納得被致此度彌右衛門一類赦免申付追々賞譽モ可致ニ付急飛ヲ本國ヘ差立申遣シ私共ハ今夕上京仕リ正親町大納言樣御縁家之譯ニ付其御取次ヲ以御詫申上議奏御方ヘ御取計申上候ト申候勿論東行ハ断念被致孰レ御赦免之上京師ヘ罷出候儀ニ付其筋内々御依頼申候トナリ

同七日今日中川侯歎願書被差出候其文

一(上略)何卒廣大之御仁惠ヲ以此度之罪条《マヽ》格別ニ奉蒙御寛免候ハヽ重疊難有仕合セ奉存候此段偏ニ宜敷御執成之程奉願候以上

中川修理太夫

同十三日中川藩例之三人來言昨日於中山殿格別之御憐愍ヲ以御宥免相蒙リ誠ニ以難有仕合セ也右御吹聽申候ト言御赦免書之寫左之通リ

一(上略)此節之儀ハ御憐宥ヲ以格別ニ不被及御沙汰候右書面ニモ相見候通以後厚ク心懸當時國家安危此時ニ候間精忠盡力可有之事

但右事件重大之儀ニ付前後書取一册アリ大略相認候也八助等愚昧之者心配致シ藩士ニシテ　勅命ヲ奉ジ諸侯エ使スル事前古例モ無之候也人皆異數也ト申候事也

(佐佐木高行日記)

○文久三年十月廿七日(中川侯一件)

一十一月五日　同夜御徒目附已屋ヨリ呼ニ來リ出會候處子細ハ當夜京都ヨリ早追ヲ以羽山郷千屋金作幷下代類傳左衞門著ニテ申ニハ去月十五日立ヲ以御國ヨリ有志之者廿五日京師着中一日置廿七日京都立此時京

曾和傳左衞門

都ヘ聞エ候ハ豊後岡藩小河彌右衛門幷同志十人先達テ　勅諚ヲ頂戴シ歸國ノ處却テ彼者共ヲ禁獄シ候樣京師ヘ相聞エ青蓮院ノ宮樣御逆鱗甚布《マヽ》薩長土ノ三藩エ違勅ノ初可討取旨被命候處三藩ノ者共評議シテ彼國ニ下リ觧《解カ》悟シ其上ニテ違背申ニ於テハ可打果ト一決シ既ニ三《藩脱カ》ノ英士二人宛ニ定メ出ノ所中川侯出府ノ旨相聞エ候ヨリ引返シ右ノ形言上ニ及ビ京師伏見ノ邊ニテ喰留返答ニ寄可打取支度ヲ以先達而御國ヨリ罷上居候五十八ノ勇士大津泊ノ所京都エ呼返シ其中二人早駕籠ヲ以右ノ千屋金作下代類傳左衛門當夜著致候ヨリ御目附方出會候上ニテ役頭エ申達スト帰《マヽ》リテ恒之助ヲ呼内々御徒使ノ程難計ト申置後又小南五郎右衛門殿エ出ル帰リテ寝ル七時ナリ

(諸家筆記)

田所恒之助

○文久二年十月廿九日　(吉井中助ヨリ本多彌右衛門高崎佐太郎北條右門へ)

吉井中助、後伯爵友實
本多彌右衛門　後男爵親雄
高崎佐太郎　後男爵正風

各賢御揃御奉職奉遙賀候

御姫様方今日愈御發駕被遊頓与安心御同慶奉存候高崎廿六日夕方著御地之模様委細承り申候誠ニ御盛之御事一言も無御座候即越土江拜謁成行申上候處別而御悦之由○　勅使今日御著館咋夜品川御旅館江御機嫌窺として參上拜謁仕申候○閣老松平豐前守上使トメ同所迄御出迎將軍家より御菓子春嶽公にも同處迄御出迎爲天下大慶之至ニ御座候營中此間ゟ議論紛々にて大混雜一橋公より以下を始閣老以下愚論越ハ態与御引入容堂公一人ニ而必死を以御論破一旦ハ愈御請不仕筋ニ相決居候處此上ハ力不及此方も德川家も厚恩二百餘年來蒙り居候へ共君臣之大義ニハ難替ニ付去可申与大目付岡部駿河守与申者江散々御論破岡部見苦敷目に逢退出其儘引入一橋も三日計引入既に廟堂両立之勢之處廿六日ニ至り終ニ愚論之徒屈服致し春嶽公ニも其日七ツ時分ゟ俄ニ登城一橋公登營是迄之儀別而御後悔与申事ニ而今ハ懸念も無之様に奉存候併内情は何様共難計此競ニもどく突當り不申も又被守返候儀も可有之ニ付幸因州の東下之由ニ御座候ニ

本文中ノ高崎ハ猪太郎、後男爵五六

松平豐前守信義

付途中迄出懸越土之合躰寸切《マヽ》息氣《マヽ》打拔候樣申込請合ニ御座候奉迎之儀ハ
偏ニ土候之盡力ニ而誠ニ氣味能次第ニ御座候將軍家痳《痲か》疹之由暫ハ敕使御
對顏も六ヶ敷候半先近日の形勢如此御座候而隨分能風光ニ御座候猶追々
可申上候恐惶謹言

十月廿九日　　吉井中助

本多彌右衛門樣
高崎佐太郎樣
北條右門樣

（上田開馬藏文書）

北條右門、即チ村山齋助

○文久二年十月廿九日（村山齋助鵜木孫兵衛ヨリ本多彌右衛門へ）

今日晝前伏見着承候處中川家には昨廿八日浪花著廿九日一日滯坂朔日上
伏と申事承り指急き乘舟致初夜頃著坂直樣長州兩士に引合三藩同意にて
岡屋敷へ出懸熊田万八へ出會重大御沙汰ニ而罷下候間君公に御面會相願

青門樣、青蓮院宮
關白樣、近衛忠熙
中山、中山忠能
正三、正親町三條實愛

度段申述候所所勞彼是及夜陰何分面會之處は相斷重役に委曲申聞呉候樣との義に御座候得共押返し及演說候處無據出席ニ而一同君公ニ面會致し小河一列處置不宜朝廷を輕蔑被成候姿に相當り殿下並宮樣議奏方御憤滿（マヽ）之趣委細申述候處色々申譯有之畢竟言まきらし直樣上京との趣意被申述候處猶又此儘に而御上京之儀は決而不宜重疊御不都合可有之と理解申上候夫ゟ篤と御勘考之上可及返答段被申聞別室え相扣居候處熊田要助小原隼太其外重役衆彼是出席ニ而嚴度恐入候趣樣々及陳謝いつれ共明日は滯坂に而重役ゟ京師に使者差立候而恐入申上御差圖次第ニ進退可仕との趣承り候先今日は三藩一同引取申候然處修理大夫初役々いつれも眞實俗吏俗論取にたらさる人物に而中々勤王之志なとは夢にも不存輩計相見唯々恐縮致候までの事に御座候尤小河一列赦免之事は大体役々承知之模樣に候得共今夕までは決定之返答は無御座（支脫カ）付而明早朝關白樣青門樣並中山正三樣等へ前田御同道御出被下候間明日中川より使者參り候ハヽきひしく

御沙汰被爲在小河一列彌以赦免申付候處を御聞届に相成其上にゐ修理大夫滯坂又は滯伏いたし候樣被仰付度奉存候左樣無御座候ゐは今夕我々共演説致候趣意も不相立俗物とも猶更朝廷を輕蔑致し可申候間返〳〵手ひとく御呵付被遊候樣御周旋偏に御務可被下候將又中川家と正親町樣とは親緣之由に御座候得は先一番に御同所へ罷出色々佞〔佐カ〕辨申には相違無御座候間正三樣之處へ重々仰上置れ度奉存候万一なまぬるき御返答有之候ゐは甚不宜候間返す〳〵も御ぬかり無之樣奉存候私ともには京師ゟ御一兩名到來までは滯坂致可申候間御地之儀は御壹人にゐよろしく御周旋被下度奉願候先は右之なり行情体申上度さし急き如此御座候

十月廿九日夜

村山齊助

鵜木孫兵衛

本田彌右衛門樣

（田岡正技文書）

○文久二年十一月二日（瑞山ヨリ妻富子へ）

ひと月五日同十二日の文相達候先々寒候へとも姉上さま初御機嫌よく孰も御同様先て度ぞんじ候爰元去月廿八日江戸著兩卿様奉初太守様益御機嫌よろしく御著恐悦唱申候未しか〳〵落合不申世話敷事かぎりなし

天下之勢も大分よく相成

容《よふ》堂《どふ》様しきり＝御力を御盡《つく》し被遊誠に目出度事なり

御馳《ち》走《そふ》大名御勅使《ちよくし》＝つき毎日々々御馳走時々二の膳つき菓子などハ山の如し扨壽太郎一瀬源兵衛なと出かけ候よし勢《いきおい》のよき事まて實まけつこふ至極なり扨咄も山の如くなれとも未落合不申大取紛何事も次便＝申殘候

いつ方へも狀ねゝ差立不申小笠原勝賀瀬而已へよろしく御傳有之へく候らしく

十一月二日之夜　　　　柳川左門

壽太郎、島村壽太郎

小笠原嘉助瑞山ノ姉ノ夫勝賀瀬小八郎瑞山ノ伯母ノ夫

おと乙との　（武市家文書）

○文久二年十一月二日　（下横目章次闇殺）

十一月

一是月二日　勅使御旅舘へ　容堂公御出之由

一同夜　下横目章次闇殺セラレ裸体ニシテ伏見ノ川中ニアリトゾ章次ハ吉田元吉下手人探索熱心ニテノ故ナラント　（佐佐木高行日記）

○文久二年十一月上旬　（本田彌右衛門ヨリ前田彌右衛門平井收次郎へ）

御揃御清福奉大慶候然は今朝豊後岡藩熊田要助小原隼太熊田万八入來に付此節大坂え三藩之人々出迎演説之次第い細承知中川様ニ茂別而御届不被成次第を御畏縮先右三人之者を以正親町三條殿へ御伺申上候而恐入申上夫ゟ御沙汰次第下坂仕候而主人に形行申入候此上は過を改を第一と致

正親町三條實愛

し候此後之處偏に可然相賴候且小河列《マヽ》長相置候一禮旁々今日參上と申事ニ付引取書《直ニカ》に參殿と申事にて此より早々及御知申候通候猶新兵衞ゟ御聞取可被下候以上

本田彌右衞門
田中新兵衞

前田孫右衞門樣
平井收二郎樣

（田岡正枝文書）

○文久二年十一月十日（間崎哲馬ヨリ平井收次郎へ）

曾和傳左衞門
千屋金策

呈一書候嚴寒之候愈御萬祥御周旋奉謹賀候過日は兩勅使君公に而御機嫌能御下著御同樣恐悅之至且同志之諸兄にも日夜面會此地情實も貫徹いたし爲國家可賀事ニ御坐候引續キ傳右《左カ》衞門金策丈相下其御地之近狀も詳悉夫に付一兩日邸內議論紛々中二三日前之郵便には染々呈書も不仕段御海恕之祈追而長之松島幸《剛カ》藏及急脚も到著其後之模樣も審了就中賢兄之御立

大目付小南五郎右衛門
墨龍卽チ瑞山

論勇決簡易二藩を壓倒之處昨夜も小南憲臺之客舍にて墨龍一席にて相與に歎服仕候小南西上之命ヲ受候處少々子細有之昨日は同志一同上邸へ集會大紛騰終ニ西上止マリ申候傳金兩人ハ今日老公へ御目通リ被仰付筈五十人之忠誠徹通殊之外御滿足被思召候由御悅可被下候○大樹公御痲疹ニて未た勅使之御入城延引素ゟ攘夷之詔旨遵奉トハ幕議相決候由なれ共其後之處如何と老公ニも殊ニ御憂勞御盡力最中ニ御坐候○扨此人は黑澤紋三郎ト申水藩之人ニて隨分有志此度政府之命ヲ受西上之由此藩政府は今以一新不致居リ候得共此人此度之命ヲ受候ハ幸之事トテ表面ハ政府之旨ヲ奉シ陰ニは其御地之事周旋幽蟄之諸同志へ報知致度由無餘儀樣子ニ御坐候右ニ付彼屋〔マヽ〕切通リ之文通ニは相憚リ候ゆへ機密之事ハ本藩之便リかリ且賢兄方御提挈ヲ相願度ト之事ニ候間左樣思召御世話被成度奉存候右便ニ甚乍取急草々得貴意候尙此次之飛脚に細々可申上候頓首

十一月十日朝　　哲馬

收次郎樣　侍史

百七十八　（田岡正枝文書）

○文久二年十一月　（田内衛吉檜垣清治今橋權助連署坂本瀬平殺害始末書）

口上覺

私共此時勢ニ付江戸表ノ御都合奉氣遣自力ヲ以テ馳附申度奉願御聞屆之上今十月十五日數十八同時ニ御國許出足仕大津驛迄罷越止宿仕居候場合中川修理大夫樣御出府之儀ニ付京都ヨリ被仰下候儀も有之哉ニテ事柄ニ寄重大之仕儀ニ至候程難測趣ニ付右ノ形勢江戸表へ爲御達同伴之内兩人晝夜罷越相殘人數俱々京都へ引返候處御足輕瀬平義御國許ヨリ一人立罷越別宿ニ罷在私共人數ノ内へ相加リ同道致度段度々申出候得共同人義平常人柄不宜趣相聞ヘ一同納得不仕候ニ付程能ク相斷候處甚不平之体ニ罷在幾日頃ニテモ候ヤ同人義京都發足仕候趣承リ無間モ又々京師ノ御模樣替リニ相成其筋爲御達私共三人十月廿九日同所出足ヲ以テ罷越道筋島田

驛ニテ休足之砌瀬平儀參リ掛リ欠違ニ相成同所ヨリ興津三島驛等止宿候節同宿ヲ以テ罷越當月七日小田原驛永塚屋八百藏方ニテモ同斷一ト宿ニ御坐候處衞吉權助兩人共風邪ニ被犯旅行難相成難澁致候間無用捨出足致呉候樣瀬平ヘ申聞候處却テ參不申快氣ヲ待テ同行可致趣ヲ以テ同人義モ相留罷在不日成兩人共快相成同十日朝七ツ半頃一同出足仕大久保加賀守樣御領分東海道一色村並木松中程ヘ掛リ候場合權助義腹合惡シク便用ニ罷在候内一同一丁半計行過候節瀬平義理不盡ニ帶居候刀拔放シ清治ヘ切掛ケ其節清治ヨリ間違ニテモ無之哉ト再三聲相掛候得共不聞入打込來リ勿論清治義モ無是非拔合セ二三合渡リ合候場合清治ヨリ打込三太刀振ニ瀬平ノ太刀切リ落シ候ヨリ小田原之方ヘ一丁計モ遁行清治追欠參ル處瀬平義引返シ來リ組打ニ相成候場合跡ゟ兩人馳來權助ハ所持ノ手槍衞吉義太刀ヲ以テ三人ニテ瀬平ヲ切伏セ相果申候處清治義左腕ニ被疵付手疵ヨリ甚鋪出血仕候ニ付前件永塚屋ヘ引返シ町醫師橋文齋相迎ヘ療治ヲ受宿

役人ヲ以大久保様役手ヘ及屆方ニ尤同藩ノ者ニテハ無之出所不相辨者ト申出候處死体番手初メ夫々御手當被仰付且清治疵所爲見合御手醫師市川隆甫御指越ニ相成只今醫師兩人ノ手掛ニテ次第快方ニ移申候然ニ爲何譯ヲ以瀨平義右理不盡之及仕向候哉一同詮議仕候處前件京都ニテ同志之内ヘ差加ヘ呉度段度々申出候得共一同許容仕不申義ヲ遺恨ニ挾ミ候哉夫迚モ私共ニ限リ彼者ヲ忌嫌候義ニテモ無御坐候處何分右一件心外ニ存前件之仕義ニ及可申哉餘ニ聊カ心當無御坐候無餘義事柄トハ乍申右等及乃傷御上ヘ奉掛御苦勞候段一同奉恐入候以上

戌十一月　　檜垣清治

田內衞吉

今橋權助

御目附所

(佐佐木高行日記)

○文久二年十一月十三日（山内容堂ヨリ毛利定廣ヘ）

御安全奉南山候然は貴藩之士十名計横濱夷舘へ乱妨之策御座候趣方今
敕使下向之折柄且　皇國之安危篤と御熟慮可被成巨細之事は家臣五郎右
衛門ゟ奉申上候　頓首

九十九洋外史

長州世子君坐下

（田岡正枝文書）

○文久二年十一月十三日（周布政之助暴言一件）

十一ノ十三日〇文久二年

一容堂様ゟ小南五郎右衛門被差越差向申上度義御座候由申候付即刻新御
座敷へ被召出御目通り被仰付拙者登人九郎も罷出御用向承候處

大和弥八郎

長嶺内藏太

志道聞太
久坂玄瑞
寺島忠三郎
有吉
高杉晉作
白井小輔
赤禰幹之允
山尾要藏
弥次郎

右之面々密會いたし追々神奈川邊出浮明十四日横濱異客館へ打入暴發之由弊藩之内ニも同志一両人も有之實ハ夫ゟ右之趣申出候自然右様之義有之候而ハ節角御周旋最（マヽ）中　敕使も御下向ニ而十之八九分丈ハ調居候處右様之義出來仕候而ハ大ニ周旋之妨ニ相成尊藩之御首尾相ニも可

長門守、毛利定廣

相拘と容堂樣深く御懸念被爲在御自身御鎭靜ニも被成御出度被思召候處御用ニ付御登城有之候間此段長門守樣へ申上御鎭靜之御處置有之候樣申上候樣被仰付候段相演候右ニ付御周旋掛り之者其外之者被差越鎭靜被仰付候而ハ論爭ニ立至り伏見之趣ニ相成無益ニ死亡之者出來可申候間若殿樣御自身被成御出御鎭靜可被遊段被仰出小南へ其段被仰聞猶又容堂樣御深切被仰越候段厚く被遊御挨拶小南引取候事

若殿樣、毛利定廣

一若殿樣夜四ツ過御乘切ニ而被遊御出上總御供仕候拙者も御跡ゟ駕籠ニ而御供仕候か波田梅邸御休之由拙者參り候節ハ先刻被遊御出候由ニ御座候毛り〔ママ〕、登人木原又右衞門同道ニ而御跡ゟ參由ニ付此方馬貸候處申合候而乘拙者ゟ先へ參り休居茶漬等認候處ゆへ拙者も相伴いたし誠ニ寒夜ニ而骨迄冷候間火ニ當り漸暖り夫ゟ立出參掛候間寺内外記御注進ニ而同志之面々罷歸候間若殿樣梅邸迄御歸り之御樣子ニ付拙者も又々梅邸へ歸候事一暴行致掛候面々も御跡ゟかま田迄歸候付梅邸手狹ニ付向ひ店御借上ニ而若殿樣其方へ被遊御出拾壹人之者御差向ニ而段々被仰聞候何分罷歸候樣御說得ニ而孰も奉畏候由其段拙者上總小豐後齋宮被召出被仰聞候事

一土州ゟも鎭靜之處見屆ニ若者被差越是をも被召出御直ニ被仰聞候由ニ候事

一拾壹人之者土州人と何欤申もつれ候哉其場に周布政之助參り多言容堂樣之義按外申候とて土藩人大憤怒政之助を拔打ニもいたし候趣ニ付高杉晉作間へ這入拙者拔打ニいたし候と申切掛候得共是ハ晉作其場不相捌と存取行候事故勿論心持いたし拔付候事故政之助無難ニ而漸其場避候而政之助ハ夫ゟ馬ニ而歸り脇ゟも種々申候而返候實ハ政之助大酩酊前後之所置も不覺之樣子ニ而御座候事

一若殿樣明七ツ半時分被成御立候拙者も御跡ゟ歸候事

十一ノ十四日

一今朝五ッ半時分罷歸り直樣致出殿候若殿樣五ッ前御歸殿之由ニ候事

一昨夜政之助失言ニ付土藩之士大ニ憤逆（マヽ）いたし容堂樣へ申上政之助へ相對致行詰候由ニ而致決心六人參候政之助へ致相對候而ハ忽及變候間來島又兵衞罷出致相對政之助へハ相對不得致候間長門守樣被成御逢候而可被仰聞段申切候由小南五郎右衞門江も罷越候若殿樣六人之者江嚴重ニ被仰聞候處孰も致感服罷下候五郎右衞門も被召出被仰聞候由ニ御座候六人之者五郎右衞門江御掛合出候相濟候而引取候事

一小南五郎右衞門容堂樣ゟ御使ニ參り候由ニ御座候事

一晩付土州江御出暮過御歸殿之事

一夜六ッ過致出勤候於新御殿又兵衞亦（マヽ）兵衞九郎佐兵衞罷出會議拙者上總登人罷出候事

一佐久間佐兵衞今晩仕舞次第京都江被差登昨夜之趣萬事及注進候ニ付宍

戸九郎兵衛桂小五郎被差下候樣可申遣段相窺候事

十一ノ十五日

一今七ッ時分ゟ土佐守樣被成御出御馳走被差出候由ニ御坐候事

一井上河内守樣江御對客明日被成御出候段御乞合ニ付五ッ時之御供揃ニ而被成御出候段番頭ゟ申越候事

十一月十六日

一井上河内守樣へ爲御對（脱アルカ）御出之處御所勞ニ付御斷被仰越候段今曉從番頭申越候事

一容堂樣ゟ重役之者一両人明日五ッ半時ゟ四ッ時迄之間御彼方江罷出候樣被仰出候段中村九郎今日土州江參り小南五郎右衛門ゟ其段承り罷歸固（マヽ）屋へ參り拙者へ相對ニ而右之趣申候右ニ付拙者毛利登人明日參ル筈ニ御座候事

十一ノ十七日

一登人四ッ前拙者〻先ニ土州へ參候拙者無間從御殿直樣御本門〻參候馬上士四人口付壹人鎗手傘持壹人小人合羽籠ニ而候御本玄關〻上り候御奏者誘引ニ而御坐敷ニ通せ暫く御扣被成候樣申候茶多葉粉盆火鉢出候小南五郎右衞門罷出致挨拶候九ッ時分容堂樣御付御用人寺村定右衞門と申仁罷出致相對候容堂樣可被成御相對候間可致御誘引段申御坐敷へ罷通り候至極半途之御坐敷ニ而被成御逢候先夜暴行之義之人々之義幷政之助義段々被仰付候間御請仕罷下候登人一同ニ而御坐候左候而於扣處一汁三菜之御掛相出候五郎右衞門定右衞門挨拶ニ罷出候膳之上ニ而御吸物御酒三返湯御菓子薄茶出候相濟定右衞門へ御禮申退出いたし候向詰菓子包ニ而供へ渡吳候定右衞門送いたし候歸り直樣出殿御目通り仕容堂樣被仰聞申上候而無間固屋へ下り候事

一中村九郎兵衞固屋へ呼候而容堂樣被仰聞之趣申聞候事

一〇下略（浦靭負日記）

（公爵毛利家藏）

○文久二年十一月十四日（周布政之助暴言一件）

上略儲公被仰聞候は政之助失言の儀容堂公竝ニ其方共へ對シ其〔甚カ〕不相濟儀現場の次第直ニ政之助相調べ趣ニよりては手打ニも仕り御斷り立可申に付先づ引取容堂公へも其旨趣申達置き呉れ候樣との御意に付孰も退出仕り小南より登人九郎へ申演候は唯今被仰聞の御樣子ニては嚴重の御處置も可被爲在哉ニ奉伺候得共割腹なとの儀は容堂公初め一同御斷申上候段繰返し演説し一應帰〔マヽ〕り候て又々容堂公より被仰聞と申して前段同樣の御口上申來候云々

（中村九郎日記瑞山會文書概要）

○文久二年十一月廿日（在江小南五郎右衛門より在京横山覺馬〔大目付〕へ）

御隱居樣、容堂

御勅使御東下御以來大樹公御痲疹旁御評義因循致し長藩政府ニ於も同斷之趣有志之者共怒腸致し去ル十四日午刻頃横濱ニ而ミニスルトル往來ヲ窺ヒ暴擧之手段之趣相聞へ御隱居樣ニも深御心配被遊皇國之大害ヲ釀候

御兩殿樣、容堂豐範父子

間實ニ不安次第ニ被思召去ル十三日五郎右衛門御使者を以長門守樣へ御心添被仰進候ニ付參上拜謁仕別紙之命《ママ》之面《ママ》姓名申上神奈川驛邊ニ居候趣ニ付御差留被仰付候樣申上候處五郎右衛門策畧も如何と御尋被仰候ニ付此度亡命之面々も一と通御差留被仰候而も中々暴擧留り申間敷古信長公桶挾間一擧之御手段候而御出馬被遊御直ニ御諭解被遊候ハヽ必暴擧留り可申旨申上候右之御策も御隱居樣思召ニ被爲在候得共萬一下策ニ出候時ハ不安と相考五郎右衛門考ニ致し申上候夫より退出致候同十三日戌刻頃ニ長藩北村《中カ》九郎來り長門守樣只今川崎之如ク御出馬被成候此段御懸合九郎義是より右場所へ參ルト申歸リ《ルカ》右ニ付御兩殿樣より長門守樣御路中迄爲御見廻御使者被爲進即別紙之通御坐候大森梅邨《郎カ》御休ニ付御口上申上被召出御酒頂戴被仰付去ル十四日卯刻頃ニ亡命拾人御召シ長門守樣御歸坐被遊周布政之助と引合之儀ゟ別紙委細有之候付大略五郎右衛門も日比屋御邸ニ居候ニ付右之樣本山只一郎より申越早速長藩御邸周布政之助己屋

四人、林龜吉、山地忠七（後子爵元治）、諏訪助左衛門、小笠原唯八

へ立越政之助始末數輩ト辨論致候所狠狽条理不相立無程御使者も四人之者罷越候ニ付御辨論被下不調法者ニ候得共時宜ニ寄御相手被下度旨申述次席ニ相扣居候處御使者四人參リ政之助ニ改對面致申入候長藩來島又兵衛出會政之助儀長門守様より御用向ニ付出仕致候只今居合不申様相答右四人之者より又兵衛へ昨夜之義ニ付達々相辨《マヽ》候處一々御尤至極政之助一言申開無御坐候ト答暫差扣呉候様申候付扣居候處長門守様より一同被爲召候ニ付御殿へ參上否四人之者被召出昨夜梅邸ニ於て政之助過言不敬之儀容堂殿へ對し御挨拶致候様無之今日之處ハ堪忍致呉度取調御直ニ御挨拶申上候間身ニ任セ呉候様被仰出右之通御丁寧御挨拶ニ付相當之御請仕四人之者御前を退キ本山只一郎乾退助五郎右衛門三人被召出又々右御挨拶被遊候相應御受申上御前退候節五郎右衛門も殘居候様被仰付壹人御前近ク進ミ右之達々御挨拶被仰出候中ニ時宜寄手打ニ致し後刻參上御直ニ御挨拶申上候様被仰出御相當御答申上退き次御席ニ而重役兩人致面會只

今長門守様より云云被仰出候政之助儀取調時宜ニ寄御手討被遊候旨拜承
私儀早速歸宅仕容堂様へ右達々申上候間御手討之儀も暫時御差扣被遊候
様申上被下度旨申述一同ニ罷歸候右之達々御隱居様へ申上候處長門守殿
左様禮節被相立候上も必ス政之助義死ニ不被處共武道相立候義ニ付早々
五郎右衛門立越其形長門守様へ申上候様被仰出長州・〔邸脱カ〕へ罷越毛利登人へ致
面會右之子細縷々申上候處長門守様只今其御邸へ御出被成候間御直答被
遊・被・下〔旨カ〕毛人〔利カ〕登人より答右ニ・〔付脱カ〕早々歸宅長門守様御出被成居候只今五郎右衛
門を以被仰聞候儀實ニ御仁惠之御沙汰於長門守ニ忝被思召候間達々御挨
拶有之然ニ政之助義咎申付置御挨拶可申上候筈之處若年且不調法者故萬
一倉卒執計此上ニも亦不當處置仕候而ハ不安義ニ付大膳大夫へ相談仕候
間延引も被成候付何分御堪忍被成度旨被仰述夫より御酒被爲下四ッ時之
御歸坐被遊候去ル十五日夕方太守様爲御挨拶御出被遊種々御馳走有之五
ッ半頃御機嫌能御歸坐被遊御兩國間お生し不申候付御心配被成間敷候先

日來右等之取計大ニ心配致し候處存分平穩ニ相成候間左樣御承知被下度候將又大膳大夫樣へ御伺使者も佐久間佐平（マヽ）其御地早追を以被差立候爲御心得申述候此書翰長藩へ漏候而も不安義ニ付小目付中へ一應爲御見被下度存候扨又夷人情態日々切迫ニ及攝海へ追々軍艦數十艘乘込候趣ニ付只今探索中ニ付其御地ニ而探索可被成候依而可然人物御撰之上其御地より大坂より御國許へ被差立候間尙又御配慮被成度存候

御勅使御入城今日迄相分不申候付大ニ人氣立何とも心配仕事ニ御座候不日ニ京師被差立候節委細ニ御懸合可致晴天ニ不相成終ニ大雨ニ相成形勢ニ御座候一橋公も三四日中ニ御退職ニ相成候樣密ニ拜承仕候是ハ他藩へ御咄御用捨可被下候右計草々如斯ニ御座候

十一月廿日　五郎右衞門

覺馬樣

十一月十三日夜松平長門守樣故有て飽（鉋カ）川邊へ御出馬有之候ニ付林龜吉山

地忠七諏訪助左衞門小笠原唯八爲御左右聞御使者被仰付馳て大森之鎌（マヽ）田ニ至り長冈候此處之梅屋敷へ御休有之ニ付召入て御口上之趣申述暫扣居候樣挨拶有之ニ付其言ニ隨ひ再長州藩山田又助ト申者ニ逢今夜之一條を相尋ルニ彼ノ十八（人カ）之者共長州侯御出馬之事を承暴擧止り候趣是より事ニ及ト云其落著を承度存尚止居暫有て彼ノ十八人之者長州侯之御教諭ニ依愈承腹（マヽ）致し（候カ）趣を承扨御直答有之候付差扣候樣申來り尚扣居即被召出御答之趣被仰出直ニ立出候時周布政之助御使者之面々へ逢申度旨人を以申來即梅屋敷門外ニ於て出會彼ノ暴擧之者も一（同脱カ）集居其中より高杉新（マヽ）作ト申者進出此度暴擧之趣意止り候趣意抔申述ル相當之答ニ及候時周布政之助傍より申趣ハ容堂公ニハ暴擧之儀惡敷と被思候哉勿論暴擧不可然思召之趣唯八答ニ及自是數應接有之扨又政之助申趣ハ容堂公も我々奉疑處有レ餘御才識過候ニ付天下之事云云ニ於て此旨一同憤激ニ不堪勢切迫（マヽ）成ニ及て彼ノ暴擧之者共一同ニ押隔政之助失言之罪を謝其中高杉新作久坂玄瑞二人之

者申趣も今夜政之助醉中之失言ニ依兩國確執ニ至御〔候カ〕而も皇國之御爲不可然我々十八人之者共容堂公ニ於て毫髮も奉疑候儀曾而無之此上時宜ニ依政之助之首迄切相渡可申諸君ノ手穢ニ不可至何卒明朝迄之處ハ兩人之者へ任セ呉候樣余議無ク申ニ付然も明朝迄處兩人へ預可申旨誓ヒ置從是物別と成夫より上御邸へ歸長州侯御直答之趣且右一條委細言上仕君辱レハ臣死ト公被仰出事を有と□〔破損〕再長州之邸へ參候事

林　龜吉
山地忠七
諏訪助左衛門
小笠原唯八

（侯爵山内家文書）

○文久二年十一月廿日（瑞山ヨリ妻富子へ）

島村壽太郎

寒候へとも姉上様奉初御機嫌よろしくめて度そんし候爰元無事氣遣有間敷候扱　勅使御入城もまゞニてたゝ日々諸方へ人（之カ）と付ゐゆ居申候
一壽太郎杯も此間著御國之咄聞安心いたし候
一田内衛吉樋垣清治今橋權助三人小田原宿ふて人よ切ゐけられ夫より三人よて切とめ申候切ゐけた者は御國之足輕之頼（瀬カ）平と申者ふて候清治手き（よ脱カ）ぞを受まゝニ養生いたし居申候決して氣遣有ま敷又あまり人ふ言はんグ・し
一來月一日頃ふは當地出足ニ相成可申候
取紛ゐふ〳〵かしく

十一月廿日　左門

おと乙との

次便ふくはしく咄可致候

（武市家文書）

兩卿、三條實美、姉小路公知
老公ハ山內容堂
大場一眞齋
武田耕雲齋
檜垣清治、田內衛吉

○文久二年十一月廿日（瑞山ヨリ在京同志へ）

寒威彌增に御座候御壯剛可被成御周旋奉抃喜候當境　兩卿御機嫌能小生共無恙陪從仕候御休意可被下候將軍家今以御不例に付兩使御入城未相調其中當月中ニハ被相行可申幕議何分紛々一橋辭職自ら申立に相成候趣老公實に御盡力御周旋一同難有水府も至極模樣宜布大場武田之有志復職之命使者を以本國に被申遣候趣左樣相成時ハ實ニ天下之幸一橋之處も相奮申樣元々相成可申○當月十日曉於小田原驛檜垣田ノ内今橋之三士宿はづれ松原におゐて狼藉者有之理不盡に切懸け檜垣少々疵負なから打留本陣へ申達同所ゟ本邸へ引合に相成池上抔參り本藩え請取ニ相成申候小田原引合之表は相手無宿者之譯ニ相成候處（不明ノ字アリ）彼是之處ハ足輕瀨平トカ申すものニ相違無之内之取扱は瀨平ト相決候上ニ而之首尾ニ相成申候たとへいかなるものなり共理不盡之狼藉致方も無之此上ハ素り格別之御詮議も有之間敷察候三人は小田原ニ養生致居候素り逐日快氣之由此度

東行卅《五十カ》人組參り懸り右之者共相預り右人數之內七人は今以小田原ニ滯留致候不日同道を以東著可仕候○御飛脚使位にゐは何分西東之模樣事實難相通辭有志之者自ら往復不致ゐハ不相成右之趣頻に政府にも申出置候右決定ニ相成候事故三四日中いづれぞ上京可仕其節委細之處は御聞取可被下取《トリ》紛右之段草々御懸合申候再拜

霜月念　　　柳川左門

京師諸先生几下　　外一同

（瑞山會文書）

○文久二年十一月廿一日　（周布政之助暴言一件）

文久二年十一月廿一日靑（マヽ）

中助、後伯爵友實

黎明訪㆓吉井中助㆒聞㆓關東之委曲㆒朝廷有㆑召㆓五六之有志藩㆒中、助謁㆑宮宮怡悅病漸怠矣

老寡君、容堂

昨長人佐久間佐兵衞至㆑自㆓東武㆒以㆑有㆓周布政之助無㆒禮於寡老君㆒也本月十三日

長久坂玄瑞輩欲襲横濱告之武市半太不肯、而卒玄瑞輩二十人亡命至金川驛覘横濱前此半平太以告敕使敕使告寡老君及春嶽公以是横濱警衛周密不可猥犯也而長儲公聞之單騎至于金川留之寡老公亦遣近臣四人問安否焉當此時政之助蒙酒方臥聞之狼狽飛馬來金川連座往答（マヽ）謗寡老君四人均怒欲與之鬪死卒不果而歸老君怒曰君辱臣死汝輩不何與周布死依之四士決死至于長儲公聞之驚駭謝四士亦自來我邸謝老公於是事漸靜矣

岩下佐次右衛門、後子爵方平

○文久二年十一月二十六日（高崎猪太郎岩下佐次右衛門ヨリ瑞山へ）

（巻表）「武市半平太様　岩下佐次右衛門
高崎猪太郎」

松延次郎、元村井修理少進

昨日も推參御病臥を侵し御邪魔之至御様體如何と奉察候旣ニ御入城も明日与相成御多忙奉恐察候偖只今松延君來訪甚以愕然之至多分昨日中ニハ歸邸之事歟と存居候處案外至極嘸哉

姉小路公知、姉卿

姉卿御憤激被爲募候半松延にも深後悔右ニ付救助辨解之道頼談ニ相成候得共更ニ解諭之手段も無之甚以當惑千萬内實も昨朝歸邸之中途舊友ニ行逢一酒樓ニ而獻酬數盃ニ及候處不思沈醉前後を忘却遂ニ南品ニ馳行夫ゟ早く歸邸之念難止候へ共何分右之失策を引出し歸邸之面皮無之處ゟ暴飮ニ相及只今迄流連いたし居候との事ニ而實ニ進退狼狽之姿右ニ付而も姉卿之御憤怒極々至當之御事一言之申譯も無之道理ニハ御座候へ共當人ニも深く重罪を悔恥屹度後來加謹愼との事ニ而此上は重罪中亦可憐内情も相生し候哉ニ御座候間何卒老兄之身ニ御替へ此節迄も是非共御寛恤被遊下候樣精々御盡力被下度當人尊邸近迄も罷歸居候へ共迚もおめ〳〵と歸る面皮無之との事ニ御座候　御前之場合宜敷御取計之上其段當人ニ御通シ罷歸候樣御都合被下度此度之事ハ老兄偏ニ寛仁之量を以御辨解被下候樣奉願候極々至難之事ニも御座候得共可然樣御周旋可被下候此旨書中相略不盡所思候尚拜謁縷々可申述候得共今夜丈之御都合精々奉希候

恐々不宣

十一月廿六日　　高崎猪太郎

岩下佐次右衛門

武市半平太様　侍史

再伸初發弊夫共ニも同行之事故能々申さば同罪難免其上右之通同行之事故不忍傍觀今夜早速昇殿御斷嘆願之心組ニ候へ共夜中甚以恐入候間いづれ明朝推參直ニ拜謁御詫可申上候間其内通は如何様共御都合被成置被下候様奉願候

（瑞山會文書）

○文久二年十一月廿七日（高崎猪太郎ヨリ瑞山ヘ）

越老公、松平慶永（春嶽）

昨夜松延一條段々御厚配を掛奉り万々恐入候偖御都合如何之模様ニ候哉甚以心配至極ニ御座候右ニ付今朝岩下同行昇殿之含候へ共無據故障出來不得其儀内實も越老公へ拜謁之積ニ付此兩人關二郎田中二〔太カ〕郎左衛門昇殿

爲仕候間何卒夕ア《マヽ》御前之御都合等委細被仰聞被下候樣奉願候左候而益御憤激甚敷彌追下之筋ニ決定候へも今一往此兩人ゟ歎願之積ニ御座候間御目見被仰付候等之事御都合被下度其上御聞濟無之候へもふれ致方も無之尤當人之重罪筆鋒之所盡にあらす併同志中被救丈ヶ力を極め候はてれ甚以薄情之至奉存候此旨書中ニ可得貴意候細縷は此兩人ゟ御聞取可被下候

廿七日　　　　　　　　　　高崎猪太郎
〆

武市半平太樣

要向侍史（卷表）

（田岡正枝氏藏）

○文久二年十二月四日（瑞山等江戸城登城）

一十二月四日　未下刻　將軍御白書院出御　自分御禮三條中納言御太刀目錄

紗綾卷五卷　姉小路少將同上

右御對顔高家披露相濟爲御次
三條中納言家老森寺大和守丹羽筑後守
姉小路少將雜掌西本近江柳川左衞門（マヽ）武市半平太扇子差上之
右御目見大番頭披露畢テ詰合布衣以上之面々御目見相濟テ入御
敕使副使幷家來へ於席　御饗應御料理被下之　御使高家今川刑部少輔

三條中納言エ　銀貳百枚　綿百把
姉小路少將エ　銀百枚　綿百把

右之通被　仰遣之

右文面等　勅使へ對シ私ノ儀ナレ𪜈不敬ニ聞エ候得共幕府ノ權力未ダ先例ヲ維持セルヲ見ルベシ尊幕家ノ夢覺メザル一端ナリ尤モ今度武市等ノ盡力ニテ將軍家ヨリ
朝廷へ奉對臣子ノ禮義ヲ重ジ被　仰進等ノ文例ハ被廢候由愉快

（佐佐木高行日記）

○文久二年十二月四日（瑞山ヨリ妻富子ヘ）

間崎鐵馬弘瀬健太兩人歸ルに付

一筆申進候

十月十五日同廿四日早藏便り十一月二日之文夫々相達候先寒之處姉上さ初め御替る事もなきよし御て度存候爰元無事氣遣有間敷候扨世話敷事にて五たいら五ッ六ッいり度先格別替る事もなく候勅使も來ル七日江戸御發輿にて爰元初皆々御供にて京都へ歸り候今日も將軍様へ御目見へ被仰付小袖壹重ネ白銀拾枚拜領いたし候太守様六日ニ御發駕にて御先へ御歸りにて候爰元なとも京都へ歸り夫より御國へ歸る事やら京都にとゞまる事やら未相分らに候多分京都ニとゞまる事とぞんじ候

容堂様も來春ハ京都へ御登りニて候

一衛吉なと三人の物も御預《あつけ》ケニ相成申候是も武士のならひにて致し方も

太守孫、豊範

衛吉ナド三人ノ物 田内衛吉 檜垣清治 今橋權助

なき事なり多分御國へさし下さるゝ事ニ可相成候

一壽太郎なと度々參り申候是も容堂樣の御歩行ニ相成申候

もなしも澤山なれとも世話敷今夜も越前樣へよそれ只今歸り一筆認候

一兩日之內御飛脚も立なれとも狀をやり不申候もふ京都著の上又々く包しく咄可致候田內勝賀瀨小笠原邊へよろしく其內小笠原より保馬が女房の事申越候直樣保馬へ申聞候處保馬も承知ふて候間此事小笠原へ御安心に相成候樣御申可有候何事も京都より可申候　あふ〳〵らしく

十二月四日の夜　　左門

おと乙との

明日も御入城御先詰《ツメ》メふて候姉上さ法へよろしく世話敷そ〳〵

（武市家文書）

島村壽太郎

勝賀瀨小八郎　小笠原嘉助

保馬、小笠原保馬瑞山ノ甥

○文久二年十二月四日　（中根靱負ヨリ瑞山へ）

武市半平太様　　　中根靫負

昨日も御匆々初而得拜晤難有奉存候爾後愈御安健奉大賀候然も其節御申聞御坐候寡君懸御目候義今晩御出ニ相成樣被致度との事ニ御坐候間暮時頃ゟ西之方通用門内老拙曹舍迄御出向有之樣致度候餘其刻之拜眉ニ讓り要用而已草々頓首

十二月四日　　（瑞山會文書）

○文久二年十二月四日（中根靫負ヨリ瑞山ヘ）

武市樣　　　中根

唯今被致歸館候處今日於營中明朝迄に認物被仰付直樣取懸り被申候付御約束申置甚不都合候得共臨時之御用不得止事今晩之處ハ御斷被申度被存候間此段御承知被下候樣相願候明後朝五時過御出相成候ハヽ出勤前乍早々懸御目可申との事ニ御坐候唯今用向繁多老生も難得拜晤旁大失敬御海

恕可被下候已上

十二月四日夜

（瑞山會文書）

○文久二年十二月六日（瑞山ノ越藩邸ニ至リ重臣島田某ニ說キシ意見ノ取要）

此節當地にて見聞する處は全く公武合體の姿なれど京師に於て關東を疑はるゝは一朝一夕に起れるにあらず已に從來勅使を關東に降され該勅使歸京の後關東をよきかたに執り成さるゝを指して隅田川と稱して疎外せらるゝが常の事なれば今度の勅使も必ず從來のごとくなるべし斯る情態にては幾回來往せられても勅使のみにては眞の御合體に至るべき望なし此上は一日も早く大樹公御上洛ありて眞の御合體を希望す云々

（續昨夢記事）

○文久二年十二月二十三日（瑞山ヨリ島村壽之助へ）

去月十八日ノ《イ之》尊書當十三日丸リ子驛ニテ《イ而》相達拜讀仕候如仰寒さ《イ氣盛》嚴御坐候
處御揃ナサレ《イ被成御揃》愈々御安泰被成御坐不相更御周旋愛度奉存候　太守様益々
御機嫌宜一昨日京都御著
敕使御兩卿今日御著恐悦《イ唱》存申候隨テ《イ而》私無事御供仕《イ着》候間御安心可被仰付候
最早《マヽ》鐵馬健太《イ兩人アリ》歸著當地ノ模樣《御脱カ》承知ト奉察候彼是健太方御承知可被仰付候
大守様ハ京都《イ師之》ノ御都合モ宜候付近日ノ《イ之》內御歸國ト可相成被考《イ相》申候
尤モ替テ《イナシ》　容堂公急々御上京ニ相成候樣今日御沙汰ニ相成筈ニ御坐候尤
モ此義ハ密々御聞置可被仰付候實ハ今日著仕候處大ニ手首尾違ノ事出來
右ニ付只今モ又三樣條ヘ罷出申候ヨフヨフ都合宜相成申候此事モ健太方
御承知ト奉察候被仰聞候五十八組モトフコフナガツキ候付左樣御安心可
被仰付候實ハ只今著候處今日御飛脚立ト申ヿ《イ事》故急々相認メ申候健太立後
格別ノ御話モ無御坐候彼是愼次郎ヨリ可申上ト相察差除キ《イナシ》申候《イ取紛中アリ》早々如斯
御坐候《イナシ》恐惶謹言

間崎哲馬
弘瀬健太

太守様ヽ　豊範

極月二十三日　　半平太花押

壽之助様　尊下

御一同様へよろしく奉願候百拜　（山崎好昭藏）

○文久二年十二月二十七日（瑞山ヨリ妻富子へ）

ひと月十四日當月十日二度之文相達候先々姉上さま御きげんよろしく皆々御同様愛度存候太守様益御機嫌よろしく此間御京著恐悦ニ存候　勅使御兩卿御同様次ニ爰元初保馬衞吉皆々無事御供著其後不相更氣遣有間敷ぞんし候太守様も多分正月七日頃には當地御發駕にて御國へ御歸りニ相成可申誠ニ御都合よき事愛度し々々々

容堂様も近々御上京ニ相成筈之

一我等事一昨日下總殿旅宿へ御呼出被仰付御留守居組入被仰付難有次第之方々にふいてふ致スへし小笠原勝賀瀨邊も自分に書状得差立不申よ

小笠原保馬
島村衞吉

國老山內下總
佐成

ろしく申へし

一近頃哥人が澤山ふでき半平太も返哥致度候へとも
皇國之大事御國の大事計りおゝろふ掛り哥なと考る間もあく江戸ふて
ゐ　容堂様へ七度も御目通り被仰付誠ょ難有御意を蒙り只々落涙致し
候同志之人の哥手ニ入候付差立申候前のおもさ凉へも御目ニゟけ度候
もなしも澤山なれともゟふの飛脚立ゐ今俄ニ聞大取急ゟふ〳〵相認候
次便ニ申殘候　めて度かしく

極月廿七日　半平太

おと乙との

最早日合もなく候處此方ふてゐ正月のゟ《愆カ》きたや何《ら脱カ》ょやふ忘れゐね候
此本田内のおもさ凉へも御見せ　(武市家文書)

○文久二年十二月晦日（間崎哲馬弘瀬健太ヨリ瑞山及平井收次郎五十嵐文吉等へ）

間崎哲馬書狀之寫

收次郎、平井收次郎
兩府、參政（仕置役）監察（大目附）
佐川、深尾鼎
安喜、五藤内藏之助
平井參政、平井善之丞
南邸、山内雅樂之助豐積
故黨、吉田元吉ノ黨與
老少將、景翁豐資

京師發足之前日一書相認收次郎へ托置候其後愈御萬祥御入京と奉察賀候僕等兩人十八日發京二十四日之夜歸藩卽夜南會所ノ參政大監察列席ニ而夜半迄辯論翌二十五日執政及兩府一同列席ニ而論辯又翌二十六日佐川安喜大夫宅を押廻し江都京師之事情を述へ　老公御趣意之處をも申說き候處余程動き候樣子又翌廿七日哲馬は鼎太夫健太ハ平井參政へ罷出反覆論辯只今之模樣ニ而ハ少々ハ效驗も有之べくらと相樂居申候

一昨二十八日南邸ゟ被爲召罷出三四月以來之事共委細言上候ひき

一故黨追罰之一條漸相運今日之御飛脚ニ罰考伺ニ相成筈罰考輕重之あ己ひも鼎太夫より尋有之一昨夜申述置候

一青蓮王御書昨日執政ゟ　老少將公へ差出候

一人才擧用之一條大分動き申候五六日之間ニ何分押拔申度日夜盡力仕居申候其之次ニ兵製〔制カ〕ヲ定ムルト財用を辨スルトノ二事盡力之筈

吉村寅太郎、宮地宜藏
雨森源右衛門
坂本瀬平
國老、柴田備後
後藤大夫、國老五藤内藏之助

一郡府取分り漸舊ニ復し申候勘定奉行去月ニ出來候是ハ失策ト相考へ候ゆへ論シ罷ムルノ打合セ仕居候

一虎次《太カ》郎宜藏も出獄虎も庄屋ヲ被召放宜藏ハ無別義雨源ハ未タなり此ら盡力周旋可仕与兩人申居候其之内本藩ニも又一種の僞黨ラシキのもの出來山川佐一右衛門松下與膳雨森守馬等を初メ以下々々迄百人余も烏合ヲ驅集メ其樣顯然タル私黨之樣ニ相聞へ既ニ瀬平抔も山川ニ而餞別之金抔もらひ出足いたし候樣健太承り出候此之議ニハ今更余程込り入候へとも一大策を施し破り申度ものと相謀り居申候正月二日立之人數ニ右黨之者數々有之後藤良助抔も此節動天を嘆《イ唱へ》右山川等を懸《イと懇》意之由

一鼎太夫大憤發柴田も同意後藤太夫些老錬之風疑ふべし者《イ確》あとたゝきたて手ニ合不申も其時御懸合も可申且《イ上》僕等も決然北上与存詰居申候

一末松參政新任之一條懸念なきよしあふも《イ非》此之儀も後便迄ニ黑白を分ち可申鼎太夫後太夫等之云々ハ大分移り合しト云未能信

十二月晦日
哲馬
健太

半平太樣
収二郎樣
文吉樣
神祕々々

（瑞山會文書武市家文書ニヨリ校）

平井收次郎
五十嵐文吉

○文久三年正月四日（西本近江ヨリ瑞山ヘ）

春寒之砌愈々御勇猛奉欣然候扨御國許ニ此頃　御歸鞍之由仍爲御送別之御詠被相贈之候長途折角御保護専要奉祈候猶亦無程御上京之刻奉待候

匆々頓拜

正月四日

尚以曾《和カ》根氏も御同様御染毫　宜御通達可被下候以上

西本近江

（武市家文書）

武市半平太様

○文久三年五月四日（姉小路公知瑞山ノ歸國ヲ送ル和歌）

古郷にかへる錦の袖乃上よ

はゝ先や君の深き恵哉

公知

（武市家藏）

○文久三年正月十五日（田所島太郎千屋菊次郎等ヨリ平井收次郎小畑孫次郎等へ）

各様御壮健可被成御盡力奉遠賀候老公様も昨今日當リハ御機嫌宜敷御著帆被爲遊候御儀と奉恐悦候然者過日薩の大久保市藏吉井仲助下著否越公え參館又老公にも拜謁有之候處何欤關白殿下之命にて將軍も越公も御上京御延之方宜敷と申様之儀持參り周旋致候様ニ承り内ゟ種々憲臺をも責

老公、山内容堂
大久保市藏利濟、後利通
吉井中助、後伯爵友實
越公、松平春嶽
關白、近衞忠煕

問致候得共何分密事と相見へ老公越公之外御存シ無之と申し我輩抔も屹度不得承罷殘り居候處彼大久保九日上京越の中根靱負十日上京是ハ疑《ヲ脱カ》クハ關白樣え復命且京師御周旋に參り候ト相見へ申候何分事實不分明ニ而は疑敷儀御座候間於京師御密索奉願候扨一昨日越の島田近江ト云人ヲ訪候得は越公此度御上京之義ハ御乘船も攝海ニ而少々傷ニ相成候而修覆中之由最早歸帆候はんと申又別ニ故障之筋も有之候故先當月中ニハ御上京之御積リト申由不而已容堂樣ゟ京師ゟの御一左右有次第御上京依《慫アルカ》夫々將軍上洛之期限も御決定すべきと申事之左候時は容堂樣御胸考被遊候中に將軍上洛も越公上京之義も可有之樣に奉伺候間此儀一日も早く上洛上京に相成候樣御周旋被遊候樣奉願候事ニ御座候是非上洛之延と不延とは天下之望不望ニ關係致候事ニ付能々御探り被成候而御議論言上之儀偏に奉願候且此義も爲御聞可被仰付候扨彼の大久保吉井の申來り候事と越の島田ノ申處御延引之義符合之樣ニ被存候間於京師薩之仕樣且又御密索之上

吹山、瑞山

三郎君、島津久光

鷹司樣、鷹司輔煕

閑窓、松平閑叟

爲御聞奉祈候然處承り候得ハ吹山ニも御使者ニ而歸候よし此儀薩よりの策に出候はんかと懸念仕候其故は吹山居候而ハ薩の密計不行宮樣方への出入も不自由且時勢示談ニも指問候廉も可有之ニ付而は其策を爲し候事哉と奉遠察候且青蓮宮樣え平井兄御參殿不出〔仕カ〕候樣の譯も矢張りサツ方出候はんかと疑念御座候根元右等之儀は三郎君御守護と申方京師有志輩沸騰之趣夫ニ付將軍をも越公をも延引ニ致置候而事を謀り候事哉と疑處なり就而は我老公をも御延ニ相成候樣之事ニ至り寄り候處勅命之義ニ付十日ニ御乘船被遊候事なり兄〔是カ〕等の義ハ老公之御身上奉氣遣候不而已天下之分烈〔裂カ〕と相成候機又可有之と奉存候間是亦爲御聞且又近衛關白樣ニも鷹司樣と御入替り之趣此義前方如此被成候樣之事とハ承り候得共薩とは御緣者の事なり懸念する處に御座候過日閑窓老公下著・下著〔衍カ〕・否登營して將軍え對し當時勢ニ就而は文武御はけみ被成候樣御すゝめ被成候由夫ニ付文武御相手役被蒙候由ニ御座候於此地ハ是等之事計之樣ニ相聞へ候得共過日

も申進候通京師ニ而は何欤密策を行候趣是ハ水の黒澤歸府之節承り申候
其義ハ此度上京ニ相成候山口德之進と申人に御談合之上御聞合セも可然
ト奉存候猶委細安岡大利兩兄ニも御聞取之上御返翰奉願候水戸之議論も
御聞ニも相成可申何れ尊ゟ攘ヲ先ヱ始候樣ニ相見へ申候
一宇野東櫻も一昨日罪狀をそゑ被殺候由之
一長州之有志輩段々上京にも相成候間此人ゟも前文之義御聞取被遣度奉
祈候恐々再拜

正月十五日

田所島太郎
千屋喜久次郎
同　金藏（策カ）
上田楠次
同　八馬

山口德之進（後男爵正定）
安岡斧馬
大利鼎吉

平井收次郎様
小畑源〔孫カ〕次郎様
松山深藏様
御同志之方様

（田岡正枝文書）

國老、深尾鼎重惇

○文久三年正月廿一日（島村壽之助ヨリ瑞山ヘ）

兼而御日積之通御著京と奉悦察候御留守向決而御氣遣なし段々御盡力被成候鼎〔ママ〕公も漸上京ニ相決し用意出來次第と申事依而も即刻立を〔以脱カ〕岐〔屹カ〕度相進申置御座候多分明日も出足ニ相成可申候一御臨時御用を以別紙之通御差立被仰付一同難有相悦居申候申上度儀澤山ニ御坐候得共いつれ近日之中可懸御目候間右計早々如此御座候恐惶謹言

正月廿一日　壽之助

半平太様

（松山家文書）

○文久三年正月廿九日（那須信吾ヨリ濱田金治へ）

濱田金治樣　　安全

石原幾之進

正月廿九日

於彼地御留別以來益御機嫌能可被爲御勤仕奉遙悅候隨而私儀左ニ相認候通滯京仕居候乍憚左樣御安意可被仰付候扨彼ノ巨魁四月朔日ゟ愈刺候ニ決定仕其後每夜隱兵を以探索仕漸八日夜得機會猶又同志共能々盟をなし其内首級受取致梟《マヽ》首候者及ひ私共之手道具を持候者共十人計四半橋歡《マヽ》音堂ノ前川端ニ廻シ置寂早夜半前登城之歸りを私共七八人待受先私件ノ右

彼ノ巨魁トハ吉田元吉ヲ云フ

件ハクダント訓ス方言吉田元吉ヲ指ス

側ゟ後ハ踏ン込ミ首を見込左ノ肩ゟ唯一打と思イ刀を下候所傘ニ障但シハ手凝り候欤淺手ニ而件直ニ見返り拔合六七篇〔マヽ〕切り合候所を外方ゟ段々手を下シ否切伏セ直ニ私立寄俯ニ斃候を刀ニ而首を打候所首筋ゟ腮ニ掛り餘程切レらさく屢拜ミ打ニ仕候内餘ハ歡〔マヽ〕音堂ニ引取候漸首を揚ケ血刀首級共側之小溝ニ而洗イ用意之古下帶ニ包提南奉公人町通り彼ノ地ハ馳ケ付其手の者ハ首を渡候所向ハ廻り居候者共餘程周章之體ニ而候夫ゟ荷物手鑓抔受取寛々旅支度相調安岡嘉助大石團藏都合三人途ニ臨伊野ニ到り渡シを呼釋迦參り之歸り掛と謀計を廻らし渡り加茂ニ而東雲ニ相成六社前堤ニ而猶委しく血痕を改メ除下山通り女川店やニ而横倉參りと僞り支度を調へ大平通り御嶽絶頂ニ到り候所谷々の櫻花高根之殘雪と艶を爭ひ咲亂候へとも無雅無心ニ向を急きゆかり有森村ニ下り著候へとも都而人家をも叩ぞ干飯を喫り高瀨村を過り終よ別枝ニ到り德道之關を拔澤渡りゟ舟渡りし黄昏前漸久万山之内岩川ニ著止宿仕候十日纔ニ七八里計行

和泉樣、島津久光

久万町宿り十一日も曉ゟ馬乘ニ而勇々敷御坂を越し松山城下ニ午飯夫ゟ三里計步行ニ而未ノ下刻三ッノ濱ニ著間似（マヽ）發長門下ノ關ヘ之便船有之直ニ出帆此所彼ノ所ニ碇泊し彼ノ地をさして舟行之折節風波惡敷相成十五日防州之内美（マヽ）田尻ゟ上陸十六日下ノ關ニ著不取敢薩州之仕送り白石庄（マヽ）一郎成者ヘ參り時勢彼是尋合候處當薩州樣御實父和泉樣過日御上京ニ相成候爾來ハ陸御通行之所此度ハ火輪船ニ而全體御軍備之御出立萩藩抔も段々頓ニ出立候趣ニ御坐候即刻上京被致候而も機會之間逢候事無覺束候併なかゝ海上次第と申候ニ付甚せかれ浪花ヘ之便船を相待兩日滯留十九日出帆廿四日暮頃讃州多戸（マヽ）津之湊ニ掛り乘合共六七人象頭山參詣を催し深更金毘羅町ニ著聊酒を好候中早篠（マヽ）の目ニ成直ニ登山否引返し出帆廿七日曉兵庫和田崎ニ入港夫ゟ上陸古戰場湊川邊を寛々詠メ楠公之御廟ニ詣武運を祈り夕方大坂著廿八日住吉御陣屋近所ヘ行御陣屋詰同志を尋夜分垣之内外ニ而密々談合シ住吉宿やニ止り居候所其事聊露顯シ追捕之者出候趣

寺田屋事件

若狹守、酒井忠義

翌早々宿や迄同志ゟ内通有之其心得ニ而大坂ニ歸り袴羽織等拔捨衣類を替諸生之體を止メ花見參詣者抔之姿となり夕《マヽ》部を待兼淀舟ニ乗り込上京萩藩之旅亭を尋親敷面會之所萩公御父子先達而御在府此度世子公御歸國懸ケ御上洛之折柄當分御滯京有之候樣御内　敕ニ相成候と申事之島津公も今般諸浪士共上京いたし天下之形勢不穩ニ付右爲鎭制御上洛之由幕府表ゟ御達ニ相成候趣之既ニ四月廿三日夜薩長兩藩衆ニ勝れ候者其餘諸國ゟ出立候浪士共申合諸司代屋敷ゟ打込之企ニ而京大坂伏見邊ニ栖隱時節を伺候者共右往左往色々機械持運ひ勇立候所暴發爲致候而ハ鎭壓之名目不相立故島津公ゟ有志之者を以同藩中暴發之志有之者を御鎭メ有之候得共中々聞入レ不申故不得已同志中拔合倔强之有志ノ士五人仕止メ候留ニ參り候者も壹人深手を蒙り自殺外ニ伍長ノ人我組下惣分暴發を企加嚴制候得共承引不致右之次第ニ至り候を悔自殺皆伏見薩邸之事之夫ニ而其夜も靜り候若狹守右之樣子を聞大恐怖己レノ邸を脱走し二條城を賴參り候

所城番無子細ニハ門を不開不及是非命から〳〵ニ而孰國ともなく二三日町屋ニ隱居候噺之○右長藩旅亭ニ潛伏中頻りニ探索來り長人ニ及應對候得共元より不爲知何分圍居候樣子を大坂之陣屋ニ通シ小目付福富健次頭取夫ニ附隨白鬼黑鬼數々凡五六十人計も追捕ニ參り長人旅宿を取卷晝夜腰兵粮ニ而詰切り探索仕候所其前々日右之樣子陣屋同志より內通有之長同志より薩同志ニ賴ニ成即夜移り候跡を嚴敷探索仕候故長人共脾胃强應接仕追捕之者實ても面目を失イ引取候由○私共之事情內々和泉樣迄も御聞ニ入り海江田武次吉井中助旅亭ニ五月十六日入り居候所同廿二日和泉樣御東下右兩人御供故外輪ニ私共計居候事不工面ニ付廿三日邸內ニ入ル誠丁寧之扱卑生共實ニ驚入候夫より晝夜門出不仕日々書見抔ニ而日を暮し候處留守居役不絕尋ニ預り且下役之者用達ニ相成時々用向尋ニ參り外ニ下人壹人晝夜詰居候而日用を辨シ呉候元り食客等ニ而候乜へ久々此向ニ而も內之同志中之面目ニも掛り申間敷哉と折角ニ存居候閏八月中旬より夜分ハ門

白鬼黑鬼、偵吏

海江田武次、後子爵信義
吉井中助、後伯爵友實

君公様、豊範

内奸、吉田元吉

本田彌右衛門、後男爵親雄

喜八郎、後男爵奈良原繁

出仕長藩且薩外宿之有志共を尋時々之　御朝議等承り愉快之事ニ御坐候此頃君公様御東下ニ付俗物共御供故當分晝往來も出來可申と相樂居候夏以來有志共於京師段々奸物を斃候得共未盡事ニ候得モ此後之機會を得候ハヽ出合可申と存居候是ゟ内奸を斃候一件別紙ニ相認指出し候御一覧可被仰付候戊午年已來殿中雜話記櫻田一件細詳記此頃度々之　敕諚諸國建白書之類寫認居候得共餘り大封ニ成候故此度指出し不申候○櫻田人銘（マヽ）モ兼而御聞知も候半右ニ申候海江田武次ハ櫻田人數中有村次左衛門同雄助共之實兄之當地留守居本田彌右衛門と申ハ從弟之孰も拔群之人之秋頃三郎様（和泉様事此度御拜領之御名之）御東下金川御通行之砌夷人三騎御行列先ニ乘掛貳人切留壹人モ大分手疵を負なから遁候是ニ出合候人數海江田奈良原喜左衛門ら弟喜八郎抔之働と承候三郎様　敕諚遵奉候様段々御周旋ニ而御上洛ニ相成御昇殿

天眼（マヽ）、御拜節刀御頂戴ニ相成候眞ニ征夷之巨魁故　主上様甚御依頼被遊候

幕府ハ愛夷將軍と可稱欽三郎樣ゟハ正米一万石御獻上ニ相成當月朔日ゟ晴天三十日一日ニ三斗入り千俵ニして三百石ツヽ納ニ相成居候日々伏見ゟ車ニ積悉宰領付添殿中ヘ運ひ御威盛成事ニ御坐候三郎樣九月初旬漸御歸國ニ相成候所又々直ニ御上洛ニ相成候樣　敕命ニ而藤井良節と申當邸惣宰之人過日鹿兒島ヘ下り候○此頃勤王之事ニ付薩長土三藩鼎足之勢ニ相成候尤土佐も一番晩入りなれ共甚聞ヘ宜強而跡ヘハ不成評判之○攘夷之事ニ付來二月將軍上洛内定ニ相成市中抔ヘハ早其（御カ）々沙汰ニ相成候趣ニ候○追々　朝廷御直制と申者ニ相成御所内ヘ御評定所と申物新ニ御造營ニ相成候樣此度之御敕使ニ幕府ヘ被仰出候由追々天下之制（マヽ）事専ら將軍家ヘ御任セニ不相成樣之御趣意と承候此度京師警衛之爲宸（マヽ）兵と申者を拵候事を三藩ゟ建白ニ相成早速　叡慮ニ叶ィ幕府ヘ敕諚ニ相成候由是ハ惣高兵何程と定メ日本中國々ヘ割付國々ゟ有志之者を出し宸（マヽ）兵ニ仕候由若有志鮮き國ハ夫成ニ出銀仕候樣之事と承候○此頃長州も蒸氣船四五艘も繫

居候内二艘も當秋頃支奈〔マヽ〕ニ而一艘六万兩程ツヽニ買入候同志之話ニ薩州とても不劣樣子ニ御坐候何分攘夷之策ニも軍艦調法之事多かるへく殊ニ土藩抔之樣成京師と海を隔候國も別而的〔マヽ〕用之事なるへく奉存候土佐ニも御屋敷地も於此地漸二ヶ所御買入ニ相成候由長薩爾來相應弘キ御屋しき有之候所又此度段々買入ニ相成候○乍恐　今上樣御年齡御三十二中々御英明凡人之伺もるゝ所ニ無御坐候粟田宮樣御英邁故戊午ノ年依讒訴當春迄御幽囚ニ相成居候所御開ニ相成益御發明ニ而今大塔宮と有志之者共奉仰候有志之者共へ御仁惠厚ク下り殊ニ能々下情ニ御通し被遊候事恐れ多くもあリりふき次第之此書狀ニ添候花　禁庭之御菊ニて滿開之時　粟田樣は御拜領ニ相成夫を又有志之者は被下爲天下死を共ニもるゝ之含ニ付遊慰も共ニもるとゝ之御意有之候其花ゆへ私共相戴キ指出し候此意味御書添被成俊平はも御廻し被仰付度奉賴上候○先達而ハ　鼎樣ニも御世弘被爲成其上此節御執政被爲勤候御趣幾萬々恐悅之至ニ奉存候此地ニ而同志ゟ

俊平、信吾ノ養父元治甲子禁門ノ變ニ戰死ス

鼎、深尾鼎重

惇土佐藩ノ一老一万石ヲ領ス佐川ノ邑主ニシテ信吾ノ主

平井收次郎
千屋菊次郎

御國許之事を承り候ニ是迄も稍もすれハ俗論勝らんとし正義運ひ兼候所鼎様御執政方御國政屹度御立直りニ相成候と申事ニ候左候得も私共も追々身之振り廻し出來安く相成可申と難有奉存候○俊平儀私亾命仕候當分ハ事之外立腹仕居候所追々中平保太郎同志ニ相成實情細詳ニ解聞らせ大ニ心服仕却而鄕黨之なまぬるき同志を押立頻りニ周旋仕居候趣保太郎君公様御供ニ而上京面會仕承り候故先達而幸便ニ兩度書狀遣し候此度之書狀且別紙御一覽之上御上封被成慥成便ニ早々相達候様御周旋奉希候若答書拆御手前迄願出候得も宜御取計奉賴上候此地ニ平井周次千屋菊次等同志ニ而滯留仕居候間此をのへ御宛被成御越可被仰付候私儀石原幾之進と變名仕居候左様ニ御承知可被仰付候只今之時勢ニ付申上度事ハ數多御坐候得共中々拙筆ニ盡しらさく先右計奉得御意候隨分時候御自愛御周旋肝要ニ奉祈候猶此書狀御一覽後火中に御投可被仰付候乍併不相更拙文殊ニ土地之違ニ而御推讀出來らたき事も可有御坐候得共寬・（々脱カ）御考察奉願候恐惶

御隱居様、山内容堂

島村衛吉、楠瀬六衛、小笠原安馬

十、大工ノ名カ

謹言　（伯爵田中光顯藏）

○文久三年二月十日　（瑞山ヨリ妻富子へ）

大分暮しよく相成候處姉上さは御機げんよく皆々御同様の御事とめて度ぞんじ候爰元去月廿四日四ッ時頃京都著其夜ハより風をひき廿七日頃無據用向有之かおよて大佛と申處ニ御隱居様御座遊候ニ付參り御目通りいさし歸り候處よほとねつ強く相成當月七日まて平臥よふ〳〵八日ニ髪さあいきなと致し心地よく相成候其後無事ニ付氣遣有間敷候四五日前御密《みつ》事御用相蒙り申候其後時々御目通り致し御懇《こん》命《めい》をれなゞき候扨天下の事ゐ少々都合よき事ニ相成あけうれしき事よて候

一太守様御歸國衛吉六衛安馬なと御供ふて歸り當地の咄御聞とぞんし候

一山崎のへやゐいあざよ候哉十がいさし居候哉承り度候

吉藏歸り候ニ付もたせ申候

園村新作前、島村家

田内衞吉、瑞山ノ弟

雑喉《サコ》場、瑞山ノ姉美多子小笠原氏ニ嫁ス

一天子様の御上りニなるもの手ニ入候まゝ此度差立候ニ付園村宛《あて》ニて候ニ付御受取可被成候是ゟもふいあよふ致候ても手ニ入不申候ニ付前やふ田内さんも勝賀瀬其餘衞吉邊へも御とけ可被成候

一吉藏事留守へひなをやり候ニ付半平太留守宛《あて》ふて大坂舟便ふてさし立候まゝ著次第御受取之上吉藏方へ御屆《とゞけ》可被成候

此度格段のはなしもなしゐふ〳〵めて度らしく

十日　　　　半平太

おと乙との

（武市家文書）

○文久三年二月十一日（宮部鼎藏ヨリ瑞山ヘ）

武市半平太様

早打　　　　宮部鼎藏

姉小路公知
楊梅殿、鷹司邸
殿下、關白鷹司輔凞
中山侍従忠光

口演

先時も拜鳳大慶奉存候彼一條ニ付過刻姉小路様御同盟之堂上御十二方楊梅殿ゟ御出ニ相成御議論御坐候ニ付直ニ　殿下御參　内ニ相成奏聞可被爲在候由姉小路様御一列も引續キ御參　内ニ相成申候依テ禁中之御模様可被　仰聞候間只今より姉小路様御殿へ參り居候様尤夜前御會合之諸君總而姉小路様へ參殿仕り居候様中山侍従様ゟ御申聞ニ相成候間早打を以草々得貴意申候書外拜縷萬々と早々

十一日　（田岡正枝藏）

○文久三年二月十一日（攘夷期限劃定廟議ノ件）

一二月十一日　夜一橋公ヨリ急御用ノ趣ニテ容堂公御參邸越前春嶽侯會津容保公等ナリ此席ニ三條實美野々宮定功阿野公誠橋本實麗豊岡隨資滋野井實在正親町公董姉小路公知之諸卿攘夷期限ヲ定ムルヲ論ズ尤モ

激烈也是レ本日鷹司關白殿へ長州藩久坂義助寺島忠三郎肥後藩轟武兵衞攘夷期限ノ義ヲ建言シテ退カズコレハ瑞山ノ策ナル事武市傳ニ詳シ（佐佐木高行日記）

○文久三年二月十五日（德田隼人ヨリ瑞山へ）

口演

大口出雲守

青門樣、粟田青蓮院宮

別封一過日爲持をし上申候處使のもれ御轉宅之義を不相心得御留守与奉存持歸り翌日尙又をし上候得共同樣之事ニ而當時迄打捨置申候昨夜出雲守同伴いくし御在宿なれハ拜顔ニ而萬々御物語も可申上覺悟ニ而罷出候得共御留守故空敷引取申候決而主を譏るふあふに又祿をむさぼるニあふに妻子共三人今日うへを稜〔凌カ〕《シノギ》をへいくし候得も十分之事ニ御坐候いつ方ニ而も若御心當りも御坐候ハヽ青門樣ニ限り不申候間とくし宜御含置可被下候迚も々々堂上方ニ罷在候而も志立兼申候實ニ殘念之至ニ御坐候僕事も壯年之頃も少々武之道も相學實ハ新蔭流劍術免許四天流居合免許水

久坂玄瑞
平井收次郎

練免許無双流捕手并櫻間流柔術免許相極居其外ニも少々ツヽ相學候事も御坐候へ共寂早及晩年何之役ニも相立申間敷と日夜悲歎仕候事ニ御坐候御察可被下候乍併當時之御時勢故抛身命候之義も僕之本意に御座候御憐察被下久坂氏平井氏へも御序之刻御鶴聲被下若又可然奉公口も御坐候ハヽ預御推擧〻く宜奉希上候頓首

二月十五日　　徳田隼人

武市半平太様

（上田開馬藏文書）

○文久三年二月十五日カ　（徳田隼人ヨリ瑞山へ）

大納言中山忠能

歎願

（右別封カ）

御内《ニ》密奉申上候主大納言事平常仁恕之志更ニ無之貨殖一偏《マヽ》ニ心ヲ委一人一家ヲ肥シ候而已に智術ヲ被巡候事欲与相窺候實に天下危急之折柄ニ右躰之心得方ニ而も

大口出雲守

皇國之御爲ニ相成候程之義無覺束尤是迄君臣之情合毛頭無御坐迚茂報國赤心之所置難被行と一決仕候間臣弥退身いたし度先達而同志大口へ内々相談仕候事ニ御坐候其後大口より　尊公に右之次第相噺候よし然ル處尊公ノ御噂ニも　粟田宮樣ニ茂御人御入用之趣　彼御方樣に出勤仕候而も如何哉と大口まで御内噺も被爲成候趣早速傳承仕候付御賴御内談旁夜分而から推參仕候處御差支ニ而　拜顏相叶不申其后も又候參上仕候處一昨日

御國表へ御發輿被成候段承知仕一入殘念ニ奉存候事ニ御座候然ル所中山家今度之一條相發實ニ世上ニ對シ面目次第も無之兼而退身と相決罷在候故旁以須臾《マヽ》之間も君臣之因之相結居候義心外至極奉存候御多用中甚以願兼候得共御推擧も被成下候ハヽ無此上御厚恩ニ而御坐候乍併識固より不足力固ゟ不及碌々タルをれニ御坐候得ハ帷幄之中ニ可巡籌策も不奉存知千里之外ニ趣キ候而も敵ニ可勝勇猛も無御坐深々恐縮仕候《脱カ》・とも臣ガ志唯

々死ヲもつて奉報　皇國誠心之外無他候仰願ハ被垂　御哀憐於御許容ハ
冥加至極難有生而も當隕頭死而も當結草頓首々々謹言

二月

徳田隼人
愛敦（花押）

武市半平太樣

（上田聞馬藏文書）

ぬび、延ビ

老公樣、容堂

いゝいゝおちさま、島村壽之助

島村壽太郎

○文久三年二月十七日（瑞山ヨリ妻富子へ）

御飛脚ぬび書添候留守孰も御同樣とぞんし候爰元日々世話敷暮し候ニ付
御安心有べく候
天朝の御都合も大ニよろしく相成
老公樣も日々二條之御城ニ御登城其餘　關白樣宮樣且又一橋越前などへ
日々御出被爲遊きのふハ御參　內恐悅至極の事ニ候
一此間ゟおちさま方御著よて度々御出而て候書狀も慥ニ受取候壽太郎な

とも日々參り候
一山崎のかやの事少々うらへよせ度よしいかよふとも都合のよき様ニいたすへく候
格段おもろくなし
一此間内ハ日々　容堂様へ御目通りいたし御懇《こん》命《めい》をいたゝき候其内此間御前にて御酒をいたゝき御手づから御てふしを御取にて盡力の禮につ いでやろふと御意にて御上ミの御しやくにていたゞき候半平太は酒ハきらい菓子がすきかとて御菓子一箱御前にていたゞき候實に身にあまり難有事にて候
今日は又　姉小路様より半平太よろい下のひたゝれにいたせとの御意にてつゞれのにしきのかりぎぬをいたゞき候　小將様の御著ふるしなり誠に難有事かぎりなし
一吉藏事しきりにいにたがり候ニ付早速ニ歸し候中平と言人の家來不用

姉小路公知
少將様、公知
いにたがり、歸リタガルノ意

ニ付もふれ申候願いたし候に付一両日の内出足ニて候右の拜領《はいりよよ》のひたゝれ且　天子様の御上りものなと吉藏ニもたせ歸し候ニ付大事ニ致すへく

一誠ニ世話敷事ゆへいつかたへも狀を差立不申候よろしく御申有へく候はふ〳〵次便に申殘候らしく

二月十七日の夜

半平太

おとみとの

姉上さま初皆さまへくれ〳〵よろしく此度は田内へも狀差立不申候かしく

（武市家文書）

○文久三年二月十七日（瑞山ヨリ島村衛吉へ）

一筆啓上致候暖和之節に御坐候處太守様益々御機嫌よろしく御着城可被

太守様、豊範

老公樣、容堂
久坂玄瑞、轟武兵衛
寺島忠三郎
岩倉具視
吹山、即チ瑞山
關白樣、鷹司輔熙
姉小路公知

遊當方老公御同樣日々御周旋昨日は御參內重々恐悅之至に奉存候貴君方御供着爾後は御盛最早御落合御周旋と奉存候小生事は別後ひきもつれ迷惑致居候處やふ々々全快其後不相更繁多御察可被下候第一此間中山侍從樣甚御迫りにて岩倉卿をさすと申にて無據玄瑞武兵衛忠三郎三人うけ合翌日吹山へ相談に參り野生考候處唯今岩倉卿を殺しては不宜に付とゞめ夫より事を替へ朝廷の模樣專一言路等事ひらき度論談いたし終に右三人書取持參にて關白樣へ出此事の被行候まて一寸も不引勿論絶食湯水ものまずと決心にて出候處姉小路樣頗御憤發にて同志の御方十二卿御つのり血判まで被遊引續き參殿侍從樣御同樣一寸も不引候處關白樣大に御同意にて直樣參內被遊　主上へ言上にて一時に言路もひらけ人物御用ひの事且攘夷の期限等も速に相定まり已に今日は公卿不殘　主上へ御拜・〔脫アルカ〕被爲遊候明日は諸大名共被召御直になにか御意被爲遊候筈に御座候實に　朝廷の模樣はいかにもよろしく相成萬人落涙恐悅至極御同慶の事に候是迄の

國老、深尾鼎

岩神主一郎カ

清香、島村衛吉

舊弊一時に御變格《マヽ》實に不思議なる事にて候則ち別紙の通に相成其後別段變りたる事も無御坐候薩の處はいかにも不審にて御座候

一鼎大夫抔いかゝとも相分不申此上は御國一定の事實に急務土方左平と岩神兩人御國に歸り候間着の上萬事御聞取可被下候

あら〳〵如此に御座候也

二月十七日夜　　吹山事　瑞山

清香賢兄

明日は諸候《侯カ》二十人餘參内の筈に御坐候御所近邊賑しくいかにも御世に相成申候乍併内の處は薩長の隔意可恐事に御座候いつれ戰爭決定申すも愚かに候也

一將軍家當月十三日江戸御發駕の旨慥かに御座候御道割十九日泊り二十日着の由水戸下野隼右《次郎カ》衛門より繰返し慥に承はり申候水戸中納言は今日江戸出立の由なり

一横濱へ夷船參り候趣慥に御座候
山の如き御話あれども今日も甚だつかれ草々申留候（瑞山會文書）

上岡膽治

○文久三年二月二十六日（瑞山ヨリ島村衛吉ヘ）

愈御勇猛可被成御周旋奉大賀候左あれハ天下之勢も次第ニ差迫り殊ニ御國之模樣以の外之事ニ立到り素より兼而覺語（マヽ）の事なれとも今日ニ至り如何ニも殘念至極實ニ薩之奸謀ニおち入候事遺憾之至右ニ付上岡氏差立候間巨細御聞取被下度奉願候模樣決し次第直樣又壹人差立可申彼是上岡氏ゟ御承知之上同志中一同御示談御決心申も疎ニ御座候右

再拜早々頓首

二月二十六日　瑞山

島村衛吉樣

（上田開馬藏文書）

○文久三年二月廿九日（瑞山ヨリ妻富子へ）

當月十七日の文相達候春和ゑあく相成候處　姉上さま御きけんよく孰も御同樣めて度そんし候爰元無事氣遣無用ニ候當方おちさは壽太郎ハ盛日々朝夕御出ニて是又氣遣有間敷そんし候扨時勢大ニせまりほとなく異舟も横濱へ參り又なんだん申來り候由是ハ此神州之幸ニて誠ニよろしき事ニ候扨又　御隱居樣も　雅樂之助樣御著次第御國へ御歸り之筈ニて御座候爰元なとハ御供ニあるやら又とゞまる事やら相分り不申候多分當地にとゞまる事ニ被仰付候らとそんし居申候寂早吉藏も今日頃ハ歸りつき可申とそんし候先格別のもあしもあしなら

〳〵めて度かしく

二月廿九日夜　　半平太

おと美との

（おちさま、島村壽之助）

（御隱居樣、容堂　雅樂之助、後兵之助豐積）

小笠原勝賀瀨へよろしく

（上田開馬藏文書）

○文久三年三月十三日（宮部鼎藏ヨリ瑞山ヘ）

薫讀仕候先時ハ拜鳳大慶奉存候其節御約諾仕候儀ニ付御縷々之趣敬承仕候併遠方態々勞御使介却ゐ恐縮仕候ゆはれ其中參舘万々可奉罄先貴酬迄

草々頓首拜

三月十三日

（上田開馬藏文書）

○文久三年三月十七日（加屋霽堅ヨリ瑞山ヘ）

武市先生

加屋榮太

御甘快之上御直覽

口述

住江甚兵衛
宮部鼎藏
姉小路公知
正親町實徳
中山忠能

御痛歯御艱苦之程奉拜察候陳も住江宮部より申付越候も昨夜昇（マヽ）藏義姉公に參殿仕候處何か御苦心之由ニ而折節正親町中山二公御來會不能拜謁遺憾之儘引取申候然ル處雜掌ゟ申聞候よし爾後御引入ニ共ハ相成申間敷甚（や脱カ）以案勞いたし居候由仍今朝ハ御互ニ謁見仕全躰之御模様をも奉伺度与存僕ヲ以右相伺候儀ニ御坐候右迄之義ニも御坐候得共空敷引取候も無心元候間寸楮殘呈仕置候也餘も奉期拜鳳候不備

三月十七日

猶以爲

皇國御自愛無御弛縱奉庶幾候事

（上田開馬藏文書）

○文久三年三月十八日カ（某藩某志士ヨリ瑞山へ）

口上

御歯痛被成御困候由最早御保常被成候哉折角御保護奉祈候昨夕も御出迎

にて不得拜眉乍大略御同藩樣ゑ一寸御賴申上置候段御承知被下候哉於在所も何分內勅とか可申御墨付之信を頂戴仕候樣致仕度含にて兩人馳上り來り申候來る廿日乘船之日積りに御座候得共右之一左右御座候迄は無據相見合居可申樣子に御座候間兼て奉願候通何卒早々御周旋奉希度奉存候

此間路公ゟ何か一事建白仕候はゞ都合能候樣之仰之趣近藤ゟ承申候へ共建白と申候ては在所往返を經手間取申候付攘夷御一決ニ付相應之御用も被仰付候はゞ粉骨碎身仕候て奉報皇恩度含み一決なれば從私共認差上候ても宜趣申候へは其れにても認吳候樣近藤申候付昨夜其段を認近藤へ渡置今朝近藤路公ゑ一寸出候樣申歸り候此段も御承知可被下候右御賴尙又御留守も難計口上書相認參上仕候以上

十八日

路公、姉小路公知

（田岡正枝文書）

○文久三年三月廿四日（平井收次郞ヨリ久坂玄瑞寺島忠三郞吉田榮太郞等へ）

異體同心暴發組ハ將軍家茂要撃ノコトヲ云フ

愈々御清適可被成御座陳ハ右之者共異躰同心暴發組之面々御座候間何事も無御腹臓御談合被下先々御心添奉願候匆々如此御座候　再拝

念四記

濱田辰彌、後伯爵田中光顯

橋本鐵猪、後大橋愼三

鳥羽謙三郎
井原應輔
濱田辰彌
野々村庄吉
橋本鐵猪
土居佐之助

久坂玄瑞様
寺嶋忠三郎様　侍史
吉田榮太郎様
平井收次郎

（伯爵田中光顯藏）

○文久三年三月廿九日（瑞山ヨリ妻富子へ）

一筆申進候次第暖氣候處姉上さま初何方にも御きけんよくめて度そんし候爰元無事今日より御屋敷引うつり申候目とらなど來りそふぢ致しくれ申候京都も先々格別の事もなく　將軍樣もまだニ御とゞまり又來月四日には

天子樣岩清水の八幡へ　御行幸被爲遊筈にて候きのふは　兵之助樣へ出濱口の己家へも參り候へともおぢさまも御出勤のよしにてねゝ御目にかゝり不申歸り候扨天下の勢《いきおひ》も見通し不付又自分の身の上もさわり不付先々御留守居役なれハ何年も京都につめるわけにて候まゝ留守の處はいまゝいましたものであろふ追々時勢のもよふニよりそなたなども京都へ來たれハいまゝ何卒々々時勢次第の事と又そなたの考次第の事なり先々格段のもなしもなしなら〳〵らした

三月廿九日

目とら、人名

濱口祐作、島村家ノ親戚ナリ

兵之助樣、山内豐信ノ弟名ハ豐積

おぢさま、島村壽之助

おと乙との

半平太
（武市家文書）

○文久三年三月晦日（村上右兵衛大尉ヨリ瑞山ヘ）

以手紙得貴意候弥御安全被成御勤役珍重存候然ハ過日御冠纓之儀御問合之處早速先方様へ御掛合仕候處御申謂ニ相成是も不苦候旨御返答ニ付右御恵掜被爲有候様致度此段宜御取計可被下候右得貴意度如此御座候

早々以上

三月晦日

村上右兵衛大尉

武市半平太様

（上田開馬藏文書）

○文久三年四月三日（中村禎輔ヨリ瑞山ヘ）

尊書拜披然ハ長州ニも本藩へ御任ニ相成申候由併薩村山齊助罷出候處今朝下拙より引合候筋と聊相違致候趣如何と心配致申候若相違致候儀ニ候

得と今一度彌右衞門江引合可申と奉存候右ニ付明日・〔御脱カ〕發程ニ難相成候得ハ其等之覺悟も可有御座候間此段一應・〔得脱カ〕御意度匆々頓首

四月三日

二白村山齊助より申出候處少細之義ニ付彌右衞門江引合直し申上ニハ及申間敷義ニ候得共其段被仰聞被下度奉希候

武市半平太樣　中村禎輔

御直披

（上田開馬藏文書）

村山齋助、前名木村仲之丞
北條右門、後村山松根

○文久三年四月八日（那須信吾ヨリ濱田辰彌ヘ）

過日ハ萬里之航梯御壯剛ニ御從駕將又兩光尊御福祉若干殊ニ御留別之刻如晤議一藩鼓舞之御周旋追々貫徹候半欣羨不斜候滯京之輩共分袂以來碌々株守如昨無足爲激烈者道〔マヽ〕動則所謂不可道之醜蔽〔マヽ〕萌起是雖謂天倫之道也然不顧國體衰憊徒爲萍遊客若不得機會時も如何而免俗人之嘲乎肆ニ在於

吹山、瑞山

亡命侍従、中山忠光

兵之助公子山内豊積

國以今日之公務報恩竢好機會一藩擧而盡力候樣之御周旋而已是唯迂生終身所仰願候從兼而之長薩違却ニ付吹山外ニ小目附壹人當四日俄ニ歸國ニ相成候委細も仍其人而御承知と推計不贅之右同日岩清水八幡社ニ行幸延引其譯ハ何分幕府攘夷因循ニ付中山之亾命侍従公巨魁を以浪士を指揮し

行幸途中ニおひて關白殿大樹公一橋公を討候計略有之候異説紛紜之故之是全虚説たる事を土藩を始として學習院ニ建白し既ニ十一日ニ決定兵之助公子供〔マヽ〕御之趣何之榮欤過之後便可及細詳候猶雨濕之候厚可加自愛依叔侄〔マヽ〕之好附楮而述鄙懷冀平素之駑才毋深罪是幸甚々々不宣

廢檐野夫

首夏初八　敬白

呈阿侄〔マヽ〕

足下

曩日餞儀を共にし候諸君に不及別啓候宜御挨拶給り度候且所送銅判之內忌諱畫一枚入ル可祕々々

○文久三年四月十五日（山內豐榮逝去ノ件）

一同月〇四十五日　大學様御死去大恭院殿大居士奉葬稱名寺山

大學様ハ　容堂公ノ御叔父ニ被爲在御篤實ニテ程朱學ヲモ被脩御學名アリ屢教授館又ハ文武館御總裁御勤被爲遊御德望アリ自分モ文武館調役ノ節ハ御懇命相蒙リ候去々年秋武市半平太歸國勤王論ヲ以　大學様ヘ裏面ヨリ御聽ニ入レントスルヤ勤王家ニ非スシテ吉田元吉ニ對シ不平ノ連中其機ヲ得テ周旋シ武市氏ノ說ヲ容レラレタリト公子ト雖モ藩政ノ事ニハ與カラス國家ノ大事アラバ表面其儀ニ與ル事ハ勿論ナレ共正義論ニテモ裏面ヨリスル宜キヲ得ズ況ンヤ不平ノ徒武市ノ勤王論ヲ借リテ其事ニ周旋スルヲヤ他日如何ヤト山川氏等ト密ニ憂ヒタリ然ル

山川良水

ニ追々武市氏ノ連中吉田參政ヲ暗殺シ京師ニテモ過激甚シク佐幕家勤王家ヲ以テ暴論ト目シ佐幕家囘復ノ萌シアリ大學様大ニ憂慮アリ遂ニ病ヲ起シ立タザルニ至ルトノ風説アリ或ハ然ラン乎慨歎ニ堪ヘズ嗚呼

（佐佐木高行日記侯爵佐佐木行忠藏）

○文久三年四月下旬　（容堂吉田元吉刺客ヲ探索スベキ旨嚴命ノ件）

一四月下旬頃　容堂公御前へ大目附平井善之丞横山覺馬山川左一右衞門被召吉田元吉ノ下手人ノ義ニ付嚴重御申聞有之其節山川ヨリ急速ニ著手スベカラザルノ次第ニ言上ス其時頗ル御不興ニテ御奧へ被爲入ト但此事件ノ關係スル處何處迄至ルモ知ルベカラズ既ニ　容堂公ノ御實弟民部公子モ御關係アリ　景翁様豐資公ニモ其邊ノ事ハ御存知カモ難計夫レ故ニ山川氏彼是ヲ相含ミ申上タル事ナラン時機ヲ見ズシテ嚴重ニ致ス時ハ騷擾ニ及ブ憂アレバ也

民部公子、山內豐譽

（佐佐木高行日記侯爵佐佐木行忠藏）

宮部鼎藏增實

○文久三年五月二日（廣瀨友之允ヨリ久坂玄瑞及瑞山ヘ）

一筆啓上仕候薄暑之節に御座候處先以

御兩公樣益御勇剛被成御座珍重奉存候然て先達も在京中は格別ニ御懇厚

に被仰下重々難有仕合に奉存候其後益

皇國之爲御盡力不輕御事と奉察候隨て私義無異三月五日歸國仕候乍憚御

安心可被下候其後早速御禮書差出候筈之處其義不行屆大失敬仕候扠今般

同藩同志中矢野勘三郞と申者より熊本宮部氏へ内々文通仕置候譯も御座

候間宮部氏着京之上ゟ何卒可然被仰談被下候樣呉々奉願候尤諸君は御如

才も無御座候得共雲上向ハ兎角に物事洩れやもく御座候雲上向ゟからく

り之處洩れ不申樣呉々御盡力重々奉願候委細之心事は不盡筆頭万々御推

察可被成下候先は右可得貴意如斯に御座候恐惶謹言

五月二日　　　　　　　　　　廣瀬友之允

重

久坂　玄瑞様

武市半平太様

玉机下

二白折角爲天下時候御厭專一之御事ニ奉存候以上

（上田開馬藏文書）

○文久三年六月三日　（瑞山ヨリ山內容堂ヘ建言書）

《イ二字下ゲイ之》愚昧の《イ之》私重大の儀度々言上仕り奉恐入候得共《トとも》存付候儀を不申上ては《イハ》却て道にそむき申《イ可》候譯に付不憚身分愚存の儘《イ存分》奉言上候

《イ一》過日重き御意の御趣奉拜承誠に《イニ》以て《イナシ》難有奉恐縮候右御趣意《イ之御旨》幾《マヽ》重も愚慮仕候處何分當今天下危急存亡の《イ之》秋に御座候へ《イ得》ば非常の御變格不被爲遊

候ては《イゐ》乍恐御趣意貫徹仕候様不奉存候上下合體協和の《イ之》儀に《イニ》おゐては孰れ《イナシ》も憂苦仕候儀に《イニ》御座候處君子小人の《イ之》差別御座候而孰も小人へ《イロ》は親ま《イいつれ志し有ものハ天下國家之大義を論し候事ニ御座候處》ざるは《イハ》當然の譯に《イニ》御座候得共《イナシ》夥敷御臣下に候得ば《イヘバ》其中に《イニ》は《イも》奸曲者も有之俗論者《イ之》も有之又正《イ誠》義の者も有之則《イ譯よてイナシ》ち正義の《イ之》者は《イハ》正義の《イ之》者と親しみ《イミ》奸《イ俗物》《ハ俗物と親しミ》は奸《イよ》と親しむ道理にて勿論孰れ《イナシ》も自分を正義と心得《イ相唱》居申候其内に《イハ》は又様々《イミ》の者御座候而誠にかく迄御上の《イ之》御苦心被爲遊候も乍存唯《イ只》一日の《イ之》安佚を事とし甚敷に《イニ》至ては《イゐ》天朝を奉誹謗或は《イハ》御國政の得失御役人の《イ之》善惡等《イオ》他國の《イ之》事を《イナシ》批判する如くよそ《イ〳〵》よそ敷心得飲食衣服家作等《イオ》之奢侈に長じ文武の《イ之》道も申譯の《イ之》爲め《イナシ》に《イニ》御館內へ顔《イ頻》出し致し或は《イハ》又出精仕《イ致》候ても名聞の《イ之》爲めに致し候様の《イ之》者も有之歟の《イ之》風説に《イナシ》御座候志ある《イ之イ有》ものは《イも》孰れ《イナシ》も二百年來の《イ之》御高恩を奉報の《イ之》時と《イハ》決心仕居候に《イニ》付武器の手入或は《イナシ》其身の《イ之》得物等の修覆仕候へば《イバ》自

御館內、致道館內

然其勢他人へ《イロ》も顯れ《イナシ》候處却而《イて》俗物よりは《イハ》勤王組とか或は《イ又或ハ》又天眼組とか《イヶ》申唱へ《イロ》嘲る樣の《イ之》事に《イヨ》て誠に《イニ》淺間敷事も有之歟《イ之様ニ》に相見へ申候又正《イ誠》義の者迚も時勢の見込寛急に《イニ》依て論の違ひ《イナシ》候事も有之聊《イナシ》か其論の違ひ《イナシ》候處より自然間違互に《イニ》疑合居候も有之歟の《イ之》趣に《イ様ニ》相見へ申候是は互に心腹を論じ《イナシ》候へば《イハ》眞に《イニ》一和可仕道理と思慮仕候右の次第に御座候得ば《イバ》何分に《イニ》も時勢之御變格を以て《イナシ》執政の場合《イヘ》眞に正《誠》義に《イヨ》て目附の《イケ之》宜き《イキ》もの御選《イ撰》擧被爲遊度左樣相成候はゞ其以下《イ〳〵》以下自然忠直の《イ之》者相用《イひ》申《イナシ》候儀に《イニ》御座候政府へ着眼の同き《イキ》者相揃ふ《イ候》時は《イハ》如何樣の《イ之》事にて《イニ》も思召の《イ之》儘に被相行可申政府に《イロ》人の《イ之》不揃時は《イモ》議論區々《イニ》相成何事にて《イニ》も速に決定不仕其内に《イナシ》始終機會を失ひ申す《イナシ》道理に《イニ》御座候間何卒《イ別行》御英斷を以て《イナシ》右《イ御》變《マヽ》格被爲遊度奉存候拔擢等の《イ之》儀は《イハ》人氣に係り申《イナシ》候儀に付《イ當》一時は《イハ》聊か俗論沸騰可仕候得《イヘ》共決して憂るに《イニ》足らざる御事に《イヨ》て追々《イミ》目を覺し自然と正義の《イ之》風に化し眞に《イニ》上下合體《イ躰》と相成御趣意貫徹可仕道理と愚慮仕候右等の《イ之》儀ハ御《イナシ》思《イ一字アク》召に《イも》

可被爲在奉恐察候得《イへとも》共《イニ》誠に今日《イ鈌字ナシ》　神州薄氷を踏む《イナシ》の《イ之》時に《イニ》至り志あ《イし》る《イ有》も
のは《イハ》孰も憂憤に《イニ》堪か《イゟ》ね最早頗る相迫り居候に付此機會失《イ決して》ふべからざる
御場合と愚慮仕候に《イ以下ナシ》付不得止言上候

誠惶誠惶　頓首謹言

六月三日

武市半平太

（瑞山會文書）

○文久三年六月三日（右上書ノ個條書）

一京師の模樣以の外差迫り殆《イナシ》ど累卵の《イ之》勢に《イよ》て此上如何樣の《イ之》事釀し成《イ來》し《イナシ》候
も難計乍恐　主上へ奉迫の《イ之》勢に《イニ》御座候得ば《イバ》速に《イニ》御上京被爲遊御自ら御
守衛被爲遊候御儀當然の《イ之》御儀《イ事》と《イト》愚慮仕《イ奉存候》候然るに《イニ》當時御勝手向殊の《イ之》外御
窮《イ窮》迫殊に《イニ》人心も未《イナシ》だ定らざる御場合に《イニ》候得《イヘ》ば《イバ》直樣御上京と申す《イナシ》も乍恐
御意に《イニ》任せざる次第に《イニ》御座候は《イハ》ゞ《イド》　御上の《イ之》御名代として御家老の《イ之》內一
人御人數相加へ急速に御差立被爲遊兵《イ度イ別行》之助樣御人數は《イも》殊の《イ之》外御鮮き事

に《イニ》御座候得《イヘ》ば《バ》彼の《イノ》御地に《イニ》て忽ち《イナシ》御差間に《イニ》も相成可申愚慮仕候是迄三藩と被唱候筋何處迄も御貫き被爲遊度天朝薄氷を踏む《イ候》の時に《イニ》至り御傍觀の《イ之》形《イ御》に《イニ》相見へ候ては《イハ》第一君臣の《イナシ》大義にお《イニ》ゐて不被爲濟事に《イニ》御座候得《イヘ》ば《バ》不取敢御家老一人急に《イニ》御差立被爲遊度右等の《イ之》儀は《イハ》疾く《イナシ》其御調も可被爲在候得《イヘ》共《とも》實に《イニ》一刻を爭ふ《イ候》儀に《イニ》付奉言上候

一住吉御陣屋の《イ之》儀は《イナシ》御持固め《イメ》難被爲遊候に《イニ》付其御旨△《イ御正實ヲ以御斷立ニ相成居候處》然るに《イニ》於關東彼の《イノ》都て御免之御沙汰も無御座御旨△外夷の《イナシ》拒絶談判去月十日期限之處御實意不相立事に《イニ》候得《イヘ》ば《イバ》唯《イ只》今攝海へ《イに》乘入候事決して有之間敷唯《イ只》今の《イ之》處にては《イハ》名有て實無き事に《イニ》御座候間此《イ御》人數皆々京都へ《イに》相詰候樣被爲遊度其内萬々一攝海へ《イに》乘入り《イナシ》來り候迚も《イとイ纔》兩日の《イ之》内に參り可申譯に《イニ》候へば《バ》何も御差間の《イ之》筋有之間敷愚慮仕候

一芳野川木材流し方の《イ之》儀阿波樣《イに》御相談被爲遊候處今以て《イナシ》御熟議《イ談》に《イニ》不相成

御趣然《イナシ》る《イニ》に當時勢《イナ》は實《シ》に　皇國存亡《イ之》の秋《ニ》にて是非天下《イ之》の財利を盡し天下《イ之》の人力を盡し不申ては不相成右川筋《イ之》の木材は阿波《イ之》の方へ出《イスイ之》すの外《イナシ》に道無御座阿波樣御差問の儀不奉得其意《イ惣而》上流《イ之》の物《イナシ》を下流《イニ》に出し候儀《イハ》は天地運用《イ之》の常理《イニ》に御座候へ《バ》ば可然人物御撰被爲遊御使として急に御差立に《イニ》相成反復利害を說《イ解》き《イナシ》盡し《イさせ》候時《イハ》は彼方《イニ》におゐても決して御異論有之間敷愚慮仕候

一海防御手賦《イ之》の內他國修行御差止《イメニ》に相成且又御國境之御番所へ御足輕御差立《イよ》にて嚴重《イニ》に相成候由風說承り申候是《イハ》は本を捨て末を防ぐ《イ之》の道理にて上より下を疑ひ候譯に相當り候得ば下より《イも》上を奉疑譯に相成可申畢竟近頃不心得《イよ》にて亡命等仕候者有之候《イナシイ占》より他國修行御差免《イナシ》に《イニ》ては《イ占》數人他國《イ口》へ出《イナシ》て暴發《イ等イナシ》仕るも難計との御詮議振《イよ》にも可有之哉根元海防御手當《イ宛》といへども御國許へ異船參り候《イへ》は《バ》ば他國に居候ても晝夜《イぅ》かけ戾り可申譯に御座候又《イぅ》かけ戾らざる樣《イナシ》の者《イハ》は御國《イ口》に御止《イメ》め置《イニ》に相成候迚も物の

用には《イニハ》決して相立申間敷志し有る者は《イものハ》何卒文武の《イ之》内せめて一藝に《イヨ》も長
じこと《イ事》有ら《イれ》ば必ず《イナシ》一番に《イヨ》と存込文《イミ》當時に《イヨ》ては《イハ》天下の《イ之》形勢を見又《イナシ》諸藩有
名の《イ之》人へ《イに》も面會し我心をも《イナシ》磨き少《イをさ》しに《イヨ》ても御上の《イ之》御爲め《イナシ》と相成數百《イナシ》
年の御高恩を奉報度心得居候へば《イバ》右様御差止に《イ留ニ》相成居候ては《イハ》甚だ其志
をのば《イむ》し候事不相成より《イ方》唯《只》内むせに相成可申譯に《イニ》御座候總而御政體《イ躰》の《之》
儀は《イハ》御寛大に《イヨ》て其本の《イ之》起る所《イ處》を見以下以下に《イ〱ニ》至る迄其志《イ心》の《之》御《イ別行》上へ歸し
奉る様御《イニ》仕向不被爲遊候《イナシ》ては《イを》不相成と愚慮仕候纔に《イニ》四五人の亡命者よ
り總《イ惣》分を御疑ひの《イ之》様に《イニ》相見へ候ては《イ而も》却而《イて》御國亂之端と相成可申と別而
奉恐入候本文奉申上候《イナシ》通政府におゐて誠義の《イ之》御國是相定り人々向ふ所《イ處》
を知り候時は《イも》決して亡命等は《イハ》さし置き他藩よりも御《イ一字アク》國を奉慕候様相成
可申愚慮仕候

一薩長の一件今以て御決論の御旨拜承不仕兼而奉言上通の儀にて私共依
此儀御國へ歸り候事は素より他藩迄存知の事に御座候處個様相延候て

は兩藩へ對不被爲濟事に御座候兩藩よりも其節歸國に相成居候哉此頃承り候へは疾く歸京に相成御國より私共歸京の遲き事御國論の定らざる處と薩人竊に笑ひ居候趣にていかにも心外至極に御座候間今日即刻御決議被爲遊度奉存候

六月三日　　　　武市半平太

（瑞山會文書）

右二通ハ高知縣長岡郡陣山山崎好昭所藏ノ瑞山自筆ノ草案ニヨリテ校訂シタリ瑞山建白ノ時本書ノ如ク改メタルモノナルベシ又草案ニハ薩長ノ一件云々ノ個條見ヘズシテ却テ下ノ二ケノ個條ヲ記セリ

編纂者識

○文久三年六月（瑞山建言書案箇條書ノ一節）

一御奉行職ノ中老之席まて相勤候御變《マヽ》格被爲遊度事

但於朝庭《マヽ》ニも關白職ハ五攝家ゟ相勤メ議奏ハ清華之御家より相勤るとの御定格も有之候へとも於關東御老中ハ五六万石之御大名相勤メ

又國ニより藝州抔ハ家老ハ政事を執らす其下より相勤候よし惣而全備致し候人物ハ御家老より以下足輕ニ至る迄御撰ニ相成候迚も鮮き譯ニ候へハ纔ニ十一人位之處ニてハ時々ハ無之道理ニて大事之御政事を其器ニ當らさる者へ御任せニても不相成大平之御世ニ候へハ随分唯（イ只）古格ノ詮儀計りニても事足り可申候へとも今日之形勢ニ至りてハ一日も其儘御差置被爲遊候てハ不相濟譯と奉存候右ニ付平御侍之内ゟ御撰被遊御中老ニ御進メ御政事を執らし先又御家老ニ當器之人有之中老と共ニ相勤メ候時ハ御中老之方ハ加役ト相成候ハヽ可宜夫より以下之處も追々右ニ准し御變格被爲遊度愚慮仕候

一御家老ハ皆々土着ニ被遊度

子弟ハ只今他國修行御差立之事

（山崎好昭藏）

○文久三年六月上旬　（瑞山ヨリ山内容堂へ建言書）

イ五月下旬ハ起稿ノ時ヲ云フカ

御隱居樣ゟ之扣《イニ五月下旬》

愚昧之私非分之筋度々奉言上奉恐入候得共今日國家之御安危・に《イニ》相係・り《イナシ》候
御場合に付不顧身分又々奉言上候過日御目通奉願候節・《●イ之人氣ニ御座候處唯今之御場合失へつらざる時と奉存候間速ニ△》御《イ乍恐》意之通御基本相
立不申而は何事も不被相行儀・に《イニ》付・其《イ過日》・砌言上仕候通・△御英斷を以て・正《イ誠》義の人
物御撰執政・の《イ之》場へ御擧用被爲遊度左樣相成候は《イハ》ゞ其以下・々《イ〱》・々自然可然・者《イ物》
相用申・す《イナシ》儀・に《イニ》御座候間何事・に《イヨ》ても響・の《イ之》應・ず《イぞ》る如く被相行申・す《イナシ》儀當然・の《イ之》儀
と奉存候然・る《イナシ》・に《イニ》拔擢等・の《イ之》儀・は《イハ》聊・か《イナシ》人氣・に《イニ》相係り候事・に《イニ》付俗論沸騰仕り可
申候へども決して憂る・に《イゟ》足らざる事と奉存候・先《イ既ニ》年思召を以・て《イナシ》・槍《イ鎗》劍諸流打
込・に《イミ》修行被仰付候節樣・々《イゝ》俗論申唱・へ《●イナシイ甚數ニ至てハ△》・△乍恐《イ別行》・御上を誹謗仕候樣・の《イ之》事も有之
・槍《イ鎗》術・の《イ之》方・に《イヨ》て・は《イゟ》別而法格・に《イニ》相泥・み《イミ》六《イツ》・ケ敷候處此頃・に《イニ》・至《イ到》りて・は《イゟ》・槍《イ鎗》劍の仕口
・は《イゟケ》・箇樣・の《イ之》物と自然相心得候樣相成・實《イ申候》に難有御事・と《イト》常・奉《イニ》存居申候其節惣分
・の《イ之》人氣・槍《イ鎗》術・は《イハ》大島流劍術・は《イゟ》下段と目を付・け《イナシ》無外流抔・は《イ之》物ゟ其・の《イナシ》師家・に《イニ》隱

別紙ハ前ノ「御奉行ノ云々」ヲ云フカ

し密々下段の《イ之》修行等仕候樣《イナシ》の事に《イニ》御座候而人心の《イ之》向處に《イニ》乘じ打込に《イニ》被仰出候に《イニ》付聊か《イナシ》俗論も御座候得共《イへとも》忽ち《イナシ》一時に《イニ》相開け《イケ》申候當今の《イ之》人氣迚も同樣に《イニ》て第一人心は《イゐ》和せず《イぞ》御國力は《イゐ》盡き箇《イケ》樣の事に《イみ》ては《イハ》如何とも不相成とは《イハ》上下共孰も申居候事乍畏《イ恐》御《イ別行》上御歸國不被遊以前より憂國の《イ之》者《物》は《ゐ》取分御上の《イ之》御歸國を奉待居候事に《イニ》て此頃に《イニ》至《到》り餘《イ余》程倦み《イナシ》居申候而乍畏《イ恐》御《イ別行》上を奉疑候者も以下々々《イ〳〵》にて《み》は《イも》御座候樣奉存候右に付唯《イ只》今の《イ之》機に《イニ》乘じ非常の《イ之》御變格《マヽ》を以て《イナシ》前文の通執政へ《イに》正義の《イ之》者《物》御拔擢《イ擇》被爲遊要め《イメ》要め《〳〵》へ《に》人物相用大號令御下し被爲遊人心の《イ之》向處を知らしめ夫れ《イナシ》より賞罰を明に《イナシ》し候時は《イゐ》御政體一時に《イニ》一新し破竹の《イ之》勢に《イニ》て如何樣の《イ之》儀に《イみ》ても不被行事御座有間敷奉存候屹度御憤發被爲遊太《イ別行》守樣の《イ之》御世話役《イナシ》被爲遊候儀則ち《イナシ》天朝へ《イに》の御忠節御《イ別行》先代樣へ《イに》の《之》御孝道と奉存候右等の《イ之》理合御《イ別行》上へ《イに》奉言上候は《イも》誠に《イニ》愚の《イ之》甚敷事と《イト》奉存候得共《イへとも》人心の《イ之》向處唯《イ只》今機會と奉存候間實に《イニ》不安寢食不得止又々奉言上候誠に愚存之儘別紙相認申候私甚文旨書綴候

儀にて相分り不申候間乍恐御推覽被仰付度奉存候　誠恐誠惶頓首謹言

六　月　　　武市半平太

（瑞山會文書）

右山崎好昭所藏瑞山自筆草案ニヨリテ校訂シタリ但瑞山上書ノ時本文ノ如ク改メシナルベシ　　編纂者識

○文久三年六月（瑞山ヨリ山内容堂へ建言書手扣）

愚昧之筋度々言上仕奉恐入候へとも難默止義ニ付又々奉言上候

一是迄度々　御目通被　仰付難有

御意奉拜承候處其内本末之儀度々

御意被爲遊候御事よ《イニ》て既ニ去ル卯之年被　仰出候御書付ニも人擇《撰カ》ハ政事之根本と被遊候御事ニて兎角非常之時ハ《イは》非常之人才御用ひニ相成治亂依時勢御變革不被遊ては不相成儀よて是等之義も申上候迄も無御坐候然ニ人才御用之儀も實ニ大事之御儀ニて若其人ニ非さ《イさ》る時も《イハ》反而《イて》如

何程之御國難を釀候も難計且又御國之人氣も惣而一ト癖御座候へ•ハ《イも》尙更　御心痛も可被爲遊素り屹度御深慮も被爲在候御事と奉恐察候へ•共《イとも》先達而奉言上候通之儀ニて今更事新敷不奉言上誠ニ今日此大御國難之時ニ當候てハ萬事差泥候事計ニて人心歸服不仕此頃ニ至り余程沸騰之色相見へ候ニ付終ニ御國亂之端与相成可申も難計實以奉恐入候依而右人擇《撰カ》之儀反覆愚慮仕候處誠ニ人心不可•測《イ側》物ニ御座候得•も《イハ》中ニ一人二人之吹擧或•も《イハ》風聞位ニてハ相分り不申義ニ付先當時議論等致し人より些勝れ候聞へ之者も　御召出し御試被爲遊其上ニて御意ニ入候者も其器ニよつ•而《イて》御召遣被遊候歟又或も人望之有無御覽被爲遊候ニも先執政加役之場ニハ御馬廻りより可被　仰付ニ付馬廻之内何某可然段姓名相記し銘々封書を以て差上候樣追《マヽ》開被　仰出候ハヽ銘々望之人物相認メ申上候ニ付其上ニて　御考慮被爲遊候てハいかゝニ御坐候哉いつを非常之御處置不被遊てハ萬々不相成義与奉存候若今此儘ニ御打過被爲遊萬一

御國亂之姿相顯候而も最早不可收ニ至り可申實以奉恐入何与《イと》も申上候樣無御座候既ニ去々年時勢之儀ニ付政府へ《イに》申出候義御座候處一も御信用ニ不相成

太守樣未御若年ニ被爲在不而已卑賤之身分御目通をも不被　仰付義よて所謂不知所愬と申譯よて只々歎息仕居候内果して去年之時勢ニ至り申候其節之一事を以申上候ハヽ品川御屋敷木材之儀よて相分り申候夥敷御費用よて御積立ニ相成候處又々莫大之御入費よて御積戻ニ相成申候天下之形勢も内外とも差迫り候場合只今之如ク狐疑甚敷候てハ誠ニいかゝ被爲遊候哉實ニ今日此御大事皆々品川材木之如く相成可申哉ト憂苦ニ迫り悲歎難堪奉存候乍恐少しも此後　御明察被爲遊何卒今速ニ

御《イ一字アキ》英斷を以

太守樣之御世話被爲遊時勢相應人才御擧用非常之御變革被爲遊度奉歎願候誠恐誠惶頓首々々謹言

六月イニナシ

武市半平太小楯（瑞山會文書）

（山崎好昭藏瑞山自筆草案ニテ校訂）

○文久三年六月十日　（長藩大和彌八郎ヨリ瑞山へ）

小楮奉拜啓候酷暑之節御坐候得共愈御清福可被成御忠勤欣然之至奉存候然者此度僕等御當國へ御使者に被差越御承知の通失敬粗暴の者に御座候間萬端可然御駈引奉希上候然る處過る五日立川村迄罷越御番所御嚴法にて當所止宿仕候左候而御振合承り合候處立川御番所ゟ其御地御駈マヽ合ニ相成御地より何歟御沙汰無之而者御城下へ罷越候義不相成との御法度ニ而早速御番所より急飛相願候處今以て□□二字不明御沙汰無之候に付滯留仕居候千萬勝手の儀相願候得共御使者之義早速相勤度尙亦御承知も被爲在候國元馬關一擧も有之心中切迫何卒早々相濟を歸國仕度〻存候間乍憚御察被下

早々爰許出足相運び候様兼而奉蒙御懇命居候義ニ而
尊前様迄御賴申上候間御心入を以て御周旋被成置候様伏而奉願候乍併御
用忙之御中奉懸御手數候段重疊奉恐縮候先ハ爲右而已奉申上候餘ハ近日
拜　顔萬縷可奉窺候草々頓首

六月十日　　彌八郎

二陳幾應も前斷之次第呉々も奉希上候此度御使者柄の儀は昨年周布政之
助過言申候儀にて罷越申候此段御含迄申上置候何も罷出候節ハ可然御差
圖被成遣候様呉々も奉願候又頓首

半兵《マヽ》太様
人々御中

（田岡正枝藏）

○文久三年六月十一日　（長藩佐佐木次郎四郎等ヨリ瑞山等ヘ）

呈疲墨候甚暑之節ニ御坐候處先以諸君御揃御清壯可被爲在奉大賀候然ハ

小子等此度態々高藩〔へ脱カ〕推参仕候間御面倒ニ御坐候へども何卒得拜面種々致
御談度儀御坐候處如何仕可被得拜面哉僕御領内用居ロニ差控罷在候實は
京師登り掛ヶ甚差急申候間何邊之御答早々奉待候彼是國務御多用の折柄
御手數幾重も奉恐入候餘は拜顔之節ト相縮候
先づ用事而已早々得尊慮候早々百拜

六月十一日

佐々木次郎四郎

時山直八

武市半平太様

廣瀬健太様

千屋喜久二郎様

大石彌太郎様

小畑孫次郎様

門田爲之助様

侍史急

二白先日弊藩大和弥八郎御藩へ罷出候處當節出立仕候哉彼にも用向御坐候間萬一滯留居候ハヽ彼ものへも御鶴聲奉祈候若も六人之御方々御他行之節御同志間殿方様ニ而も宜候間早々御相對ニ相成候様御賴申候幾重も僕等御城下へ罷出候様御配慮奉祈候態々諸君御當所迄御足勞掛候ハ實ニ奉恐入候以上　（山崎好昭藏）

○文久三年六月十五日　（長藩大和彌八郎ヨリ瑞山ヘ）

武市様　　彌八郎

益御清福被爲在奉恭賀候然者此程者段々御面倒之義奉願偏ニ御蔭を以過ル十二日朝立川村發足今日御當地著仕候種々御丁寧御取扱被　仰付重疊奉恐縮候御用忙之御中千萬申上兼候へ共御閑暇之節御目通被　仰付間布〔マヽ〕哉不苦義ニ御坐候ハヽ尊宅ニ御尋申上度奉存候久々不得拜顏何卒緩々御高談も承り度奉願候先ハ爲右而已御乞合申上候間千

萬乍御手數御答被仰知を可被下候様奉願候餘ゟ拜青縷々可申上候草々頓首

六月十五日

二陳幾應も

御目通之程奉願候又頓首

弥　八　郎

武　市　様

（山崎好昭藏）

○文久三年六月中旬カ　（瑞山ヨリ島村壽太郎へ）

口上

先刻實丞今日出足と申て參り申候貴家ニ在ル一物御渡し被下候哉承り度候もし貴様御留守之場合よてハ無御座候哉もし貴様御留守よて不相渡事ニ候得ハ何卒實丞方へ爲御持遣し被成度奉存候且又別紙已前借入候節親

安岡實之丞方正

父様證據人ニ御立被下居候事故貴様御判被成下度奉願候懸御目万々可申述候　以上

〆　　　　　　　　　　　　　　　半平太
（山崎好昭藏）

壽太郎様

○文久三年六月十九日　（安岡實之丞長藩使節ニ應接書簡）

一安岡實之丞或人ニ送リタル書簡左ノ如シ

六月十九日用居口ニテ長州時山直八郎（マヽ）佐々木次郎四郎應接仕候兩人云フ本月朔日亞國兵艦來襲ニ付即戰爭翌二日山口へ罷出（此頃大膳大夫様長門守様山口ニ御在館也）上京且貴藩へ罷越候役人共へ申聞候此度罷出候モ四ケ條ノ論有之追々重役ノ者ヨリ貴藩要路ノ御面々へ御相談相成ベク候ヘトモ先以我輩共兼テ存知ノ人々へ談論致シ考ノ筋承候様役人共申聞候ニ付申出候

其一條　於幕府攘夷期限申上候事モ因循仕リ遂ニ五月十日期限御受申上候處是亦因循致候段其罪正シ不申テハ相成間布（マヽ）事

其二條　五月廿日姉小路樣狼藉被爲逢候趣達天聽候處主上御慟哭（被脱カ）遊候趣致承知是等ノ罪人何地迄モ御正シ有テ御處置無之テハ相成間鋪候事

第（マヽ）三條　五月十日ノ期限ニ至リ於弊藩攘夷ノ手初致シ爾後三日置毎ニ戰爭致候處近隣小倉初メ應シ候方無之不而已小倉ニテハ此方戰鬪初メヨリ異船退散迄ノ次第時々飛報ヲ長崎奉行ヘ相達候趣或ハ應接中長ニ於テハ朝命奉候歟ト申樣事モ有之目下ノ勢ニテハ外五八（大カ）洲ヲ敵トシ内六拾州貴藩ヲ除ノ外悉皆敵國ト存候勿論主公御父子樣最初ヨリ勤王ノ爲防長二國如何相成候トモ御顧慮不被成御決心ニ御坐候然ル處自今三五（近日ノ）日ニ（内カ）來侵致候ハヽ一年半ハ國力モ可支候ヘトモ終ニハ洋夷ノ爲掠奪セラレ候事ト可相成右樣罷成候テハ實以　神州ノ大耻ニテ御座候

第四條　益田彈正上洛ノ筈ニ御坐候ニ付此行全ク尋常ノ事ニテ御坐無之

候依テハ御一門衆山口ニ會議セラレ候重役ノ者モ決議ノ旨モ承知候間
　多分七日頃發足致候ト存候正々堂々敕意ノ貫徹候樣存込居候事
右ノ四件議論承リ是當ヲ得候樣致度候一昨年來神州ノ御爲御盡力御周旋
被遊候ヨリ天下稱シテ三藩ト唱候テ東部西阪婦女子ニ至迄モ不・者（脱アルカ）無之候
處薩摩ハ既ニ於京師ノ始末モ有之スレハ貴藩肥後二藩ニ御坐候是等戮力
何地迄モ天意ノ徹底致候樣相成度候依テ前ニモ如申先以貴藩草野ノ議論
承知致シ其上重役者ヨリ貴藩ノ重役ノ面々ヘ御相談可申候ト長州兩人申
聞候ニ付私輩報答不相用候間直樣罷歸リ候政府ヘ申上候樣可致定メテ重
役相當御談判可相成ト申達候事
　右公談終テ私談ニ及ヒ候左之通
一細川家正義者五拾人御親兵トシテ上京一國相振候由
一有馬家ハ牧和泉初二十人御親兵トシテ上京和泉ハ頗ル人物ノ由
一中山侍從公長州ヨリ乘船ヲ以テ京都御送申上候御在留ノ節臺場砂持被

成候テ士卒ノ御働ニ可成候
一長州官物ハ勿論國中一圓銅器取集大砲鑄立ノ筈ニ候處御菩提寺ノ和尚佛器ヲ出シ候事相防候ヲ以テ其僧ヲ引出首ヲ打候處夫ヨリ佛器不滯指出候小倉城下ノ北ニ有之島ニ臺場ヲ取立大砲五拾挺備ニ相成候由
一去ル朔日ニハ海岸出張ノ人數大抵山口ヘ罷越會議ニ預リ居候處海岸砲聲ヲ承リ早速馳付候處根元不意ノコト故充分ノ働出來不申庚申丸癸實（亥カ）丸二雙共夷砲ニ破・（ヲ脱カ）レ十万金ヲ損候惣テ夷砲ハ八十ポンドヨリ百五十ポンド長州ハ八十ポンドヨリ二十ポンド迄ノ砲ニテ御坐候ニ付夷船ヲ打候テモ其驗無之却テ夷砲ニ被打破旁以此度八十ポンド以上ノ大砲鑄立申候臺場ハ低ク丈夫ニ築キ水面ヲ平射スル樣無之テハ當リ不申候此度ノ戰闘ニ龜山ノ臺場被打破其後八幡宮ノ外輪堀下ヲ打拔其玉左右ヘ開キ本社ヘ當リ不申此ハ全ク神力ノ所爲ニ可有之ト存候惣テ出張人數ハ銘々守札ヲ懷中致シ神助ヲ取候故哉是迄人數ノ内一人モ相損シ不申尤

水主三人即死致候二十五間位ニテ相互ニケヘヱル銃ヲ以打合候ヘ共双方共中リ不申候心氣逆上致候テ・《脱アルカ》文武才能有之者ヲ用實ニ人材ヲ用ルコト列國比類無之樣相聞畢竟先年ヨリ文武館相備人材ヲ敎育致サレ候効力ト存候右ノ外承候事柄多ク候ヘ共執筆勞ヲ厭ヒ相略ス

（佐佐木高行日記侯爵佐佐木行忠藏）

○文久三年六月下旬カ　（瑞山ヨリ小南五郎右衛門等ヘカ）

國老、山内下總佐成

文久三年六月一日長藩米艦

〔上文截斷〕扱清岡道之助と申者京師ゟ當月十一日立を以早追にて二三日前歸國仕候其御用向之筋は時勢切迫の趣と兵之助樣は人數御不足にて變之有無に不拘今日之事忽如何とも不相成趣と之儀にて則彼籠《マヽ》御目附ゟ人數注文書持歸り候由に御坐候而直樣御目附に右之趣申出其翌日は下總公にも罷出巨細言上之處中々に御人數等御差出之色相見ヘ不申候扱又下代禮之助と申者長崎より長州の方に廻り二三日後歸著仕候下ノ關にて當月一

「ヴイヲミング」ヲ下關ニ砲撃ス長艦庚申丸壬戌丸爲メニ撃沈セラル同月五日長藩佛艦「セミラス」及ビ「タンクルード」ト下關ニ砲戰シテ敗ラル佛兵上陸火ヲ民家ニ放テ去ル

日五日又戰爭御坐候處此度は長州敗軍にて余程打死手負も有之終に上陸して長府と下ノ關の間人家放火致され候由是亦右禮之助ゟ御目附方へ屆出申候然に長州は格別に《のカ》御向所なれば御見廻として少たりとも御人數御差出は當然の事よし又御人數の處御不工面なれば不取敢御使者御差立等は申迄もなき事に御坐候處中々夫等の御調もなき筈の事にて各樣も御存知の通り第一ヶ樣に切迫之形勢に至り候へども都て何等の御變格《マヽ》も無御坐矢張昇平の御政事にて人心は益狐疑を生し悉く離別し御勝手は殊の外御窮迫其上兵糧の貯へもなく御國論は不定御軍政は不立海防の御手當とても粗略千萬今以御實意不相立乍恐尊王攘夷の大義を御失ひし形にて長州抔へも實に不義不信忽天下に醜名御流し被遊候事にて則御不忠御不孝に陥り候次第是全く臣下の罪に御座候へは有志の者は最早一日も難堪譯にて覺悟を極め候勢此間も御談仕候通り私儀一身を潔度《致カ》候へば卽日御國亂にも相成申譯に候へば實に不堪苦心何分にも事の成る處へ立戻り思ひ

返し〳〵而同志の人をも取鎮め今日迄打過來り候處最早惣分取鎮候にも詞に窮し申候右等の次第くだ〳〵敷不申上とも御存知の事故彼是〔下文截斷〕

（伊藤修藏）

○文久三年七月十五日　（對州藩青木晟太郎外三名ヨリ瑞山へ）

一筆致啓上候冷氣相催候處彌よ御勇壯可被成御座珍重に奉存候然は對馬守自國兵備之儀に付昨年來追々及願訴置く品も御座候處今般爲糧食手宛拾萬石の年租三萬石宛年々被下候旨被　仰出　尙精々實備方盡力有之事に御座候就右而者兼々御心容れ御精配被下置國體之情實御向々御聞達に至り右不容易御沙汰有之是れ偏に御厚志故之儀と深く辱き次第に御座候此段當時の御禮爲可得貴意如此に御座候尙御同志銘々も可然樣御挨拶可被下置候恐惶謹言

七月十五日　　青木晟太郎

樋口鎌之助
多田　壯藏
大島友之丞
（瑞山會文書）

武市半平太様
　人々御中

○文久三年七月二十三日（瑞山ノ薩長調停案、容堂ノ一覽ヲ經テ京都長邸ノ留守居村田次郎三郎ニ送リシモノ）

去秋長門守様へ於學習院被仰含候御內沙汰之旨以後大原卿御取消御相違の廉も有之由を以て薩州様へ御懸念の趣然るに公武御合體皇威御張興の折節御依賴第一の御兩國に萬一御出入有之御告訴等に至り候ては當時御不爲之儀と役方の者共痛心の餘り姑く御當方様へ御預り申置候處於其御許様何分難默止との御事に付再ひ過日御談判御旨趣土佐守様御內聽に相達候處爲

天朝幕府御傍觀難被成殊に御雙方樣とも御親戚に被爲在候に付何卒御和解被成度御心底抑も靈魂招集等御內沙汰の內伏見一件有之薩州樣より大原卿へ御歎願被及右の事件に至り候との御懸念乍併大原卿の御大任を以て如何に他より謗議御受被成候迚箇樣の重命を矯め候所爲は決して無之譯に候處御錯亂の被成方既に　天譴御蒙りに相成最早於其御許樣御遺憾は有之間敷將た伏見一條は三郎樣暴擧鎭定の御內勅御蒙り被成候に付浪華に罷在者共へ屢々告諭被成候得共伏見迄推參三郎樣命令相背き　叡慮にも不被爲協次第に付右等御果斷に相成候は權宜の制馭當然の事に候へば死傷に至り候儀　天朝の御本意に不被爲在候得共從來委任被仰付候柄權に付强て其製肘に當り却て相亂候樣相成候ては乍畏　皇國之御失體に相成實に不安次第に奉存候間右一條幾重にも御遠慮被成度此段各樣迄及御內談候樣土佐守樣被仰付候　以上

七月

（瑞山會文書）

○文久三年七月下句（瑞山ヨリ藩主へ建言ノ扣）

一此度深キ　思召を以為　皇國社稷　朝庭（マヽ）幷ニ幕府へ御建白被為遊候和親御赤心之御旨謹而奉　拜承實以恐服仕候然ニ東ニてハ不相更交易御意之通既に兵端相開候處於關東ハ未拒絶談判に至り不申旨其内此度亦東園殿四條殿　勅使トシテ攝海へ御下向異船帆影見へ次第諸家持場ヨリ無二無三ニ打拂候樣御指揮可被為在トノ御旨趣傳承仕候且又於京師モ奸賊朝野ニ相滿隙ヲ伺ヒ居候趣ニ御座候へハ言ヲ巧乍恐　御朝議ヲモ奉惑此上如何樣之御大事ヲ釀成候程モ難計又於關東モ彼ノ拒絶之義將軍樣御歸府之上ハ未何等之儀モ拜承不仕候へトモ元來一橋公之御力ニモ不及又尾水両公之御周旋モ相立サル程之儀ニテ　勅命台命ヲ奉候者壹人モ無之趣ニ御座候へハ此度御建白之筋ハ實以不容易御義ト奉存候然（就カ）ハ今急速ニ御上京被為遊尚又　天氣御伺之上御基本之相立候樣何處迄も屹度御盡力不被為在候テハ　朝庭（マヽ）幕府ゟ被為對甚以御手薄キ

御事不而已乍恐思召之筋難被相行譯ニ御座候へも殊ニ是迄御兩殿樣共頗ル御周旋被爲遊處今此　皇國之危ニ至リ御上京モ不被爲遊候て實以不被爲濟御儀ト奉存候御儀も被爲在哉ト奉恐察候へとも孰れ物ニ本末有之譯ニて何分今速ニ御上京被爲遊候御義御當然之御事ト奉存候

（岩崎英重藏）

○文久三年七月下旬（瑞山ヨリ長藩攘夷使者同答ノ件ヲ在京同志ニ報ズル書）

一　此度長州山縣半藏長嶺內藏太兩人御使者として來る御口上の大意は此度長州家に於て叡慮遵奉幕意隨順の義に付米佛船等及打拂候は大義の重き所にて乍微力力之有限り掃攘仕義に候へとも一藩の事にては兎角　皇國御持堅め之義如何しくに付列藩にても相應し土佐へ來れは打拂阿波へ來れは打藩々にて攘斥被成間敷哉又何欲別段上策もあれは承り度と申位の事なり元より長州戰爭之節援兵出し呉候樣之相談にては

決して無之兩人共六月十六日山口發足にて藝州備前石州因州阿波土佐宇和島七藩への御使者の由なり右國々の國論御答左之通り其内因州は君公御留守にて御決答無之なれとも是は一も二も無きと云

藝州侯より御返答書

愈々御堅固被成御座彌珍重に存し候然れは此度叡慮御遵奉幕議御随順之御趣意にて於御領內米佛等之夷船被及討拂候由御精忠之段致佩感候御謙辭縷々被仰聞候趣御入念之儀に存候於拙國猶更兵備軟弱應援等致候儀は耻入候儀に御座候得共御互に皇國の爲殊に御隣國の儀に御座候へは兼て手當致置候得共隔地之儀に付急速傳聞致し難き儀も有之候間左様之時は必無御遠慮可被仰付候以上

石州濱田御答

愈々御堅固被成御座候珍重に存候然は此度叡慮御遵奉幕議御隨從之御趣意にて御領內米佛等之異船御打拂之處付ては御獨任にては　皇

國御持固之程御氣遣歟御應援之御手段も有之候ハヽ可申述旨御尤之事に致承知候然る處當四月幕府被仰出候趣五月十日可及拒絶之旨にて御同樣心得罷在候處尙又同月二十七日於江戸表御達之趣も有之候へとも萬一於近國異船襲來兵端相聞き候儀有之節は皇國御守衛に拘り不容易儀故被仰出候・守〔處カ〕株致候筋にも有之間歟不安候に付其節處置心得方江戸表へ相伺候儀申遣置候間不日御差圖可有之被待居候尤領海手廣且微力にて守衛筋難行屆甚以て致心配居候併貴國御浮沈にも拘り領海無事之節は御沙汰次第早速人數差出心得に候素より微力之儀御一助にも相成間敷存候

備前公〔マヽ〕御答

殘暑之砌愈御堅固被成御座珍重に存候然は此度　叡慮御遵奉幕議御隨順之御旨趣にて於御領內米佛等の異船御打拂有之由勿論御盡力可被成候へとも　皇國維持之御目途難相立依之應援等之儀愚考も可仕

旨致承知・（候脱カ）弊藩武備不整之儀には候へとも素より傍観可致譯に無之既に三月十九日朝命も有之候儀は乍微力應援も可致心得に在罷（罷在カ）候且又御使者演説之趣も逐一致承知兼而御兵備御充實之儀に候へとも色々御配慮有之趣不堪感激其上炎熱之節出陣呉々も御劬勞之程遙察致心痛候事

阿波公之御答

御口上書之趣被成承知彌御堅固被成御座珍重被成思召候今般　叡慮御遵奉幕議御隨順之御趣意にて米佛船艦攘斥之御儀にて直接御配慮之趣且御應援等之儀も被仰進候（彼カ）是不一方御心痛被成候儀等万々御洞察被思召・（脱アルカ）何にも　神裔無窮　皇國御永久之術策を施し不申ては御持固之御目途難相立御同意無限應援之儀紀藩兼々御申合被成候へとも猶此上にも御示談にも可被成被思召候此段以使者被仰進候事

御内

愈々御堅固被成御座珍重被思召然に此度御使を以て被仰進候御口上之趣委細御承知被成候抑尊王攘夷之儀は去年以來御同志を以て御周旋被成終に於幕府御遵奉に相成拒絶策略之儀は幕府へ御委任被爲在而後拒絶之期限五月十日を以て奏聞に相成候に付於幕府應接談判を遂け彼承服無異儀致退帆候時は永く太平に相屬し若し又彼承服不致候時は以順討逆之名を正し國体を不辱樣列藩一致盡力掃攘致候儀に付五月十日以來は彼か叛服如何御沙汰御待被成候處貴國にては期限過候を以て米佛等異船御砲撃被成候趣然に幕府にては今以貿易自若之形に相聞へ廟議如何之議にも候哉と列藩疑惑不少如此　皇國一致不致ては諸夷掃攘難相整却て無窮之禍殃を釀し奉危　皇國候儀には至り不申哉と將來之處深く御心痛被成候より今般　天朝幕府へ御建白被成幕府拒絶遲緩之儀は　天朝より御督責をも被爲成何分にも御軍勢之儀は前敕之如く征夷府へ御委任を以て御指揮兩端ならざる樣

被出《イ仰》度御《イ段》建白被成候《イニ》に付一致之御下知不被仰付中は《イハ》害心無之往來船等《イオ》猥に《イナシ》砲撃は《イハ》不被仰付候然共既於《イニ》貴國は《イナシ》兵端御開き《イナシ》被成候に付　皇《イ別行》國中は一般之儀追々御領國へ《イに》襲來之程も難計其節御國力之續候限可被成御防戰候間此旨宜敷被進仰候樣被仰付候　以上

七月

（侯爵山内家文書）

（御内トアル一項ハ山崎好昭氏藏文書ニテ校訂）

○文久三年八月七日（瑞山ヨリ島村壽太郎へ）

上包表

薩州御邸
鳥山四郎樣

裏

池平六郎（小楯）

御隱居樣、容堂

去月廿九日御隱居樣へ御目通致し御意の大意左の如し

少將樣、山內豐資後景翁

一人才擧用之事は急務の內の大急務にて誠に唯今の形にては如何共不相成是には屹度考慮致居候事也其方抔の考にては吾等の致す事なれば如何樣にも可參可思然に唯今隱居の身分にて土佐守を差置ても不相濟又少將樣にも御機嫌よき事にて政事變革等之事は是非御相談不申上ては不相成實は內々甚心痛致す筋有之事也然れども此儀に於ては其方にせめられ一言も申分なし急に政事一洗可致併申す通にて唯因循と申す譯にては決して無之と吳々もの御意なり

一此度建白之筋度々御不審申上候處其內(御建白の內に在り)太平の處は根元外夷と交易相結候節日本の爲めになれば永くいたし又爲めにならざる時は何時にてもやめると申す事にて條約爲替候事故此度右之筋を申聞け日本の不爲めと申せば止め可申譯に付彼承諾すれば表向にて申せば則ち太平の譯なり長州にて甚粗忽に兵端を開き右に付　朝廷より應援の御沙汰被爲在素より遵奉可仕候得共事兩端に出でゝは彌々違勅と

極り候時は征夷の二字を御削り被遊夫れより列藩へ直に攘夷の　勅命御下し不被遊ては名義不正皇國一和と申す事に相成間敷相考候に付此度右之通りの建白京都江戸へ致し候事なり素より重大之事件のみならず今日に至りては迚も　皇國一和の儀は不被行儀に付直に上京致し右の筋屹度盡力いたすこそ臣たるの道なり然るに唯今の病氣にては心底に不任不本意至極書取を以て建白致し候事なり

兵之助樣、山内豐積容堂ノ實弟

一然れば唯今兵之助樣御詰被遊候事故可然御補佐之人を付け彼の地の事御委任被遊兵之助樣をして萬事御周旋被爲遊候ては如何に御座候哉

一御意に兵之助は實貞の人にて中々彼地の周旋等は隱居の力にも不及儀を兵之助の分にては思ひも寄らず乍併唯今此事を箇樣致したれば上策と申す屹度目途の有事なれば其の趣申遣し盡力爲致ても宜く候へども於我等實は唯今目途不相立事也依ては今暫く見合せ候へば又何とか事の替りも可有之其節は又考の筋も出で可申目途なしに兵之助抔周旋等

いたしては又却て　皇國の御大事を引起し候も難計に付寧ろ默して居て事のある時に一番に御助を致す外有之間敷との事なり（中略）

一御依賴〳〵と孰も申せども實は左樣にては無之根元於關東勅命を戴き叡慮貫徹の盡力致し候其節迚も關東の有司とも攘夷の儀は殊の外六箇敷候へども勅を戴き候上は何處迄も　叡旨を貫き不申ては不相濟と心得日夜寢食を忘れ周旋致し閣老抔には大にニラマレ候へども終に　叡慮貫徹に相成其の上御君臣の名義朝廷尊崇の道も相立候處其後勅使歸京の上又々速に上京可致の御沙汰有之其節薩者兩人關東に下り竊に云唯今上京致しては不都合に付今暫差控候樣との事也

兩人トハ大久保市藏ト吉井仲助トヲ云フカ

然るに我等の考にては不都合かは不知候へども　主上より被爲召候上は所謂不俟駕行にて直樣上京不致ては不相濟と心得早速に上京致し夫より關白殿下を初め前の關白宮方へも罷出候處何等の御相談も無之實に今日の事は　皇國之安危に係る重大の儀に候へは諸侯の身分なれば

何歟御相談も可被爲在筈なれども都て一事の御相談も不被爲在は何の爲か不相分只々恐縮致し居事也乍併何分にも叡慮不貫は不相成事故一橋抔へも度々參り晝夜盡力致し居候内國元の儀に付少將樣よりの御書度々有之依て有の儘御願申上歸國致し候譯なり實に關東の罪は申迄もなし甚だ恐多き事なれども一橋へ　勅使參り候節元來　勅使は叡旨を述る者に有之候處久坂玄瑞が殿下へ迫る抔申事に有之實に恐入候次第にて今此の大事草莽より計り起り　御朝議の動きとなりては誠に　皇國の御爲如何と竊に唯歎息の事なり此上何分にも諸侯へ直に御依賴不被爲遊ては不宜事と存ずるなり乍畏　朝廷にても不宜御事は罷出奉諫爭こそ臣たるの道なれ縱令君雖不〔爲脱カ〕君臣不可不爲臣と申譯にて何分にも速に上京致し右之筋可奉言上筈なれども御疑に相成居候ては却て御爲めに不相成不而已此の病氣にて所詮上京不相調何分暫時令伺候はば何とか可相成と考るなり將軍彌よ違勅とツヾマリ候時は將軍の首を此の

隱居必可討との御意なり右之外何角申上相伺候處御隱居樣御眞意は決して御氣遣申事は無之候實は八ッ時より日の暮まで頗る御爭申候此の上は唯御國の一洗を伺ふの外無之實に術につき申候右の通の儀に付何卒眞に御依賴の事屹度有之候へば則ち　皇國の御爲めなり尙ほ考慮奉願候

（瑞山會文書）

○文久三年八月七日　（前書ノ紙末ニ書加ヘシモノ）

書添申候

昨日は不計

老公より被爲召四ッ時より拜謁八ッ頃仕舞申候種々樣々の御はなしにて一も爭論申上候事無御座候人才擧用等は近々御手之出候勢の樣憘に奉伺候且又尊王攘夷之大義におゐて決して御氣遣申事無御座大に安心踊躍仕候天下之勢より御國の勢諸侯方の善惡且其他にて昨年以來斬姦の次第等申上誠にしみ〴〵御談話拜承仕候處一も御論の違ひ候事無御座候乍恐御

> 鼎公、深尾鼎重惇
> 宿毛、國老山内主馬後伊賀氏
> 吉虎、吉村寅太郎

同志にて候間御安心被成度奉存候

八月七日相認め　　　　瑞山

四　郎　様

明日は鼎公も出府の筈に御座候宿毛も無程出府候趣に御座候

一私之刀吉虎指居候趣是は何分にも御取り歸し被遣度偏に奉願上候

一右虎太を初め其餘亡命のもの官府の方より多分めし取可申相考申候其様な話も御座候

（瑞山會文書）

○文久三年八月九日（瑞山ヨリ岡村甚三郎へ）

口上

此間も御懇ニ御出被下難有奉存候其節御噂之書付爲御持ゆる〳〵拜見仕候扨此間長州之御使者國々之國論聞糺居申候趣よて則國々より長州に御答書手ニ入居候付万一御覽なく候ハヽ入御覽可申候別紙返上仕候以上

八九日　ゑけお

岡村さゑ　（伊藤修藏）

○文久三年八月上旬（島村壽之助安岡覺之助土方楠左衞門ヨリ田所嶹太郎及瑞山等へ）

七月廿日之御手簡相達且實印ゟ直聽段々御盡力御周旋之旨嘸御苦心奉察候近々は左右可承候御心配之御献白之筋は先づ止し申香氣に御座候間御安心可被成候昨年入《マヽ》の金子此度爲御上被下慥に落掌仕候餘程御働の故歟早々出來甚安心仕候吉虎も追々歸京に相成り肥後ゟ之分は當人ゟ慥に返納仕筈に付最亦御心配被成間敷今日金子出候へば愈土佐論に而は通せぬ處の目が覺め候と相見申候板市も多分出逢に旣に角を折候事と被察候當方時勢別紙之處を以御推察可被成候餘は後便敬白

壽之助

覺之助

吉虎、吉村寅太郎

板垣市右衞門

楠左衛門

（田岡正枝藏）

嶹太郎様
瑞山様
壽太郎様
孫三郎様
深藏様

○文久三年八月十八日（京都土佐藩邸吏ヨリ在國同僚へ）

上略然は今早朝清和院御門當番寺田典膳ゟ九門內頻リニ物騷候樣子且中川宮樣有栖川宮樣御參內被遊於宮中御異變御座候哉之義申來候中追々御留守ゟも通達有之御出馬被遊可然哉之儀申來り早速其取調ニ相成居候處會津侯急々御參內被遊候樣之御通達ニ相成直樣御供揃被仰出　尤御供之面々火事羽織陣笠ニ而御馬驗を眞先に押立四ッ時前後御參內被遊候處中

川宮樣有栖川宮樣近衞前關白樣會津侯御參内ニ相成右九門往來も猥に不相成三條樣ニも御參内御差扣被成候樣御沙汰ニ相成勿論長州之人數九門内え入候事相成不申御門御門は會津之大人數ニ而御固メ皆切火繩士分は槍を持必死相極メ居申候因州侯備前侯米澤侯阿州世子侯所司代會津且兵之助樣之外ハ御門入御差留兵之助樣ニは一番ニ御參内被遊於是天下反正致し三條樣にも御役御免之御内沙汰御蒙リニ相成申候委細之儀は御目附御内用御留守居御付小目附役は御所中ニ相加其餘は清和院小門相固申候誠に御無人數如何共相成不申刻大阪ニ懸合御侍十四五人足輕五十人計馳上り候樣申遣候右樣大珍事ニ至リ候上は急々御両殿樣御上京被遊御盡力被遊度一同奉〔待脱カ〕・候爲神州之御苦心被遊候は此御時と奉存候其内御家老中並に御士卽刻被　仰付度委細は清治ゟも可申出候最早刻を爭候而干戈之動ニ至リ候間速に御決斷被成度　御所御門内火繩之〔マヽ〕におひ滿々申候是ニ而形勢御推察被成度勿論兵之助樣御引取被遊候御事は何時お歸りとも不相

兵之助、山内豐積

平十郎、金子平十郎
市右衛門、板垣市右衛門
權次、森權次
與市郎、小原與一郎
武平、下許武平
左膳、寺村左膳
左右馬、寺田左右馬
直馬、若尾直馬
覺馬、横山覺馬
要
駿馬
順平
小膳、中島小膳
彦四郎、西野彦四郎

見御供之者寓に歸り候念ハ絶申候急遽之形勢不取敢如此御座候

八月十八日未ノ中刻　　平十郎
市右衛門
權次
與市郎
武平

左膳様　左右馬様
直馬様　覺馬様
要様　駿馬様
順平様　小膳様
彦四郎様

追而被仰出候兵之助様水戸様備前様御二所様東西南六門御固監察警衛被仰蒙候右之通ニ相成候ニ付早速御人數御差上セニ不相成ゐは實ニ御

國辱無此上事に御座候是より内之御固とは趣向違に相到り申候返す〲も御國辱ニ相成不申樣御決斷被成度奉願候以上

(伊藤伊之助手記)

○文久三年八月十八日

八月十八日朝曇後放晴余與南部氏自昨夜休暇を以て巳刻交代の規なり下宿丸木町佐々木主殿々々は豊岡家雜掌にあり未起忽ち門外騷喧を開《聞カ》き直に門に到るに事實は不知人馬奔馳す余大に驚き卽時三條殿に出る其途諸藩士或は陣衣或防火裝等にて徒騎交々堺門に向つて往くを見る余參殿して宿衛我はん及び久留米はんに問ふ衆曰く今曉寅刻頃午未の方に砲聲あり爾後如斯の騷擾に至りぬ未だ確報を得ずと茫然たり而巷説に某藩近衞を襲ふ或は浪士一條家に亂入す等紛々たり我守衞の士等四出探索す時に諸藩より貢獻したる御親兵も亦天闕に驅參しけれと旣に九門を鎖し入ることを禁するより三條殿の命令を受けんと悉く參す長藩久坂玄瑞佐々木男也等も參殿す巳刻後粗其眞を得たり

近衛忠煕
近衛忠房
二條齊敬
三條殿、三條實美
關白、鷹司輔煕

曰今曉の號砲に因て會津人多數恐多くも皇居に賊ありと唱へ砲銃を運送
し薩を（もカ）加る諸藩に令し戰爭の用意を以て九門を固め前に砲銃を列し後に槍隊
獨り長藩令なしと云ふ公卿と雖も命にあらざれば不入只中川宮近衛前關白父子二條
等參朝あり奏し乞て此擧動に及ぶと時に三條殿を始め參政公卿方二十八
參朝を始（止カ）められ他人の面謁を被禁の命あり公其故を不解關白鷹司殿に到
らば明亮ならんと巳半刻公束帶して騎馬す隨從は御親兵陣羽織或は領衣を着す中に肥藩御親
兵は甲を着し冑を肩にす偶烏帽子直衣もあり前後を警衛す又公の御守衛我藩人久留米肥後なり衆軍
衣するに遑あらず白木綿にて鉢卷及び襷し槍を提て公馬の左右に征く但肥
藩は鉢卷たすきも不爲寺町を下もへ丸太町を西へ總勢凡三十（千カ）人許り悉く槍を手にす群
槍恰も日光を掩ふか如し殿下の裏門に至る門閉たり內より一二の公卿小
門の方へ轉せらるべしと公聽納なく開け開けと高聲し玉ふ衆も亦勵呼し
て遂に開門す堺町門の方には多人數洋銃を齊列し之を護る肥はんの御親兵大砲を運轉しすはと云はゞ發せんの形勢をなす之を熱視するに洋銃隊は長藩なり
公殿に上る殿下は朝命ありて既に參內ありしとなり余等大庭にあり落葉

を集めて躊躇す先是東久世殿錦小路殿澤殿を〔脫アルカ〕許さヽれは長州邸（河原町にあり）に會集し毛利讃岐守（清末はん主）益田右衛門介等と議し亦倶に鷹司殿に參らる余等午飯乾米を喫し濁水を飲て喉を潤す又家僕をして旅舍に在る所の戎具を悉く齎らし來らしめ衆と倶に之を着す此際の事何ぞ言語筆端に盡すべけんや未刻後柳原黃門卿朝命を奉し來臨長藩堺町門の親兵を撤す又清水谷卿命を傳へて條公始め公卿方速に退散可有となり因て公は大佛へ赴くに決し申の半刻公徒歩御親兵前後に從ふ余與衆左右を護せんとす時に頗る雜還〔沓カ〕不圖公を失す疾走之を求むれとも不見余獨り追て二條寺町に至り轉して河原町に出る時旣に薄暮列中提燈ありと雖竟に公を不見直に四條橋を經て（公は五條橋よりす）智積院に達す公旣に在り先是我兵之助公子智積院を旅館とす公子今朝より皇居に參し留衛も亦稀なり初更頃公妙法院宮（當時無住）に移る西三條殿東久世殿四條殿壬生殿錦小路殿先至り在り且諸藩有志參集して西下に決議す殆と夜半なり毛利讃州吉川監物等より三條殿始諸卿方攘

東久世通禧
錦小路賴德
澤宣嘉
毛利讃岐守元純
益田右衛門介親施
柳原黃門光愛
清水谷公考
三條西季知
壬生基修
吉川經幹

夷御懇望に付長州へ御供申す旨を上書すとあり又諸藩の御親兵〔を脱カ〕・退歸せしめ長藩兵士を以て公卿方を護衛す又公に守衛たる肥後藩已に鷹司殿にて稍逃亡し大佛に隨從する者僅に數人是亦退歸せしむ余等衆議愈西行を決し我はん〔欠マヽ〕、を後に付せられしは皆來らす　徹曉枕冑而甜ふ夜三更頃より雨

（伊藤修藏）

○文久三年八月廿日　（島村壽之助安岡覺之助ヨリ平六郎等へ）

大倉卒相認候に付用事迄申上候一昨十八日之紛擾大略ハ御耳ニ入へく闕下之騷動不斜其起る處確に分りかね候得共何れ薩ゟ出候事にて兼て三郎へ意脉ヲ通し候中川宮樣二條殿樣・〔德脱カ〕大寺内府公抔十七日之夜半頃俄ニ御參内ニ御相成り其ゟ事起薩會兼て謀計を通し候と見へ右當日早朝合圖と覺しく砲聲響くとひとしく両藩人數操出し九門ヲ相固メ排〔マヽ〕を閉ち築地内往來ヲ禁し就〔マヽ〕裏長州之固町堺御門ハ御免ニ相成リ會之人數相固三條樣德〔三條〕大

三郎島津久光
二條齊敬
德大寺公純
三條實美

三條西季知

楠左衛門、後伯爵土方久元

宮部鼎藏

寺《西カ》之中納言様ヲ奉初兼而正議之御方様御參內ハ勿論諸藩士ヱ御面會ヲも御差止ニ相成然ル處三條殿ハ人望第一其上御親兵御總督之事故御親兵中不殘其外諸藩有志之徒輻湊致押而殿下迄御出ニ相成リ候得共表通リハ御出ニ不相成御浦《マヽ》御門ゟ御這入り併し殿下には御參內相成候御留守也是等之事も合点參り不申全く殿下には薩に被化被成と被存候終ニ大佛之方へ其夜御引取に相成リ此ニ而色々御評議も有之候趣ニ而昨朝曉天終に大佛ゟ公卿方御七方武士之姿と相成リ伏水之如く長州之方ヱ御落被遊かね而

宿衞ニ出候者は不殘御供長州ハ大抵不殘御供御親兵ハ御供仕候者無之楠左衞門も御供肥藩は宮部御供迂生抔は其夜德大寺殿ヱ宿衞し參り居候而昨朝歸邸之處楠左衞門之傳言抔も承り申實ニ此迄千辛萬苦之御勤勞も一朝ニして奸謀之爲ニ水之泡と相成候事返々〳〵も遺恨之事ニテ歎慨致し候も尙餘りある儀ニ而微力淺識之者迄相殘り何とも十方ニ暮れ此上は外ニ致し方ハ無之是非御跡を慕ふ積リニ而殘リ之同志五六名決議致し候處

早御立ニ相成候上は今暫らく見合尚篤と彼か情實も探り其上にて西行ハいつにても出來候事故先相ひかへ居候彼が致し方實に可惡之甚敷なれ共主上を擁し何事も　朝廷ゟ出候儀にて甚事六ヶ敷凡て長州を暴と相唱へ反名ヲおわせ候事如何ニも口惜しき次第之今日は山田十郎參り色々談話此上ハ何卒致し　朝廷ニおゐて正邪之御辨別書之趣成丈け盡力其上不及時ハ無詮方西行と相決し候由ニて肥藩御親兵組ハ太樣其邊に相決し私共淺見策之出ル處ハ無之候得共大に同意致し力之及はさる時ハ西行と約束仕候各藩正議ヲ唱へ候人々も今日ニ至りては些と腰か浮き申在京之諸侯も不殘雷同にて骨はなく阿州之儲君一人確固と致居候由此上は阿州エ手ヲ附くべくと十郎抔も申居候本藩も兵之助樣一昨日直樣御出張否御參　內御詰切りニて今に御歸邸ニ相成不申尤昨夜は學習院へ迄御引取に相成今朝又々御參　內けふは御議論御よろしきと申說も有之更に合点參り不申何れ七十万石に被化候事と被察候實に今日之形勢皇國之御危難不

山田十郎、後男爵信道

阿州之儲君、蜂須賀茂韶

兵之助樣、山內豐積

七十万石ハ島津家ヲ云フ

得救之事ニテ此上なから土佐全國之力ヲ以テ屹度正道ニ御立戻リ之樣御周旋無之而ハ迚も成功は覺束なく候得共如何樣にも長州ヲ不助ては不相濟候併なから一先御上京之上屹度盡力其上及はさる時之西行可然と十郎抔モ申居候倘篤と御考慮之上何分共御出張此祈候今夜俄ニ早追立と申ニ付大取急一筆相認申不文亂筆御推讀可被下候百拜

八月廿日夜　壽之助

覺之助

平六郎樣

外同志樣

此情實同志之內一人孰ニ而も可參哉と存し候得共何分此日ハ倘更官廳ゟ嫌疑も有之候に付仲々相違し候事難かるへくと相煩ふ內今日早追立申ニ付不取敢右迄申述候倘外議紛々たる事にて仲々紙筆に盡しかたく余は大抵御察之上厚御考慮可被下候

（田岡正枝藏）

土方楠左衛門後伯爵土方久元

長公、毛利慶親

條公、三條實美

宮鼎、宮部鼎藏

○文久三年九月四日（土方楠左衛門ヨリ瑞山及島村衛吉へ）

諸君愈御清勝奉欣踊候然は去月十八日之一擧實以奉恐入候次第付ゐは前文諸卿方御西行廿七日當地御着於長藩ハ色々評議中併未ダ一定不致候一定ニ相成候得ば　君公エも長公幷　條公之御使可被差立歟と奉存候其時分ハ同志両人計歸國爲致委細官府幷御同志中エも御通達可申上ト相含居申候私義も十九日ゟ御供を以西行仕候然ニ私義ハ御警衛人之外ニ付御供ハ不相成譯柄ニ候得共實ニ天下第一等之御忠誠之御方奸物之爲ニ如此御落去被遊候義遺恨ニ堪不申且ハ乍恐

主上ニも實に被惱　叡慮候義顯然ニ付何卒再度正議之世トナシ七卿様方御復職被遊候様周旋致度志願を以西行仕候宮鼎本藩エ參候都合如何ト懸念罷在候在　朝之奸物ヲ去リ奉安叡慮候様本藩初メ諸藩共長藩ト共ニ御盡力有之度義ト被存候何卒諸君御努力被成若も終ニ國論不定正論不行候得ハ其上は檄文之都合も有之旁有志も有志丈ケ之處置可有之と愚慮仕候

尙追々模樣に依り一両人歸國可申上候明日ハ島村左傳次當地出足を以京師エ被差立候ニ付是迄之一左右申上候尙追々草々不宣敬白

九月四日　楠左衛門

半平太樣
島村衛吉樣

尙以檄文ニ應じ馳集候有志之面々は御賄ニ相成申候由既に少々充ハ參リ居候者も御座候小生初御警衛一同勿論御賄ニ而心配少ク御座候此段爲御心得貴意置候百拜

（上田開馬藏）

前書ノ添書ナルベシ

○文久三年九月四日（土方楠左衛門ヨリ瑞山及島村衛吉ヘ）

檄

中興之大業向成之處奸賊狂妄奉惱震《宸カ》襟候事不堪憤激一同西國罷リ下擧義兵候順逆ハ顯照ニ付有志之者ハ一旦長州ゟ馳集候樣可致仍テ如件

三條中納言
三條西中納言
東久世少將
壬生修理權太夫
四條侍從
錦小路右馬頭
澤主水正

文久三年
八月

國々有志之者ニ

右檄文四國ニハ宮部鼎藏持參致八月廿二日兵庫乘船ヲ以テ罷越し藝州エハ備後鞆ノ浦ヨリ同廿三日ノ夜半比早船ニ而米藩水野丹後淵上謙三清岡半四郎ト自分ト四人御使被仰付罷越同廿五日晩景廣嶋着直樣北村又惣松嶋德之進山田養吉三人ニ面會右三人藝藩有志也段々致議論同廿六日寺尾生十郎永田權助両人養吉同伴ヲ以テ來リ　中納言樣ゟ　藝少

將様ェ之御書簡渡シ御使之事件相述同廿七日又々三人來安藝少將様ヨリ之御返簡致持參重役共ゟ之御返答申上候ニ付檄文ハ山田養吉ェ爲見候叓

肥筑等ェハ丹羽出雲守青木彥兵衞九月一日當地發足ヲ以罷越し熊本久留米等ェハ　條公ヨリ之御書簡も行　石州ェヘハ水野丹後淵上謙三兩人行津知野公ェハ御書モ行米兩人ハ廣嶋ヨリ直ニ罷越し候而今日迄モ未ダ當所ェ不來

七卿様方も去月廿七日三田尻御著　正親町少將様昨日當地御發輿九州筋御下向被爲在候御主意ハ前

敕ヲ御奉シ之御名目ニテ九國諸藩奸黨ニ不組長藩等ト力ヲ合セ眞之

叡慮遵奉ル爲之盡力可致旨御諭有志共御募リ被遊候筈ニ御座候石州福輪《マヽ》文三郎も同藩三人同伴ニ而當地ニ罷越居リ申候（上田開馬文書）

福羽文三郎
後子爵美靜

清岡半四郎
後子爵公張

○文久三年九月十二日（清岡半四郎ヨリ瑞山へ）

從長州三田尻邸呈寸翰得御意申候朝夕冷氣相募申候所彌御壯健可被成御渉奉賀候誠ニ近來ハ時情殊之外急迫に相成候所今ニ至り候而は益相迫り實以不安次第奸賊今にもじまり候義ニ而も無之候得共去月十八日之一條ニ至り候而ハ疾御承知可被成候處實ニ以悲憤ニ難堪切齒此事ニ御座候私共一統京師ゟ隨從仕當地におゐて御警衛申上候處其後ニ相成り候而段々四方ニ使拔遣はし九州は勿論中國路初□□□（三字不明九州ヘカ）も探索催促等致し候へ共模樣あしく相成り長州之政府ニ於ても聊俗論相發何とも決議ニ相成り不申是又段々有志之者ゟも周旋致し候得とも暫時事運ヒ不申當月六日三條樣親ク御出馬被遊山口之邸迄御入込被遊長門守樣御面會之上國論御決定被爲在候處唯諾之義早速御答ニも相成り不申由よ而明七日御歸坐夫ゟ右之御返答相待居候得とも日々押移一同苦心仕候中同十日石州津和野之使者福原權藏兼而三條殿ゟ御催促被仰置候御返翰持參ニ而參り込如何ト相伺

龜井隱岐守
慈監

候處龜井におゐては餘程憤激罷在候様子され共何分小藩之事故壹人之盡力ニ而は難叅此上は長州は素り九國之正議藩等へも追々引合致し委曲言上ニ及び候御中々奮發之由申事に御坐候就而は小藩なれとも諸侯之列に候得は龜井侯御進メ申上長州之俗論相靜メ一定ニ相成候上正藩合力ニ而上京ト申事ニ成り行く時は甚都合よろしく抔ト申事ニ而權藏ハ當地ゟ山口邸へ□□□〔飛ぶがノ三字脫カ〕如く叅り申候同夜七ツ時過丹羽出雲守九州ゟ當著仕段々西國之形勢承り糺候處中々以之外之事ニ而九州ハ小藩ニ至迄一圓薩藩へ同意致盡く合從ト申事全ク長州の暴論ト申立當十二日ニは島津三郎上京一同長州路通行致し不申由に而船抔數艘借入其勢甚盛柳川久留米筑前抔も日々急使等ニ而薩藩へ往復肥後も横井平四郎此度歸國ニ而是迄之奸賊共大に時狘得住江甚兵衞抔ハ中々手も出不申追々ハ身上之所も如何成り行候程も難計抔申居候由右ニ付島津三郎上京之上は七卿方も定而御咄通〔召返カ〕しニ相成り可申其上は九州一同大擧ニ而長州へ攻入盡く誅討之手順ニ相成

三條家諸太夫
丹羽出雲守正雄

り可申ト申程之勢にて御坐候由告來り大に不安次第如何之譯ニて角(マヽ)九州一定之議論ニ相成リ候哉逆賊之奸計難計畢竟彼抔之四方抔糾合致し候ては長州は全關東之衰弱に乘し朝廷抔挾み己其攘夷之名ヲ假リ御軍議抔ニ事ヲ寄セ終ニハ　主上ヲも本國へ奉迎其上四方征伐將軍家抔も打潰己德川氏ニ代らんとスル奸謀ト申立諸國へ内通致し置己之建議スル所ハいつ迄も公武之合躰ニて幕府ヲ助ケ　朝廷ヲ尊ヒ其上攘夷致し可申依てハ長州ヲ征討せすんば天下靜謐に不成抔と申立居候趣眞に可憎又可惡事に御坐候然ニ只今之模樣ニてハ一同進退極リ何共方便も無御坐たとへ此上如何相成り候とも正議之御方ニいつ迄も隨從仕何等之苦界ニ陷り候共之も可厭譯とて無之決心仕罷出申候され共元來奸賊之所業ニ出候事なれハ如何之計畫ニて九國一定致し候共不日反覆不服之藩も出來可申且又中國東國之諸(藩脱カ)因備阿水抔之如キ聊廉耻存在之藩も有之候へハ全ク虎狼之薩藩には合力致し申間敷其上兩雄難雙棲之譯ニて候へは薩會之確執數日て可待先

ニ而ハ火急ニ攻來候義も相調申間敷樣相覺申候姫路藩之有志會には全ク不服依而ハ姫路侯先日蒸氣船ニ而京著ニ相成候節山田十郎ゟ右之有志共へ會藩ヲ屹度退ケ候樣周旋可致手順申合メ參リ候由果而行ハレ候哉十郎ハ去月晦日京師出足ニ而當八日之夜著當所ニ滯留轟武兵衛ト同道ニ而御坐候則同便りに承り候へハ島村安岡之兩君ニも歸國ニ相成り候趣左候時は夫迄之形勢一々御聞取可被成奉存候前夜は筑前之有志越智小平太小野加賀小田部龍右衛門當（マヽ）著今日尋合候へとも始終行違ヒ得出合不申候されハ共加賀ハ眞木和泉正（マヽ）之實弟之由ニ而則今夜和泉正（マヽ）へ尋合候所右三人ハ君命ニ而長州へ使者ニ罷越候趣子細ハ此度之一條ニは長州之所置如何取計候哉筑前之世子下野守樣來廿三日ニハ御上京ト決定ニ相成リ候趣依而ハ長州之國論聞糺し願クハ同道ニテ上京致し度ト之事之由長州ゟハいまゞ何等之返答ニもおよひ不申候へ共いつれ長ニおゐては大幸之事ニ候へは一同も聊樂之出來懸ケ眉毛ヲ展シ居申候右ニ付て筑ハ全ク薩ト合躰之譯

山田十郎、後男爵信道

島村壽之助　安岡覺之助

黑田下野守慶贊

黑田美濃守長溥

夫迄も無之欤能々承り候得ハ美濃守様ハ薩ゟ出候人なれ共元來三郎様トハ存慮不合ト申事世子下野守様ハ隨分可愛心中も有之候趣ニ而御坐候尤も無之時は此度之三使正義純粋之者ヲ可遣譯無之義ニ御坐候右三使之模樣承ルヤ否ヤ米藩水野丹波眞木外記兩人當夜五ツ頃出足馬關之方へ參り内裏ニ詰居候重役之者呼立國元憤發致し候樣皷舞可致段精々申付候趣尤其外種々密事も有之候由ニ而御坐候追ては米藩之處も純粋ニも相成り可申奉存候

御國元如何相成り候哉近來ハ一左右も得承り不申無覺束奉存候當地ゟも遠ニ一左右可申上心組に御坐候所右ニ申上候通當國ニおゐても聊議論沸騰致し決議ニも相成り不申故日々模樣聞合居申候素り御國許も俗論沸騰之事ニ而候へは却而當國之俗論沸騰致し候譯ニ相成り候而は不安相考今日迄延引相働申候委細之義ハ兩人ゟ御聞合可被仰（付脱カ）存候扨今日御國之勢如何ニ而御坐候哉先達而當著否哉田所助二郎ゟ御狀拜見仕候へは大分都合

よろし口《くカ》とふか不遠中國政革人才擧用等も追々可有之樣之義ニ運ひ懸ケ候趣一同大ニ恐悅仕候御已來之義一向相辨不申候實ハ去月七卿樣兵庫御出帆之節宮新《部カ》鼎藏內命を奉し阿州ゟ本藩邊へ檄ヲ傳へ諸藩有司一同へ示し候ニ付其節土方楠左衞門ゟ書狀相托東甲浦口而れハ愚兄へ送り遣候樣北立川口而れは大石利左衞門へ遣し候樣貳通相認相賴候故いづを逐々相達し鼎藏へも御引合も可被致愚慮仕候尤鼎藏も內命之極密ニ而も有之且又御國境頗嚴重ニ而御坐候へハ如何相成り候哉中途に而紛失等致し實意貫徹不致候や三條樣にも日々鼎藏之一左右御待兼ニ而一同心配仕候へともいまだ何等之沙汰も無御坐候込《因カ》り入申候此度兩人歸國之上ハ不論是非御國論且御高論之處早速御示し《之カ》義被仰付度奉願上候實は係る重大之儀ニ御坐候へハ孰ニ而も有志兩三人位ハ是非當返《邊カ》形勢情實探索之爲め急々御差越しニも相成り可申義と愚按仕楠左衞門抔も折角御待申候樣子に而御坐候只今ニ至り候而も壹人も參り不申故京師十八日已來之模樣ハ御國許

愚兄、濟岡道之助

へ而相分り申間敷只鼎藏之處も□□〔不明脱カ〕御承知ニも相成り申間敷誠ニ只今之時勢ニ至り候而彼是行違ヒ間違ヒ之義實以殘念千萬ニ御坐候米藩有志抔も段々國許亡命致し候者も有之且當地ゟも兩三日前五六輩も上京段々立意之筋も有之候趣に御坐候素り國論は彼是御坐候由ニ候得共有志者之擧動ハ實勇々敷相覺申候是所謂窮而益見節之時機ニ候へは志士之去就は今日ニ可有之樣相考申候此度ハ幸阿州之世子淡路守樣頻に御奮發にて御坐候由家老ハ蜂須賀信太郎壹人にて押立有志無據不自由にて君臣只兩人ト申事實ニ感涙之至ニ御坐候是等益確然不動樣押立候儀は出來候間敷や若左も無之候時は四國は本藩阿州之兩藩にて十分九州も筑米是ゟ東防長石因備水是等にて天下可爲姿に相成り可申欤何分本藩老君公之去就ニ因て諸藩盛衰之關係致し候義なれは可成丈ケ御努力被爲成度樣奉懇願候當藩之義は成程是迄は聊俗論も有之樣なれ共最早今日ニ相成候而ハどたん四方ヲ敵ニ受候樣之譯ニ相成り候故俗論も因循も間ニ合不申いつれ同道一

蜂須賀淡路守
茂韶

定に相成り可申兩三日之處ょ而は先〳〵俗論も餘程穩に相成り候趣上京等之義もよく出來申樣ニ相成り申候趣然シ君侯其外諸役人壹人も上京出來不申樣之命令下り候故只今にては留守居壹人京師滯留而已此上は如何御所置ニ相成リ候哉決議之處承り不申候固り當藩も兩君侯其外有志之徒初ゟ聊變心ニ相成り候にては無之暫時永井黨トカ沸騰致し候趣所往々何等之氣遣も可有御坐間敷樣奉存候先達而正親町樣御　勅使ニ而豐前黑崎迄御下向被遊候所京師ゟ御召返被仰蒙暫く黑崎御滯在中土方楠左衛門四五日前黑崎迄下船仕候所海上ニ而御行違ヒ申上少將樣には中ノ關御著船夫ゟ直に京師御歸洛被遊定而最早御出帆可被遊奉存候楠左衛門未た歸り不申候彼是混雜仕一々得貴意義も不能今夜は燈下ニ於荒々乱筆ニ相認差出申候間御推讀被仰付度尙申度義は難盡毫頭巨細直〳〵御承聞可被仰付候恐惶謹言頓首々々

清岡半四郎拜

正親町公董

武市先生
玉案下
九月十二日夜燈下
（田岡正枝藏）

〇文久三年九月二十一日（瑞山拘禁之令狀）

武市半平太

右者被對京都其儘に難被閣其餘不審之廉有之藤岡勇七南清兵衞關源十郎島村團六仙石勇吉町市郎左衞門岡本金馬へ御預け追而揚り屋入被仰付候事

（瑞山會文書）

〇文久三年九月二十一日（小南五郎右衞門等勤事扣）

勤事扣

小南五郎右衞門

河野萬壽彌

河野萬壽彌後
子爵敏鎌

小畑孫次郎後男爵美稲

新次郎、後島本仲道

中岡光治、後愼太郎道正名上岡胆治、正ハ正敏中岡ノ脱走ハ九月五日ニシテ上岡ハ九月二十四日ナリ

揚屋入

小畑孫次郎
同人弟下横目 同　孫三郎
島村衛吉
下代新次郎

類族御預

島村壽之助
安岡覺之助

出奔

中岡光治
上岡膽治

（佐佐木高行日記）

○文久三年九月二十一日（岩神主一郎濱田辰彌等勤事扣）

一同日　佐川勤事扣ノ面々

濱田辰彌、後田中光顯

橋本鐵猪、後大橋愼三

岩神主一郎　　鳥羽鎌〔ママ〕三郎

井原應助　　土方左平

古澤八郎右衛門　　同　迂郎

濱田辰彌　　中山次保次

橋本鐵猪

〆九人

（佐佐木高行日記）

○文久三年九月廿三日　（山内豐範諭告書）

京師の御沙汰に依り

天朝へ奉對其儘ニ難差置不審の者共取締申付候縦令ひ連坐の者と雖も罪狀の輕きは一切令宥恕候條各致安堵進退可從吾等之下知者也（土佐藩政錄）

○文久三年九月廿三日（土佐藩廳達）

此度御侍以下六七輩勤事控揚屋入御預被仰付萬一同類の者有之暴擧の儀難計に付左之通被仰付之

一海防掛郷士地下浪人民兵地下役相揃村々へ廻番申付候

一萬一同類の者有之隱謀の企有之候はゞ右人數繰出し他支配の格好に候も召捕可申候手に餘り候へば打取の儀不苦事

一郷浦宿屋等に於て止宿候者有之候ハヽ姓名且往來の子細を糺し庄屋へ可屆事

九月

（瑞山會文書）

○文久三年九月廿七日（北添佶摩ヨリ同志へ）

拙翰呈上仕候各樣益御勇健可被成御勤仕奉拜賀候然ば方今京師之景先達の不穩中川宮去る十三日ゟ御所內一乘院宮御里房え御移住ニ而日々御參

上杉齊憲
兵之助、山内豐積
藤堂高猷
因州、池田慶徳
横匠、横山匠作
福健、福富健次
有栖川熾仁親王

内會薩二藩と共に國事を執薩にては高崎左太郎村山齊助會にては野村左兵衛秋月悌二郎等巨魁ニ而奸謀倍隆盛幕府之親藩武州忍奥州二本松羽州新莊其外小諸侯會津爲救援此程追々登京九門及洛中洛外迄大概葵家ニ而相固正議之徒を或は退或は幽閉し諸藩有名之人士地を拂而無之上杉侯も今廿一日兵之助公子と御一所に御暇給り同廿二日速に東歸阿州若侯も御暇に相成追て御歸國之模様加賀は本多播摩守家老青山將監大〔音脱カ〕・帯刀等上京いたし居候へ共何之御用ニも相立不申藤堂若侯も滯京ニ候へ共日和を窺のみ備前侯も先沈默藝若は過日登京之處反覆致し言語同斷之事ニ御座候獨り賴母敷は因州にて十八日之變以來度々御建白等被成有志之輩も多分有之大きに盡力致し居申候肥後久留米等も國中にて俗論沸騰之由にて有志之輩悉歸國仕候本藩も横匠福健之黨會薩え頻に致出入姦徒に一〔マヽ〕組し困入申候扨　朝廷之儀は萬事靄〔マヽ〕昧たる事にて不分明ニ候へ共　叡慮に相叶候儀を〔とカ〕一も有御座間敷奉恐察候先當節ニ而は有栖川宮樣御壹人ニ而深御

帥宮、熾仁親王

別紙トハ下ノ書翰ヲ云フカ

辛苦被爲在候趣ニ候へ共是も先達而關東鑑察使被爲蒙　仰十月初旬には御下向と申事ニ而御供は水戸大庭一心齋以下不殘被召具因州へも御東下之御内定ニ相成申候併帥宮様並因州侯にも思召も有之趣ニ付卒爾ニ御下向も有御座間敷と安心仕居申候若彌御東行御決定に相成候得は屹度御留メ可申上含ニ御座候而因州備前へも談合置申候扨又鷹司關白様ニも去廿四日御差扣御免ニ相成翌廿五日ゟ御參内被遊候事ニ御座候關東ニ而は本月十四日海軍所ゟミニストルを召寄應接へ懸り候赴ニ御座候へ共如何成談判ニ相成候哉委細之所今日迄も相聞不申候ニ付勿論埒々敷儀は決而有之間鋪然は殊之外切迫ニ相及候一大事之儀出來三瀬深造急（マヽ）を以此度歸國仕候間微細別紙ニ記差出候猶口演之處御聞取之上不被移時日急速御英斷を以上下一心御登京ニ相成候様御憤發可被成候實に豺狼白晝に縱横皇都之危事如累卵實に致身之秋候間紛々之俗論には無御拘泥豁大之御所置被爲在候様只管奉懇願候王事鞅掌草々閣筆心事相洩候恐惶謹言

九月廿七日

（田岡正枝藏）

○文久三年九月廿七日　（北添佶摩書簡カ在國同志ヘカ）

〔以下二行原朱〕故武市半平太ノ家ニ存在スル無記名ノ書ヲ左ニ掲ク以テ當時ノ事情ヲ想察スヘシ所謂佶印トハ佶磨（マヽ）ヲ指スナルヘシ

コノ朱書ハ瑞山會文書編者ノ按文ナリ

佶印、北添佶摩、後池田屋ノ變ニ死ス

佶印差越候書付過日入御覽候處アレトモ御覽可被成候是モ又御序御座候ハヽ御返シ奉願候

豊岡大藏卿

八幡社務

豊岡卿御親戚　田中房

因州之祈願所　瀧本房

隻（雙カ）樹院

如雲

變名宇佐美眞人

因州
　勝部靜男

同
　近藤信太郎

豐岡卿內
　荒木尙一郎

御烏帽子師
　杉本美作介

世悴
　同　因幡介

賴三樹兄
　賴復二郎

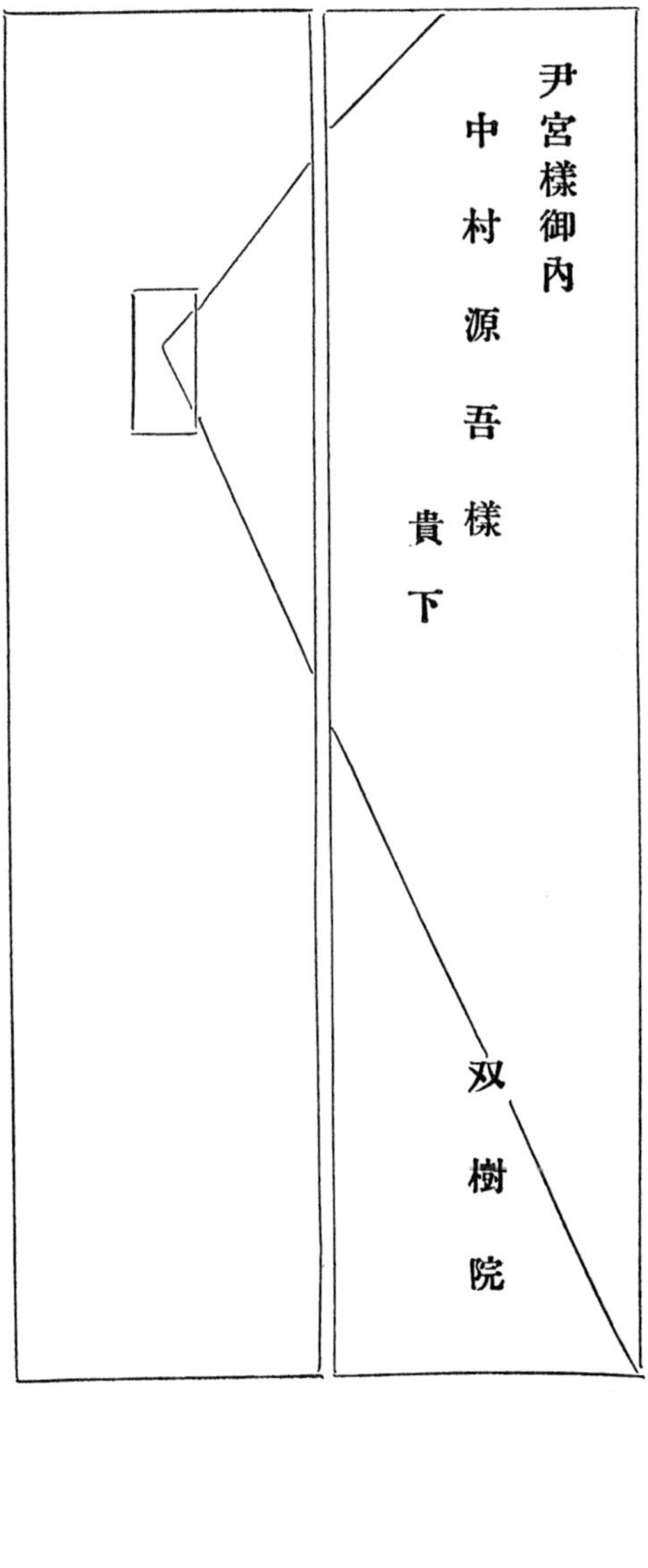

冷氣相加候處愈御安健可被游(遊カ)御座珍重之至奉存候扨先日御代參可有之奉存候處

御用多之御趣ニテ御來幡無之此節柄一入心痛仕候就中

尹宮御方益御機嫌能被爲在候條御傳言被下乍恐安心此事ニ付是非朔日ニ

ハ參殿之心組ニ御坐候此節精々御祈願仕候事內々御言上御序ニ〔仰上脫カ〕可被下候宇佐美様ト申〔イす〕人實ニ御直成人ニテ御約束之通御立寄被下候處書置不申故御待被下候而然〔イも以下誤脫アラン〕愚筆寔ニ御免可被下候も一入御苦勞多く御子細之事も內々此御人々承之安心仕候余情拜顏萬々可申上候早々不具謹言

如雲　上

中村源吾様

（中川宮、朝彦親王）

一中川宮八月十六日御元服被游〔遊カ〕彈正尹宮ト御改相成其節御烏帽子御冠共御烏帽子師杉本美作介ヘ御誂ニ相成候處同人義ハ御烏帽子師之義ニ付御冠ハ其職之者ヘ御誂ニ相成候様御斷ニ及候得共强テ被命不得止天子御同様之御仕成之様內々被命候事

此義杉本氏ヨリ賴又二郞ヘノ咄ニテ信磨直ニ承リ申候右美作介ハ八月廿三日三條中納言様御跡ヲ慕ヒ西行仕候

（三條中納言、三條實美）

一此程八幡双樹院如雲方ニ於テ中川宮ヨリ御賴ヲ以テ怪敷御祈願有之御

北添佶磨名正信

能勢達太郎名ハ成章後元治甲子ノ變天王山ニ自刄ス

高崎佐太郎後男爵正風

供物ニハ雉之牲ヲ備候由御使ニハ薩州中村源吾ト申者相勤候趣八幡御社務田中房ヨリ探索致シ豊岡大藏卿へ内々被仰進候ヲ以テ（田中房ハ豊岡殿之御親類也）役人片岡周防ト申者兼テ佶（マヽ）磨懇意ノ人ニ付九月廿日右周防方へ能勢達太郎差立候處折柄周防他出之場合ニテ右子細聢ト不相分ニ付致歸京申候其ヨリ因州藩へ右之段相談ニ及置候處同廿三日右藩勝部靜男双樹院へ罷越僞テ生國下總久世大和守藩中ニテ有故脱藩此節薩州へ身ヲ寄則中村源吾高崎左太郎村山齊助等ノ世話ニ預リ居候者ニテ宇佐美眞人ト申段相欺源吾傳言ヲ述へ事實探索致候處彼ノ僧術中ニ陷リ密事ヲ明シ申候由然ニ勝部氏ハ下坂懸ニ付歸足ノ砌再立寄可申ト相約置歸京ノ上猶又示合同廿五日右靜男及能勢達太郎三人罷越種々策略ヲ以テ意ノ儘相欺近藤信太郎尚又極密事ヲ聞取候處恐多クモ天子ヲ奉調伏尹宮ヲ位ニ即申祈願ニ相違無之源吾へ贈ル書翰ヲモ相認靜男ニ渡候ニ付一旦右寺ヲ出途中ニテ披封致候處別紙寫之通ニテ近日參殿之事モ有之甚相迫

り居候ニ付無是非三士共右寺ニ立戻リ終ニ右僧ヲ斬害首尾能仕負セ昨
廿六日歸京仕候

一右之通大惡無道無窮逆賊ニ付尚此上之變動實ニ難計若萬々一乍恐
玉體ニ御異條等被爲在候時ハ何共手段無之義ニ付此上ハ速ニ右賊臣ヲ
討取
鳳輦ヲ奉守護候外無之ト議論相決長ニテハ寺島忠三郎野村和作因州ニ
テハ右兩士初同志之輩數多有之今日彌策ヲ定因州備前兩侯へ拜謁之上
言上ニ及且烏丸殿有栖川宮等へ具ニ申上達
叡聞萬事手合相調候得ハ近々事ヲ發候含ニ御坐候事

一右事ヲ發候得ハ長州ヨリモ七卿及宰相侯御父子速ニ御上京ニ相成候樣
仕度積リニ御坐候家老根來上總モ今以テ滯坂ニ付是又右同斷時ヲ待登
京ノ積リニ御坐候

平野二郎國臣

一但州ニテモ農兵ヲ以テ義旗ヲ擧候積リニテ平野二郎先達テヨリ罷越居

候處此程七卿之内御一人御迎之爲メ長州へ下り申候

九月廿七日

○此第二項中供物雉牲ヲ用フル紙下附箋アリ左ノ如シ

右供物

禁裏へ獻上候候義有之候由相聞ニ付若哉攘夷ノ御祈願ト僞リ如何様ノモノ指上候程モ難計一同奉氣遣候事ニ御坐候　（瑞山會文書）

朱書ハ瑞山文書編者ノ按ナリ前掲トハ前ノ北添佶摩ノ書翰ヲ指ス

楠本文吉三條實美ニ隨從シテ三田尻ニアリ此書楠印トアルハ文吉ナルガ如シ

此ノ二行ハ本文回送者ノ書添ナルベシ

○文久三年十月初旬カ　（楠本文吉ヨリ在國同志へカ）

〔以下二行原朱〕故武市半平太ノ家復タ無記名ノ書ヲ存ス今左ニ掲ケ以テ前掲ノ書ト通考スル所アラシム所謂楠印トハ蓋シ上田楠次ヲ指スナルヘシ

楠印ノ書状過日ハ大取紛ニ付半分ニ不足書拔《マヽ》指差出ス尙御覽御都合ニヨリ直ニ御返シ奉願候

今十八日京師ヨリ比喜田源次郎ト申有志ノ者罷越申出候ハ中川宮様奪

位之陰謀有之八幡宮ニテ田中房（坊カ）如雲ト申者同宮ヨリノ命・怪（脱アルカ）敷祈禱致候趣同所ヨリ豐岡殿ヘ緣手ヲ以テ內通有之右ニ付因州人勝部靜男ト申者薩人中村源吾ト申・（ノ脱カ）者使ト僞リ同所ヘ罷越シ如雲ニ面會色々謀計ヲ以テ欺キ宮奸計ノ事ヲ釣出シ爲申出十分慥ナル証據ヲ取尙又証據物取置度存欺テ申候ハ拙者義ハ此度ハ大坂ヘ罷越候ニ付歸掛ニ立寄可申候間中村ヘ書狀等被差出候得ハ御取次仕旨申聞候處幸ノ事ト悅賴敷由申出シ候ニ付早速京都ヘ罷歸能勢達太郎等同伴ニテ再度罷越候處如雲ハ益得意ニ成リ色々陰謀ノ事申出書狀相渡候ニ付立出披見候處右文中ニ來月朔日ニ必參殿ヲ以致テ細々可申上云々ト有之其儘ニ差置候テハ忽奸物ニ被悟候譯ニ付不得止立歸右如雲ヲ誅シ首ヲ取候處京師邊極嚴重ノ場合ニ付耳計取書狀ト共ニ取置候由右之通陰ニ

玉體ニ奉迫候勢ニ付如何樣ノ義ヲ釀候程モ難計鴆毒ノ事共別テ可恐實ニ旦夕ニ差迫候事情ニ候間京都ニ罷在候有志共四十人計申談斬姦ノ議相決

居候由右ニ付公卿方ニモ別紙ノ通正議ノ御方有之密々御同意ニ候間正親
町大納言殿ヲ以テ奉密（正親町大納言實德）
奏候由依テ七卿様ニモ御歸京被游（遊カ）度長藩公ニモ御上京被游（遊カ）候テ御基本ノ
處御挽回ノ御周旋被仰付度併シ只今ノ振ニテハ一擧致トモ其機會ニ乘シ
挽回ノ程難計ニ付何卒御上京浪華邊迄御出ニ相成候節事ヲ發申度ト申出
候得共只今ノ都合ニテハ陰謀ノ事モ衆人未知候故後日ノ處如何ニ付何分
密
敕頂戴候テナラスハ一擧難成ニ付其邊ノ處周旋候樣被命尚又宮部鼎藏爲
探索上京其邊ノ周旋被仰付候筈右之通彌以切迫ニ付九州筋ヘモ近々有志
ヲ募ニ參候御國許近來ノ模樣ニテハ實ニ困リ入候事ニテ長藩有志共ヨリ
段々懇切ニ氣ノ毒カリ呉候事ニ御座候何分御國ニテ有志ノ手不伸候得ハ
何卒脱藩ヲ以テ出掛呉度只長藩ノ爲ニ非ス天下ノ爲ニ付其邊ノ處掛合呉
候樣度々被申談候事ニ御座候愈以テ御國許ニテ被成方無御坐候得ハ一先

御出懸奉待候武市初メ御處置以來同志ニモ色々異論生脱藩論ト鎭靜論ト有之候由然ニ右ハ各見込有之事ニテ國ニ死候モ外ニ出藩ニ先チ周旋モ皆爲圖〔國カ〕・天下〔爲脱カ〕ニ付何卒其邊ノ處能相和申度國ニ止候者ハ外ニ出候者ヲ國賊ノ如ク申成シ外ニ出候者ハ國ニ止候者ヲ腰拔ノ如ク申樣相成本藩鎭激一致シテ黨派ノ相分候樣罷成候テハ實ニ不相成候事ニ付此邊ノ處御賢考ヲ以テ御周旋御盡力肝要ト奉存候右得御意度如是御坐候敬白

尚以於長藩ハ諸藩士兵粮器械等一切上ヨリ賄ニ相成リ餘程盛ニ御座候

中村源吾ハ薩人ニテ中川宮ヘ久敷被附置候者ナリ

別紙

鷹司關白樣　　有栖川宮樣

正親町大納言樣　　正親町少將樣

烏丸侍從樣　　河鰭少將樣

豐岡大藏卿樣　　石山右兵衞權〔マヽ〕輔樣

武市、即チ瑞山

一致セスシテノヿナルベシ蓋シ脱字アリ

鷹司輔凞

正親町公董

烏丸光德
河鰭公述

豐岡隨資
石山基正

極御正議之御方

如雲ヲ誅候ハ九月廿五日之由

（瑞山會文書）

○文久三年十月頃カ（瑞山獄中ヨリ妻富子ヘ）

一高さ　壹尺貳寸位の

書物箱　一ツ

すがつてもかまんよふニ随分丈夫こしらへて御越し

保馬、小笠原保馬瑞山ノ義甥

なんきよ、方言ナイニヨッテノ意

一醫師上岡良民を願ひ御聞届ニ相成候間上岡へ保馬でも行てもふうて相談をしてをき申度只今少々病氣なれとも格別の事ハなんきよ見てもふあいでもよく時として言ていた時ニすぐニ來てくれるよふニ頼み置もばえつき拂の丸薬があれハちともらうてもよし

一下番を内へやる事ハ内々ゆへ言ゑれんもし不審でも有たりや病氣ゆへ醫者の事を言てきたと言たれハよし病氣ゆへ時として醫者の事を言て

やると言事ハ面て立て道を明ケてなるきよかまん外の用事てきたとハ云ハれんぞよ又横目ともが問にいたれハ醫者の事ニ付一二度來たと云てよし其外之人へハ一切言にも及ハん事ぞよ

これハ今日御越し

一炭よふるり本内に有るのを皆々御越し可被下候

一

これより大キとよふなし小キ分ハかまあん

此位ノかたい炭《からすみ》をひきて御越し火もおへいけるニ入用ニ付紙袋へ入てもよし籠《かご》の様なものへ入てもよし

これハ自分の火もちへいけるニ入あふせみの俵へ入てくるが一番よし

一ただお
これハ今日御越し
此下番ハ誠にゑゝ酒御のませ可被成候
此本すぐに御越し

ゑゝハヨイノ意

（武市家文書）

○文久三年十月頃カ　（瑞山ヨリ姉奈美子及妻富子へ）

御細々の御文くり返〳〵拝しり〳〵

先々御きりんよく見て度ぞんしり〳〵扨　民部様御事御病氣御全快のよし色々難有御意之御旨誠よ々々血の涙よむせひ・かよも〳〵難有々々此の御方の御全快ハ誠ふ々々御國の御爲とそんしり〳〵扨又德永の歌爲御聞この人ハ前よりりきむ人よて今以りきみよるハかんしん〳〵扨又内の守りあゝも竹馬が引うけるけなそれでくつろんだのふ團なとハさぞや〳〵おちおそれておるろふ

い脱カ

民部、山内豊誉

德永達助千規

竹馬、山崎愼三ノ幼名瑞山ノ甥

一安部安馬の狀夫々受取候まゝ又次の便ニへんしいたし候間きたれハ其
（は脱カ）ふしをしておいて
一前のおもさまの御哥うれしく誠に々々らんし候次便ニ御禮可申上よろ
しく申上へく候
一このまたものハ丑が辨當と一所に御越可被下候
誠に毎日々々此よふなされて飯をくてふたりおたたりすれハこれやと安
樂世られハなるがなせこのよふニくるしむろふとおもひ候又近々の内よ
と申殘し候らしく

姉上さま

おと乙との

（前のおそさま　島村壽之助ノ妻）
（丑、瑞山ノ若黨村田丑五郎）

前のおもさまの御哥うれしくて彌ニ喜太

（武市家文書）

○原書以下斷欠

權吉、後依岡珍麿

○文久三年十一月六日（中岡慎太郎ヨリ瑞山ヘ）

寒氣ニ御座候處先以過日以來ハ獄中ニ御困之趣實ニ慨歎ニ不絶候然ニ私義去月十四日帰著仕宿毛口ゟ參り先生初四五輩之斯相成候義承實ニ愁歎ニ餘候夫より段々薩之情實得御意度存居候得共更ニ便無御座居候處折柄權吉先生之番ニ行由承幸之事ニ付一寸御見舞申上度（候カ）帰郷以來同志之者と論紛々ニ而更ニ定不申愚昧淺識之者實に案付不申忙然と罷在申候京師之模様も兼々切迫之由千屋金策長ゟ罷帰候段臣子（の脱カ）言可ふに事も有之様子ニ而誠ニ仰天之至ニ御座候乍併臣子之分として何か惡逆不道之者といへとも犹（マヽ）毒を奉差上可と申事ハあまり之事と存候へ共奸物之所爲ニ付何やら分り不申此上ハ幾重も探策（マヽ）之上同者（志カ）と議論を定可くと奉存候尚委細ハ權吉出勤ニ付折を以御對談可被成候先達薩へ罷越候處薩之情實更（ニ脫カ）分り不申候彼より御馳走之役人新納十郎と申人參り候處長州より御使者到來之節御國之御扱ニ相成候様之致方と同し事ニ而更ニ譯分リ不申夫ゟ段々諸

士を尋候處或ハ旅行或ハ病死抔申一向逢事不能不得止罷帰申候兼而先生ゟ尋呉候樣御申被成候樺山三圓義ハ此度還俗仕樺山清吉郎と名乘小目付ニ拔擢せられ上京と申事に候夫ニ彼之大島黨ハ皆先達攘夷之後幽閉御免ニ相成候へ共未役義抔ハ不仕由其餘之事ハ更ニ分リ不申實ニ殘念至極ニ御座候帰リ懸肥後之模樣承リ候處肥後も墨〔マヽ〕之助龍〔マヽ〕之助公子上京此度ハ公武御合躰之處周施〔旋カ〕之由右藩去暮ゟ今春迄ハ我黨頗志を得候處京都大變ゟ元之如ニ相成是迄相唱候勤王之者ハ大体幽閉せられ候樣之模樣ニ而大ニ嫌忌御座候由實ニ御國と大同御座候尚御推量被仰付度今日も權吉出勤之樣子承候間あらあらし乍得貴意候次第ニ寒氣彌增ニ相成候間御自愛千萬ニ御座候先ハ右計迄早々恐惶謹言

十一月六日　　北諸生

先生膝下

（依岡珍麿藏）

大島黨ハ西郷吉之助同志ヲ云フ

細川澄之助護久

長岡良之助護美

○文久三年十一月廿一日（能勢達太郎ヨリ父督足ヘ）

信摩、北添北
摩正信

自九月至十月十四日數度之御細翰相達難有奉拜讀候寒威强御座候處先以倍御機嫌能御渡可被遊奉恭賀候隨而私義無異消光仕候間乍憚右樣御安慮可被仰付候身前之義ニ就而も先達而下横目拾助歸國之砌委細御聞取被遊候通信磨《マヽ》両人共遠足留被仰付置候處其後御詮議振ヲ以テ愼ミ之上御國元ヘ御指返被仰付段被申聞候得共未タ用意不相調段申出因循仕候中去月朔日早追到著武市半平太輩之左右到來翌日ニ到両人旅寓ニ呼ニ參り甚以不審之口上ニ付否屋敷ニ不參承合申處已ニ縛せんとする之勢固り兼而申上候通盟死出邦殊ニ方今之形勢を見捨今更歸國仕り埋木と相成候ハ全有志之意ニ非すと不得止卽日脫走今以長州邸内ニ潜伏無病息才ニ勉勵仕候間身前之義ハ必御心遣不被遊樣偏ニ奉願上候扨方今時勢ハ中々紙上ニ難盡又恐多御座候併何分遠方ニ而ハ事情難通候就而も自正邪之辨別も悉く其宜ニ當り不申哉奉存候を以巨細是迄奉申上度兼々懸念ニ候得共滿途之財

猥・〔脱アルカ〕一朝露顯ニ及候ゟハ身前之累而已ならぞ
皇國之御一大事ニも關係仕候を以寸書も不奉呈候得共數度之御細書若シ
ヤ私所業不正ニ陷不申哉御氣遣被遊候段一字一涙再三復讀誠以不孝之罪
所逃御坐なく候必竟右奉申上候通事態不相通ゟ之御事と奉恐察候付大樣
之處此度早々ニ相認奉言上候元來尊
王攘夷之盛ニ相行を

三條實美

皇國之人氣一變仕候ハ內ニ在テハ三條公已下六卿其外正義之堂上方
叡旨を御助被遊外ニハ長州其餘諸州有志之士盡力周旋仕候ゟ漸攘夷も一
決と相成候勿論眞粹誠忠之人より共策之萬全ニ出ルと申事無御座過激之
處難逃哉其小過を以口舌とし謀略ニて先達ゟえ如き擧動を起し七卿を去
し汔長州を拒み有志之志〔士カ〕を苦し汔實ニ只今え形勢とハ相成候足利之天下
ヲ掌握せしも今日在て當時を見るゟ正邪分明ニして天下擧て楠氏をした
ひ・〔し脱カ〕く楠氏本ゟ不亡して足利氏決而不可與今日も亦然天下をして正邪を辨

二條齊敬
近衛忠熙
德大寺公純

中略ハ尹宮ノ二字カ

セしめんと何れも今日之患なるへき哉歎敷事ニ御座候

一先達而ゟ恐多も不軌を謀り候方有之二條近衛德大寺殿等を取入我意を奮ひ朝庭〔マヽ〕之政其意ニ出て乍恐只今主上御獨立之勢正忠之堂上方御壹人も御出仕無御座惟去中略御方様計御掛り被成候を以私共折々拜謁御懇命相蒙り機密之義ニ至り候而も此御方様御壹人ニ而始終朝廷向御周旋被遊候事ニ御座候中略

右去ル御方之奸計ニ就テハ其證顯然たり与いへとも是等之義只今書載候事無據畏憚仕事兎角露顯ニ相成候節ハ御耳ニ入可申被存候尤右等一條ニ付確證を得候事御坐候而私共大關係之身ト相成恐多も姓名相記先達而雲上之御方様ヨリ御密奏之節達叡聞候實ニ草莽〔莾カ〕之身として何そ感激ニ堪不申前件之都合朝敵之汚名を受候樣之義夢々無御座只今身命を抛候共千載之下猶不愧於天下与奉存候必御心遣不被遊候樣奉伏願候

其餘時態奉申上度候得共書筆ニ難載是計ニ而大概御亮察可被遊候
一千菊清半を三條公御内命を以過日上
京僅之逗留ニ而下關仕候此頃東武著ニ相成可申右計《ハカ》ニ極密御他言被成
間敷尤有志輩へハ是等少々相洩居候事ニ御座候
一御書狀御贈被仰付候而も甚嫌疑を避候事故相成丈不通ニ仕可申萬々一
指掛ル義候得ハ去《マヽ》ニ方へ御賴候方へ御差越可被成候金子御書面之通ニ
而も時々注文丈ケ御贈リ被遣候義難出來被奉存候併此節大困窮自分壹
人ニ而無御座簡約も出來不申貧生多く同煩ニ而込《マヽ》り候間御都合を以御
贈被仰付度時々長邸ニ而貰ゐ受候も耻敷御座候申上度義山海ニ候得共
難盡筆紙草々如此座候誠惶誠恐謹言

男　章

仲冬念一

尊大人坐下

千屋菊次郎
清岡半四郎

再白母上様ゟ宜敷御傳被仰付度本文之通候付只々母上之御心中察し奉り再不得拜顔候はん与堪思懷不申宜御慰喩被仰付度奉願候　不宣

（瑞山會文書）

○文久三年十二月廿日（瑞山ヨリ姉美多子、奈美子、妹琴子、及妻富子へ）

一筆申上まいらせ候先〻寒强候處皆〻様御きけんよく御暮し被遊誠ニ誠ニ御めて度存まゐらせ候扨私事かよふニ相成候事ハ誠ニねみゝニ水ニて存かけもなく其節鳥渡御挨拶申上度山〻ニ存候へとも人ニみせんとおもはれ候やと存其儘《まゝ》ニ立出もはや二度御目ニかゝる事も不相成素り此様ニ何かく申上候事も出來ましくと只かけ暮なけかしく存居候處はからバも番人とものなさけニ寄てかよふニみさし上又御みをも拜し皆様御きけん只んのよき事たしかに承り誠ニ嬉しさのあまり尚更涙のかはくまもなく只越《こし》かた行末の事なとおもひ暮しまいらせ候しかしなからみさし上候事なとハ極《ごく》

三條様三條實美

々内々ゆへいつ何時出來ぬ様ニなり又いつとのよふな重き罪ニ逢ひ候事もむかられば誠ニ露の身ニてけふ有てあすなき命ニ御坐候へハ今此便りのある内ニおもひの荒〳〵申上まいらせ候先〳〵私事かよふニ相成候事ハいかなる譯《わけ》ニて候や相分り不申御存の事なれとも私事京都へ御供《とも》してより玄ドう役《やく》目を蒙《こふむ》り只《たゞ》一ト筋ニ殿様の御爲をおもひ込《こ》ミ上《かみ》ハ宮様初御公《く》卿《げ》御大名様かた下ハ諸國の名ある士ニ出會《であひ》夜ひるのわかちもなく心をくるしめ色々と御用向《むき》相つとめ候へともこれおそ我あやまりと思ひ候事ハ一ッも御坐なく候處京都へ對《たい》せられ其儘ニさし置《をき》かたく不審のかど有之とてあがり屋入被仰付候事を考《かんかへ》へ見候へハ京都ニおゐて三條様方へ度々參殿仕り別して御懇《こん》命をいたゞき候事ゆへ三條様がたあのよふニ御成被遊て大の不忠ものか或ハむほん人かなんぞの様ニ世上ニて申成し候ニ付京都のわる者ともよりなんぞ御國へかけあひニても成た事かとそんしまいらせ候まゞニ一度もせんぎもなく候ゆへいかなる事やら更ニ相分り不申此様ニ

御兩殿、容堂豊範父子ヲ云フ

間違ひだしてハとの様ニ間違との様な重き罪ニ逢候も難計候されとも心中ニもちる事聊《いさゝ》も御坐なくいか成重き罪ニ逢ひ候ても決してみれんな事ハ無御座武士の武士たる誠心は岩のことく大丈夫ニ候まゝ是計はくれくれも御心ニかけさせられましく又只今の暮しとても外て思う様ニも御座なく候ニ付是又御氣遣被遣ましく返ス〱も存まいらせ候誠ニ《マヽ》何卒此數百年の御鴻恩をむくい奉り度様〱と苦心仕りをり候處近頃兩御殿様より格別の御懇命をいたゞき尚更水火もいとひ不申心得ニて度々御目通り仕り御國の御爲と存付き候事は有の儘申上居候處もからばもかよふニ相成いかにも〱殘念至極筆ニ盡しがたく候されとも姉小路様初三條様がたの御事をおもへハ此賤しき我々とものの身はいふニたらざる事と存まいらせ候此上神の御惠も御坐候へハ萬ニ一ツハ又々御目ニかゝる時節も參り候やとそんしまいらせ候人の心は目ニ見へぬ物ニ候へハ昔からむしつの罪ニしつミ候人も珍ら敷からずいかよふニおもひくるしみ候ても致しかたのなき

事にて私どもゝ此様な生れあひと見へ申候人と生れて義理と恩とをしらざれハちくしよふニもおとり申候犬の子にても養ふておけハ其主人の恩をハしり申候まして人と生れて人の道をふまず只上《う》ハへをかざり富貴ゑよふの身となり候とてなと天地ニはぢさらんやもろこし聖人も朝《あさ》人の人たる道をふみて夕に死んでもよろしと云れて候まゝ此處よく〳〵思召分させられ度存まいらせ候世間の人ハ只色〻様〻そしり笑ひ可申聞よふニ存候へともこれハ多く人心のなき物にて候此今の世に殿様の御恩をほふぜる事もおもはず武藝をしても只自分の立身出世の爲計りおもひ上《う》ハめの人へハつんしよふ輕《けい》薄《はく》内にてハおごりを極《きは》め竊《ひそか》ニしよふるりなとたのしみ幸に立身いたし候とて犬《いぬ》貉《ねこ》にもおとり所《いわ》謂《ゆる》くそ蟲同様の者にて候まゝ其くそむしなとの云事ハ決して耳に御入被遊ましくくれ〳〵そんしまゐらせ候

田内衛吉、瑞山ノ實弟文久三年十一月十二日下獄

一衛吉が事もいかゝ相成候や是もがてん參り不申其節出かんなと致し候

其節ハ小田原事件
かの物ハ坂本瀬平

物有之候由ニ付御上ミより出やんなとのこと御疑《うたがい》にて俄にあのよふニ相成候事らとそんし候へとも今の世の事なれハこれもいかゞ相成候とも計らせ不申田内のおもさまにハとの様ニ思召いかゞ御暮し被遊候やと只〳〵心にかゝり申候されとも是又天地にもちざる事にて人の道をふめハおそかよふニ相成候事にて其節こしをぬかしたれハ沙汰《さた》のかぎり其節かの物ニ切らせたとおもへも相済候事とそんし候是も又此上天命を待より外ニ致しかたのなき事にて御坐候殊ニ兄弟ともかよふニ相成御前さまにハさぞ〳〵御頼もなく思召御心ぼそく色々と私などの事御氣遣被遊候とおしもかり候てハ誠に〳〵忍ひにかくやま身もくざくる様ニ存候へとも致しかたのなき事ニ御坐候へハ御前さまにハもよく〳〵おやしなし分らせ御保養被遊度存候

一申上候もおろかな事ニ候へとも士ハ士の道あり婦人ハ婦人の道のあるものなれハ私などの心の内を思召分らせ何處《いつく》までも女の道御守り被遊

度誠ニおもひまゐせハ五人の兄弟之中ニて二人ゟ先なきものニ候へハゐづら御三人の御前さまがたニ候まゝいかニも御むつましく互《たかい》ニ何事も御相談遊され御機げんよく御暮し被遊度もろこしの聖人も兄弟ハ手足の如く云ゐれてゐる事ニて手足の内がのいたれハもふでき不申此處よく〳〵思召分らせ度そんしまいらせ候

一私事御存の通り子とてもなく色〳〵心配いたし居候内かよふニ相成此上ハ右申如くいかよふ相成候哉相分り不申候へどもからものにげよふのなれと申様な世の中ニて御坐候へハ先重き罪ニあひ候ともゐり居申候さすれハ格録《かくろく》もなき物ニ相成候まゝもふもや養子ニくるものさへ有ましく御先祖御代々の御祭り私の世となりてたへ候てハ誠ニ不孝此上もなく常々忠孝を全ふしよふとそんし今日ニなりてハ返て不忠不孝の身となりもてあゝいかなる事ニて候哉神ニも見もなされ候とおもへハ只血《ち》の涙ニむせひ申候色〳〵様〳〵くり返し〳〵み候ても何とも致し

あゝ御座なく候万ニ一ッ命のなあらへる事ニなり候へハ又いあよふとも相成可申候へとも先のくらき事ニて御坐候まゝ此事ハよく〳〵御考へ被遊いあよふとも祭のたへぬよふ願上置申候あゝ此よふな御咄ハもふやめましよふ

一此間ゆめを見ましたとんといつの間ニやら京都へいて天子様の御きさき様へ御目通りをしました處て其御きさき様が扇をもつてまいを御舞遊し夫をおあみました誠ニみよ・《う脱カ》なゆめてこさりました又昨夜の夢ニハ

三字かいてござりました

吹井の高石あけのへんニをゝけあふじ石らなつて夫へがくをらけると云事ニて見て來てくれへと云事ニて見ニいきました處がもや一ッがくがかゝつておりましたそれあらあける世話をる内ニさめましたよこれも又みよふなゆ

めでこざりまく

何あく申上れハさんけんも御座なくなら〳〵申殘り〳〵洗て度らし九

極月廿日　より太

小笠原御姉上さま

山　御姉上さま

おことさま

おと乙との

小笠原御姉上樣、小笠原嘉助ノ妻美多子、山御姉上樣、山崎孫平ノ妻奈美子、おことさま、瑞山ノ妹内村彌平ノ妻琴子

東水ハ拙歌トイフ隱語ニテ其解ハ下ニ在リ

又例の東《とふ》水《する》をてほふたんにやりました

天地《アメツチ》に恥る心を更になしたとひ囚にくち果るとも

敷島の道ふむ人はむかしよりかゝるためしのありとおもへは

神ならでたれかはしらん目に見へぬ心の底の清き光を

夜もねられぬまゝ雁の聲にても聞たけれとも

雁かねもうとましとてや此頃・ハ脱カ

雲井を渡る聲たゝもなし
寒けはようれたさも又いやまして
更行まゝよ袖を氷れり
おと乙との

前へハ島村家

一この本前へ御とゝけ
一この狀小笠原保馬ニたしかニ御とゝけ
前のおぞさんの御歌かんしんよろしく〳〵
（瑞山會文書）

○文久三年十二月廿日（瑞山ヨリ妻富子へ）

河野萬壽彌
後子爵敏鎌

梅の花へ
いとゐつゝ奉るなり春までで
赤《アカキ》よひらくこれの梅か枝
川ノ
といふ歌をとなり獄ゟもらんされハ

惠まれし梅の色たに身をたぐへ
　ちるをもまたで咲にほハなん
　　　　　　　　　　　　ハルノリ

かきりなくめづもかりたりくれなゐに
　さきにほひたる梅の一枝
　　　　　　　　　　　　ハルノリ

　ふしの山のゆきを見たれハ
おもふこともるゝしるしやふしのねよ
　　　　　　　　　　　　ハルノリ

かゝるくもなきゆきを見しとハ
　ふしのゆめをいたゐて
　　　　　　　　　　　　美《ミ》稲《タネ》

君か身ハ幸《サチ》くさかへんしるしとて
　ふしの高根のゆきニ見へたん
　　　　　　　　　　　　ミタ子

ふしハ山ふりつむ雪も春の日よ
ゆきニ見しごときへやとけなん
　　　　　　　　　　　　ナミホ

ハルノリ、瑞山ノ隱名ナリ

美稲、小畑孫二郎

ナホミ、島村衛吉

君か見しふしのミゆきハくもゝれて
　高根にのこる志るしなるらん

さむさあつく御いとひくれ〴〵そんしまいらせ候私事もこしあ〴〵御氣遣被遣ましくそんしまいらせ候かしく

　廿日

（瑞山會文書）

檜垣清治直枝

○文久三年十二月廿九日（獄中ナル檜垣清治ヨリ瑞山ヘカ）

亥とし廿九日の夜小楯のもとよりつれ〴〵をなくさめよとてうるはしき酒をたまはりけれハ

　酒をたもふ君の情の
　　めくりきて
　年を忘るゝ
　　身の徳利也

大君乃御ものおもひも
忘りなあふ
安《ヤス》けく暮に世の人やなぞ
世のうきをいとゞ思よ
くれ竹乃
身のふしぐゝも
くだくもありに

○文久三年十二月末日（美多子奈美子ニ姉ヨリ瑞山へ）

瑞山ヨリ『思ふことはるゝしるしか云々』トイフ歌ヲ送ラレケレバ姉美多子ノ返シニ

あさにけに仰く雲井のくも晴るゝ

しるしや富士の夢に見えけん

妹奈美子ノ返シニ

君か見しふしの夢には《さそカ》くも井まて
やかて上らんしるしなる良牟《めカ》

竹馬、山崎愼三ノ幼名瑞山ノ甥
丑五郎、瑞山ノ僕村田丑五郎

○文久三年十二月末日（瑞山ヨリ妻富子へ）

先々皆さま御きけん愛度存候私事梅の花なと見氣をなくさめ候まゝ御氣遣被遣ましく候最早今年もけふかきとなり候へとも爾來とおちかれ惣分しづかな事ニて可有之と存候扨竹馬なと日々天神様へ御參り行候よし定て神様の御惠可有之とうれ敷存候丑五郎も毎日辨當を持てくるけな深切な事とそんし候しかしなから今ハ稽古をせる事もならにもふいにたいつもりでおあるまれかのふいにたいけんといぬると云も氣のとく故ニうるさく〳〵おりハせまれらのふ是も誠ニきの

とくな事しやゐいにたそふなれハいなほがへゝ又先おるつもりなれハおるがへゝ今ハ是非一人男がおぶんと辨當どもの事ニつゞふがらるゝのふ御りんりへ御きゐせ

一もふこふなつてゐぶハ御扶持《ふち》米もらさるまいのふ米たき木などのこといとふしておるそ御きゐせ

一此間下番ニげぶヲやつたけあもどつてき大よろこひなり内て酒をのまほきに只玄んせつに世話をしてたまぶん内へいきたゞるちニめつそふ

（武市家文書）

○文久三年十二月晦日　（瑞山述懐ノ和歌）

ふたゝびと返らぬ年をはかなくも

今は惜しまぬ身と成にけり

（瑞山會文書）

○元治元年正月　（瑞山ヨリ妻富子ニ示セシ和歌）

知義、檜垣清治直枝

知義のもとより橘《タチハナ》を我に送りけれは

賤が身も君がめぐみに橘の
　香《か》くはしき名を千代にとゞめん

香くはしき名も橘の湊川
　清き流をともにくまなん

元日

とそ酒を梅とくまなんあふ玉の
　年立けふを心いはゐ《はカ》て

もると聞けといつくに春やきたりけん
　人屋の内を色も香もなし

とし月はあふたまれとも世のさかは
　あふたまふぬそあなしありける

（武市家文書）

○元治元年正月　（瑞山ト河野萬壽彌トノ贈答和歌）

河野萬壽彌（敏鎌）ヨリ獄中ナル瑞山ノ許ヘ紅梅ニ「祝いつゝ君君よそ贈る此の春は赤き心を開く梅が枝」ト云フ和歌ヲ寄セケレバ其返シニトテ瑞山ヨリ

諸共に冬籠して此の花の
　　今を春邊の思ひ出もなし　（瑞山會文書）

○元治元年正月四日　（瑞山ヨリ姉奈美子へ）

初　春

春といへど心のどけし遠山乃ゆきげの雲もかすミとや見ん
野へ出てなごめんとおもふともされはのどけきまゝに身をはつされて
　雨ふりけれは
もへ出る木《き》草《くさ》とゝもに春雨の
　ふるきむかしの御代としもかな

ふる雨ょ遠山のへのあ㠯ゆきも
　花と見しまにうつろひょ〻り
　　御㠯ふんぐ㳒おあし〳〵
一たゞこんなをなというてくふしらし
　四　日　　　　　　　　　　　より　太
〆　　　　　姉上さ௮
（武市家文書）

○元治元年正月（家人ヨリ七草ノ菜粥ヲ贈リケレバ瑞山ノ詠メル）
雪のうちに埋みし野邊の若菜さへ
　人に摘まるゝ春となりつゝ
（瑞山會文書）

ちく〳〵、方言少々ノ意

前のおちさん 島村壽之助 安部阿部多司馬

○元治元年正月十一日カ（瑞山ヨリ姉奈美子及妻富子へ）

この間は御とおく〳〵敷先々御きけんよく愛度そんしまいらせ候一両日雨ふりはひしくて夜かねふをぬにたまりまにひるは番人ともかちく〳〵咄しともしてよけれとも夜るは誠にしづかにてさひしはにいとゝおもひのまさりきて

尙袖ぬふも夜半の春雨

扨辨當のさいハなにもこのみもなし麥《もき》飯しハまちつともぎをいれてもよしこの本（百人首）前のおちさんへ御とゝけ又この狀安部ニ御とゞけ候ふハ御のり初にて恐悅なれともさひ〳〵してたまふん（マヽ）扨來ル十五日ニは又下番をやり候まゝなにか色々の御もかし御きかせよ上候ふハこの狀を鳥渡もつてやり申候はふ〳〵かしく

なみさま
おとゝとの
依太

時助くかよノくハ所ノ意

狀をおこもよとふそ〳〵なるだけうもき紙へ御丟さゝめ御越し○中屋時助くらよ濱《はま》のまさごといふ哥の本有之よし彥太へても賴りりて御越し　（瑞山會文書）

保馬、小笠原保馬瑞山ノ甥

阿部多司馬

ろふハ方言デアラフノ意

元衞内村彌平ノ男瑞山ノ妹琴子ノ所生

○元治元年正月十五日カ　（瑞山ヨリ姉奈美子及妻富子へ）

扨又五六日の内ニ下番をやり申候前の御祖母様皆様御きりんらよらろふ不相更保馬彥太阿部抔もくるろふ保馬へ返しをへゝやふん又つきニやり申候扨口ひげゞのびてもじや〳〵しあさまゞらゆうてたまふんらのふ内の狀を見るゞたのしみで〳〵たまふん下番をやり度候へとも毎日やるものるし又四五日之内ニやり申候おこともふきましたら元衞《マヽ》へも不相更盛であろふのふらしれ

十五日　依太

姉上さぬ

おと乙との

北川ハ富子ノ叔母ノ嫁スル所、小笠原嘉助瑞山ノ姉美多子ノ配

○元治元年正月中旬カ　（瑞山ヨリ妻富子へ）

此間ハ御とおく／＼敷先々皆様御きけんよくと愛度存まいらせ候占《うらない》のかき付御見せ被遣難有そんしまいらせ候北川小笠原兄さんなとの御深切《しんせつ》これい忝つて居てかいたよふなうらなひてこさりましのふ占もあうニなるとあうものでこさりましゆへ三四月の頃ハ又世の中のさはる事も有《ある》へくと夫のミたのしみ居申候私も不相更梅の花を見暮し居申候

深く匂ふ色香もなくい梅の花

など手折るゝ事のあるへき

まどのこふしへをへてをき明暮見てたのしみ申候つほみが毎《まい》朝々々ひらき今朝も又ひらきてうれしく

ひとりねの枕《まくら》に匂ふ梅か香に

ゆめおどろかも春のあけぼの
ひとり身の友《とも》とおもへいけさも又
ほゝゑみかくる窓の白梅
花が匂ふんかゝつてくるよふな

彌次喜太、拙歌ノ意

このよふな彌次喜太の様な事などいうたりひるは本をよみ夜ハ五ツ頃か

んま、方言氣ノ意

ふかなり申候しよふるりなれハ番人とんまがあんおりしや〳〵

一哥などハ彦太郎抔へ見せる事ハ少もらまん御見せ内々と云事を云ておくがよし

衞吉、田内衞吉茂稔、知義、檜垣直枝

一○印の哥衞吉へやる事ができれハとゞけてもふんさんとこれハ知義ら哥なり

前のおちさん島村壽之助

一△印前のおちさんへ御とゞけ
一○○○これハ此名前の人へ御とゞけ
花を下番がもてきてくれたり又上番がもてきてくれたり皆々しんせつニ

◎下のしてくれ申候ニツヾクカ▲

○元治元年正月中旬カ（瑞山ヨリ姉奈美子及妻富子へ）

してくれ申候ほとけ様へ花をあげるが誠にたましいがあれハなんほろう

れしかろふとおもひ候

きのふい久しぶりニ髪をくゝり申候

ひげいのひやせおとろへてほゝがでゝ

まゝ其上ニありハほろ〳〵

この様ニなりましやせましたがこれハ春同もやせるハゑゝと申候わるき

處ハすこしもなし心中大丈夫ニ候まゝ御氣遣被遣ましく候又近々内御そ

ふ承り申候かしこ

御姉上さま

おと乙との

原書斷鈌

上ノ▲皆々様んんせつニトアルヲ受クルカ

春同醫楠瀬春洞

ざこハ、地名雑喉場れへさんハ小笠原嘉助ニ嫁セル瑞山ノ姉美多子

チイフおゝこゝゝと、瑞山ノ妹内村彌平ニ嫁セル琴子ナリ

下ノ△ヲ受クルカ

上ノ△ヘツヾクカ

まことによおれるものよて手足のあらぞろ〳〵もげ申候
もふざこハのねへさんおこととなともきたらへよろしく　（武市家文書）

△誠よ色々の事を言てやつて死んどあろふらんど此ろふの中ハまつくらがりで晝ごろよなると夜があけたよふな先我身の事を思ふて見るとてふど邪氣《シヤキ》ニおあされて大病をうけたよふな物でなんよも包るゝ事ハせんらんと病氣ハいたし方もなん大病人とおもひ御世話あるへく候　（武市家文書）

○元治元年正月下旬カ　（瑞山ヨリ妻富子ヘカ）

今晩とゝの包んものはこの下番ニ明日一寸きてくれんらと云て相談被成度候△

○元治元年正月下旬　（瑞山ヨリ妻富子へ）

丑五郎瑞山ノ
僕村田丑五郎

此間ハ御とお〳〵敷先々皆さまも御きげん克て度そんしり〳〵扨春雨といふニなりふりつゞき候處げふハどふらひよりのよふニおもひ候私事も不相更ひるハ本を見夜るも五ツ頃まで本を見又志よふるりを小聲ニてぎんじたりしてねまにが夜がみそつたげんととふも夜〔日カ〕が長くてこまり入まに内もこの雨でまに〳〵くはがもへももやくはがげふ〳〵としておりまにろふ夜がねふきんと只色々行末越方れ事なと思ひ御前さまなどもふねへてをるろふらどふしてごさるろふとおもひ候きのふも丑五郎が辨當を持てきて下番ともあしをする聲がこちふあふ聞へ誠ニゆあしくおもひ候きのふもよき花御越し難有たゝ花を見ると心地よくぞひせんも開き梅も毎日々々花ら開きこれのミたのしみニて御坐候扨御飛脚あきのふらつき候よし京都の事ハいあゝとたゝ〳〵心に掛り申候とあく京都のあふが誠の道ニ立戻りおさまふねハとふもなふぬ事ニて候扨御もなしをしませなんふが此間元日の夜ゆ克を見ました汲《ぎう》江《こふ》の渡しチ渡りて御城下へくる處が

たかで、方言一向ノ意
かやりそふ、方言顚覆セントスルノ意

渡し舟ニのりをくれ待かねてよふ〳〵舟がきて夫へのり候處たかで舟がひまが入て先へいかば又舟がかやりそふニなるやふたまふん色々ゑんもいしてこまり入居る處よふ〳〵唐《から》かはが有て夫をひろげた處が風が吹だして矢をいる如くしてぢきに舟がつきくつろいだゆゑを見ました舟がついた時のうをしらつた事ハいへませなんた○本を色々御越し數々で見るまもなくいまハ外史を見い候扨大田拾兵衞勝之といふハ丑五郎ら事らたれが事ぞ御聞かせ（武市家文書）

○元治元年正月下旬カ（瑞山ヨリ姉奈美子及妻富子へ）

一兩日御そふ承り申さぬといかゝ御暮しと色々御氣遣申まゐらせ候先々皆さま御きげんよき御事とぞんし〳〵私事も不相更候まゝ少も々々御氣遣被遣間敷ぞんじ〳〵扨夜がみしかくなりてよろこひ候へハ又日が長くなりこまり入申候此間髮をつミ候夜もよくね候處又其後ハねふれ不

いゝゑは、方言ヨイハノ意
田内のおはさん、田内喜三次ノ妻衛吉茂稔ノ養母
文久三年十二月晦日容堂朝政參豫ヲ命セラル
いゝいゝでんぐりかへり、方言引ツクリカヘルノ意
三條樣、三條實美
壽太、島村壽太郎雅董

申とふぞひるハねぬよふにとおもへとも本とも見よるとねふたくなりこらへておりてももふとふでもゑはとおもふて又ねてひるやら夜やらわからぬよふニなり申候扨此間は田内のおはさんの哥御越衛吉もふじと見へ申候おはさまの哥誠におもしろくたのしみ申候御序ニおはさまへよろしくねかひまゐらせ候○扨御隱居樣にも京都にて御役目御こふもりのよし難有御事なれとも誠にいかはかりの御心はゐ被遊候之事誠に々々御大事の御事とぞんしりゝとふぞ〱はやく天下の事なにとらさたまり候へハとぞんし京都の事もおもひ候と腹がでんぐりかへり申候又長州邊のこともいかゝ相成候哉三條樣かたも中々京都へ御歸りと申事にはなるましくおもひてもおもひても誠に三條さまかたの御身の上もたゞいつまでも今のとふりては不相濟事京都に・〔て脱カ〕毎日々々御・〔目脱カ〕通りして御こんめいをいたゞき候事おもひ出にたひことに落涙いたし申候○下女をやめ候よしこれハいかよふともくめんのよきよふニはるがよし壽太に相談して何事も壽太

醫、上岡艮民

たいたりやどうちやあろふのふ、焚イタナラ如何デアラフ《ナ》哺ノ意

郎へもどり申をし丑五郎もよふ世話をもるけあ又母なども先々おくつもりハ誠よけつこふよて候遣殘《錢カ》も考へてやるがよし〇上岡の薬りも先々格段の事もなきゆへのみ不申〇たいめしハ玄ごくろゝといふ事ゆへたれがあれハ御こしもきとたいとませてたいたりやどふちやあろふのふ〇夏向ニなつたりや朝と晩と二度ふ持てこんといあん誠よ々々めんとれ事なりもやあふなつがきにはあへてたまらん扨又近々の中ニ下番やり申候らしく

依太

姉上さま

おと乙との

（武市家文書）

〇元治元年正月末日カ　（瑞山ヨリ姉奈美子及妻富子へ）

此間ハ御とふ〳〵敷先々皆さま御きげんよき事とそんしまいらせ私事替る

事もなく御氣遣被遣間敷候たいふ夜もみしなく相成きのふハ髪の中を上番ニつんでもふれ髪をゆひ夫かふゆをはなして久しぶりニゆをつなれ候處誠に々々心地がよふてゆうべハ四ッ頃なふぐつとふへてけさ七ッ半頃まてね申候近頃此よふニ心地よふねへた事ハななつたが誠に心地よく口ひげも上口びろの處をつまんと飯をくうニまぎれてどふもならにきのふつんでのけ申候近頃ゟ番人な皆々しんせつにしてくれ此間も番人が朝をきてくんてき様へ參りにいて御ふまを取てきてくれたり又みなんを持てきてくれたりしんせつニしてくれ申候○長州も薩の舟を打たけながこふへきの舟てあつたけなのふ心地のろゝ事ちやのふ○將軍様も十四日とらに上京したけならそふもると近々の内にゟ何とら事もさだまり可申　御隱居様にもさそ〱御心もゐ被遊事てあろふ誠に　御いん居様の御身の上此度ハ御大事の上の御大事誠に御氣遣申事なり○御國ハめてたれ世の中と見へるのふ番ニくる人ら咄が今晩ハ田邊嶋へ梅を市とかつふ市がく

口びろハ唇ノコト

くんてき様薫的和尚ヲ祠レル洞島神社

御ふま神供米ノコト

文久三年十二月廿四日長藩薩船ヲ砲撃ス

元治元年正月十五日大將軍家茂上洛

御隱居様、容堂

伊藤善平和兌
甲之助和義ノ
父藩命ヲ帶ピ
テ七卿隨從ノ
士ヲ召返ヘシ
赴キシヲ云フ
左傳二、島村
左傳二雅文三
條實美ニ從ヒ
テ長門ニ在リ
、、、
さこハ姉上樣
囃喉場地名小
笠原嘉助ニ嫁
セル瑞山ノ姉
美多子

るあすの晩ハつな市がくるとさい〳〵聞申候百姓町人の武藝もとまつて
ツテ、ン〳〵の世の中ニして誠ことふしたものぞ恐れ入た事ぞのふ此よ
ふニしよつてもやおもひしる事があろふぞ〇善平がつきにいたげながお
あしい事しやのふ今つきにいたとてたきがもとるものぞ左傳二もやもり
御供しておるろふおつねが色々と氣遣ろふ是も武士なふひこて一ト度御
供して今更もとふきるものこてもなく世の中がかはふねハ先もどる事も
あるまい〇此間さこハ姉上さま御こと御文誠こうきしく〳〵拜し候まゝ
ついでによろしく御申よ〇保馬安部なとハ不相更くるろふのふ彥太ハま
さもとふんらよ扨又ちあ〳〵の內こ下番をやり申候まゝなんてもむなし
御聞あせよはふ〳〵らしく

依　太

姉上さま

おと乙との

（武市家文書）

とめて、求メテノ方言探シテ吳レノ意

しゆめて浸シメテノ意

○元治元年正月末日カ　（瑞山ヨリ妻富子へ）

一たゞこ　御こし

　ねへたりおたたりゆへふのむぞ〳〵

一大高源五の状ゐすたるとおもふて半紙の本へうつしてある左まあふうつしてある中ふうつしてあるいあまも書物箱ゟつくへの引出ゟこりゟにあると尋てみて

一朝倉日記の先がある是ハ御こし

一この中で墨をするが時ふよりてハ包るいきに朱《しゅ》のいんふくの入てあるものをあけてよく〳〵ふき墨をよく〳〵すりて綿《わた》ふでもしゆめて右のいんふく入へいれて御こし可被下候

一手だらい

ちとゆをつあひたひ依て辨當持てくる時ニ御越し

三寸

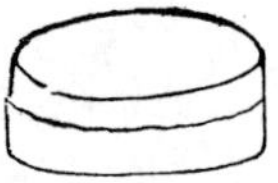

さし渡ハとれ程ど
ふとくてもよし
先壹尺二三寸より
四五寸位よてよし

おちさん、島村壽之助雅事
壽太、島村壽太郎洲平

へゝ、エエニテ、ゝ、ヨイガノ意、下ノゐゐ亦タ同ジ

一この百人一首おちさんら壽太らへ御とゝけ
一飯のさいをもふ少々かろふにして御越しとふぞ京都の事がさだまり
御隠居様の御都合がよけれハへゝが誠ユ々々氣遣なり
三條様方も京へ御歸りと云事になつたれハゐゝが又長州ユて薩まの舟
とりを打たとり云がどふした事ぞのに　（武市家文書）

○元治元年正月カ　（瑞山ヨリ妻富子ヘ）

あぢきなき事とハよくも云りなかふなどおもかげのわにれゐぬふん
あちきなきト云ハむゐきト云コナリ

前ノ祖母トハ夫人富子ノ祖母チイフ

この歌ハ前の御祖母さぬ初みな〳〵をおもひこにらせばてよミさりみな〳〵さぬへ御見せ

此うたのこけハ

なんぼ思ふても見ることもできん事ゆへ思ふハむゑきな事とハよく〳〵がてんしておるなんどどふゆふものぞみな〳〵の御顔《カホ》が目のさきへ見へるよふニおもふてどをしてもゑゝこにせらせんふしぎな事チヤト云ヿナリ（武市家文書）

村田丑五郎瑞山ノ僕

○元治元年正月（瑞山ヨリ丑五郎へ）

返し

おもひきやひとやの内よなごふへて又ゑみ初《そむ》る梅を見んとは

天神様へ日々参ると聞て

あもれ汝《な》が赤心《まごゝろ》をまごもふの神のめぐみのなゐふましやれ

三百七十四

より太郎　（武市家文書）

丑〔五カ〕太郎へ

〔頭注〕じんぜんじ　土佐郡秦泉寺村
さハ〱、毎度ノ意

○元治元年正月カ　（瑞山ヨリ妻富子へ）

一酒の預り　壹升　御越し

これハ一人下番ニ玄んせんじあふ出る者がある出ほんをして江戸よ十五年もおつた物よて誠よ玄んせつニしてくをされ〱なよあにくを候ニ付何そやふんとひるれ

一この間の画《ゑ》の〔一この間の志よふへんし　一志なゝ　一あれ／一たいしや石一朱〕〔下ノ字脱カ〕番ニ画を頼まを申候今日のよふな休《やすみ》日ニかき候ニ付氣遣な事わをこしもなく候万々一玄れても番人ニかゝりて自分へわかゝり不申候ニ付氣遣ハなし

ふてハこちニある

一朱のいんよく
これハ此間のあゐもふいらんきにざつとしたいんよく入へ代壹朱位の
朱いんよくを買《かう》て御越し

（きよニヨツテノ意、ざつと下等ナルノ意）

一いん　これハ水《する》しやうのが計りよてよし
小ざふ三ッぞありほそきへごながてよし

（へごな方言ワルイ品トノ意）

〆
一びんつけ　らたきがドよし
一△印三ッらへし申候

（武市家文書）

○元治元年二月末日　（瑞山ヨリ姉奈美子及妻富子へ）
この間ゐ御とお〳〵敷いあゝ御暮しと明暮おもひら〳〵先々次第よぬく
う相成候へとも皆様御きゝんよき御事とそんしら〳〵扨私事不相更ねた
りおきたり日がくれるとアゝ日がく望たくつろんだ又夜があけるとアゝ

同宿のクソムシ、高知城下江ノ口小川淵ニ伊藤禮平ト云ヘル士アリ痴情ノ事ニテ入牢シ瑞山ト同牢トナル性情弱ニテ何ノ取得モナキ人物ナリ瑞山戯ニクソ虫ト云ヘリ格別惡ミテ云ヘルニハアラズ當今ノ時勢ニ箇樣ノ行チナスモノハ武士ニテハナキゾ人間ニテハナキゾクソ虫ゾトテ同士チ激勵スル爲メニ云ヒシナリ然ルニコノクソ虫好人物ニテ同牢中ハ瑞山ノ爲メニ髪チ結ヒ親切ニ瑞山チ慰メナドシタリトナリ（右瑞山ノ未亡人ノ談ニ據ル）

夜が明たくつろんだとた丶〳〵月日の立がたのしミにて夜るもひるも本を見申候○同宿のクソムシモまざニ御さもんもなくこまり入申候もや窄へ入てから三度せんきにでるこの間はもふらふハ御さもんがあるらふとおもふておつた處が誠に〳〵あ方のやつ故又くだらん事を云たげなせんぎかふもどつてきて云事にはらふハ云そあのふたと云きになにをい丶そあのふたぞととふたれハらの出やんの時ニ井上傳十郎の姉をつれて行つもりであつたと云た處が甚六ら敷なつたと云に付それハ誠そのつもりであつたらととふたれハ夫から又もおしだした實ハつれて行つもりではなかつたらんと傳十ら姉は今年三十七歳になるが私ゆへによめ入もせぼにおるといふで色々其こんたんをくやしくもなし誠に々々おかしくもなり氣のどくにもあり誠に々々安かふん人なり夫ゆへ又其井上の事を御らんさつニなつておるろふ夫ゆへ御作配がひまが入るろふとおもひ候誠に々々此の人にはあまり入申候しかし此の人はそのよふニなかん事はあるま

かんさつ、監察

御いんきよ様、容堂二月二十八日京都發途帰藩ノ途ニ就ク

れとおもひ候私がゑゝ事ハもや三度髪をいたし申候あたまのさあれきの
中をつんでもふれ夫あふあふれ自分の手をよごさねバ是のミハよろしん
候ア、おあしや〳〵〳〵○花をされ〳〵御越し明暮見くらしたのしみ申
候扨番人が色々の花持てきてくれ桃櫻《もゝさくら》日々ひふき申候此間ハ西分《にしぶん》らふ出
る人が竹の子をよいて重へ入てくれ申候誠目づふ敷まゞ上へ出ぬがで誠
よんまれぞ〳〵んまふこざりましたよ○扨此間ハ御飛脚も又著たと承り
候へともなんのもなしも聞へぼた〳〵いあハとおもひくふし候　御い
んきよ様ももや御歸りがあるけななどいへど何の事やふたあり不申候又
朔日よりハ人をやり申候先ハなふ〳〵りしん

依太

姉上さま

おと乙との

（武市家文書）

○元治元年二月頃カ　（瑞山ヨリ妻富子へ）

一神武《じんぶ》らんこふ録《ろく》　御こし

これ内ニある書物箱ニ入ておるこれもも本よなつておる

一たゞこ　まゝあるらんどつゐでニ御越しこのたゞこを誠よゐゝらんと誠よねがたあゝろふもふ〳〵山たゞこよてもよし

一この下番ハ江戸で出ほんしてもたへ追方《ついはう》ニあふていた物よて候この間酒の預りをやつた物これハ此間のもけあゝまのあ已りよて候これも酒もみ《きカ》よて候ぞんあゐちやぞ〳〵云やつゆへめつたな事ハいゑれんぞよ

一この本前へ御とゝけ

（武市家文書）

○元治元年二月頃カ　（瑞山ヨリ妻富子へ）

一半紙《はんし》　少し

一手拭《てぬぐひ》　長らよて御こし

せなかをふくニどふもあらん

一せに　拾匁ばかり御こし

おり〱晩かたさしみどもくれたれ時ニかいニやりまに

檜ぶきハ晩方時々かれニやりよる

一おけ　御こし辨當の時ニてもよし

せんに二ツもつてきておつて一ツわいなし候其ぶを御こし

こちのがわ輪がきれかけ候ニ付

一ゆきひら　御こし

このゆきひらわひゞいてもり出し申候

一此本前へ御とゞけ

一この下番ハ誠ニしつてれまてほんとふの人まて御座候

一べんとふのはひニさとふを御こしこれハまぶたんある

（武市家文書）

○元治元年二月下旬カ（瑞山ヨリ妻富子へ）

△

檜垣清治直枝

田内おもさは、田内喜三次ノ妻

前ハ島村壽之助

さこハ、雌喉

場ナリ

東水、拙キ歌トイフ隱語

解ハ下ニ在リ

この間雨ゐふきうにあたゝりニ相成先々皆さ〻御きげんよき御事とそんしら〳〵この間もくゐしき御文それ〳〵拝しうゑしく存〳〵扨伊野の大黒様へも御參りのよし其日ゟ檜垣の家内御目にかゝり候よし大よろこびにて其事云て參り居申候扨私事不相更ふじニ候まゝ少も〳〵御氣遣被遣ましれ存〳〵衞吉なども皆々そく才のよし安心致候田内おもさ〻前ざニハ皆々御きげんとそんし候扨まゝニクソ虫も御作配もなしたゝ毎日々々あ方を云ヤカマシクてこれニハこまり入申候チト東水を云ふとをもふてもヤカマシクてでき不申候扨こ（武市家文書）◎原書以下斷缺

○元治元年三月一日（瑞山ヨリ妻富子へ）

の間ノ上ニこ

の間ゟよき櫻の花御こし日々さき申候ゑらしおゐふあもうお事ゟ持《モテツ》てき

ノ字脱カ或ハ前ノ文ノ◎こノ字ノ下チ受ルニアラズヤ

ぬくう、暖クノ意

きに入たよう ニ、隨意ニ

元治元年三月四日山内容堂京都ヨリ歸國

たり鬘ノ意

々々に色がわるくなりこの間の雨でほの〳〵ぬくうなりしゆへに朝おきて見たれハひらいており候處花が色白く葉が青くなりて櫻色ハなくなり誠にせつかく色よくつぼみて咲《コ》をとしておる花をこの内へ入ると色をうしないに候ニ付この花の心らあもれでたまりません番人が色々の花持てきてくれつばきやらぼけやら桃やら柳やら様々あれど皆々色の替《カハ》るものハないが櫻ばかりハ色がかわり候ニ付もふいつそ木へきに入たよふニ咲らせておくがよきとおもひ候○扱來る四日ハ　御隠居様も御著《ツキ》と承り候がいかなる事ぞ京都の御都合ハとの様な御事ぞたゝ〳〵心ニかゝり申候

○番人に内々にて繪を頼まれ（この字脱カ）候ニ付役所の休《キウ》日ニらき申候

○扱ひかしをさん〳〵御・しにて候處もふ〳〵たり申候おり〳〵ンマキもちども三ッら五ッばかり少々づゝ御越し

扱内の狀がたのしみで〳〵こさりまれこの三日ら四日ハ又々下番やり

申候先々らしく　　　　　　　　　　依　太

三月一日

姉上さま

おと乙との

御さそれぐなれとたまふんよ　　　　　　（武市家文書）

御ノ上ニ三字滅

○元治元年三月一日（瑞山ヨリ妻富子ヘ）

けふハ又寒き事ニ候先々みな〳〵御きげんよくそなさふじめて度存候爰元次第ニこゝろよく候まゝ少も々々氣遣有間敷候扨こんぞんは潮江の牢兵衛をつごふしたれはて本をいなしてやり申候又つごふはよりてはやめ申候先々かくだんの事もなくなら〳〵らしく

潮江ノ牢兵衛獄ノ下番

いなし、返ヘスノ意

三月一日　　　　　　　　　　より太

おと乙との

元治元年三月四日山内容堂歸國

○元治元年三月四日　（瑞山ヨリ姉奈美子及妻富子へ）

皆々様御きげんよく恐て度そんじまいらせ候私事ふじニ候まゝ少も御氣遣被遣ましれ存まいらせ扨もやせつくも相濟今日ゟ御著のよし恐悦と申てよきやう不相分候へとも先々恐悦相となへ申候扨又長州を征《セイ》伐《バツ》などゝ云きりに番人ともより聞申候いかなる事ぞ征伐すれハするもよしもふ〳〵天下の事はいましかたもなく此の上はたゝ〳〵御國の御事　御隱居様の御歸りはいかなるわけにて御歸りぞがてんゆかぬもふ〳〵世の中の道もなくなつてしまへハ死ぬるより外の事ハなき事にて候〇筆繪のくいんそれそれ受取申候きのふハ繪をかき申候番人ともにしきりにたのまれ申候〇ひさしのそぎをふいたけなこれハなるほと大いたみてあつたゆへ此間内ももふもるろふとおもれよつたくつろれだのふ〇金を役所かふ受取たげなこれハとふした金やうがてんゆかぬ先達而早追にて來た時ニ御飛脚らふ受取金がまざあつたが夫であろふらマア〳〵なんても御上かふくれるも

三條實美

御づき、方言叱ルノ意

醫師上岡膽民

御隱居樣、容堂

のなれハ間違ハ有まいきに受取て置がよく候○扨三條樣らムの御哥拜したゝ〳〵なみムニ玄つみ候これも世間の人はそれほどにも有まいが私ともは別して御こんめいをいたゝき候事ゆへ御哥なと拜にと御顔《かほ》をおあむよふまて御坐候○孫平ハ前へとも《マヽ》いたけなこれハさにがでいせんらぶ私どもともあしをするにおらしい事ハいゝハせさつた山のおちさんあム御づき被成ましく候そのよふニ云ハ世間なみの人まて御坐候○上岡の藥り御越しつうしもあり心地よく相成申候御氣遣被遣ましく候○扨　此度御いんきよ樣御歸りまなつたれハ御國もよふなるらうるくなるら相分り可申たのしみ申候扨又四五日の內ま下番やり申候ならぶ〳〵らしん

○彥吉がおこしたものハ此間のたんしやくの樣ましした哥まて候

○この下番ハ酒すきゆへ御のませよ

三月四日　依　太

姉上さぬ

おと乙との

△印〔明カ〕四日もどし候

（武市家文書）

○元治元年三月上旬（瑞山ヨリ妻富子へ）

一論語《ろんご》

これハ明日辨當の時ニ御越し竹馬らあがよみよる通りの本ヱてよしこれもそのよふニたらい事もあるまいきにかうてもよし

一こよりてたばこ入をこしらへてもふい候ニ付ひゞきニぬつてもふい候ゆへせに壹匁佐藏ニ御頼うるしをこふてもふうなんそいふん茶わんのよふなものうるしを入ると佐藏へ御やり被成度候

うるしの事ハ佐藏へ云てある

一告志《こくし》篇《へん》

今日でも又明日でもよし御こし

竹馬、瑞山ノ甥山崎愼藏ノ幼名

檜垣清治

獄ノ下番佐藏

源平
一せんもいき
内の本ひのきが見たいと云きに明日でも御こし其時ニ保元平治ハいなし可申候　（武市家文書）

○元治元年三月十五日カ　（瑞山ヨリ姉奈美子及妻富子へ）

この間は御とおし〳〵敷扨又雨になりうと〳〵敷此間もくるしき御文拜しまいらせ候日がなかく相成くふしかね申候御前さま此間は井口へ御出のよし元衛もきゝんよきよし○久松へ稽古場でき候よし至極よき事とおもひ候竹馬稽古ニゆき候事さしつかへる事は有間敷御やり被成度けいおはやめてはとふもなり不申せへだしてやり候よふ御世話被成度そんしまいらせ候元よりよきやかな處なとへハいくとよろしかふに候○北山しくれ御見せ被遣有かたく候檜垣ニ見せ候ところ大よろこひにてくれへと云事にて御坐

元衛、内村彌平ノ子卽チ瑞山ノ甥

久松喜代馬カ

檜垣直枝

北山時雨ハ瑞山ノ弟田内衛吉ガ獄中ヨリ爪痕ニ歌ニテ養母ニ贈リ養母ノ歌チコレニ答ヘタルヲ歌ルチ輯メタルモノ附録ニ載ス

やじきだ、出鱈目ノ歌

元治元年五月容堂ノ邸チ散田ニ築キ邸チ諸士ノ收用ス事ノ風聞コナルベシ

御前様、豊範夫人俊姫、毛利慶親ノ養女實ハ一族毛利左近ノ女

候おむさんがかいたがてなんとおもしろふなんと云てうつしてまゝ檜垣がやじきだをこのよふニしておこし候田内のおもさんへこの本を御らへしにて其わけを御いゝ被遣度檜垣が内へやりて母妻などニ見せるげなよく〳〵おもさんニ御もなし被遣度そんしまいらせ候○クソ虫ねまぶにをりこれにはこまり入申候一所にをるだけわるく相成申候○御いんきよ様の御てんが九反田へたつけなのふ御いんきよ様のおほし召しいあどとたゝ〳〵氣遣申候あれほどの御方さぬゆへわるき事はあるまじく候へとも御國の人がみな〳〵いつちニなるよふニならねもいくさはできん御殿《てん》などは九反田へ立ふがとおへ立ふがよく候たあど廿四万石の御いんきよ様ゆへどふもなふねも家も立るはよけれと御政事《せいじ》がよくなりて下々のものも御國の御爲には死なねむなふぬと云うよふニならんとどふもなふぬ事なりもあ（マヽ）し今をおししたれハなにとらわあり可申とそんしまいらせ候○扨太守様の御前様らゐたんのよし誠に々々恐悦々々々々又前にも召て度よし御

祖母様初さぞ〳〵御よろこひと誠ニ々々兊て度々々このよふなめて度事ゐなく候これハ人のちあらニて出來ざる事ニて神の御惠み前ゐ神の御みまてもなき包けニていあニも〳〵よろこひ候○扨このころゐひるねをやめ夜るハ五ツころあふ朝まて一トロニね申候○花を御越し兊がさめ申候○きもの二枚御越しきらへこゝちよく候先々格別のもあしもなしなふなふらしん

三月十五日　　　　依太

姉上さゐ

おと乙との

（武市家文書）

一この百人一首前へ御とゝけ

一△印三枚もどし候

○元治元年三月廿五日（瑞山ヨリ姉奈美子及妻富子へ）

會津の殿様松平肥後守容保

御隠居様、容堂

秀馬様、山内勇容堂ノ弟

クソ虫、伊藤禮平其解ハ前ニ在リ

此間ゟ御とお〱敷次第ニ曖に相成候處皆様御きげんよき御・(ホと脱カ)とそんしまいらせ候私事も替る事も御座なく候まゝ御氣遣被遣ましくそんしまいらせ候扨世の中の事も近頃ゟ聞へばたゞ〱諸方にぎやかな〱と申事もあり聞へ申候又京都のもよふかもり會津《あいづ》の殿様が腹を切たげなかとゝも聞へ申候いかなる事やらわかり不申もふ〱なにとゟ世の中事もかわりそふな物とおもへと何事も聞へぞ　御隠居様　秀馬様方毎日々々御遊ひのよしいかなる事ぞとおもひ候又身の上の事も世の中の事がかわるまでゟ御さもゐも有ましくとおもひ候又今まで何の御せんぎもなく候ニ付せんぎのつまぬ中にハ御さもゐゟなきわけにて候御國にも段々志《こゝろざ》しの有る人も有之候まゝ其人などの考のある事にてこの牢の中ていかよふおもふても致しかねのなき事にてもふ〱世の中の事御國の事も聞たくなし聞ても致しかねなく何事も天命にまかせ明暮本を見て氣をやしなれ候○クソ虫もまね御さもれなくこまり入申候これハ此間も又せんきに出候ニ付近々の中にゟ

井上傳十郎姉ノコト

雄之丞、下番

御さもゐの有事とそんし候これハとふあふ御さもいの有の゙で有たらんとかの井上の事を自分あふ云出し候ゆへ井上へつミを付ケんなふんゆへニ井上の方のかんさつがひまが入と見へ申候誠ょクソにゐこまり候へとも私の髮ハクソら入てらふ自分ょゐ一度もい丶不申これもありゐよく候これは家内ふじゆくゆへ金《かね》をもつておつて酒なと下番ニらいょやり申候氣のとくな事ょて候扱きのふゐそふぢをしてゆをつあれ心地よくらふハクソょ髮をゆうてもふれひたれ髮がもふお丶らふ付きらけ上をもとゆひょてく丶りねへ引付惣髮ニなり申候自分の顏《かを》を見る度ことにおとろき候色は青白くやせて世の中の人のよふょゐなく候これあふひたいがねへ付たれハらのまき上の　御公卿様のよふニ結をたのしみ候おあしや〳〵○花さん〳〵御越し番人ともが時々持て來てくれ花ハ山の如く花ももふ見たり申候た丶〳〵書物を見るがたのしみょて候○ゆうべゐ雄之丞があこぎと朝顏とをかたりてき丶たのしみ候○もお〳〵世の中の事も身の上も天

命次第御ゆきらめ被成度候らしれ
又四五日の中よゟ下番やり申候

三月廿五日　　　依太

御姉上さゐ

おと乙との

おとつれハ　御玄よふ月まて姉上様など御出たろふとおもひ候いづあた

も御きゟんよき事とおもひ候

（武市家文書）

○元治元年三月廿五日カ　　　（瑞山ヨリ妻富子へ）

コノ文或ハ元治元年四月廿五日カ

ゟふの文たしらにとゝき候先〳〵みあ〳〵さゐ御きゟんよくそもじふじ

愛度そんし候爰元かわる事もなく少も〳〵氣遣無用ニ候又〳〵無據用事

ありてさし出候何もかくたんのもあしもなくたゞ日〳〵本を見てゐなゟ

くもありの事まて本をよむよりゐたゝいつとなくうつありと物おもふが

五月十七日東照宮祭典

よけにてよむ本も先へはいかほわか身なからうゑんなとと又はおかしくおもひ候みな〳〵尋て見るにおなじ事と申事にて候扨毎日〳〵番人に聞事は諸品のたかきことと　御いんきよ様の日〳〵の御たのしみ色〳〵かしさまに咄は事とにて候けしからぬ諸品の高き事にて聞度にあきれ申候誠になか〳〵こふなりておりてはもや内もなんともなるまいとそんし候日〳〵薬はのみたかきさかなをくゐたかきたもこそのみ色〳〵考へて見るともふいつそ死てもよいとおもひ候されともわざ〳〵死ねるものにてもなくあまりおしからぬ命を養生するとたゞ〳〵なげきてもあまりのある事にて候扨東照宮の御祭りにて大赦もあろふかと存候へとも又ようようおもへはこれは江戸よりの御さたがなけれはいかんとにてまいは〳〵國々さわかしき事ゆへ中〳〵江戸にも今は大赦などはあるまいかとそんし候いつその事で早くみざれたせはもしや又あう事も出來よふかと色〳〵たゞやちもなき事までおもひ暮しり候先はなら〳〵近〳〵の内又

さし出候らしく
廿五日　　　　　　　　　　　　より太
おと乙との

姉上さまへよろしく
一この文前へたしかに御とゞけ　前、島村家
一たはこハもふ／＼とふぞ山たはこ御こし
一めしのはいもどふそせまをさんもな
一この状丑五郎ニ御つゝし　丑五郎、瑞山ノ僕
一この本前へ御とゞけ
一めしのさいあまりたくさんもぎ申候まちつともくのふ御越し
一らゝびら此間御越し慥ニ受取申候惣《そふじ》てきものどもハ丑がくる時ニ表《おもて》立
て御越し

小笠原保馬瑞山ノ義甥　一又此間内の詩《し》さし出候保馬などによふで御もらん其内詩ニなりあねた
彌次喜太、拙詩トノ意　ほんの彌次喜太もありたゞ思ふ事を云もありなりこれまでの詩丑五郎
にも御よませ可被成候
一たもと　御こし
一あらい粉《コ》　御こし
一ふるの山ふみの春夏の本が内へいんでおきれ御こし
衛吉、田内衛吉　一ちまちのぬきほいなんげなのふ衛吉が持ておるけんど衛吉も見ねいな
らにそれゆへ言てやつた外ニあつた時ニ御こし
うし、牛肉　一うしいとふものほせてゐるんきにいやそよ扨又廿七日ニハ喜太次出候
ニ付其節可申先なら〳〵し
廿五日夜　　より太
おと乙との
（武市家文書）

○元治元年三月下旬　（瑞山ヨリ妻富子へ）

一この本前へたしらに御とゞけ

一いんいんょくとも

一小ざら　四ッホソキ皿《サラ》ガヨシ

右皆〳〵内ょあるいんの袋《ふくろ》へ入て御越し

一ゑんらきの筆　二本むあり

先がちびてとふもならんぢくを切《キラ》ぞょ

一靖獻遺言

この本も内ょあるが三冊あるがイカニモ一巻見へざつたがどふそしらんて御越しこれハ明日辨當の時ょてよし

一扨ひけつで大便《たいへん》の通じが三日も四日もなきゆへ心地あしく候ニ付上岡

醫上岡直民

へいうて通しのある丸薬をもらをて辨當の時ょ御越しふり出しの様な物ょてもよし

一もとゆひ

さん〳〵髪をゆうてもらん候ニ付みてた御越し

一赤穂内侍所　十巻

一百人首　二巻　（前、島村家）

　前へ御返し

一扨勝之がこの間の歌は大出來〳〵次よは又返し致し候

一△印六ッ受取御越し

　この間ハわびを申候

（武市家文書）

○元治元年三月下旬ヵ　（瑞山ヨリ姉奈美子及妻富子へ）

○原書以上斷缺

てやるつもりふて御坐候併《しかし》此人は此間出た日も吟味有之又今日も呼出され吟味有之もふたんてんせんきもつミ候よしニ付五六日の内よは御心配《さはい》（作カ）があるろふとおもひ候ゑあし何《なに》よもあも云てしまう男よてうそハ云わん様な人ありたゞ世話をしてもふでやらうら髪をゐうてやろふらと云て身

（此人は伊藤禮平ノコトカ）

さかいき、月代

をよせてきて誠ニお前とまつと一所ニおりたれ一所ニおつた迄ハよき事を覚て己しも人ゟあるると云てたまらんおるしや〳〵明日ハ奴ニさるいきをつんでもらうつもりニて御坐候夫ゝとやるましい故ニひるねんとがよく候あゝたまらん〳〵又四五日の内ニ下番をやり申候先〳〵ゟしれ

姉上さゐ　　依太

おと乙との

扨又伊與木勘太《吉カ》ゟ守りあさニくるけ奈がこれハ此間竹馬がうけあうといふ事てあつたがとふゐうもんぞもふ〳〵外の事ハなれいもほゝともよき事なれとも此上どのよふニ相成候ても誠の心をうごゟさぬよふニ皆〳〵死ぬる時ニハいさぎよく死ニ女ハ女のみさホを立末の世までも女の鏡ニなるよふニ孫てもおたても心ニゟけ己ゟ兄弟妻と人ニもいもれ今の世ニてハ安方といもれても末代名ののこり候よふいのりまゐらせ候いもゐでもよき事なれどもや〳〵もそると心ニあ〳〵り　○原書以下断鉄

（武市家文書）

○元治元年三月頃カ（瑞山ヨリ妻富子へ）

原書付箋ニ子春二三月ノ内トアリ

例のとふ水

とふ水ノ解ハ下ニアリ

にごりなき水の流をくむ人を
　水の心をしる人そくむ

君かくむ清き泉《いつみ》を世に流し
　におりし四方の人にくまはん

川上の元の泉を清かれと
　にごり流るゝ世をいかにせん

　雨をよろこふ

愛《めで》ぬへし花の咲のも玄と〳〵と
　ふる春雨のめくみなりせは

ふりつゞく此春雨に世の中の
積《つも》りしおりもあふれ流さん

（武市家文書）

衛吉、田内衛吉茂稔瑞山ノ弟

いゝおし、方言性急ノ意

おらんノ下約一頁ノ脱字アリ附錄ニ再揭スベシ

下番獄ノ下番いともんせ、方言イヒナサイノ意

○元治元年四月一日（瑞山ヨリ姉奈美子及妻富子へ）

もやとおく／＼四月と相成月日の立もやきものにて次第々々あたゝかニ相成候へとも皆様御きげんよくめて度存まゐらせ候此間もくはしき御文難有そんしまゐらせ田内にも皆々きげんよく衛吉もふじのよし又哥なと至極おもしろくたのしみ申候○扨此間もげの下番の事御申越御氣遣ハ御尤ニて候去なし氣遣な事ハ無御座候あれハ誠にいふこしおてたゝゑゝおふ《いゝ》ん《脱アリ》・ほた中々今之御役人てもなんともなるまいとおもひ候もおく／＼天次第々々々むかしより忠臣がつミに付候ためしも山のごとしあやしむ事もなく候たゝ／＼御國の行末がいかゞなるろふとおもひて朝夕ともふしに候

○竹馬も久松へいきよりまにらとふそ／＼せへだしてやり候様御世話被成度候

○此間下番佐藏が竹の子を持てきてくせてよいてくれ申候こんと佐藏がいたれハ禮をいともんせよ扨きのふあふちと風こどちゆへ先々ほふ／＼ら

しんこの五日六日御法事まて役所もなきゆへ下番をやり申候

四月一日　　依太

姉上さま

おと乙との

壽太彦太保馬なとゟさん〳〵きまゐり皆々どんな事そ

（壽太、島村壽太郎雅董　保馬、小笠原保馬正實　前、島村家）

一△五日もとし候

一この本前へ御とゝけ内々々々

一たむこ　御越し

（武市家文書）

○元治元年四月五日（瑞山ヨリ妻富子へ）

今日ゟ又くもりうと〳〵敷候處皆様御きゝんよく愛度そんしまいらせ扱この間風けまて候處内かふおこした万金丹を其夜せんしのミ候處あせ澤山ま出なをり申候々ふなもれおんびんまて役所もなきゆへ頼れておる繪を

おはさま、瑞山ノ弟田内衛吉ノ養母
おなを、衛吉ノ配
前のおとふさん、瑞山妻富子ノ父島村源次郎
御祖母様、瑞山妻富子ノ祖母即チ島村祐四郎ノ妻
勝賀瀬、瑞山叔母登美子ノ夫勝賀瀬小八郎
瑞山ノ姉婿小笠原嘉助
瑞山ノ妹婿内村彌平
ちく〳〵方言
ポツ〳〵ノ意
ちら〳〵方言
薄々ノ意

かくつもりよて候扨田内よもおもさぬ初おなをも近頃ゟよく辨當の世話なといたし候よしおみちもきげんよき事と先々兆て度そんし候扨前のおとふさんの御法事御とゞこふりなく御祭りのよし扨々こもれており候處又々思ひだして落涙いたし候御祖母様初いかゞ御暮しぞどふぞ〳〵御祖母様などへハあまりめり込た色を見せぬよふなされ度候近頃勝賀瀬のむまのいたみハとふぞまた死なれぬ人ゆへ大事なり小笠原内村も皆々きげんよき事とおもひ候○京都の事もちとらこり候様ちく〳〵とりざたも聞へ候がいかなる事らさつまのとの様がくびがないなとゝちぶ〳〵聞がどるがまざこかぶん内ももふらゞおるろふと思候もふ〳〵牢の中でこまるんな事そ○扨夜分かがちく〳〵おり出しきのふかやを御目附方へ云てあ事ハねもみの澤山よて顔の上をつとふたりしてたまぶんこれとせつちとなりもむやあつうなつてきて次第よくそふなり實ニくはみがたまぶんむなをつぶもと目へしゆゞ申候くさみが目へしゆむと云とうそのよふなげ

濱口祐作

きに、方言ニヨツテノ意

クソ、伊藤禮平

すへかけ、餒ヘカケ

んど誠にて候これにはこまり入申候〇近頃ハひるねをせばめつそふつご
ふよく相成候夫でも夜分にはねもみなどがごと〳〵きだもとねふれも内
の事なと色々おもひだしこまり入候
〇ひるいしぞう本を見申候本は濱口かふもふうた本がおもしろふてもや
二度くり返し候まあ一度くり返へそふとおもひよる其間には又この間内
ニ有た壹巻たふん本を見申候あのしまいはどふしつろふがてんがいあん
よ又論語《ろんご》など見申候夫ゆへもふ本は色々の本をおこしても見る間なく候
又見たき本があれは云てやるきに其時ニ御越し可被成候〇きのふは久万
あふ出る番人にほたるを二ツもふらふはクソかこむんをこしらへ申候
ほたるはねぞみのきふんゆへほふぞふらふ出る番人に頼である〇扨もも
や辨當のはいぞもへあけ申候夫ゆへ二度もつてくる事も願てあるまぞも
あふん〇辨當のさんともそのよふニせもをせへでもよんぞよなんばんま
んさんでくてもこの中では格段の事もなん誠にこのよふニ時々んまきさ

ねすゝ鼠

んで飯をくてねたりおきたりあんらくせかんなれとも世の中の事やら又
内の事なとおもひてどふもならんよ
○先いま見ぬ本はゐなしおきた申候ねまがくうきにおかれんよ一古今集六
冊こんばんき三冊大石・壹（脱字アルカ）冊外ニ壹冊〆て十一冊先々もどし候又々近々の
内下番やり申候先々はら〳〵らしれ

四月五日　　依　太

おと乙との

（武市家文書）

○元治元年四月十五日（瑞山ヨリ姉奈美子及妻富子へ）

御もどり被成度候（原書前文断缺）○扨此間内早追《はやをい》が二度つき候よしいかなる事らしあり
不申もせや京都の事もなまとぞかしりそふな物なれと何事も聞よふもま
もなし世の中の事などおもしんと思ふてもおもひ出しかゝ去年この頃は
京かふもどり何事もこゝろよき事まて色々とおもひ出しなまとなく涙が

こほれ申候あゝ志んぱい〳〵

○らやも此間御越しまゞニ明てあぞなんといふ事やら志れん此間願て明たと云きに取ニやつた處が又まゞせんぎ中と云事ニて候おあしや〳〵いうへはかゞおつてたまふんで内々ニてつり申候

クソ虫、伊藤禮平

○クソ虫ハもふ近々の中ニは御さもいがあるろふと思候一昨日も出てせんぎがつみ候よしもやクソハ牢へ入て五へんせんぎに出申候もふ〳〵近々の内は間違はないとおもひ候もふ〳〵クソニはこまり入候又近々の内ニ下番やり申候なふ〳〵らしん

四月十五日　　依太郎

姉上さま

おと乙との

（武市家文書）

○元治元年四月中旬カ　（瑞山ヨリ姉奈美子及妻富子ヘ）

竹馬、瑞山ノ甥山崎愼三ノ幼名

仲吉、山崎愼三ノ弟

ほたろ、螢

小ばん、籠

この間ハ御とふ〳〵敷次第ニ日長ニ相成候處皆々様御きけんよろしく悦まいらせ候此間内下番をやろふ〳〵と存候内一日くきニ相成申候て度ぞんしまいらせ候竹馬も日々久松へ參り候よし此間もくひしき御文被遣難有ぞんしまいらせ候武《ぶ》藝《げい》學《がく》問《もん》をする事ハ是ハ腰《こし》へ刀をあて候者ハせねば人の道ニて無御座候ニ付せへ出し候よふ御世話被遊度人ハもだらゝ百貫《ひやくかん》と申て丸もだらゝねうちが百貫目ほどするよふニなふんといきませんたゞせけんなみ〳〵の人よりハすぐれ候様いたし度それをするにハ武藝學問をせねば人よりすぐれ候事ハでき不申よく〳〵御世話被成度存まいらせ候仲吉も書物をせへ出しまにげな誠ニ々々けつこふニて候近頃ハおこやおみちなどもききませんら田内も皆々ぶしのよし先々安心仕候扱森善之進目扉など大できのよし目扉はさにがりきむたきニて大りたみてござりましつろふ扱又きのふハほたろ御こし難有ぞんしまいらせ候この間大けな小ばんをこしらへ諸方から出る人が持てきてくれもふ三百ほとをり候いねをもられ中へうへ申候其内

雄之丞、獄ノ下番

これほどのゐよてちと仲吉

西分ゐふ出る人ゟくれ候ほたるを御目ゟりけたくおもひ候○この間雄之丞ふせに壹匁御頼よてじやこふをゐれなどよやろふとおもふ又だのふでござりまねこの小ぞんのほたるを御目候よふ雄之丞參り候處しやこふを壹匁位よてをうふんと申事よて候そのせよふてたもこ入のかなぐかい申候それでせつちを菓子《くわし》箱《ばこ》のそこをふたふいたし申候それてもふよろしく候ちとくさみもやまり申候ゑやこふハあまり高直《たかね》ものゆへ御《ご》種《しゅ》香《こう》よてよく候ニ付御しゆこふ少々御越し被遣度候○この間内繪《ゑ》をゟき小高坂ゐふ出る人ふこぶをまなとゟいてやり候處大のかつを一本ニ酒壹升一トぞん持てきてくれ初てかつをの形《かたち》を見申候それゐふ番人ぐ脇指《わきざし》の身よてつくり焼《やき》ぎりと兩方よしてくゐ申候○田べ島ゐふ出る番人ゟきのふをゑびをうつて持てきてくれいりてくい申候○又此間十市ゐふ出る人ぐとれだちのじやこを持てきてくれふいてくい申候○この間雄之丞ふあ《がカ》ふ坐を持てきてくれ申候こんどいたれハ御禮を御

いゝ被成度候つ［破損］事なよあニ〇原書以下断鈌

（武市家文書）

〇元治元年四月頃カ　（瑞山ヨリ妻富子へ）

一まんりきの筆　　　壹本御越し

一たもこ

　　まさあるりんとついてニ御越し

一りは紙　　　御越し

扨飯のさいのあんむいがめつそふよふなつたよ扨おあしい事りのふ酒があがつたよ初ゟちよくニ二ツのむと大よひであつたが又四ツほどのミたし又この頃ハ五ツ六ツのミだしたよこのちよふしでハもや壹升ものミたもハへこまつたものちやこれまてゟ酒をのむハんまゐけんとようがゑる

かつたが今はようがよふなつたきにむつかしんかゝなさけなき事ちや

○此百人首おちさんへ御とゞけ

おちさん、島村壽之助

○元治元年四月廿日（瑞山ヨリ姉奈美子及妻富子ヘ）

瑞山ノ姉美多子、小笠原嘉助ノ妻

小笠原保馬、瑞山甥、内衞

十七日御文慥ニ相達候先々皆さま御きげんよく遊て度そんしまいらせ候御姉さまちと〳〵御風けのよし御當事の御事とそんしまいらせ候とふぞ〳〵御かしふん被遊候様そんしまいらせ候もやけふはむしをくりと相成月日の立はもやき物にて候扨おもへさんももふ〳〵ぜんかいのよし誠に〳〵皆様御あん心とそんしまいらせ候小笠原の姉上さま御目は誠に〳〵こまり入候とふぞ〳〵こんとはちととりつめてきかと御よふしよふなくてはなふに色々氣遣まいらせ候保馬なとは折々くるろふのふ扨元衞次第成人《せいじん》此間はとまり候よし誠に〳〵勢のよき子にてうれしく候けふは格別の事もなく候へとも鳥渡さし出候又々廿五日ニは下番やり申候はふ〳〵らしくとふぞ〳〵御は

しらん被遊候よふそんしりゝ

廿日　　　　　　依太

姉上さぬ

おと乙との

（武市家文書）

前、島村家

一此本前へ御とゝけ

一たむこ御越しまゞ有りんと次手ニ御越し

一たいめしもふいやぞよどふもゐるんよ

（武市家文書）

○元治元年四月廿四日カ（瑞山ヨリ妻富子へ）

ゝふハよき天氣ニ候處みな〳〵御きゝんよくめて度ぞんし候爰元ふじ少も々々御氣遣有ましく候ゝふハおゝあさよひ出さるゝころふとおもひおり候處さたなく候又下あふもたせも出ばぬも人共四五人出ておりえづあな事まて候扨明日ハやもみニ付画をかき候ニ付例《レイ》之通り御こし

下、山田町ノ獄舎カ

すざましく、澤山ノ意

一筆　一画のく　一いんよく
繪《エ》をすざましく頼ま坐なまり事でこまり入申候毎日々々きんみを待ゐね申候あさつてをあるろふりとおもひ候先々格別のもあしもなくなふ〱りしく

廿四日　より太

おと乙との

姉上さぬへよろしく

一この本前へ御とゝけ

（武市家文書）

○元治元年四月廿五日（瑞山ヨリ姉奈美子及妻富子へ）

扨日々天氣なしくうと〱敷もそや時節の事よてめづふしゐふ此候處皆様御きげんよく光て度そんしり〱此間も委敷御文難有そんしり〱扨一瀬の事誠よ々々おどろき入候なんと云事ぞさふにがてんゆゐにさぞや

祖母様ハ島村祐四郎ノ妻

クソハ伊藤禮平

元治元年四月十八日容堂從四位上左近衞權少將ニ任敍セラル

丑ハ瑞山ノ僕村田丑五郎

檜垣清治直枝

〳〵御祖母様初皆様御心配被成候御事とおしもかりいかさぬ・（不ノ字脱カ）仕合な事文を見るとぞつと致し候もふ〳〵此頃は爾來の通りニせんらいとぞんし候此間内もたゞ〳〵氣ニかゝり鳥渡下番やろふとおもひ候内つかふわるくおしうつり候御さふ承り度候○扨クソもまだニ御さすいなく折からの時ニ御隱居様の御吉左右參り候故又々セんぎ替りかとおもひ候○辨當の事二度もつてくる事もらんがへ候處二度持てくるい内ニもめんどし又丑もうるさし又牢番《ろふばん》もわざ〳〵こんならんゆへめいわくかぼ〳〵人にめいわくをかける事ゆへなるだけこらへるつもりにて候それゆへ朝めしいこのものニてよく候まゝさいの中へ少しのおのものを入て御越し其外すこしでもすへぬくいものを御越し可被下候○じやこふ御越し誠々によろうそにろうそくはみをけし候あまり事香てそれに又のろせ候ゆへ紙ニ包みぶんこの中へくるめ置申候こゑを取る時ニ出すつもりにて候○此下番は檜垣の方へ出よつたもののにて誠にしつていか者にて候これも隨分酒ずきにて

桃井春藏

小笠原保馬正實

候〇扨桃井の先生のかいた字《じ》がたんもの下の引出ニ入てある御越し可被下候人にやもるぼよて候〇此間内ふと詩をつくり候まゝ保馬彦太などによふで御もふれ可被成候丑にも御見せ被成度候扨又五日ニ下番やり申候かふ／＼かしく

四月廿五日　依太郎

姉上さぬ

おと乙との

おんびん、音曲停止ノコト

又おんひんニなり候まゝおんびんの明まてハクソも御さもれ乞有まれとおもひ候大めり／＼其あ乞り髮をいりたむこをのむ／＼窄の中の大おごりよて候　（武市家文書）

〇元治元年四月下旬　（瑞山ヨリ妻富子へ）

クソ、伊藤禮平

この間内〻ふハ下番をやろふ／＼とおもひ候内クソの御さもゐが有そふ

元治元年四月十八日容堂左近衛權少將ニ任ゼラル

まて一日ぐれふおしうつり御とふとふ敷扱次第ニ日長ニ相成候處皆々様御き〻んよく御暮しと兊て度ぞんし〳〵私事不相更此間内のほせまてはいゐみ候處少々の事まて次第まよく相成又きのふひ薬御越被遣もぐふつけ大ふ々々こゝろよく候まゝ少も々々御氣遣御無用ぞんし〳〵扱くソも此間内ゑんへんも〳〵せんきニ出いゑよふ被仰付候てもくるしうなれと云始《し》末《まつ》を取られ候由それでもふ御さもゐの有もゑりてきのふひ間違ひなれとおもふて居候處都《すべ》て御さもゐなくもふ明日頃ひ間違ひなき事とたのしみ居申候○扱らやもよふ〳〵明き毎《まい》晩《ばん》つり申候まゝ御安心被遊度候○扱世の中の事もどふらなる事そきのふ番人より内々まて咄聞候處おとつれ御飛脚付御陰（マヽ）居様此度徒（マヽ）《とう》四位上少將ニ御任官の由二三日の内まひ御使《し》者《しや》著と申事誠ま々々恐悦至極まて候これは誠で有ふとおもひ候そふもれは又々御上京まて御禮被仰上譯《わけ》とおもひ申候○御上の事もなんの事やふがてんゆゑばこれほどの亂《らん》世《せい》ま御いん居様の御屋敷が九反田へ立

とも云又片町へ立とも云て色々ぎよふさんに云申候なるほど亂世ても家がなりれハ立ねいどふもなふんをけなれと華美《くわび》のおごりよてできぬをけよて番人どもの云きよふさんな事いうそで有ふとおもひ候○京都の事もどんな事そ會津ハ死て死て度薩《さつ》ハどんな事ぞ不相更もびこつておる事ら近頃ゐ咄も聞へば○本の事又見たき本があ○原書以下斷鈌

（武市家文書）

○元治元年五月三日ヵ　（瑞山ヨリ姉奈美子及妻富子ヘ）

又〳〵うと〳〵敷候處みな〳〵御きりんよくめて度そんしまいらせ私事もまつ〳〵かくだんの事も御座なくされともめしハ大よ〳〵もゝみ申候きのふハ庄村といふ上町之醫者參り夕ふハ坂本有慶參りみな〳〵見立おなじ事よてもこしもちがひ不申きうにゐどふもなをふんと申事氣なあくせんといあんと申事よて候たゞおるになんよもうるけゐ處もなくおりお

おちさん、島村壽之助川野萬壽彌敏鎌

審次、島本審次郎仲道

東照宮祭五月十一日ヨリ始マル

原書附箋〔子十一月三日　七十四〕トアリ

りいたみ候ともさしてゐろふいたみハせぼやんのもこしの事にて候とふそ／＼くれ／＼も御氣遣つかひされましるそんしまゐらせ候扨きのふハおちのもこの前へ御出のよし川野などハ見たと申事先／＼かくだんの事もなく御かへりのよし誠に／＼うれしく／＼つろぎ申候牢《ろふ》へ入さへせねハさしてかくだんの事ハあるまいとそんし候扨きのふハ゜もらみの審《しん》次が出てこれハ牢へ入り申候誠に／＼きのどく千万の事にて候扨又五日六日と八日九日と御法事のよし扨又東照宮も十一日より御祭《まつ》り初り候よしどふぞ／＼早やがあれハよきがとそんし候先／＼かくたんの事もなくなふ／＼らしく又／＼六日頃にお佐藏出候まゝ申上り／＼らしく

三日の夜　　　　依太郎

姉上様

お富との

一このみ前へたしかに御とゞけ

おんびん、穩便ニテ音曲停止謹愼ヲ達スルヲ云フ

へごな、方言粗末ナノ意

島村壽太郎ニ女子出生ヲイフ

一又〳〵内々ょて字《じ》を頼まれ候ゆへこのおんびんの休ニらき度候まゝ中字筆トもゞりと御こし

もゞりハもふもてゝもかまんよふなへごながゝよく候ふちどもがかげておつてもらまん

筆もどんな筆でもよし仲吉が手習もるがでもよし

一此間つゝみて。ほふぐと。らいて。いなし候詩《し》のらき付ゟ本一寸御こし

扨この間の心學《がく》の本ハひとりおあしく氣をもらし候又〳〵おあしき本御こし

（武市家文書）

○元治元年五月五日（瑞山ヨリ姉奈美子及妻富子へ）

今日も御節句皆様御きゝんよく愛度ぞんしまいらせ候ニ私事不相更候まゝ御氣遣被遣間敷候前ニも御安産女子出生次第ニ御肥立のよし御祖母様ゟゟさぞや〳〵御よろこひ光て度ぞんしまいらせ候一瀬ょも次第〔ニ脱カ〕・よく相成候よ

元治元年四月十八日容堂従四位上左近衛少將ニ任敍セラル

そばへ、方言ツヤレルノ意

竹馬、山崎愼三ノ幼名仲吉愼三ノ弟

し是又皆々様御安心とぞんしまいらせ候

○御隠居様御任官《にんくわん》の事これは大御いはひ可有之いつれ罪《つみ》人の世の中とおもひ候我々の事もこの御いはひニはなふとぞいたし候事とぞんじ候しあしなあふ我々の事はなんのつミやふしれず候ゆへなんとなるものやら不相分事にて候へともなふとぞいたし候事とたのしみ候○扨ねずみが澤《たく》山にておまり居候處此間番人がねこの子を持てきてくれあんをき申候ま事ニかはゐら敷ねこにて玉をとりそばへてたまらんこれはたのしみにもなり又ねずもしづまり申候○扨この下番は檜垣方へ久しく出よつたものにて誠に々々々しつてい至極《しごく》のほんとふの人にて候これも又酒はすきにて候まゝ御のませ被成度候此間いあ（マヽ）けのすげが又こふもつて参り候ゆへ横目へ引合すぐニとりあへ申候○竹馬仲吉抔は不相更せゐ出しまにろふとふぞ〳〵御世話被成度候おこやおみち抔も毎日きまにげなおみちがむごふこさりまにのふしおなをも近頃はゐゝけなのふ誠に々々此上のしあ

保馬、小笠原保馬正實

ぢせとぞんしまいらせ保馬彦太抔ゟおり〱參りまいらこの間の詩《し》ゟよめましたら詩もどふも面白をてきませんよ又つゞりました御めニらけ申候保馬抔ょ御よませ被成度ぞんじまいらせ又々近々の内ょ下番さし出候ゟふ〱らしく

五月五日　依太

姉上さぬ

おと乙との

一いろは字《じ》引　御越し

いなす、方言返ヘス

これハ内ニある先の頃持《もつ》てきて又内へいなしたが

一この下番へ酒御のませよ　（武市家文書）

○元治元年五月十一日　（中岡愼太郎ヨリ樋口眞吉上田楠次門田爲之助へ）

謹白時下薄暑候處諸盟臺倍御御安健御勉（マヽ）可（被脱カ）成奉賀候僕義過日も細書差

兩高崎、高崎佐太郎同猪太郎藤井良節、井上石見

三郎、島津久光

福健、福富健次

斬奸、元治元年四月浪士中川宮ノ臣武田相摸守ノ家ヲ襲ヒシヲ云フ

出不申失敬相極申候段偏ニ御宥恕奉希候扨々天下之事實に地に落候様恐察仕候此節

朝廷ゟハ政令一途ト稱し萬事幕府へ御委任ニ相成內ハ薩ノ姦臣両高崎藤井井上之如きをの親王及大臣大納言等を挾て陰に逆威ヲ施し而天下ニ私心ナキヲ示し惡名を掩ハン爲暫く三郎本國ニ歸ル最初少將ニ任セラレ未幾而中將ニ進ム私權之行ハル事も是ニて可見又諸藩之子タミヲ恐レテ正邪ニ不拘位官ヲ進ム因備閑叟ニ至迄也因ハ固辭ス願クハ御國も御辭被遊度扨両高崎歸國之由申唱へ居候所加州へ罷越彼愚藩を說キニ行シモノト見ヘタリ昨日加州若殿上京（過日福健等肥人及高崎佐太郎ト共ニ加州ヲ說クノ策談シ居タリ間ヲ入テ是ヲ知レリ果シテ言ノ如シ可恐々々）努力シテ彼方へ引入居申様子ニ御座候乍然我方ニモ少々手懸リ有之彼策ヲ討ント計ル雖然我ハ死地ノ論彼ハ生地苟安之論俗情ニ合所ハ極テ彼カ說也可歎事ニ御座候扨過日官家向斬姦ノ事アリ事雖不遂大ニ姦物恐怖ヲ生シ中川宮ハ薩人ヲ退ケ自ラ國事懸御辭表ニ及ヒ引退テ參內セス近衛モ

野々宮定功
正親町實德
有栖川宮幟仁親王
同熾仁親王
鷹司輔政
九條道孝
山口德之進後男爵正定
千野菊次郎
清岡半四郎後子爵公張
北添佶摩

同様是ハ薩人藤井井上猶今奥向ニ侍ル是朝廷ノ毒虫也議奏中野々宮始皆々御辭職御引籠リ正親町大納言殿ハ御一人不退是ハ極正義也一昨日か有栖川宮様御父子鷹司前關白ノ御息子九條大納言等御國事懸リ御蒙是ハ叡慮ヨリ出ルト云此事甚以可賀雖然姦賊如何之策アルモ難計ニ付於是人事ヲ不盡徒ニ天ニ任セ置候テハ乍恐又如何様之
叡慮ヲ奉惱様之事ニ至候も難計左候而ハ實ニ草莽御互ノ罪不輕ト只々苦念ニ堪不申大樹公モ當月七日東歸之譯ニテ出足大坂ニ下ル水因力ヲ極メテ是ヲ止ムト雖不被行最早出帆ニモ可相成ト相察申候斯ル切迫ニ及ヒ候テハ機會ノ急間髮ヲモ不入《マヽ》此一大機ヲ失ヒ候而ハ實ニ不相濟事ニ御座候依之天下同志之士ト相約シ　來六月十日ヲ以期限トシ天下之浪士相集京攝之間ニ伏匿シ團結シテ報効之忠ヲ致サントト相決シ申候さりながら甚機密之事にて河野及水の山口因壹人及外兩三人ト相謀リ申候千屋菊清半今浪華ニ在リ是等上リ候ハヾ相謀リ大ニ盡力之含ニ御座候佶馬儀ハ別策ア

高杉東行ノ日記ニ據レバ慎太郎ハ此時島津久光ヲ要撃ノ事ヲ計畫セシモノノ如シ

獨眼龍組、清岡道之助ノ同志ヲ云フ
樋眞、樋口眞吉

り候事故書面僕ノ白ス所ト少々相違も可有之歟ハ存し不申候得共僕ノ論決テ虚言ニアラズ僕實ニ去年來出國仕居候而今ニ至迄寸功モ無クヲメヲメ生長らへ又諸君ノ至ルヲ待人ノ力ニ依テ事ヲ成サントスルハ先達脱走ノしるし相立不申無申分赤面之至ニ御座候實ハ一權道相行可申ト相考清半等ト相謀り已ニ心不歸ヲ誓て出門之事も兩度ニ及ヒ候得共事不幸にして遂ニ不成天下之人ニ對し面目更ニ無御座セメテハ
天朝へ亂入歎訴シテナリ𪜈一身ヲ清メ申さんと長人四五名相約し候得共今日之機ニ望候而ハ今一策可有之ト申ニ相成只今之策ニ相決し申候此上勢ノ動キ様ニより右ノ一決モ又々無キニ・（シ脱カ）モ限ラス乍然トテモ四五名右ノ策ニ出候而已ニテハ只今之事決して運ヒ不申是非々々大決斷ニ出不申ては不相成樣奉存候右ニ付獨眼龍組ハ出可申ニ付城中及中郡之勢ハ成丈ケ其土之豪傑衆ヨリ御引廻シヲ以テ御打立ニ相成樋眞先生ハ兩郡御引率ニ而急々御上リ奉願候着所之義ハ過日も申上候得共猶御聞取奉願上候御國

之義ハ兼而ヨリ三藩ト唱勤王藩ノ名望天下ニ流レ居候處水長素リ盛ニメ天下ヲ以自ラ任シ國力ヲ盡して
王事ニ勤ム宍戸宇津宮壬生ノ三藩モ決心盡力因備津和野モ亦然リ備ハ君公ヨシ下ニ人材無クシテ左ノミ確乎タラスト雖圧其志大ニ好シ因津和ニ至ては頗ル確乎憤發ス此時ニ至て獨リ我藩悠々無爲獨リ三藩ノ名ニ背クノミナラズ對
天地神明コレヲ何トカ言ハン只今御國之勢ヲ以考ルニ純策ニ出候ハヽ
民公子御上京是モ是非來月中旬チ過テハ不相成乾退組隨從其餘有志ノ士不殘同斷如此ナレハヨシ若然ルヿ不能ンハ公子上京有之トモ不被行假令乾退隨フトモ外同志不隨ハ不被行兎テモ我等同志ノ志ヲ達スル日ヲ內ニテ待候而ハ決シテ百年待テモ其期有之間敷ニ付同志中國ニ先達テ報效し候時ハ天下ヨリ見候而も矢張土左國の盛事ニシテ則忠孝ニも相成可申哉兎モ角モ今日天下之事ヲ成ザレハ成ルノ日無之幾重も々々々日夜相繼御苦心之上急々御決

乾退組、乾（後板垣）退助同志

宮川助五郎

策奉願候願くは虚喝ト不思召能々御察讀奉願候且又其上ニテ乾君抔随從ニテ公子御上京相成候ハヽ是又甚宜敷事と奉存候此度は小南猿四郎君宮川君なども御出張所ニ御座候右ノ通リ大擧候時ハ却テ御國之勢モ張リ可申其上時宜ニ寄生殘リたる人ハ又歸國モ可相成何分ニモ早ク天下ヲ死解致サセスシテハ憂土崩ニ至リ殆ト難《マヽ》救カラント奉存候一旦干戈動キ人心改リ不申テハ中々攘夷モ何モ出來不申過日千屋虎之助長崎ゟ歸リ清國之模様ヲ聞候ニ北京トカ彼本國大ニ此節盛ニ相成候趣兎角大敗も取予ハ行かぬをのト見ヘ申候癡念切迫前後不分冀クハ御推讀之程是祈候萬機期拜眉之辰候恐惶謹言

五月旬一夕認　　道　正

樋口様　　上田様

門田様　　諸君子足下

右之通相考相認候得共國に死し候事素り御銘々之御論に從ひ御所置有之

（上田開馬藏文書）

候事は少も御止不申上事に候

○元治元年五月十二日（瑞山ヨリ姉奈美子及妻富子へ）

ねこの玉とり

うげる　土佐ノ方言ジヤレルヿ、

前　島村壽太郎方

ひよつと方言　若シヤノ意

此間ゟ御とふ〳〵敷日々うと〳〵敷候處皆々様御きげんよろしれ兊て度存まゐらせ候次ニ私事不相更候まゝ少も御氣遣被遣間敷ぞんしまいらせ此間ゟねこの玉とり御越被遣日暮どもにとふしたのしみ申候大分なれてきてひるどもひとり玉をとりうげまに此間ゟくそをひつて大事でこさりました○扨前ニも次第ニ御肥《ひ》立とめて度ぞんし候一瀬も次第全快とぞんし候○十市あふ二人番ニ出る人があるがくる度毎ニ山もゝもつてきてくれ今日も又大もゝ持て參り候今年ハたんとなり候よしさだめて吹井の山ニもなつつろふとおもひ候○扨又島村重藏の養子久しく番ニ出よるが是ハ誠ニ云分なき人ニて候此間も重づめなともらん候なんぞ急ニ云ておこし度・事脱カがひよつとあれハこれへ行《い》て

クソ伊藤禮平
かたけ　土佐ノ方言ナドノ意
ごしや〳〵土佐ノ方言混雑ノ意

頼ふだれハどん㐂事てもあまゐん番人あふさる〳〵肴をもらうやら酒をもふうやら画をあくちんと見へれクソガ志はゐせクソハ内あふめしのさる㐂ともこの物ニいりじやこ位なり内あふじゆくゆへ㐂にを云てやつてもおこさんそれゆへとふぬあたけこふてくる申候おあしや〳〵〳〵今日ハこへとりがきてごしや〳〵をるゆへ又十五日にやり申候らしく

此間五日の文慥ニ受取候

五月十二日　依太

姉上さぬ

おと乙との

（武市家文書）

○元治元年五月中旬カ　（瑞山ヨリ妻富子へ）

一小《こ》倉《くら》のおびら又もあゐのふるきおびら御越し可被下候このころふくのおひハ内へらへしておたたく候

きに、方言ニヨツテノ意

保馬、小笠原保馬正實

小笠原御姉さん、小笠原保馬ノ母名ハ美多子

内村元衞瑞山ノ甥

おびハ中へ入れられんきにそとへおいておくニよこれるゆへとりらへ
度そんし候十五日ニこのごろふくのおびはいたし候
一又やじきだの詩《し》をつくり候まゝ保馬などによふて御もふゐ可被成候
一この本前へ御とゞ・〔け脱カ〕可被成候
一この間福《ふく》鹿《しか》の筆を云てやつて壹本おこしたがどふも福鹿はいかんよなんぞ唐《とう》筆を御越し
唐《とう》筆《ひつ》と云てらいにいたせハある
（武市家文書）

○元治元年五月十五日（瑞山ヨリ姉奈美子及妻富子へ）

此間檜垣ニ男の子ができ私ゟ名を付てくせへと云てきて名を付てやつた窂の中で名を付るおゐしき事のふ

此間ゐとふ〳〵敷皆様御きゝんめて度ぞんし〳〵扱小笠原御姉さんおことなと此間參り候由元殿〔衞カ〕も不相更そく才之由安心仕候さこも姉さん又

御目らもるきよし誠ニ々々こまり入候事申もおろゐなれともとふぞ〳〵

（田内衛吉）養生をとりつめて被成候様御申上被成度くれ〳〵ぞんしりゝ衛吉が哥

御見せ被遣たのしミ申候衛吉もそく才のよし是又なんしん仕候扨夕へハ

（クソ伊藤禮平）クソも御沙《さ》配《はい》有之野根川限《かぎり》御追《つい》放《ほう》ニ相成申候あゝ誠ニ々々大くつろぎニ

て御坐候ゆうへハ久しぶりニひろ〳〵とね申候扨前ニも次第ニ肥立のよ

し又一瀨も近々の内らいきのとゞけニ相成候よし病氣の事ゟ致しゐゝも

なき事なれと向《さき》原《はら》ニめつておると向原へたんして氣のとく成事ハ尤《もつとも》なり

誠ニ々々なんとも挨《あい》拶《さつ》のなき事ニて候扨酒の事も御申越なれど酒をのむ

ととふものぼせ候ニ付先々やめており申候〇扨世の中の事もどんな事ぞ

（よどふで、淀ム中止ノ意）　御隱居様の御屋敷もどふらちとよどふでおると申事どふぞ〳〵これハ

（御前さ伽方、藩主ノ夫人等）御やめニなふんと誠ニおそれ入惣《そよじ》て　御前さ伽がた御國へ皆々御いとま

ニなり御歸り被遊候事ハなんのためぞ國々びんはふニなつて武《ぶ》備《び》の御世

話もできんもへの事でゟないゐこれハいゐなれ御やめニなるであろふと

おもひ候扨又二三日の內下番やり可申なふ〳〵らしく

五月十五日　依太

姉上さま

おと乙との

一おび　一竹葉紙《ちくようし》　一筆　一文二通

右此間うけとり申候

一おび　一衞吉の哥　今日御返し申候

一半紙　少々御越し被遣度候

前へ、島村壽之助

一此本前へ御とゝけ

（武市家文書）

○元治元年五月十七日（瑞山ヨリ姉奈美子及妻富子へ）

十五日の御文くり返拝しまいらせ候今日も大分天氣よく相成候處皆様御きげんよく悦て度そんしまいらせ候扨今日も東照宮にて役所もなくえづらニ付鳥

クソ伊藤禮平
田内おばさん 田内喜三次ノ妻
竹馬、山崎愼三ノ幼名、仲吉、愼三ノ弟
類、親戚ノ意
羽根橋地名

渡下番さし出し候私事クソが出て誠に々々ゆるやかにて心地よくくらし申候扨田内おはさん又々ちと持《ち》病《びやう》出候よし人の口とはらと違《ちが》うにて誠にこまつた物でござりましたおみちもかわいら敷なりさい〳〵参り候由おしやもおり〳〵きましたら又竹馬仲吉なとも毎日々々せへだしましたろふとふぞ〳〵あまりぶは〳〵しからんよふになされませ武《ぶ》藝《げい》學《がく》問《もん》にかりはとふそ〳〵御世話被成度くれ〳〵ぞんじまいらせ候扨今年は山もゝ大なりにて吹井もなりましたげな久藏もおり〳〵は参りましたら今日も十市の人がけさとつてきたと云てからごに一ッもらい申候〇一瀬も次第に全快にて此間て前へ参り候よし誠にさぞ〳〵皆様御安心とぞんじまいらせ候もし又りべつニなり候とも内村の類と云ても何もわるき事は有之間敷夫等の事は格別しんはゐをはる事も有ましく存候無據りゐつはる事はめつら敷からしたんらなどして互《たがい》ニふき分《わか》れどもになるとわるいたれども順《しゅん》熟《しゅく》にて離《り》別《べつ》する事はありうちの事之〇山崎七平さんはね橋へ御出のよし不相更御事とぞ

んしん〳〵○小笠原姉さまの御目にいかトニ候哉先々格段の御事も有之

（小笠原姉さま　小笠原保馬ノ母）

間敷とぞんしん〳〵扨又々近々の内下番さし出候先々なふ〳〵らしく

五月十七日　　依太

姉上さま

おと乙との

一此本前へもぐふ御とゞけ可被成候

一又々彌次《やじ》喜太の詩《し》さし出候

（武市家文書）

○元治元年五月中旬カ　（瑞山ヨリ妻富子へ）

此の間に御とふ〳〵敷先〳〵皆〳〵様御きげんよくめて度ぞんじまゐらせ候私事まゝニせんぎも御座なく又下の牢からも出もせぞいかなるものよて御座候やがてん参り不申前の頃うちに二三年牢の中ニおらねハいくまいとぞんしおり候處この間の御せんきありてよりハもふ近〳〵の内せ

（下ノ牢、山田町ノ獄卽チ島村衛吉小畑孫二郎河野萬壽彌今橋權助田内衛吉小畑孫三郎等ノ拘禁セラルル處）

伊東ハ前ノ所謂クソ伊藤禮平

まけしだい、方言溢レ次第

んぎつむとおもうとたゞ〳〵一日もはやく御さはいをうけ度くころさる
ゝものなれハころされてよしとふでもこふでもはやく御さはいをうけた
く日〳〵まちかね申候
扨次第ニ暑く相成八ツ過頃ゟ日がさしこみ氣ぶんのわるきほどあつく一
兩日前御目附方より日ごこひてき候て日はさしこむことわなくなり候へ
とも夜のよふニくらくて又むせくろしくてあつくこまり入申候扨又伊東
がでゝかみニこまりており候ところ又番人がこふしのそとからゆうてく
ださい〳〵いゝ申候又この間内わまいもんゆもつかい申候茶びんニ一ツ
わかしてもらひたらいへいれてまるはだらニなりてごたいへゆをかけ申
候ふとんもなにものけておいて板《いた》の間へまけしだひニつかひあとで板の
間をふき申候扨又かわまことにはくなくなり　原書以下斷缺

（武市家文書）

四郎、山本四郎
誠、石川誠之助卽チ中岡愼太郎
公子山内豐響ヲ云フカ
三プ島津久光
使ヲ斬ラレ、中根市之進斬殺一行

○元治元年五月中旬（大石彌太郎ノ中岡愼太郎ノ書翰ニ對スル意見書）

四郎誠カ書ヲ携ヘ南ニ歸リ其書ヲ讀ミ且其言ヲ聞ク長國ノ壯夫誠等ト謀リ宰相ヲ擁シ旗皷ヲ京師ニ建テ以テ中原ヲ洒掃セン若シ然ル能ハザレハ游擊八百名ヲ率ヒ來テ之ヲ襲ハヽ猶會侯ヲ擒ニスルニ足ルト此擧ハ大樹ハ東邊鎭壓ノ爲メ東ニ皈リ三郎等ノ如キ牧伯皆國ニ就カシメ京師幾ト空虛ナリ此ノ機ニ乘シテ中原ヲ掃ハヽ事難キニ非ス千載ノ一時ナリ速ニ公子ヲ奉シテ來會セヨ天下三藩ノ美稱不滅ト其意懇切是誠輩虛喝ニ非スト余四郎ニ問フ三プ國ニ歸ル甚可怪彼皈ラハ朝廷又變アランヿ童子尙可察三郎豈之ヲ知ラサランヤ四郎云彼レ近日ノ擧動可疑ハ吾人皆同シ市街モ之ヲ罵ルニ至ル故ニ暫時國ニ歸テ惡名ヲ掩ハント計ルナリト余竊謂フ幕ハ使ヲ斬ラレ薩ハ船ヲ燒レ且士人梟首セラル皆之ニ甘心セント欲ス於此朝命ヲ下シ以テ諸侯ニ討伐ヲ令ス然ル處長國ノ君臣志ヲ一ニシ僧侶農商尙決鬪ノ色ヲ見ハス且受命ノ侯伯討伐ノ不可ヲ言フモノ數輩ナリ此ノ

桂小五郎周布政之助

如キ侯伯ヲ馳テ上下一心ノ國ニ向ハンコ極テ困難ナリ左レハトテ此ノ儘ニ過キテハ幕ノ威稜地ニ墮ルヲ恐レ薩ト相謀リ制シ易キ地ニ誘致シ犄角セント欲スルニ非スヤ今縱令會ヲ擒ニシ一タヒ天下ヲ掌ニ運スモ大樹必一將校ニ命シテ水戸ニ當ラシメシ（秀康ヲシテ景勝ニ當ラシメ）故知ニ出テン而自ラ大兵ヲ率ヒテ西上センニ京師ハ地勢客兵ヲ以持久固守スヘキノ地ニ非ス遂ニ勝敗ナク國ニ歸ヲ欲センカ於此薩ハ馬關或ハ萩長府ヲ衝カン此ノ如キニ至ラハ進退失據ナリ二州中幾クハ之ヲ慮ル者アラン

又游擊ヲ以テ云々其成ル所京師一蹂躪ニ過キス蹂躪ハ快ニ似タリ然モ天下ノ亂ヲ欲セサルモノ十ニ或ハ七八ナラン然ル時ハ罪ヲ四方ニ聲シ中國ニ臨マハ幕薩失計タラス桂周布等恐クハ不從誠カ書中ニ天下三藩ノ名稱云々凡ソ事ヲ首唱セント欲セハ上下我力ニ非レハ大事恐クハ成難カラン已ニ戊歲主公上洛シテ周旋シ玉ヒシ如シ四十五十脫藩シテ事ヲ擧タリトテ其一面ニ當ルニ足ラス必他ノ部隊ニ伍入セ・（ザ脫カ）ルヲ得ス然ル時ハ名稱如何

成功如何カアラン首領統帥ナケレハ人ニ後ルヽ了自然ノ勢ナラスヤ糺明近ニアラン之ヲ見スシテ脱ヲ謀レハ必人情分離シテ事行ハルヘシトモ思ハス此際ニ於テハ君必高慮アラン余モ聊窃ニ處セリ　（田岡正枝文書）

中平龍之助ノ脱藩ハ文久三年十一月六日ニアリ中平保馬及僧清雪ノ亡命ハ元治元年十一月十二日ナリ此項恐クハ誤カ

同志皆此意見を賛し乃ち須崎の僧菜と中平龍之助とを長藩に遣り土佐藩志士を代表せしめて其事を京師に興すの非計なるを開陳せしめしが長藩の氣焔當るべからず慷慨自ら任ずる中平は深く長藩の義を喜び再び土佐に還らず元治元年七月京師の兵變長藩山崎隊に屬し鷹司邸に奮闘し敗後天王山に奔り眞木和泉松山深藏千屋菊次郎等と共に屠腹して死したり（前書に對する田岡氏の附註）

○元治元年五月廿日ヵ　（瑞山ヨリ姉奈美子及妻富子へ）

又々廿五日申上り〳〵らしく

今日も大ぶりうと〳〵敷事ニて御坐候扨先ほとゐくゟしき御文被遣難有そんしり〳〵扨揚《あがり》り屋《や》の事など御氣遣のよし御尤ニ候なるほどこの北うらへきのふゐふ立ゐけ申候どふら下《し》もへも立候よし今のよふニつみのな

下ハ山田町ノ牢獄ヲイフ

ひ人を入れる事なれハ千疊《せんちよう》敷もなけれハいくまい誠に々々に恐れ入た事にて候えかしながら只《たゞ》今《いま》揚り屋ハ皆々つかへておるゆへ此の上揚り屋へ入れんならん人かできた時にはどふもならんゆへす立事てもあろふかとおもひ申候惣して御國の御爲をおもふて色々存しよりども云ものを牢へ入るれハ誠に々々さんばいなき事なりそのよふニして御國がおさまるかまあ〳〵せへだしてやつて見るがよかろふこの牢の中におつてはなんの事やらわけハわからぬ揚り屋の出來る事は誠にてきのふも大工かこの揚り屋のすんどもとつていた今日から手初になりよる〇私などの事ももやなにとぞせんきをするであろふとおもひ候せん《剰》ぎをするであろふと《カ》おも《剰》ひ候《カ》せんぎなしに御さすゐハ夫はどふしてもなき物にて候私をぎんみハへよび出して上からの御うたがいの次第を御たつねがあるろふそれからいよ〳〵私がわるき事があれハつめあげられて其上でもふいかよふおゝせ付られても申しぶんなきと云て始末《しまつ》をかいて上へあげたれハ其上に

平井收二郎、間崎哲馬

伊藤のくそむし、伊藤禮平

のふし、方言噺ノ意

て首《くび》を切ら腹《はら》を切ふもら又ついほふニもるらどふでももるろふこれが手《て》
順《しゆん》にて候せんぎなしにつみれどふしてもつけれしません平井間崎などは
かねていかよふ被仰付てもくるしうないと云らき付を上へだしてあつた
ゆへに俄にあのよふな事ニなつた伊藤のくそむしでもせんぎづみニなつ
て始末を出してそれかふ御さもゐがあつた○聞けれきのふもせ《マ》んろふで
もどつた人もかるげなどふした人やふしれぞそれで上り屋へ入る人もか
ぞ〳〵あるろふと思ひ候先々御氣遣被成ましくくれ〳〵そんしり〳〵し
かしなかふこのよふな御國のふうでなんとしましよふもふ〳〵いつそ死
だがくがござりませんのふし私なともつみの次第聞ねれた丶つみにはお
ちはしませんそに私の事上の御さもいニよりては御國がみされるやふし
れませんぞにそれぞあの事ハらんがへておいでなされませよらしく

廿日　　　　　　　　　　　　　　　　依　太

姉上さま

おと乙との　（武市家文書）

○元治元年五月廿三日　（瑞山ヨリ姉奈美子及妻富子へ）

うと／＼敷候處皆さま御きげん克て度ぞんじまいらせ候私事不相更候まゝ御氣遣被遣ましてぞんじまいらせ候扨今日も嶋村衛吉せんぎに出候ニ付私もせんき有事とそんし居候處さたなし明日頃はせんき有之候欤とそんじまいらせ候そふなれいどふなるものやふ志れんげんどとふでもくつろぎ申候今日も

佐藏、獄ノ下番

も志し用事有之佐藏さし出候又々廿五日ニはくはしく可申上候ゐふ／＼らしく

五月廿三日　依太

姉上さま

おと乙との　（武市家文書）

前、島村家

此ぞん前へ御とゞけ

○元治元年五月廿五日（瑞山ヨリ姉奈美子及妻富子へ）

一両日は御とふ〳〵敷今日はすこしあかふみ候へとも中々ひよりともおもはれずうと〳〵敷候先々皆さま御きゝんよくめで度ぞんしまいらせ候私事もきのふハ　太守様の御入りもあり候ゆへ御せんぎ有かと存しおり候處すべてさたなく先々不相更事ニ候まゝ少も御氣遣被遣ましくぞんしまいらせ候衛吉もなんの事のせんぎて有たぞ聞たく候へとも聞く事もできず衛吉はおゝかたこんど新ニ立た窂《ろう》へ入れられつろふかとおもひ候扨毎日々々窂をこのあちらへたてやかましうて〳〵たまりません誠に々々御國がおさまつてさへおれハ窂はずいぶん恐れ入た事にて申様もなき事なりたゞ下の人をうたがはれ御國の爲を色々ぎんもいをするものを夫々窂へ入たれハあとへのこるものは不忠ものでありになりこの今の天下の亂れておるときに不忠ものでありになりてはついには御國がほろびる誠に々々我々どもハ十人廿人死んでもかまはん〳〵とよき人がのになると御國の行衛《ゆくすへ》がお

太守様、藩主豊範、南會所ニ御入、藩主ノ親臨スルヲ云フ
島村衛吉重險

（きに、方言ニヨツテノ意）（ゑゝハ方言ヨイハノ意）

もする丶不忠ものゝ遊ひたいやつが世の中が亂れたと云と遊ふ事ができんきにたゞ／＼京都もおさまつたなどゝ云ふふし世の中の事をしつておる人がで丶物を云と返事にこまるゆへ色々つみを付て牢へども入・〔れ脱カ〕るろふとおもひ候それでいくものかせへだしてやつて見るがゑゝハ終まに我身ニ及ふニちあんなし〇明日頃にせんぎもあろふかとおもひ候其せんぎの事を聞て見たれもたいていどうゆうつみニあうと云事もはあり候とおもひ候たゝ／＼早く聞たくおもひ候〇いづれどふてもつみにつけるにちあんハなし京都の事に

宮様初上々様へ御目通りなどしゝ事をせんぎをするろふかとおもひ候外ニせんきをする事ハなるまんとおもひ候されとも今の世の事なれハとのよふなむしつの事のせんきが有やふしれん此間も申上候通りくびを切り又腹を切らすか又つんほふニするかこの三ッあんとおもひ候ハあゝなりても毎々申上候とふり天地にもぢる事はすこしもなし又々近々の内ニ下

番さし立まゐらせ候先はふ〳〵らしく

五月廿五日　　　依太郎

姉上さま

おと乙との　　（武市家文書）

○元治元年五月下旬カ　（瑞山ヨリ妻富子へ）

けふハ此處の作事ニて朝から晩までとん〳〵たゝき誠ニ〳〵八ヶ間敷たまらんされとももふ明日そみ申候

一けふもまたねつあり下りも今朝少しあり外ニかくたんなく少も〳〵氣遣無用ニ候

姉上さまへもよろしく

一この文前へ御とゞけ

一又〳〵ひハ御こし口ゟかはくきにめてそ《つカ》ふろゝよ　　（武市家文書）

ひハ、枇杷

元吉、吉田元吉
重松、重松菊太郎
依太、瑞山

○元治元年五月下旬　（島村衞吉ヨリ島村壽之助へ）

今日モ大小(監察)御揃、陸(陸目附)定座ニ居ル三人土弥(土居彌之助)弘良(弘田良助後ニ久助)岸圓(岸本圓藏)始ハ眞榮(大監察眞邊榮三郎)ラシキ、太キ頗ル不辯ノ人、後土弥岸圓モ折々言

○江戸ニテ長八ニ出會シ時聞シコト云ヘ△關東ノ惡事ゟ諸國憤起ノ樣承リ歸國之上申出シ處云タリ○其時官府ノ答ハ如何△是等ノ事ハ其手ノ役ゟ探索アル故以後時勢咄ヲスナトノ事故云ザリシ○其樣ナザットシタ事デハ無カツタラフ右關東ノ政事惡敷故憤發スル處甚尤ナリト云ト陸上弥云江戸ヨリ歸申出タナレ𪜈自分ノ志不通終ニ元吉ヲ殺害其後重松大阪ニテ御召捕ニ成事顯ルヨリ六月十五日同志ノ者申合比島山へ會シ夫ヨリ亡命ノ事ノ約束セントト云處同盟ノ内ノ者亡命シテハ國恩ヲ忘ル、ニ似タリ自首セントト云ノ論ニテ依太ノ宅ニ行シ處客來ニ付浪穗(即チ衞吉自ラ云フ)宅ニ行ケト云ニ付行テ右論ヲセシ處御自分ノ云ニ奸物ノ爲ニ首ヲ切ラレ

藤駿、藤本駿馬

見ん、見ナイノ意

テハ行カヌ亡命シテ時ヲ待チ一旗上ケントノ論ニテ强テ云ヘバ刺違ヘルノ勢故歸ツタト其者方申出テ居ルカラハ委細申上ゲラレヨ△都テ存掛ナシ不調法ナガラモ古ノ忠臣義士ヲ學バント思フナリ左樣ナル事不仕又論モセズ殊ニ藤駿ハ一面識ノ人タトヘ身ニ覺有リトモ其樣ナ大事ヲ云フ譯ナシ此事ヲシタリヘシタリ至テ長シ夫ヨリ盟ノ事何ヤ角ヤ云シカト是迄云通リノ事ナリ其内陸云ニ盟書ニ月日ヲ記サヌハ追々顯レタ時一同々意ト云出タレハ數人ノ事故所置出來ヌト云フノ事ト聞エテ居ルト云△左樣ナ譯決シテナシ○御自分ハ盟書ヲ江戸ヨリ歸ル後見ント云ハル、ガ御自宅ニテ加リシ人モ有リ則チ其人ヨリ申出テ居ル又其餘ノ人モ大ニ後悔シテ段々申出テ居ル故明白也△其申出テ居ル者ヘ對決ヲ願フ○追々ハ夫レモサスルガ夫デハ御自分ガ立マイ早ク申出ラレヨ△存掛ナシ眞榮ラシキ人云ニ藤駿ハ則其方ノ宅デ連判シタト申出テ居ルゾ△不知ソンナ事ナシ藤駿ヲ御詮議アレバ直ニ分ルナリ一體ガ間違イデ有フ○明白ニ分テ有ル

才、拷問ノ略

事ヲ其様ニ云フハヤケト申者ナリ追々被召出其時モヤケヲ云ヘバ時宜ニヨリテ扌ヲヤルゾ△赤心不通御疑不晴バ仕方ナシ○トクト思慮致サレヨトテ歸ル

　右ハ有増ナリ前後混雜拙筆御推讀奉願候

一藤駿ガ云テ居ルト云事モホンノ小端ナリ然共追々扌ニ相成リ可申勢ナリ土彌ノ云事ニハ誠ラシキ事モアレド皆問落ノ策ナリ其證據ハ藤駿ガ云タト云事ニ辻ノ逢ハヌ事毎々有ルナリヲドシタリヲダテタリタマラン〳〵

元敬以下ハ瑞山ノ附箋

元敬ナド江戸ニテ約シ歸リシトノ疑多ク候ニ付尚元敬ヘモ御申通奉願候是等ハユメ〳〵ナキコトニテ候故通達ナドハ無益ナレド爲念尚此書惣分ヘ御見セ奉願候

（上田開馬藏文書）

○元治元年五月廿五日（瑞山ヨリ島村壽之助ヘ）

陸目附土居彌之助

今日ノ御細書慥ニ拜受仕候土彌ノ申分法外至極也然ニ今更驚くへき事決

シテ無之其手〻び取候と云ハ如何成事歟都て此度之事ハ福印ノ大奸ヨリ起リ候事　神明ニ懸ケて無疑薩ノ奸ト同服《マヽ》ニテ事を開キ夫ヨリ　老公初政府へ申立候事成へし勿論反覆人モ可有之と存候外ニ證據ト云證據ゐてん不行是迄ハ内心ニ左右カトモ存居候へドモ御國亂ニ相成候事故万々一ハ平治ニ至り候事モヤト存居候處扨々致し方のなき事是非なし御國亂ニ至り候事血涙ニ沈ミ候かく相成候事モ則天自然之事ゐて一ト先御國ハ亂れる事と存候歟初ハ私なと四五人斃レ其外ハ跡へ殘りて盡力致し候方可然ト存居候處今日ニ至り天下之事右之通ニ至り候場合ニ付イカニシテモ御國を引直サズテハ不相成然ニ私なと斃テアトガ立直ルト云ヿ決して無之跡ハ益々ワルクナリ士氣次第ニ衰へ日々ニ落入可申ハ見前也實ニ死テ跡ガワルクナルト思テハ死ニナガラ力ノ無キ事ニて候然ニ如何樣剛《マヽ》問ニアイナマリヲイ込マレテモ心ハ動カシ不申候間是計ハ御安心奉願候右ニ付能々考へ見候處一躰執政ガウソヲ云程ノ事ニテハイカニシテモ是ナリ

福印、小監察福富健次

(此ノ間磨滅不明) 出來不申一ト雨降(以下斷缺)

此ノ文或ハ別文カ

八十人アレハ二ツニ分ケ四十(此ノ間磨滅不明)出御國政ノワルキヿヨリ初メ半平太抔ハ是迄同志ニテ國家ノ爲分相應盡力して居ルヿゟ去年カク被仰付今以同様ノヿ私なとモ半平太抔ニ罪ノ有ルヿなれハ同し事ょて同様被仰付度ト云昨年直様申出候哉ト存居候へ共大人數出候ヿ上ヲ憚り只今迄差扣へ居マシタト云テ其云様ハイカ様とも有ルヘシ其上上り屋入ニなるか又夫々類族へ御預ケニ成ゐすへし左様ニして見ると益々上ニ御ニクミニテ一番ニ私の首をノケルカ又ハ夫テチト御ガン付キニテ是ハメッタナヿハナラント思ウカ二ツ合也四十人も一度ニ首ヲノケル程ノヿハ決シテナシ御ガン付ニナッタレハ今ノ役人ハ又替ルヘシ其所テ　民公子様方御盡力被遊候ハヽ屹度其印シアルヘシ殘リノ四拾人ガアトノ盡力シ皆々切ラル丶ト云ヿニ至レハモウ其時ニ藝之首ヲ一番ニ取ルヘシアトヘ殘ル組ハ土利五十ナト頭トシテ用事ノ出來ル人ガアトヘノコリテヨシ是ヨリ

民公子、山内豐譽

藝ノ首、執政五藤内藏助ノ首

土利、土方理左衞門久元伯ノ父

五十嵐文吉

外ニ策ハなしト思候只今直ニ斬奸ハ早過キ申カト存候尙々御考慮能御策モ御坐候ハヽ承度奉存候頓首

五月廿五日之夜認

（武市家文書）

○元治元年五月廿六日カ　（瑞山ヨリ獄外同志へ）

大目附板垣一右衛門

島村衛吉、小笠原保馬

周布政之助、時山直八、久坂玄瑞樺山三圓

今朝五ツ前比ヨリ呼出サレ大目小目徒目揃ニテ問ツ板發言ニテ云去ル酉年島村衛吉川野万壽彌同道ニテ關東ヘ修行ニ參り彼《カノ》地ニヲイテ長州藩ヘ出會義擧等ノ約束シ且薩長ノ勢ヲ彼ノ地ニ居候御役人ヘ相談シ夫ゟ御國ヘ歸り政府ヘ申出夫ヨリ段々周旋セシ次第廉々明白ニ可申ト也

答酉ノ年修行ニ參り候同伴ハ衛吉保馬之彼地ニ修行中大石彌太郎ニ聞候處長州頗ル正義相唱且玄瑞ナト云者國家之爲大ニ盡力之趣等承り夫ヨリ彌太郎同道ニテ長藩ヘ行其後度々出會シタリ其出會セシ人々ハ政之助直八玄瑞等也其内長邸ヘ薩人樺山ナド申男參り會シ追々又薩人ヘも出會シ

タリ右長公初孰も盡力スルヿハ幕府御政躰甚シテ實ニ以言語同斷之次第恐多クモ靡
帝之例センサク且又　和宮様　有栖川宮様へ御約束ニ相成居候處夫ヲ
公武御合躰ヲ名トシテ無理ニ御東下ニ至ルト右等之事追々長人なと〔マヽ〕ゟ承リ驚愕仕タリ右ニ付ヨク〳〵耳ヲ立長薩ノ勢承り合セ候處愈御同服ニテ
大ニ御盡力被爲在趣且玄瑞等ハ慷慨相極り已ニ和宮様御東下を差留ルト申程ノ儀もアリ其内柳井健次川野万壽彌抔學問修行安井氏〔安井仲平號息軒〕に入塾此者共モ長人に出合候由ニ付私ノ處に尋ね参り供々示談シタリヨク〳〵相考候處不容易儀ニ付不取敢歸國シテ官府に申出候儀當然ト心得御暇ヲ願ヒ御國に歸リタリ然ニ官府向之儀不案内故ヲ以大事ヲ計リ差閊ヘナキト思ウ人にハ相談シタリ夫ヨリ御役場へ申出右手ニ入居候紙面等不殘差出シタリ夫ヨリ翌年　大守様〔太守様、豊範〕御發駕御供被仰付京都へ参リタリト云タリ

一又板云其御國に歸リ相談セシ人ハ誰ソ且又政府に申出其後之事クハシ

ク云へシ

答相談セシ人ハ麻田楠馬平井善之丞ナリ善之丞ハ江戸ヨリ歸リ道筋故立寄相談シタリ

一板云善之丞ハ兼而知ル人歟ト云

答不知大石彌太郎抔ゟ常々眞ニ憂國之人ト云コハ兼而聞居タリ

山川佐一右衛門後艮水

一又問山川左一抔ヘモ云タカト云

答初咄ニコンカト云ヨリシテ參リタリ其節出會ハタレ〳〵ソト云ニ付出會ハ本山只一佐々木三四郎ナリト云タリ

本山只一郎、後茂任
佐佐木三四郎後侯爵高行

一板云小南五郎右衛門へ參リタ趣也

答小南にも參リタリ

一板云右善・(之脱カ)丞五郎右衛門抔に右之咄し致セシ處何ニト兩人ハ云シゾ其元ガ五郎右衛門ニ櫻田之事ヲ行リ御國ノ巨魁ヲ斃シタシ我ニ同志ノ者ガ有レハ巨魁ヲ斃スニト其元カ云ト五郎右衛門ガ夫ハイカン櫻田之通リ

ニテアトガ直ルカト云ニ直リハセン無益ナリト五郎右衛門ガ云ショシナリ愈其通リニテ有タカト云

大目付高屋順平

答

善之丞ニ天下ノ勢ヲ咄シ候處實ニ安カランコトテ心實歎息之勢見ヘタリ夫ヨリ格別善之丞之考ハ不聞且又五郎右衛門ヽ談ゼシナレト是以同様也又櫻田ナト云シコ毛頭無之ト云し處高順抔カ夫ハガテンユカン見《マヽ》前五郎右衛門ガ口ヨリ聞テ居ト云小生云夫ハ聞ヘン半平太ノ同志之者ハ數々ナリ同志カ一人有レハ巨魁ヲ斃スト云譯ハナシ夫ヨリソチ云コチ云ナリ

一板云吉田元吉ヲ打シ節其元カ指揮セシ趣明白ナリアリ様ニ可申トナリ

僕云夫ハ決シテ不知ト答

一板云然レ共屹度手クビニキリシコナリ只ノ風説位ノ事ニテ御尋ニナル譯ニテナシト云

答問其手クビニキリシ證據ハイカニト云
一高云重松菊太郎ト云者長岡ノ久坂玄瑞ゟ其元ヘノ書狀賴マれ其狀ニ云カノ下手人三人共慥ニ御引受申候ニ付御安心有ヘしトアリ是ニテ明白ナリト云
答其事ガテン行カス玄瑞ハ他藩ナリ御國ニテ長岡邊ヘ度々出會セシハ私ナリ依テ何事ニテモ長岡邊ヨリハ私ヘ云テクルナリ其狀ヲ見タシ甚メイワク其狀有シトテ身ニ覺ヘナシ
一又問藤本駿馬ト云モノ其元ノ宅ヘ參リシ乛有ルヘシ其節客來之場合ニテ島村衛吉ヘ參レト云シ乛アルヘシ旣ニ重松ノ四トナリシヨリ同盟一同事ノ露顯セシ上ハ比島ヘ會シ脫走スルト云ノ儀アリ右駿馬思ワク違イニテ夫ハ聞ヘン速ニ自訴シテ死スヘシトノ考ニテ其元ヘ其乛ヲ云ニ行タレド右客來ニテ衛吉ノ方ヘ參レト貴樣ノ云シ乛アルヘシト云
一答右駿馬來リシ乛有ルナリ其通リ客來ニテ斷リタリナルホト思イ出セ

ハ衛吉ノ方ヘ右之男參リシ由ハ衛吉ヨリ聞タカノ様ニ覺ユ然ニ右比島
山ヘ會シ脱走等ノ事ハ存シ掛ケモナシ是亦シキリニソチコチ云ナリ
一又問京都ニヲイテ本間精一郎ヲ討シト云是ハ知テ居ルカト云
答知テ居ル岡田以藏ト薩ノ田中新兵衛兩人也
一夫ハ聞ン衛吉ヲカクシテ以藏ヲ云ハドヲソト云
答衛吉以藏ノ兩人ノ性ハ違ウナリ衛吉ハ愼密以藏ハ粗暴ナリ衛吉ナレ
ハ半平太ニ相談スレトモ以藏ハ相談セズ愈是ニ相違ナシ
一京都ハ是計ニテ外ノヿハ問ハス
一又頻リニ吉田ノヿ樣々ト云テ詰問ナリ由井ノ正雪ナド引出シナマリヲ
キコマレタレト云ハント思ヘハ云ハン其元義理ヲ考ヘ見ルヘシモウカ
クナリテ其上志ハ達シタリモウ明白ニ云カ正義ニテハナキカト云
一答半平太愚痴短才取ル所ナケレトモ三百年來御高恩死ヲ以テ　君《マヽ》報ス
ルヿ位ハ知テ居ルナリ且又一ト通リ義理ト云ヿモ知テ居ルナリ命モ格

別ヲシクモナシ身ニ覺ノ有ルヿヲ只々隱スト云ホトノヒレツ者ニテモ
ナシト云テ笑ヲタリ
是ヨリ又ソチコチト云タリ終ニ又々御詮儀（マヽ）被仰付よく〳〵熟慮して義
理を考フベシト云
一板ト高順ト云キリニテ外壹人モ不云
高順辯舌アリ人ヲナメシタリ可笑々々近日又々呼出サレルヘシ其時ハ
重松ノ狀是非々々見付ルツモリナリ

老公、容堂御隱居亦々同ツ

一同盟ノヿハ老公ノ御口外アリシナリ恐レ入タヿ既ニ高順カ盟書御隱居・（樣脱カ）
ヘ直ニ御覽ニモ入シヿナレハ・（ト脱カ）不問咄ノ中ニテ云シナリ小生も只同志々
々ト云テ其ノヿハ盟ハシテヲルトモヲラントモ不言ナリ
大略右之通之次第何分よも上ゟ御亂シナリ且藤本駿馬實ニ寸々ニキサム
ベシ
一小南ハ万一右之事ヲ人ニ云テヲルヤラ知レンキニ一應小南ヘ引合云て

おれハ云ておるて考へ有ナリ

平井先生、善之丞
大石彌太郎圓

一平井先生へも右之段御通達其後二度計リ參リタト云テある

一彌太郎邊へも急々御通達其外御考之向原へよろしく是ゟ下へ落シテ剛問ニナルヘシ其上イカニシテモ云ハ子〔ハ脱カ〕夫ナリニテ殺スカ又永牢ニスルカナルヘシ永牢ニナリタレハ生テ居ル譯ケナシ

（武市家文書）

駿、藤本駿馬
△、吉田元吉暗殺一件ノ暗符
公子大臣、山内豐響、山内豐榮、深尾鼎、山内下總等ヲ云フ

○元治元年五月下旬（瑞山ヨリ島村壽之助へ）

駿明白ニ云テ居ルデモ無キヿ故ニ誰カ一人參リシミ〳〵ト奴ヲ怒ラセヌ樣ニ熟談シタレハイカ樣トモ都合出來可申△ノヿハ根元公子大臣ノ下知ニテ不被得止ノ御權道ノヿニテ公子ノ思召ハ此ノヿ露顯シ一人ニテモ死スルヿニ至リタレバ身モ一番ニ出テ死ストノ御居リニテ誠ニ難有ヿ限リナシ然ニ右樣相成リ候時ハ大夫〔三人アリ〕モ傍觀ハ出來ヌ譯ニテ是亦死スベシ其余同志ノ四五十人ハ云迄モナキヿナリ右樣ニ立參リ候時ハ其内ニ又斬奸

人モアルベシ實ニ四分五裂不可言ニ至ルヿヲ落涙シテ咄シタレハイカナル駿兒モ同意スルヿト思フナリ

右ノ愚考諸君思召承リ度候此ノ書モ思召ニ依リ明日詰書ト共ニ都合次第外組へ遣し申度候御考御記し急々御廻達終ヨリ直ニ御返し奉賴候百拜

依太

諸賢兄

（武市家文書）

○元治元年五月廿六日（瑞山ヨリ姉奈美子及妻富子へ）

今日は御とふ〳〵敷皆さま御きゝんめて度そんしまいらせ扨私事も今日呼出され御せんき有之候おとゝしゟ修行にゆき夫よりかへり又御供《とも》にて京都へゆきし事初から御たつねなりそれ〳〵申たり其内色〳〵御ふしんの事有之御たつねありしなりおかしや〳〵〳〵一ト通り御たつねにて今日

も先やまりたり夫より段〳〵下の牢へ入ておるが人出るろふとおもひ候やもり本の牢へもいり至極つごふよく候御氣遣とそんし候ニ付あら〳〵申上まいらせ候又近〳〵の内下番さし出候きのふの御文夫〳〵受取島村金次郎ニ返事ハ頼み今晩前へ島村かもつていてくれる筈にて候もし又今晩もつていかねハ朝にても保馬でも島村へ取りニ御やり可〔被脱カ〕遣候かしく

廿六日　　依太

姉上さま

おと乙との

（武市家文書）

島村金次郎

島村衛吉

○元治元年五月下旬カ（瑞山ヨリ妻富子ヘ）

きのふのみ島村より慥ニ受取くり返ししんがは涙にしづみ候今日ハ久しぶりニ天氣もよく先〳〵御姉さま初前にも皆さま御きげんよくめて度そんし候そこ元ふじの由安心致候扨此間は衛吉か出夫より毎日〳〵一所に

吉田元吉

御隱居様容堂

牢ニ入た人出申候京都の事ゟとおもひおり候處思の外つまらぬ事ニて候かゝるむしつの御うたがひ御役人の目のみへぬ事ニて恐れ入た事ニて候志かし此うたがひもむりともおもむ候又かの吉田の國賊《こくぞく》を切りしとて御國の爲なれハむづかしき事をすこしもなしされども身ニ覺のなき事を致しかゝもなし夫ゆへ其左様の事ハせぬと申候上《カミ》かふハ志きりに御うたがひなれとも身ニ覺のなき事ゆへたとへ寸〳〵にきざまれても心を動《うご》かしハせぬつもりニて候○何分大のわるものが有て御上《カミ》へ色〳〵と申上た事と思われ候素《もとよ》り身ニおほへのかき事ゆへ大丈夫なり上《カミ》かふハたゞ千羽《せんば》一トくゝりニて世間其あ方のやつがたゞ　勤王《きんのふ》〳〵などゝ云てつまらぬ事をしたり又出ぽんをしたりするゆへ皆〳〵半平太がそのよふニさすると おもふておるなり何分　御隱居様ニも我等を御にくみのよふニおもわれ候○この間ハほんの一ト通りの御せんきにて候又明日ゟ明後日頃を又〳〵御せんき有事とそんし候百へんせんぎに出てても万べんせんぎに出てて

のふ、方言喃ノ意

も覺のなき事を覺があるとおゐゝいひぼ候夫らふ上《カミ》よまゞ〳〵御不審《しん》のもれぬ事なれハしめたりたゝいたりして色〳〵つよきごふもん有へくとぞんし候又おそのよふニもせぼしてむりに殺もら又腹《はら》を切らもら又ついほふニもるあの内とそんし候○我等がころされたれいこれまでの同志《どうし》の人ゐ皆〳〵死ぬる譯なり誠ニ百人も忠義の人が死んておなんともなふんがのふ是をおもうと自分壹人の事ゐどふでもゐゝゟんと御國の行末がおもひれたゞ〳〵涙よむせび候○どふぞして我身一人よて事のたる事もやとおもへともこれまて同志よて御國の御爲をおもひこみとも〳〵にそちこちしておる同志の人が別ニつみもなきにつみニ逢《おゝ》ておたゞいきておおれぬひけよて候ゆへどふも致しよふもなく候それゆへ御國ゐ大みざれと御心得有へく候皆〳〵一人ものこふも死てしまうと御もひり有へく候○誠よなさけなき事なれども國のみゝれるも治《をさ》まるもとても人のちから心ありよても有ましく則《すなはち》天しせんの事と御もひり有へく候○今さふ格《かく》別《べつ》ニ

申事もなしたゝ〳〵半平太の女房なれハ其筈《はず》よと云ぐふんの所くれ〳〵もそんし候申までもなく候へともみれんな事のなきよふニとそんし候○この上まん〳〵一ッつんほふニどもなりたれハ又〳〵あうことも有へくとそんし候又この世にてあう事もできにハらの四手の山にてもてなしをしよふぞよ○みれんな心にもこしもなく候間氣遣有ましく候○身ニおぼへのなき事ゆへまん〳〵一につゐほふ位にてもみ候やとも存それとも誠にそのよふな目くらの御政事ゆへなんとなるものやふしれ不申候ニ付死てしまうと思ておるより外の事なく候○今のもよふなれハ又〳〵みのやりとりもでき候へともこれあふできぬよふニなるやふしれ不申候（武市家文書）

○元治元年六月一日（瑞山ヨリ姉奈美子及妻富子へ）

この間に御とふ〳〵敷又々うと〳〵敷候へとも皆さま御きげんよく珍て度そんしまいらせさよふニ候へハこの間ハ一どせんぎに出あふ〳〵御ぶし

んのゟどうけたまわり誠ニ々々おもひあけも無き事ニて候もちろん身におほへの無き事ゆへニ大丈夫なりなんほきびしき御せんきありしともなき事を有とはゑゝいわれ候いつれ今月中ニはあいづく事と存しおり候今のよふな御政事ニては誠ニ恐れ入たと云ニもあまりある事ニて御座候これあふむりなる御さたはなとありたれハ御國はみだれ申候御前ぶさも其御心得ニて御心の内ニて御國はみだれたと御もわり被成度そんしまいらせ候人ニはだれニもこんな事ハ言われん彦太ゟ安馬ゟなれハかまん外の人ゟハなんニもそあしハなされまいなよ○この間衞吉ゟ出て次《ツギ》ニ私ゟ出其次ニ川野乃す彌出其次の日小畑孫三郎のよふニ見へ申候きのふもたれぞ出るろふとおもふており候處だれも出ぼ候どふゆふものそがてんゆき不申候明日ハ又だれそ出るろふとおもひ候○この北うらへたてた牢もてき上りてきのふ御目附方のあふため相濟《スミ》候又々明日明後日の内ニはたれそ入るろふとぞんし候小南ともが入らねハゑゝがと氣遣申候

安馬、保馬　小笠原

島村衞吉

小南五郎右衞門

なにぶんわるきやつがあつて御上《カミ》へ色々申上ると見へ申候このよふな御國をみさをやつハ其まゝよゐなり不申あゝなさけなき・（事脱カ）まて御座候○扨々ふハ休日まてよんどころのふ画《ゑ》を頼ませ申候十市の西山ニて候この後内へもんををしニ参り可申ニ付いんを出して御おさせ被遣度ぞんじまいらせ候

一又々近き内下番さし出し候先ハなふ〳〵申上まいらせ候らしく

六月一日　　依太郎

姉上さま

おと乙との

一これよりさきこの通りして文を御こし

一半紙　少々

くろぞき　少々　御こし

一太《たい》平《へい》記《き》　内ニある繪《ゑ》入のほん御こし

一ちとこの間内（マヽ）うしつ下《くだ》りらして朝々下り申候それゆへあまりめしらく

は不申候少しも〳〵御氣遣被遣ましくぞんしまいらせ候
一このうらの表紙《ひようし》ニ文あり
一この一ノ本前へ御とゞけ可被成候
（武市家文書）

島村衛吉

○元治元年六月五日（瑞山ヨリ姉奈美子及妻富子へ）

當月朔日の御文慥ニ相達拝しまいらせ候先々次第あつさつよく相成候處皆さま御きけんよく兇て度ぞんしまゐらせ候私事も毎日々々けふハせんき有之候かとそんし候處すべて御せんぎもなしいかなるものかがてんゆかぬほど衛吉などは二度も出候よしおゝかた今の役人どもの衛吉などをあなどりて色々だましたりして衛吉どもなれハ云とおもふての事かとすゐりよふ致候おかしや〳〵〳〵されども明日か明後日頃は御せんきもあるろふとぞんし候せんぎがなけれハいつ迄もかたづかぬとけまてもふ〳〵一日もはやくせんぎをつめてもらいたく候○此頃小笠原御姉さまの御目はいか

ゞニ御座候哉ちと御こゝろよく候哉承り度ぞんしまいらせ先々かくだんの
事も御座なく候へともなふ／＼申上まいらせかしく

六月五日　依　太

姉　上さま

おと乙との

一この本前へ御とゞけ
一太平記の先キ御こし
　四まてきており候夫より先を少々御こし
一たもこ　御こし
　まゝあるけんとついてニ

（武市家文書）

○元治元年六月五日（瑞山ヨリ姉奈美子及妻富子へ）

さきほど御文それ／＼受取もゐしまゐふセ候先々皆さま御きけくよく[illegible]

て度ぞんじ〳〵私事不相更もふの下りも次第ニよく相成候まゝ少も御
氣遣被遣ましくくれ〳〵ぞんじ〳〵扨

民部、山内民部豐譽

民部様誠よ々々難有ともなんとも申よふ御座なくたゞ〳〵なみさニむつ
み申候このよふな難有との様ハ御座なくと朝夕おもひ〳〵其御守りハ

下番佐藏

大せつニ被成度くれ〳〵ぞんじ〳〵扨明日も佐藏があふかさを持て参
り候よしニ付ついでならふなふ〳〵申上〳〵

六月五日の夜　めて度かしく

依　太

姉上さま

おと乙との

下番雄之丞

一この本前へ御とゞけ又々雄之丞出候節さし出し可申候かしく

（武市家文書）

○元治元年六月七日　（瑞山ヨリ姉奈美子及妻富子へ）

檜垣清治直枝

この間ゟ御とふ〳〵敷扱次第ニ暑つよく相成候へとも皆さま御きげんよく先て度そんしまいらせ二に私事まゞニせんきも御座なくいかなるものかがてんゆき不申又其外の人もせんきニ出不申候扱この下番ゟ檜垣の方にて候へとも忘んて（マヽ）ふの人ゆへこの著ものゝ相頼申候忘つていなるものにて候酒ゟもきにて候まゝ御のませ被成度そんしまいらせ
○たび一ッ○めりやに一ッ○わた入壹枚○合せ羽織壹枚
右之通り御歸し申候御受取の事なとゟ又〳〵つぎに歸候又々近々の内下番さし遣し申候なふ〳〵かしく

六月七日　依太

姉上さま

おと乙との

（武市家文書）

伊藤甲之助和義

○元治元年六月八日（伊藤善平ヨリ同甲之助へ）

倘々京師

（條公、三條實美）（名東才右衛門）

條公之御館江御國ゟ詰居候人壹人も知る人無之候所才右衛門周旋を以此度も書翰相頼候往々此手ゟ差立可申欤と存居候

れし

六月八日記

此度も京師

條公御館詰之役人江頼候へも却而早達と存驛使を以一筆申入候先以暑氣日増ニ候処其御地愈御無異可有御勤芽出度存候當方孰も無事相暮候安悦可被下候扨近頃も書翰も相達不申絶而模様承り不申候へ共定而條公ニも御閑暇ニ被爲在其許も勤事之外徒然と相察し候別書先月初旬宜キ便有之様ニ而認メ有之候所先都合不宜旨ニ而延引之様子ニ而其儘便宜を相待右ニ付封之儘差出候右之書翰之義も土方楠左衛門周旋ニ而有之候毎々懇願ニ預り候ニ付楠左子江も宜御傳聲可被下候其餘島左利玄南部楠

（楠左、土方楠左衛門）（島左、島村左傳次）

利吉、利岡吉兵衛
南部、南部展衛
楠本、楠本文吉
島村衛吉
吹山、瑞山
小畑孫三郎
川野萬壽弥
大監目、大目付

本之三四子にも宜御傳可被下候其許閑暇之節も偷安ニ而も不相成何卒擊釼勉業可然又寶藏院流鎗術も如何兎角鎗刀之中勉勵可然御國ニ在り候へも精々勉勵之節ニ候申迄も無之候へ共當時勢文學ニ而も士之名を耻め候水府之尙武右文本意と存候扨水藩筑波二荒之事定而委細ニ聞知可有之御國ニ而も大分聞へ郭中壯者も漸四五輩ハ攘夷說之趣ニ候御察し々々扨先月廿三日ゟ禁錮之面々詰問初り第一ニ島衛吉出候趣夫ゟ廿六日吹山夫ゟ小畑川野才一日ニ一人充一巡出申候其內當月ニ入衛吉再度出候是ハ初日衛吉申出ニ付大監目初小監徒監迄一座被難破無言ニ相成候由右ニ付再度之詰問有之歟詰問之筋も專ラ斬奸一條と承り申候案外なる事ニ而惣而不堪憤懣當月差入頃ゟ密々出府之人不止終ニ歎願書も出來候へ共未一定ニ不成先其儘之樣子ニ候畢竟老君之御反覆歟と奉恐察候尤茲《マヽ》助抔大憤激之樣子孰も執政家太夫方才にも夫々盡力無閑斷致し居候事ト而實ニ切迫兎角大破裂ニ至り可申歟其許抔先其地滯在ニ而却而宜歟と存候事ニ候委細

之義難紙筆盡萬事御察官吉も益慷慨珍重ニ候藤本淳七佐井松實兄當四月末建白別封ニも申通候欤實ニ感心何卒寫し進し度候へ共長文故不任心殘念ニ御座候過日も物部川以東村田馬太輩三人程參り頻ニ慷慨談歎息致し申候獄も會所も廣マリ下之揚り屋も弘マリ先日迄両人充被幽居候所詰問初り候より一人充ニ分居致候由右獄御造營ニ付先頃以來物議洶々正邪大交代ニ而海内を憂苦致候人一人も聞へ不申只一國限り固陋説而已大ニ被行候事ニ候岡田以藏も幕ゟ大ニ御手入御取向ニ相成近々浪花ゟ船籠ニ而下著と聞へ申候根元吹山初禁錮ハ

京師御沙汰ニ付と申事ニ候処其御詰問ハ一ト通り御國并浪花伏水ホ之斬奸而〔已脫カ〕ニ相成只々合点行ぬ事而已ニ候

○京師之模様大分運ヒ候様ニも聞へ候如何哉

○小之縁頭并鍔ホ幸便を相待居候へ共無之今暫見合差立可申候

○自浪花差立候單物并書翰相達可申と存候岡本繁之助便ニ京ゟも著用差

立有之候是ハ長邸ニ頼候也否之処京ゟ未聞へ不申如何と懸念致し居候
○石川順二郎上京便ニ一封頼候是も達候哉其許ゟも浪花土佐屋敷詰島田
玄藏宛を以書翰差越候へとも達し可申と存候些御越し可被下候
○母ゟも書翰認メ不申ニ付よろしくと申候どふぞ炙（灸カ）を致し候へとも秋風之
節可宜とくれ〴〵申候閑暇ニも必炙（灸カ）可宜候南部母上も毎々御來訪御健
壯ニ候間興夫子ニ御傳可被下候

興夫、後男爵南部甕男

○先便ニも申候通日次扶持米渡り之書付所持之御方ハ夫々御越し被成候へとも取計
可致此段諸兄ニ都合ニ御咄可被下候
○其藩近藤芳樹宍戸眞激（澂カ）才之短尺ホしく候御周旋被下度候
○此方日々館ニ出勤館何も替り候事無之候鏡川ニ而水練御興行ニ成り導（マヽ）
役も出來候右ニ付土用中も外武藝休業と申事ニ而大ニ相樂居申候何卒
申度候へ共今朝も早出ニ付先右之段計餘期後音之時候可祝
六月八日朝認　　　和　　兄

和義丈

今朝喫飯中風と
蔭さのむ身ハ羨し涼しさも
世よ言もやに阿武れ浦松

出傍題御一笑

別紙景山公之御文兼而申候通り春同方受取申候ニ付差立候春同條公之此通り御認メ懇願ニ候何卒周旋尤紙ニ而も絹ニ而も小ニ而も大ニ而も中位ノ横ニ而可宜どふぞあおへ申候へも都合宜候以上（伊藤修蔵）

此書翰ハ上ノ「藤明白ニ云フテ居ル」云々ノ書翰ノ前半ナルベシ藤駿ヽ藤木駿馬

○元治元年六月初旬カ（瑞山ヨリ獄ノ内外ノ同志ヘ）

藤駿云々ノヿハ屹度云テ居ルデモナキト見ユル何卒駿ヘ引合此ノヿノ實事ヲ知リタキ之駿モイカナレ國ノ大事ハ知テ居ルロヲ駿ヲ糺問スルヿハイカヾデ有フ駿ヲ又糺問スルト例ノ曲論ニテカク相成シ上ハ断然自白ナ

ド、云ハスマイカ實ニ氣ヅカハシキ奴ナリ然ニ今此ノヿヲ云ト又云ハズシテ置テモ誠ニ奴反覆スルヿナレハドヲデ同シヿカ　（上田開馬藏文書）

○元治元年六月初旬（前書ニ對スル島村衛吉河野萬壽彌山本喜三之進ノ意見奥書）

右御尤ニ奉存候然ニ奴ヲ今糺問セシトテ有體ニハ云間敷却テ通路有ヲサトリ大害ヲ生スル事ニハ成間敷哉ト愚考仕候

浪穂

浪穂、島村衛吉

廿戊、川原塚茂太郎

御高慮之慮（マヽ）至極御尤ニ奉存候諭シニ行ニハ廿戊可宜ト奉存候如仰駿モ如何ナレ同意セヌヿハ有間敷候

春、藤本駿馬

浪君ノ御考慮モ御尤ニハ奉存候得共春ハ頑奴ニハ候得共存外公然タル處ニ勉强スル風アル様ニ御座候間言テ居ルヿハ得意デ自若ト吐露スルヿト愚慮仕候

眞足、河野萬壽彌

多罪々々　眞足拜

春、駿馬 キ、拷問ノ拷ノ字ノ略

御高慮御尤ニ奉存候春キニタヘス白狀スル日ニハ論サネハ尚更ノヿナリ我輩ノ處テハ成丈兎解致サヌ様セ子ハナラヌワケナリ又上ヨリ堀テ堀上ケ　公子大臣迄ニ及積ナレハ春一人ニ限可カラス只今ノ處テハ成丈兎解ニ到ラサル様セ子ハナラス左スレハ春ヲ論方可宜様愚考仕候

新　太（上田開馬藏文書）

新太、山本喜三之進

○元治元年六月初旬（島村衛吉ヨリ瑞山ヘカ）

依太、瑞山 元敬、大石彌太郎 眞足、河野萬壽彌

大目云ニ長ニ行シ時依太元敬三人計カ外ニ連ナカツタカ△初行シ時ハ三人後行シ時ハ眞足モ行シト云タリ

小孫、小畑孫三郎 キハ拷ノ略 藤駿、藤本駿馬

小孫ト別ケタモ私ヲシバ〳〵詰ン爲ト思フ是ヨリ日々被呼出終ニハキニ至リ可申と存候○云ニ藤駿カ行タ時何ヲ談シタソ△心安キ者每々ソチコチト往來シ時勢咄ヲスル事其旨記（憶脱カ）不仕何ヲ談シタカ不覺○是ホド

ノ大事ヲ怠《忘カ》ル、ヿナシ△上ヨリハ私ノ云處僞リト御見付故右樣思召ナレト身ニ覺ナキ事故忘タリ

〔紙ノ裏ニ記ス〕

一只々イカヾト氣遣早ク承リ度候扨又今夜新上番ニテ人ト成不分故ニ何角之咄モ心配ニ御坐候今朝モ一、ト暫咄とも致居申候

一、横目卽チ監察吏

一今日も多分昨日之通ト存候ヨク〳〵考へ見レト只形色而已之事ヲ云ハアマリ惡キ方ニても有間敷哉ト存候

（上田開馬藏文書）

○元治元年六月十日（瑞山ヨリ姉奈美子及妻富子へ）

原書前文斷缺

もなき次第先日ゟ御目附が女遊びおしてクソ虫と同日ニついほをニあれ誠ニ御奉行やふ御目附なといふ遊ふよふなあ方ニさしていたまらんとふしてよき御政事ニなるものぞとおもひて涙ヲつつみ申候又々十三四ヶ四、日ゟ御法事《ほうじ》のよしニ付下番さし出候先ほふ〳〵あしく

クソ虫、伊藤禮平

六月十日　　　　　　　　　　　　依太

姉上さゐ

おと乙との

(武市家文書)

本書ノ起草者ハ大石彌太郎ナリ
御兩殿、容堂豐範父子

○元治元年六月十三日　(門田爲之助以下二十八人南會所ニ至リ瑞山等ノ爲メニ寛典ヲ請フノ書)

尊攘の大典たる事今更申上る迄も無御座先年來乍恐　御兩殿様度々御周旋被爲遊續て諸家様御盡力の上追々大義相運ひに相成御他邦え差置御國許に於ては別して御國論確定屹度御盛に可被爲致と草莽の者迄も躍起奉仰望候處如何の御事に哉今以て人心疑惑賢愚の所向を知らず加之海岸防禦嚴重の御沙汰も無之御國力文武盛興の御摸様も不相見甚敷に至りては商賣交易の勢日に盛に士民華奢の風月に長し内憂外患目前に増長するを見乍ら徒に太平遊惰の習に赴き動もすれは勤王と申す事一座の戯言に致候様子にて實に不安次第奉恐入事共に候　天意台命は不及申上兼て　御

御隱居樣、容堂

不審ノ者共、瑞山等ヲ云フ

兩殿樣御周旋被爲遊候處より奉恐察候ては尊攘の大義今更御動搖被爲在候事は萬々無之譯に御座候處前書の通十か一も御貫徹の筋に至り兼候は何故に候哉と奉疑惑候開言語貴節儉等毎々重き御書付をも奉拜察候處今日に至る迄其御驗一端も不相顯は乍恐御實意の不被爲至御言行の一致に至兼候御事も被爲在候哉左も御座候はゞ重々可申上樣無御座候何卒國是一定人心一致尊攘の大義明白相顯れ候樣被爲遊度幾重にも奉懇願候別して唐突の申上樣に御座候へ共乍恐　御隱居樣過日御國事御關り御辭斷に相成候趣窃に傳承仕候實に不堪驚愕方今天下の形勢は申上るに不及壬戌以來　天朝幕府の御寵遇御依賴被仰蒙草莽に於ては天下の御英主と四方奉仰望候御身闔國の全力を以て御報効可被爲遊場合と奉存候を自今御辭斷と申すに至りては上は　天朝幕府に奉對下は仰望の者如何可奉存哉何か御深志不被爲伸御儀被爲在候ての御儀かと返す返すも奉恐入候且又先達て京師御沙汰に付御不審の者共幽囚被仰付置候儀素より京師の御沙汰

に候へば實に草莽より可奉伺儀は無之候へ共右之人々兼て當時勢に付一圖に國家の御爲筋のみ存込の者にて必しも豪傑の才卓越の識有之とも被申間敷自然粗暴の働輕卒の摸樣も可有御座候へ共斯く御爲筋存込候者に候へば今更瑣々の罪科は被差置區々の愚忠御仁察被爲遊御寛大の御處置可然樣奉存候此節何となく申傳候は追々御糺問被爲及附ては先年四月八日故參政吉田氏横死の一條殊更御糺明にも相成哉に御座候是等儀は不容易事柄にて決して彼の人々存知の覺は有之間敷市井間種々の取沙汰に於ては萬々可信とも不奉存候彼等萬々御嚴罰に被處候事に罷成候ては此後如何なる御不爲の筋可生も難測奉存候のみならず京師の御沙汰を以て斯く被仰付置今に至り御糺明に相成候ては人心の疑惑彌益甚敷私共に於ても乍恐彌以て方向相立兼申候儀に御座候乍微賤三百年來の御國恩に奉浴候上は枉て彼人々に阿黨仕る譯は萬々無御座勿論輕擧妄動假初にも家國を見捨候樣の儀は不存寄何卒報國の萬一にも哉と存込一死を以て奉言上

吉田氏、吉田元吉

候間若し不當の儀も御座候はゝ私共より先として御嚴罰可被仰付不堪感激懇願之至候

右等申上候ては乍恐國家の重きに對し幽囚輩の儀張〔マヽ〕大に申立候樣御聞取も如何と奉存候へ共唯幽囚輩の爲のみにては無之擧國士民の爲に御寛大の御處置被仰付度左候へば自然人心の去就國是一決賢愚立知の一端とも可相成哉と奉存候以上

元治元年子六月十三日

門田爲之助
川〔イ河〕原塚茂太郎
田所莊〔イ庄〕之助
岡本恒之介
佐井寅次郎
島地磯吉
片岡孫五郎

阿部多司馬

上田楠次

細木元太（イ三）郎

北川源五郎（イナシ）

平石五六郎

上田官吉

三原兎彌太

沖野平吉

西山直次（イ郎）

池知退藏

田中策（イ作）吾

岡本猪之助

村田馬太郎

山本四郎
森助七《イ太》郎
谷作七
大石彌太郎
久松喜代馬
岡本瀧馬
依岡權吉
楠永四良《イ郎》馬
イ粟井兎之助
（佐佐木高行手記）

○元治元年六月十四日（上岡膽治ヨリ上岡淡齋及稀彌へ）

我等存立候事有之此度一味一和之有志五百八拾七人申合候而長門國亡命

致候ニ付一筆申殘置候此度之一擧毛利家而已ならず神州之浮沈興廢之關係もる處ニ付事敗るゝ日ニ到候得も鬼簿に不逸候事覺悟之事ニ候追々聞知可致と存候兼々每度申遣候通り因循姑息之振舞夢々不可有之天朝之御爲にて血脈斷絕致候事毛頭不可辭候委敷ハ不申述候得共大抵可相察候明後十六日當處出足と申筈之處只今俄ニ決議變化今晚出船ニ相成候ゆへ大繁忙醉筆推讀可致候

此短册　公卿より拜領ニ付壹枚爲無紛失長ク家ニ殘し可申候

王室灰《マヽ》復之期ニ到候得も今生之對面も可致候得共事敗れ候時も此紙面今生之暇乞よ候間隨分出精致し我等が存念可受續候母にハ別書相認不申候間對面之節可申通候可祝

六月十四日申上刻　　正敏

上岡淡齋老

稀弥どの

(伯爵田中光顯藏)

○元治元年六月十五日　（瑞山ヨリ姉奈美子及妻富子ヘ）

この間ハ御とふ〳〵敷暑つよく相成候へとも皆々御きかんよく逆で度そんしまいらせ候私事不相更候まゝ少も々々御氣遣被遣間敷ぞんしまいらせ候扨もや夏《なつ》まつりの時節ニ相成今月も又それなりニおしうつる事かとそんし候扨この間ハやねをふきて北うらの新牢へ引うつり一ト夜とまり申候誠ニ々々もこしたのしみて參り候ところいやぞ〳〵牢もせむくむかふニハ高きへハありてまつくらく夫ゆへあつくこたへかね申候きのふハよふ〳〵もんで又こちへ引うつり大ニよくつろぎ申候夕へハそふちして板《いた》をふき夫よりゆをあびこゝちよく相成申候○扨きのふハ岡田以藏がでゝおつたきのふ舟がついた物か夫かふ下もへいたよふもにて候おゝかた下の牢へ入た事であろふとおもひ候きのふ北うらからふ戻《もど》りに以藏がおる北をのぞいて見たかんと見へざつたよ誠ニあのよふなあ方ハもやく死でくれバよけれとあま〳〵御國へもどり誠ニ云《いゝ》よふもなきやつさぞや〳〵親がなげ

下ハ山田ノ牢獄

くろふとおもひ候きのふも牢番らあと長州でどふやら吉村虎太らどふや（吉村虎太郎重郷）らなどゝ大聲てはなしをしよつたこの番人どもら見ニいてはのそつたや（はの、齒ノ）つちやなどゝ云よつた夫《それ》ニ壹人らるき物のつれがあると見へて二人つれ立ておつた其らるき物の云ニ唐もめんをこふていゞもあまニしたなどゝ云よつた○丑五郎（村田丑五郎）も祖父がちとわるく歸り候よしさそや〳〵御こまりと存候竹馬（竹馬、瑞山ノ甥山崎愼三ノ幼名）慶など辨當もてきてくれ候よしあつうてたまるまんとふぞ丑がもやくもどれはゐるゝがもふあれもめつたやふ忘れまん

○たらんの事御申こしこれはこのたらんにてよろしく候ござもなにもいでまけしだんニあび申候あとで板の間をふき候ニ付きれへニなつてよく候

○久ふあもは休にて忘づらに御坐候

又々近々の内下番やり申候ゐふ〳〵らしく

六月十五日　　依

太

姉上さゐ
おと乙との

一この下番酒ハのまゝ誠によき人ょてこの間もうなぎをく坐申候扇子ょても御やり可被成候

前、島村家

一この本前へ御とゝけ
一太平記のさき御こし
辨當の時ょてもよし
一檜垣女の子ヶできたげな名らむへきになつたおあしやくく
とふそく暑御いとひ被成度く坐く存らし（武市家文書）

○元治元年六月十六日（瑞山ヨリ姉奈美子及妻富子へ）

この御守云々ハ山内豐譽ヨリ送ラレシ神符ノコトヲ云フ

きのふゐくゞしき御文被遣ありあゐくぞんしらし先々暑つよく候へとも皆々様御きゝん光て度ぞんしらし扨この御守りゐ誠にありあゐき事

せんの日、前ノ日
てん上、天井

六月十三日大石彌太郎等同志二十八人南會所ニ至リ瑞山ノ教ヲ請フ

よておぼへばなみゟ出申候然よこのらけ守ゐどふもつこふが包るゝこちゑおくとりへつてそまつニなるきにやもり内よて御まつり被遣度ぞんしらり〳〵ぎんみニ出るときゐ手お よふをうち候ニ付ふつくろをあゟんならんきにせんの日もこのてん上へゟけてごさりまけどうぞ〳〵内にて大せつニ御まつり被遣度候扨うち包の事御申越し有あゑく候この間番人よりうちわをもらゝ申候又よきたよりも御坐候ハゝ御こし被遣度候扨この間ゐ大石彌太郎などあゐ〳〵ぞんじよりを云て出たげなそれゆへ留守へ下番やることを氣をつけるやふ忘れんきに又々らんらへて下番やり申候其内島村がでたれハ其時々々ニやり申候其とふり御心得まつゐふ〳〵次ニ申上まゐらせ候らしく

六月十六日　　依太

姉上さへ

おと乙との

ふつくろの中て手せよふをうち申候

うつときにふつくろをあらんといゐん

（武市家文書）

土、弘、徒目付　土居彌之助、弘田晨助後久助

○元治元年六月廿日カ　(獄中ナル河野萬壽彌(敏鎌)ヨリ瑞山ヘ)

大目二人小目二人陸二人土弘詰始終土なり△は土○ハ僕

△先達而以來毎〳〵御吟味被仰付處御自分モ男子ナレバ有底申出ラレヨ既ニ始ノ中ハ兎ヤ角私ノ盟約朋友ノ義ヲ思イテ僞ヲ吐シ者モ段々悔悟致シ實之處申出タ者モアルナリ○奉畏往日不容易廉々御不審被仰付實ニ奉恐入候然ニ其節申上候通都テ存寄事無之何故斯御不審被仰付候哉ト種々苦慮仕升ケレドモ毛頭存寄筋無之△夫ハソウデナイ先ツ御自分伏水ヘ今一人同道ニテ行カレ則チ其夜庄次郎切害ニ逢ウ如何○存掛ナシ先日モ申上候通其時分ハ中川様御都合ニ付極々騒擾故本意ナラズ後し《ヨカ》て承り候得共實ハ走々聞位ニテ中〳〵シミシミモ得聞ヌ程ノヿ之△夫ハ聞エヌヿ之御自分討手の御人數に差立ラレタト云譯デハナシソウ急ナヿハ無カツツロウ然ニ御國ノ下横目ガ切害ニ逢タト聞カバ如何ナル故カト詮議ヲスル

庄次郎殺害文久三年十一月二日

中川様御都合ハ文久二年十一月朔豊後岡藩主中川修理太夫久昭參觀ノ途チ薩長土ノ有志伏見ニ要シ違敕ノ罪チ糺サントセシコトチ云フ

宮様、中川宮朝彦親王

修次郎、平井收二郎

文久二年三月本間精一郎、吉村寅太郎ノ紹介状ヲ齎シテ高岡郡檮原ニ來ル萬壽彌行テ之ニ會ス

筈ナリ○全ク左様デハ御座リマセヌ其節ハ　宮様ノ御令旨云々ニテ彼方此方ト奔走頻ニテ愚鈍者夫迄心配得致シ不申○〔△カ〕ソウデナイ先ッ上ヨリケ様御不審被仰付處ハ只ノ押當デハナシ修〔マヽ〕次郎家來彦太郎ト云者御自分今一人夜明頃ニ歸宅鞋《わらぢ》ヘ血カツイテ居ル故合点行ズ思ヒ居處其夜伏水ニテ庄次郎切害ニ逢テ居タト申テ居ル夫ナレハ其夜何處エ行レタゾ○年ヲ經タ故只今モ申如ク庄次郎害セラレタル月日モ不知位且日記ハセズ丁度其夜斯〳〵ト云ヿハ忘レタリ△夫デハ何〔時脱カ〕マテモ御聞届ナシ其夜何處其處ヘ行ケ様〳〵ト能分リタレバ又御聞届ニモ成ル譯ナレド左様計ニテハ御上ヨリハ如此手形ヲ以御吟味被仰付ラル、ヿ故何迄モ御聞届ハナシ○其義ハ只今モ申上ル通リ其夜丁度ノヿハ忘レタレド尚相考マスルニ其時分收次郎方ニハ未タ寄宿ハ仕ラヌ歟ト存舛ル如何ニモ十文字屋ニ居タト存舛ルカラハ段々同宿モ有タヿ故是等ヲ得ト御詮議被仰付タシ△尚追々御吟味モ被仰付ラル、ガ御自分ハ本間精一ニ西境ニテ弘瀬健太ト同道ニテ出

升彌、河野萬壽彌
土藩封内高岡郡檮原

ツマル、言窮スルノ意
ヒドシ、方言酷シノ意

會致サレタヿガ有竏ロウ○都テ存掛モナシ△夫ハ御自分斯迄明白ナルヿヲ偽ラレテハ余ノヿモ偽ト云フガ顕ハラル、ナリ○都テ合点参リ不申△夫ハ已ニ精一カ竏彌ト健太トニユス原テ出會ヲシタト云テ居ルナリ○如何ニモ誰様ガ書状カニ云テ來タトテ傳承歟致シタニ精一郎カ御陣屋へ來テ竏弥ニ會シタト言タト承リ候故存掛モナキヿ不而已奴ハ大虚喝物ト承候故其後上京尋子テ参タナレド夫故付會ハザリシナリ△夫ハ御自分ニ似合ヌヿナリナセ左様ノ言就（懸カ）ヲセラレタレバ彼ヲお正被成ンゾ夫テ男子ガ立竏カ誠ニ彼トハ不容易示談等モセラレシ由又他藩人トハ私ニ國境ニ出會ハナラヌ譯ナリ斯ク御國方（法カ）ニソムク言就（マヽ）抔セラレテ默スル御自分デナシ御自分ハ年ハ行子ト中〳〵物ヿ合点ヲシ言就（マヽ）抔セラ・（レ脱カ）タラダマラヌト云氣象ノ人ト聞エ居ル云云ナメシヒドシ○ツマル暫シテ稍答其時被仰聞處ノヿ抔ハ如何ナル居（据カ）リニテ有リシ歟忘タリ然ニ今追ス（マヽ）カウテ思フニ奴ハ大虚喝物故言シトテ無益又兎ヤ角言ニハ及情（傷カ）ニモ及ブヿニ至ル譯ト旁奴等如キハ以來見限寄付子ハ事足レ・（リ脫カ）ト居（据カマヽ）レリシナルベシ△決シテソウデナシ何ヤカヤ六ケシク云終ニ早ク右之處恐リ入ラレヨ〳〵上ニハ御好ハナケレド何迄モ眞實ノ處被申出ラレント見苦敷御取扱ニ成ルナリ尚一時ニ申出ルト云フヿニモ出來マイ（マヽ）ニヨッテ得ト思慮セラレヨ明日明後日は御法事故廿三日ニ此義ハ屹度御僉義被仰付尚時宜ニヨリテハ見苦敷御取扱モ被仰付云々立レマセ

大略如此御座候御推覽々々

前書ノ附記

一鞋ニ云々合点不行又同行モ誰トモ不言

一本間ヿ先最初◉出張ノ時云（マヽ）就テ止リ其後度々出レト更ニナカリシニ又初ツタリ上田楠次ヂヤニ弘健トハ可笑〳〵

一平收僕云々是モ確證ハナシ恐ル、ニ不足由ヤ確證有テモ前言ハドチミチ改メタヿ故確トテ左而已畏縮スルヿモナシ併シ口ヘ何卒平收僕愈申

◉ハ目附

平收、平井收二郎

口ハ横目濱田亘作ノ田ノ字

ノ隠符艮作ハ兼テ瑞山等ノ同志ニテ聲息ヲ通ズルモノ

先生様、瑞山

大◉三人、大目附三人、小目附三人、陸目二人、徒目附二人、土彌ハ徒目付土居彌之助

テ居ル歟何卒廿三日迄ニ御手便も無御座候哉とふぞ可成今度出張迄ニ
承置度事に御座候

先生様　　眞足

（上田開馬藏）

○元治元年六月下旬（河野萬壽彌ヨリ瑞山ヘ）

大◉三人小目三人陸目二人詰ハ終始土彌なり△此間御吟味被仰付儀得ト思慮被致タルヤ○種々思慮仕候得共都テ不調法者ト云ト△不調方（マヽ）ハナイ有タヿヲ有タト云ニ本間精一郎ニ國境ニテ逢タニ相違ナシ如何有様被申出ヨ○存掛ナシ不調方（マヽ）ト申ハ全ク虚飾ノヿデハナシ何卒御不審之處ノ分明ニ私赤心貫キ候様ノ申上様ハ有間敷ヤト存候得共心外不調法モノ先日申上候ヨリ外何モ存寄無之實ニ心外至極ニ御座候

△ソウデハナイ此義（マヽ）御不審ト云デハナシ慥ニ精一郎浪花ニテ其役邊迄申

高ノ處、概ネノ意
取ヤハヌ、方言取リ合ハヌ
得々ハエ、ト訓ス方言ヨイノ意
ツロウ、方言デアツタデアラウノ意

出テ居ル夫ニ御自分同列之者ヨリ書狀參ッタ云々被申出タリ依テ是ハ間違ノ無キヿナリ
○夫ハ乍恐左樣デハナシト云ト
△同列ハ誰ゾ
○同列トハ不申上誰歟ゟ申來タトテ夙ニ右樣ノヿ誰歟ヨリ傳承シタリ△然ハ此間被申聞通何ソ其後逢タル時攻《責カ》ンゾ言掛セラレテ默スル御自分デナシ
○夫ハ御尤ノ御不審ナレド高ノ處他藩モノ大虚喝物旁以後取ヤハヌヿト心得タレハ得々トノ居《据カ》リデ御座リ舛シツロウ其時ノ居《マヽ》リハ忘レタリ只今申上ル處逆上ッテ相考候處ナリ
△左樣デナイ成程何處ぞテ酒ヲ呑ダトデモ云ヿナレバ夫ハ其通心得テモヨケレド忍ビテ境デ出會且容易ナラヌ時勢談等モシタ樣子ニ聞エルカラハ是ハ屹度御上ヨリ御不審ノ立譯ナリ云々

○成程只今斯ク相成テハ如何ニモ其節糺上手前ヲ切テ居タレバ今日ケ様ノ御不審ハ蒙ラヌ譯ニテ此義千萬後悔仕殘念至極ナリ乍恐只今モ申上ル通其時ノ居リハ何分大虚喝物且御上ヨリ御不審ノ立コナレバ早速御不審相蒙ル譯ナルニ左モ無キハ彼ハ大虚喝故御上ニモ御取上ナキコト存シ一通了簡ヲ以只見限タリ

半平太、瑞山

△ソウデハ有マイ何分此事ヲ言タレバ容易ナラヌ示談デモ仕テ居ル故夫エ付入ラルヽト思テヾ有ロウ是式ノコニ落度ノ有ル御自分デナシ數百人ノ同盟ノ中デセ年コソ行ネ名上ニテ半平太抔ノ極々見込機密ノコ抔悉ク談スルト云御自分ナリ是非出會ハレタニ相違ナシ御上ヨリハ斯迄手形ノ有コ故被申出デモ其御見附《ツケ》ヲ被仰付恐入ヲ被申出ラレエ

吉村寅太郎

健太、弘瀬健太

○奉畏候得共愈出會不仕只今被仰聞ニ吉村トカテ云々ト有レバ其邊御全《詮カ》義被仰付タシ又健太ト同行ト御座候得共都テ在郷《ガウ》へ同行シタコナシ尙家内モ有ルコ故厚ク御全《詮カ》議被仰付度

新吾、那須信吾
カツカウ格好

土間云々、拷問ニカクルト云フコト

△夫テハ言迄モナシ扇太モ新吾亡キヿ故不知大抵年ノカツカウモ聞エテ居ル又健太ト同行ノヿモ家内ノ知ル譯デナシ云々ドチミチ此二ヶ條ノ手形ヲ以出會ノ御見付被仰付ラル（マヽ）、申開《ヒラキ》有ヤ素ゟ無理ニ押而御見附ノ言デナシ夫々相違ナイノガレラレヌ處テ御見附ヲ被仰付ラル（マヽ）、ナリ○眞ニ精一ノヶ條ノ申掛ハ何故シタヿ欤合點不行ヿニテ私ノ口ヨリ申候得𪜈卑《ヒ》劣ニ御聞取候ハンナレドモ彼何ぞ御陣屋參リ示談致スニ御國ノ誰ガシニ（マヽ）出會云云ト云ヘバ都合ヨキヿ抔ド有テノヿ欤ト存舛ル何分厚ク御全義被仰付タシ私ニ於テ愈出會致シ不申

△此上ニモ被申ント不得止土間引下ロシ見苦敷御取扱云云父母ニ苦痛ヲサセ世間ヨリモ云々早ク被申出ラレヨ何分夫ヲ言タレバ附込ル、ト思フテ言マイ

○全左様ニテナシ其義ニ至テハ實ニ血涙ナリサレド愈存ゼヌカラハ仕方ナシ

△浪花ヨリ言テ來タトハ誰ゾ是モ容易ナラヌ示談ヲ仕テ居ル故知レタレバ大變故早速言テ來ツロウ・《○脱カ》全ク左様ニテナシ誰カ言テ來テドウ〳〵傳聲シテ來タモノヤラ忘脚《マヽ》シタリ

△夫デハ不濟《スマ》人ニ僞ヲ言掛ラレテ夫ヲ忘レルト云コ決テナシ其傳承シタ人ハ誰ゾ

○能々考ヘヨツタレバ思ヒ出シモ仕舛ウ只今差當リ愈忘レタリ此處△尤ヤカマシ

△斯迄厚ク御諭シヲ被仰付マダモ被申出ネバ此上モウ御上ヨリ其見附ヲ以御取扱被仰付本ト御自分抔ケ様被仰付シハ只ノ御疑テナシ其後尙御全《マヽ》義有之處廉々御不審ノ廉出テ來タリ然ニ御上ヨリケ様被仰付候柄ハ御疑ガ晴テモ只ハ濟サント云コハ決テナシ（此處盜人ト言ヱバ手ヲ出スト不覺可笑）云々尙牢屋ヘ歸テ得ト思慮セラレヱ尙此上申張ラルヽニ置テハ最早其御見附ヲ以云々屹度思慮セラレヱ立タレマセ

ち丶、方言トカタレパノ意

大略如此御座候實無理ち丶ひどく御座候不相更毛頭分リ申開敷御推讀奉仰候詰之前後シテ居ル處モ不少候此次ニ出タレバ無理ニ末ヲ付ル勢ニテ御座候

眞足

（上田開馬藏文書）

本精ハ、本間精一郎
土彌、徒目附土居彌之助
岸圓、同岸本圓藏
キニハ方言故ニノ意
テツシリ、方言シカトノ意

○元治元年六月下旬（河野萬壽彌ヨリ瑞山ヘ）

要ト有ル處迄先申上候今日モ不相更本精一條中〳〵六ケ敷御座候

小○三人陸三人土彌ト岸圓ノ詰ナリ

△此間浪花ゟ懸合て來タト云ハ誰ぞ名前ヲ思ひ出しタカ○何ト考ヱテモ思ヒ出サズ△夫ハ其筈ナリ御自分夫ヲ言タラ附込レルキニ云々《ハヌカ》デアロウ此邊尤呶々盛ナリ終ニは御疑三ケ條此申開ガアルカ先第一精一ガ御陣屋へ來テ云タト云ヿヲ覺ヱテ居リナガラ其ヿヲ聞タ人ヲ忘レテハ不濟是ハ包ミカクスニ相違ナシ第二精一ガ御陣屋へ來テテツシリ言テ居ル是ヲモ

玉ラン、堪ヘラレスノ方言

御自分包ムハ吉田元吉ハ姦物ユヘ切害セネバ云々抔ト不容易ヿ言タ由ニ付夫ヱ附入ラルヽト思ヒ恐レテ逢タヿヲカクスロウ是又相違有間敷第三精一ニ逢テナゼ言懸ヲセラレタレバ攻《責カ》ンゾ言懸ヲセラレテ默スル御自分デナシ

右三ケ條ノ處ニ置テ申譯アレバ御聞取被仰付ラルヽ是迄申上ル處ニテハ決テ申譯不立御上ヨリハ無理ニ罪ヲカブセルト云デハナイ申開ノナイト云ガ僞ノ證據故愈逢タト御見附ヲ被仰付ラルヽ右樣御見附ヲ被仰付ニ付テハ其節不容易ヿモ計ツタト御見附ヲ被仰付其通心得ラレヱ云々○夫〳〵申解ヲスル尤モ先日ノ通リ故略ス△不相變三ケ條ヲ以何ヲ言テモ不受ナメシタリオドシタリ玉ラン〳〵尚退思慮セラレヱ是迄申出ラレル處ハ一細《切カ》申開不立御聞屆ナシ此ツギニ召出サレ候トモ右樣申出ルニ置テハ夫ナリノ御處置被仰付ラルヽニ依左樣心得ラレヨ立レヱ○不立奉願廾私是迄願申上ル處毛頭僞ナシ尚此上厚ク御詮義奉願△素ゟノヿ云云立レヱ○尚

陸◓、徒目附

兒ハ岡田以藏カ

先生、瑞山

左藏、下番

太郎、島村壽太郎

△、監察吏

□、横目濱田眞作ノ田ノ符號濱田ハ勤王ト聲息ヲ通スルモノ

奉存私ユス原△立レヱ○尚不立言懸ルト陸◓等立レヱト云故最殘念ナレド戻ッタ實ニ今日當リノ無理未練者ハ心外怒氣相發シ激聲ニ相成申候心外〳〵

右ホンノ大略ナリ兒ノ答ハ略ス尤も兒ニハ物ヲ不被言

眞足

先生へ申上候△浪花カラ懸合ハ誰ぞト云故○全ク直ニ私へ來シニハ非ス誰欤ヨリ傳承シタリ云々△傳承シタ人ハ誰ぞトテ此處ヲ確證ニシテ僞リ故云云ト玉リ不申何卒誰ゾト云テ宜樣ノ都合ナレバ今夜左藏ノ歸懸ニ何卒太郎邊へ御懸合被遣誰デモ余リ嫌疑ノ無キ人ヲ拵へモライ度尤モ俄ニ思ヒ出シテハ都合ワルク故△へハオボロニ答可申何卒□ノヘンヱモ急々計リ呉レ明日ヒル迄申來ル樣御申遣返ス〳〵奉願候

（田岡正枝文書）

◉日附

本間ノ一、本間精一郎殺害一件

七兒、岡田以藏

大坂ノ事、井上左一郎殺害一件

キハ拷問ノ拷ノ字ノ略

傳、曾和傳左衛門

図門田爲之助カ

○元治元年六月下旬カ（瑞山ヨリ島村壽之助へ）

一ツク〴〵相考候處此ノ上◉ニ疑晴れず糺シ上ゲルニ至レバ先ツ◉の證と云處ハ本間ノ一ヲ指揮シタト七兒ガ云テヲルニ付テハ大阪ノ一モ其ノ通リデアロヲ既ニ其ノ内ゟ云ニ依太ヨリ直ニ指揮ハ受ケネドモ依太ノ差圖トハ聞イタト云テヲル（是ハ先ツ恐ル、一ナシ）右ニ付七兒ト對決ノ上水掛ケ論ナレバキに至リ可申私キニナリタレバ七兒モ亦キニ至ルベシ七兒キニナリタレバ忽死解大乱ナリ（終ニ七兒ヨリ事破レ可申ナリ）

此ノ一傳ナトヘ御咄シ図邊之今ノ見込御聞キ合セ奉願候

一今日モ呼ヒニ來リタレド少々又下リ候故今日ハ斷リ申候明日ハ出ル合ニテ御坐候

○元治元年七月一日（瑞山ヨリ姉奈美子及妻富子へ）

此間ゟ御とふ〳〵敷暑つよく候へともみな〳〵様御きげんよくめて度そ

元治元年六月廿五日執政深尾弘人、柴田備後、大目付手村左膳、寺田左右馬、小八木五兵衛、板坂市右衛門退役、七月三日高屋友右衛門、小笠原唯八大目付ニ、同九日森權次、後藤象次郎、大目付ニ、福岡藤次、側用人ニ岩崎二三、野中太內、小目付ニ尋テ、乾退助大監察ニ任ゼラル

ヘゴナ、方言マズイノ意

んしく〱私事此間ちと〱わるく候へとももふ〱こゝちよくもふふだんのとふりゝ相成候まゝ少も〱御氣遣つかわされましくく迄〱存〱先の頃内ちとこゝちあしく候ゆへゆもつかわず候處二三日するとこゝちよく相成候ニ付髮をゆひゆをつかひ候處其晩よりねつ出手足すくみほねいたみ申候夫から楠瀨來りくすりをのみあせ出候てよりすか〱よく相成申候〇扨此間内御役人みな〱やまり候よしどふらきのふ聞けは其あとへ吉田組の人出たと申事誠やらうそやらしれぞ誠なれは御國はみだれるはらんせんなるへしもふ〱このよふニへごな事なれは早くいつそ先の吉田の時分の役人が出たれはもやく方《かた》がつくべし雨ふりて地はたまるわけにてもやう雨がふりたれはあとは又〱晴るなるへしそれがもふいつそ御國の御爲となるへし〇扨このあつさに皆〱小供とも前の御祖母さまごふも御いたみもなく候や誠に〱めて度〇京都も先〱其後御飛脚もつかんよふをはしづかな事ら

○夷人が長崎へ大舟五そふきておるけな長州をうつとげなこれハ誠よ〳〵
誠なれハけつこふよて候とうぞそふなれハよいが扨又〳〵近〳〵の内下
番さし出候先なら〳〵かしく尚々あつさ御いとひくれ〳〵存まいらせ候かしく

七月一日　　　　　　より太

姉上さゑ《マヽ》

おと乙との

一すきぐし　　一ツ

髪をゆうにちとすゐんとたまらんよ

前、島村家

一此状前へたしらに御とゞけ壽太らおぢさんらへたしらに御とゝけ

（武市家文書）

○元治元年七月七日（瑞山ヨリ姉奈美子及妻富子へ）

けふはもや七夕ニ相成うつら〳〵と月日の立事ニて御坐候先〳〵暑つよく候へともみな〳〵さま御きけんよくめて度そんしまいらせ候私事も不相更候まゝ少も〳〵御氣遣被遣ましくそんしまいらせ候扨京都も大事ニ相成候よし

七月六日藩主豊範用意出來次第上京ノ旨ヲ藩内ニ達ス

太守様ニも急々御上リニ相成候事ら夕へも役所ガ夜ニ入五ツ頃ひけ申候けふもやすみなれど役所ガ立申候誠ニ〳〵こんどの御上京ハ御大事の〳〵の事にてあ方の人がおともなどしたれハ末代までの御名のけガれとなるとふそ〳〵よき人ガ御供せねハならにたゞ〳〵〳〵氣遣申候天下の事も御國の事もこんどハ二ツ一ツどふしてもきある事とそんし候○夕へハ下番をやり候とそんしおり候へども役所ガひけぬゆへやめ申候もふ〳〵ゐハぼんニかこふとそんしまいらせ候それゆへゐのぐハ又〳〵近〳〵の内ニ下番やり候まゝ其とき御こし被遣度そんしまいらせ候○又やじ喜太の詩出來候

やじ喜太の詩、拙詩ノ意

安馬、小笠原保馬

まゝ安馬でも參り候ハ、よまして御きゝ御なぐさみ被遣度そんしまいらせ候

又〳〵近〳〵の内下番さし出し候先ハなら〳〵めて度らしん

より　太

姉上さま

おと乙との

七月七日

○江戸うりのよふなほそきまうり辨當の時までも御こし

○この本前へ御とゝけ　（武市家文書）

前、島村家

元治元年七月三日小笠原唯八大監察ニ同九日後藤象次郎大監察ニ福岡藤次側用人ニ任ゼラル

○元治元年七月十三日　（瑞山ヨリ姉奈美子及妻富子へ）

扨ぼんニ相成暑誠ニつよく候へとも皆さま御きげんよくめて度そんしまいらせ候私事更る事も無御座候まゝ御氣遣被遣ましくそんしまいらせ候一兩日おやをみまて先〳〵玄づらに御坐候繪《ゑ》をらき候ニ付ゑのぐ御こし被遣度候扨御役人又吉田の組が出たげな又〳〵御ぶきやふもみな〳〵引たげな

樋口眞吉日記ニ云フ十二日(七月)早追著御兩殿樣會所へ御入

大守樣藩主豐範

御いんきよ樣容堂

誠ニおそれ入た事ニて御坐候吉田組が出たれハ私なとの事いあゞ相成もあられもたゝ〳〵せんぎもせぼにむりニころさるゝやら忘れぞもとより死ぬるをいとひも候へとも御國の天下へ末代まてへごな御名を御流しがとふもたまらんきのふも太守樣御いんきよ樣御二方會所へ御入が有たがどんな事ぞとんとなんといきつくものやらひかり不申扨又十五日のをん頃下番やりなおあ申上度く候はら〳〵〳〵〳〵

七月十三日　　より太

姉上さま

おとゑとの

前、島村家

竹馬、山崎愼三ノ幼名

この本前へ御とゝけ

ゟふハ竹馬が辨當持てきたけなが丑ハ又内へいたらひるうハなんあ

(上田開馬藏文書)

○元治元年七月十四日（林勇乾市郎平中島小膳ヨリ福岡藤次市原八郎左衛門眞鍋榮三郎小笠原唯八へ）

一筆致啓達候然は當月十一日山崎天龍寺屯集之長州人御説得ニテ是非ニ引取候樣只各藩ヨリモ説得被仰付候得共御當家樣役方之者共ハ見居無之ニ付稻葉樣へ書取ヲ以御斷申出大樣諸家樣モ御同樣之由尤藤堂上杉加州等ハ御趣意御引受ニテ御日延之義ヲモ一橋公へ被仰込候ゟ御盡力之赴(趣カ)其中今十四日薩州樣ヨリ三本木吉(マヽ)集會致候ニ付重役並ニ周旋方へ示談ニ及度段市郎平下宿ニ參リ折柄又平(市郎カ)義少々不勝ニ付出席難相調小膳並周旋方人數不殘參會其日細川有馬桑名會津之五六藩ニテ薩州重役大島吉郎(マヽ)ヨリ演説頃日堂(上脱カ)・公卿方長州歎願ノ筋ヲ御採用ニ相成候樣之御存寄モ數々有之朝議モ餘程御動搖之御摸樣ニ付忽御威光不相立ト申ニ至候ゟハ不安次第ニ付公卿方へ御同意本(ルカ)へハ取分リ存慮可申上此之義は過日關白樣ト宮樣方御密會之上何分薩肥土久留米ノ四薩(藩カ)ヨリ論解致呉樣御內意ニ付人事ハ盡セ候丈ハ盡候儀當然ト相議候段及演説候得共實ニ淺々敷御賢(一字不明)・ニテ基本

相立不申玉座近キ公卿方之御沸騰ヲ叡慮ヲ以御取収之義不相立外藩へ被
仰止候義一圓不宜ト存込候ヨリ尙諸薩〔藩カ〕ヲモ遂談判候處孰モ薩藩へ同意外
ニハ重役モ參合御座候義大半相決候得共如何ニモ見處立兼候故卽答難相
調猶重役ヘモ相計候樣答同夜於御殿會合又平〔市郎カ〕一席ニテ致評議候處何分數
十軒へ罷出喋々ト申上候而ハ顯然其內ニハ不束之義モ生ジ可申ニ付御間
柄樣且御役々之御方樣ニ候得バ御向處モ聢ト致シ可宜ト會津邊之異見モ
有之旁一決之上翼〔マヽ〕朝薩州屋敷へ集會返答ニ及候處於彼屋敷猶詮議之上三
藩一人允（久留米薩州御家細川ハ建白ニ付不申出尤此意之意趣ニ其答有之）傳奏議奏へ罷在〔出カ〕相濟候處何分宮樣ヨ
リ御國事掛へモ同樣申出候樣御沙汰ニ付同斷罷出候由御國周旋方ハ三浦
八之進乾市郎平森復〔吉カ〕太郎野崎紀取分參候得共御名上薩州藩ヨリ演說ニ相
成跡二藩ハ强而委細ニハ開口不仕由其後市郎平參殿之節宮樣ヨリ至極御
力ニ相成候哉ニ御意被爲在候由然ニ久世樣へ跡ニテ書取薩州ヨリ差出候
文意別紙之通然ニ始三本木會之節演說ト相違ニテ長州ヨリ難願之儀ハ今

春御宸翰之表ニ相達之義ニ付如何ニ被仰立候而モ勅許ニハ難相成譯合ニ付其筋合ヲ以御諭解申上候義ト居（申カ）候義ニ付自然齟齬致候様ニモ御座候得共於道理不當ト申筋ニハ無之候故夫形ニ爲濟候得（共脱カ）・輕輩之者共ハ兎角長州荷擔之風習故異論等申出候義モ有之候得共取ニ不足事ニ御座候一〇右書狀相認候長州人數初山崎へ引取一戰之支度物見伏見ヨリ歸話承候中又野崎紀歸伏見ヨリ五百人計海道ヲ押入京之様子相聞へ來リ俄ニ一番貝ヲ立一統用意ニ移リ委細之義紙筆ニ盡兼候今朝御目付衆ヨリ一橋公御屋形へ御呼立自然異變ニ及候節之御備賦リ別紙之通存清和院御門ハ不相變伏見御屋敷之義御内意被仰付守兵御差置之手賦致候最中ニ前文之摸様相聞且別紙四册長州屋敷ヨリ差越御座候實ニ此書面入御聽候ハ如何計歟御心痛可被遊實ニ王室之安危此時ニ御座候餘程不意ヲ被討逆寄ニ被致候事ト甚以口惜次第明日出達之筈之處操上申候再物見ヲ掛置參返申（候脱カ）・先筆ヲ留申候〇掛リ迄ハ一同列席相認候得共其跡ハ小膳走々相認申候時情ハ左右吉ヨ

左右吉、高見
左右吉

リ口達可仕ト存候此上ハ早々大軍を御差向御輔翼之御儀當然之御事乍恐存候恐惶謹言　　（田岡正枝文書）

〇元治元年七月十七日（藩主豐範藩內ヘノ諭告書）

尊王攘夷の大義に付議論紛紜人心迷誤より御國體を取違候輩も有之候哉分義に違ひ職守を失候様成行も實に嘆式〔數カ〕次第に候抑も　皇國往古　天子の御政及ばぬ隈もなく征伐の事も親臨し給ひ國々方面へ守介を被指置候は是漢土に比すれば郡縣の治と謂べし中古以來漸く公武の御分被爲在候より武門　幕府を設け國司地頭方面に於て別に主從の分義相立遂に元和に至て屹然封建の治と定り候夫封建の体としては　天朝之命　幕府に下り　幕府天下の大小諸侯を率ひ令を四方に傳ふ其分義順序固より不可亂也故に諸侯藩國と爲ては上は　天朝　幕府へ奉對有事は報效を思ひ下は一國の士民ゟ《ヨカマ、》望み夫々の職守を知らしめ內を修て外に向ふ是則　天子の

藩屏たる所以　尊王の大義固より此に在る也且元和御治世以後凡二百餘年御國の士民として御國体を辨へ候はゞ假初にも恩を知り義を知る者紛紜迷誤致候理は無之候誠に一昨年攘夷の勅下るより公武の御際聊不穩成儀も被爲在一時憤激の者此機に乘し不可亂の順序を越え當面の名義を棄て恐れ多くも直に　天子之大庭(イ廷)に走り事を議し妄意を以て膺懲の典を擧げんと謀る者不少是偏に　勅意遵奉之義理の當然に似たりと雖全く然るにあらず去歳八月以來の事と相成我等不肖之身と雖諸侯藩屏の員に備り一國士民の主と成　天朝　幕府の御策略相定候上は如何樣共遵奉致し成丈功業可相勵之分義に候然に徒らに議論を以て攘夷を唱へ或は士氣を振ひ兵備を嚴に致す等固より急務と雖國中人心方向を定め道を不失樣なし不置ては庶政とも擧がたし況遵奉の本意も不相立に到らん畢竟我等の不肖より所存貫徹不致意外之事已矣多く其責誰にか歸せん哉此度政治親執致候も頭首手足とも一体の義を示し有事の日に當らば國中の者我等馬上

の用に應し指示意の如くなくしては　天朝　幕府への報効も何に依てか其道あらん前にも述べたる通り方今封建の御國体藩國の士民と奈り殊に我等の下として私に尊攘の大義を首唱し己が職守を忘れ潜〔僣カ〕越非分の擧動無之遂に反回する所を不知者我等不肖の成處によると雖更に不心得の事に候將又一國中我以下家老庶士輕格庶民に到迄夫々等級順序有之敢て僭越すべきに非ず唯言語のみ貴賤に拘はらざるは上下隔絶せざるか爲め也右迚も政府役人共へ申出歟我等へ直に申出歟是亦順序に候其餘政事に攜はらさる方へ立越し密々申入れ或は申立の件より徒黨連判致は決て諫爭上言の道に非ず懇々可心得事に候　（土佐藩政録）

○元治元年七月十七日　（容堂豐範父子南會所ニ臨ミ豐範ノ達文）

存慮を以て今日より眞に親政可致親政の處置は外に無之至理至當斷然不動樣相居り候故奉行共役人此趣意十分相心得職掌可勵候　（土佐藩政録）

○元治元年七月十七日　（藩廳ヨリ藩士ヘ達示）

此度厚思召を以て御親征〔政〕被仰出候に付ては度々會所へ御入も被遊尙又言論大ニ御開下情相通樣の御趣意に被爲在自今以後存寄之筋有之會所へ罷出候者御規定左之通

自中老留守居組迄當日出勤之上御近習目付へ願出白札より組外迄は御徒目付へ願出其餘の輩支配方へ願出之筈

右之通御觸達に相成候事

（土佐藩政錄）

○元治元年七月十八日　（中岡愼太郎ヨリ父小傳次及兄某へ）

一筆奉呈上候殘暑今に甚敷御座候益御機嫌能御座可被遊奉大賀候扨私事先月出陣仕嵯峨天龍寺ニ陣ヲ取今日迄其儘罷在候主意ハ去八月十八日以後乍恐　天朝之御所置御齟齬之次第全ク會津薩州等之奸計よりかゝる次第ニ成行候事不堪慨歎して先攘夷を大本として七卿樣方御復職長州侯御

入京萬事宜ヲ得候御所置被爲在度之歎願愁訴する所に御座候所會津ハ直様去月廿七日夜九門内ニ入リ今に不出薩州其外類に追討之命を請ひ候由全く只今之姦賊ハ其會津ニ極リ申候ニ付色々苦心仕居候内恐多も鳳輦を彦根ニ動かし奉らんト計候趣全く會津彦根之奸策ニ出候事にて實ニ　皇國之大罪逃ル所ニあらずと一同決心罪を數へ皷を鳴らして其罪を討んと相謀公然として是を　天朝ニ願奉リ列藩に檄を傳へ直様突入せんと相決し申候左スれは私共も最早此限之命と御あきらめ可被仰付候　御父上様ニハ御年も被爲行御氣の毒千萬私ニおいて不孝ト思召も可有御座候得共土左之國之山野に生れし愚盲之私とハ乍申幼少より忠義之道兼々相心懸け居候處此度は　皇國之御爲に一天萬乘之大君之爲に闕下ニ死し候はヽ何も〳〵うらみ無御座候此處丈は幾重も〳〵御あきらみ《めカ》御悦可被仰付候御家内御一同様其外へも宜奉願上候將又御國之事抔とふか承候得ハつまらぬ御政事に成行候趣彼是御國同志之人々も苦心如何計かと遠察仕候何

某清岡道之助

分にも當日ハ大取急き別書相認候に暇無御座ニ付此書御覽〔之脱カ〕上清岡邊に御
見セ被仰付度奉存候
大君の大御心お〔マヽ〕休めんと
思ふこゝろは神そ知〔ろ脱カ〕らん
大君の邊にこそ死なめ大丈夫の
都はなれて何か歸らん
と思ひ出し候まゝ相認申候右あら〱如此御座候　恐惶謹言
子七月十八日　道正
家大人様
家大兄様
（川田豊太郎藏）

○元治元年七月中旬カ　（瑞山ヨリ妻富子へ）

〔原書斷鈌〕
とのし
事サツハリみゝに入ましく候今更申までもなく候へとも誠ょ

犬《イヌ》ねこにもおとりし奴《ヤツ》にてこのよふなちくしよふにもおとりしものゝ事を聞てみゝのけがれとなり候まゝサツハリ聞ぬがよく候とふぞ〳〵忠臣義士烈女之もなしむあり御聞有へく候

誠に不義之富貴を浮へる雲にて衛吉など我君之爲大君の爲日本の爲に色〳〵苦心して死候もそ武士のかゞみともなり候事をむかしより武士を名をおしむとこそいふなり今をにごりし世の中ゆへにごりし人が富貴となるもや又世の中が清《スミ》るれいとふでらあろふ上ハ三條中納言樣ゟ長州樣又水戸の御家老之武田なと初天下おしなへて今つみニあう人を忠義の人をあり爰元なとも其數に入しとおもへハ又うれもさんし候［原書斷缺］其位ものとおもへどおもひにたへぬ事を　御隱居樣乃御行跡《キヨウセキ》今も上番のもなしを聞ハ太守樣をいよ〳〵十六日ニ御發駕夫に付諸役所もどんちやんらやる其中にて御隱居樣をえよき舟にて須《ス》崎へ御出にてらつをなど御つらせ夫ゟ佐川へ御出夫ゟ御歸りにて浦戸にて御とふりうと申事この御入目

三條實美
毛利慶親
武田耕雲齋

山内豐範元治元年七月六日用意出來次第上京ノ命ヲ發シ同十月七日上坂ノ途ニ上ル

が五十貫と申事恐多くも今ゟ
一天の御君様の御しんきん御なやみ且又太守様にも今度の御上京御苦心
被遊候御中にていかなる思召ぞとたゞ／＼あきれ候一人も御いさめ申人
もなきことらと誠に／＼なげきてもあまりのあることにて候扨こんな事を
いへもさはらんなく先なら／＼らしく

より太

おと乙との

おはへ

一煎薬　六月廿六日　四貼　初て春同來る
一同　同廿七日　四貼
一同　同廿八日　三貼
一同　七月朔日　貳

〆十三ぶく　　楠瀬

一上岡よりきつけもせぼわもれ申候先〱二十ぶく位よしておいたれハ大丈夫にて候

岩竹、岩茸

○めしのさん　岩竹ゑらがこふこふりごんよやくなどゐもふたり候それまとふもすへ申候ニ付當分御やめ

其外ハなまゝてもよし

ちく〱、方言少シヅツノ意

○京がしちく〱御こしなぐさみニなり申候

○なもひのこのものハ。よく候。一ッの。をけを。つける。よふニ致し候。つけたらを。おこしたれハ。つけて。おき申候　（武市家文書）

原書斷缺　我斷

○元治元年七月二十日　（安藤眞之助ヨリ同志へ）

僕儀昨日京師討入候處總勢敗北致し候ニ付敵中を切拔天王山迄引取申候ゟ松山深藏千屋菊二郎能勢達太郎僕外に他藩人十四人割腹之誓にて罷在

候處不圖便宜を得候間一書差出候自身主意不貫徹無據乍心外如此相成候
得共遺憾無之候御序之節家内一同へ從容就死致候段此書爲覽可被下候何
卒僕の心事萬々御辨論可被下候匆々中密なる不能如斯に御坐候
七死七生　國賊是殲　敵王師者　强弱何嫌
七月廿日　天王山上書　　　　　　　　　　安東眞之助
　島本審次郎様
石川六兵衛様
岡本瀧馬様
依岡權吉様
（瑞山會文書）

○元治元年七月廿日　（松山深藏ヨリ千屋金策へ）
此度之事御聞知に相成可申千載之遺憾當山に相留菊次郎達太郎眞之助同
様屠腹之誓此夕迄之餘命と相成御名殘に奉存候若哉萬一御國へ御序も御

千屋菊次郎
能勢達太郎
安東眞之助

坐候はゞ此手紙御贈り被降度別に書狀は不相認小生抔之志御續被下御盡力奉願上候早々

七月二十日　松山深藏

千屋金策樣

（千屋家文書）

○文久三年七月廿日（千屋菊次郞ヨリ千屋金策へ）

一筆申遣し其方脚氣の處追々快方に移り可申我等昨十九日天王山一手にて鷹司殿の御所内に早朝より戰爭に及し處未だ天運の至らざるにし哉左程の勝利なく頭立し者多くは討死致し我等幸に無疵に有之しへども何分今日の次第にては生しるも其甲斐なき事に付再天王山へ十五人計歸山致共に快く割腹を遂しに付其始末御國許へも便宜次第可申通其元に於ても我等の遺志を繼ぎ暫勤愼に罷在必再興を謀り可被申若其儀不能ば七世迄の勘當也能く死を遂し時は是迄の罪科可解也委細の儀は追々可被承糾し

也不盡

七月廿日　　孝　健花押

金　策　殿

（千屋家文書）

能勢達太郎成章

半四郎後子爵清岡公張

〇元治元年七月廿日（能勢達太郎ヨリ清岡半四郎ヘ）

別書指出候御一笑奉願候

無御別條御帰國可被成拤〔抃カ〕喜萬々劣弟終ニ當所へ相留リ候孰死期在近昨夜草卒中不能盡談話遺憾多少故郷へは別段書面遣し不申候間御序も候はゝ御通達偏ニ奉願候心緒紛々難盡右而已草々頓首謹言

七月廿日　　達　太　郎

半四郎様

几下

英氣搖山嶽　誠心報國家

將發天龍寺書以贈
清岡兄文叔
辱友能勢成章
（能勢敬二藏）

○元治元年七月（僧滴水天龍寺燒失之事實略記）
文久三年二月長州の刺史毛利公禁裡御守衛の爲め上京致され天王寺を假本陣に貸渡し吳候樣使者を以て示談に相成り素より毛利家に於て緣故之れ無と雖も勤王之義を以て一山内貸渡し申候卽ち大膳大夫殿四五旬之御滯在に相成り尋て吉川監物殿入營致され毛利公本國へ御引取尙又同年七月再び入營致され御歸國之砌り國表等其儘に而借置之約定也然る處翌年六月舊臣之方々勤王忠主の爲めとて凡そ百人餘入營に相成り追々人數增加し且つ不容易之軍備山中の僧侶も出入を禁し門關嚴重なり而て七月十九日夜半頃非常の軍列にて出陣忽ち京地の動亂と相成り同日午後追々歸

陣直に渡月橋を渡り逃亡せり營中唯兩三人耳の様子翌日ニ至て一人を不見荷物兵器等縦横散在せり翌廿一日午前八時頃今出川二本松薩州陣營より凡三百人計り出張總門前に軍列す其時拙僧總門外臨川寺に住す拙僧隊長と思敷面前へ突出し姓名を問に村田新八と答ふ拙僧踞地低頭して云く當寺燒拂の義何卒御赦免被下度旨懇願候處隊長申し候には賊徒滯在候得者不得止左なければ軍例により空砲二三發而已と云々故に大に安心致し臨川寺へ引取居候處營中の諸荷物兵器軍糧等悉く運出之由に而午後三時頃砲發相聞候得共空砲と存居候處豈計哉天地も崩るゝ如き大砲に忽ち一面の猛火となる拙僧火烟の際を馳走し開山の眞像を護持し出院候也而て翌二十二日午前八時頃尚又村田新八外六七名甲冑軍装脱帽の槍を持し總門外の金剛院へ出張し寺門之役僧を呼出し候故拙僧並に心〔マヽ〕田兩人出頭候處新八申し候には昨日朝命を以て賊巣を打拂ひ候就ては賊徒滯在の始末覆藏なく言上可致との事故初め貸渡よりの實事具に言上候處貴僧方に於て別條なし引取

らるべしとの事而て又寺門に召し使ひの役人三名を捕縛し候故如何なる義と尋候得者昨日朝命を以て人足五十人差し出す可く申付候處彼是相拒み候に付吟味に及び候也と云々且つ燒のこりの寺院に就き佛具什器悉皆分取りと稱し荷車にて持去り候其後探索詰問或は寺僧共交る〳〵二本松屋敷へ呼出し一時は如何可相成哉と苦慮仕候其事情言語筆紙に難盡就中鹿王院義堂禪師は二本松屋敷に於て已に斷命にも及ぶへき處或る　皇族の御助成に依て危難を免ると雖も其苦辛病根と相成り間なく命終致し候上件の如く其砌りは賊徒荷擔の名稱を以天龍寺沒收に相成るやも難計との公聞も有之候得共今日文明の聖政に至ては邪正判然候也（天龍寺文書）

○元治元年七月中旬カ　（瑞山ヨリ姉奈美子及妻富子ヘ）

暑つよく候へともみな〳〵さま御きけんよくめて度そんしまいらせ候ちと雨がふり候へはこのほのきがうもふき候とおもへともとふもゑゝふふも私

ほのき、暖氣

瑞山自畫像ニ題スル詩『花依清香愛、人以仁義榮、幽囚何可恥、唯有赤心明』

田内衛吉茂稔瑞山ノ實弟

村田丑五郎、瑞山ノ僕

内村元衛

小笠原姉上、美多子

ぬび、方言延ルコト

事かはる事もなくきのふけふは繪をかき申候御こしのかみへもねさがし候どふもふ〳〵繪をかく氣ぶんにもなふによふ〳〵したゝめ候もし私がしんだれはこの詩の書てあるがし内へおきて其外おことへも小笠原姉上さまへも御上ヶ被遣度そんしまいらせ扨衞吉もちと〳〵もれてはるいと申事なれと先〳〵格別の事もなきよしとふそ〳〵もやくなをふねはなふぬとおもひ候何分にも病でぞび死にしなりともなく候丑も又ちと〳〵風のよし格別の事も有ましくとおもひ候田内おもさん前の御祖母さん内村元衞なとみな〳〵暑のいたみもなき事ともおもひ候小笠原姉上さまの御目しいなゝ候やちと〳〵御こゝろよき御事にて候哉御氣遣申候扨じぶん繪をかき候處ちと〳〵男ぶりがよすぎてひとりおかしく候かゞみて見て見るとまに〳〵やせて口ひげはぬびほふへかどがでゝ誠にやつれもて申候されともこゝろは大丈夫に候まゝこれもありし御氣遣被遣ましくそんしまいらせ口ひげがぬぶと顔をあふうに誠にはるくひたい髮しよふ〳〵く

ミれ出し申候そんがいぬひぬくはものでこさりまれ扨又〳〵近〳〵の内
下番さし出しまゐらせ候なふ〳〵らしく

より太

姉上さゐ

おと乙との

一ゑのぐいんよくいん
ふで繪ゑのぐさふ
みな〳〵御らへし申候

一この本前へとゝけ

（武市家文書）

前、島村家

○元治元年七月廿四日（瑞山ヨリ姉奈美子及妻富子へ）

この間ゟ御とふ〳〵敷扨朝晩ハちと〳〵暮しよく相成候處みな〳〵様御きげんよくめて度そんしまいらせ私事ふじ少も〳〵御氣遣被遣ましく候扨

田内衛吉
禁門ノ變

御二方樣、容堂豐範

衛吉もふだんのとふりニ相成候よし先〳〵安心仕候京都の事もゝもや軍《いくさ》ニなり候由たゞ〳〵乍恐
天子樣の御事いかゞとおもひわづらひ申候もやくたしらな事承り度おもひらり〳〵扨今日も御二方樣御入り被爲遊候いかなる思召ニてあらさせられ候やとおもひ申候りふも御奉行ハ一人も出さる由ニて候○目とらくの近所の人番出其人ニ目とらなしを三ッ頼見廻〔舞カ〕と云てくゑ申候誠ニ忘んせつなやつゝて御坐候扨又近〳〵の内下番さし出候今日ゐはら〳〵めて度しらし

七月廿四日の夜　　より太

姉上さゐ

おと乙との

一日本のづ　　御こし

京のづ

前、島村家

一たむこ　　御こし
一くろぞき　　明日辨當の時ょてよし
一ゑんりきの筆　　壹本御こし　（武市家文書）
一この本前へ御とゞけ

〇元治元年七月二十七日（清岡道之助等ヨリ安藝郡奉行へ）

私共此度御目付所へ奉歎願之筋有之一同決心の爲岩佐御關所脇に屯聚罷在候素より暴事に觸候儀は決して不仕候不取敢此段御屆仕候以上

元治元年子七月二十七日　　清岡道之助

清岡治之助

則爲總代如此

御座候（佐佐木高行日記）

御隱居樣、容堂

○元治元年七月廿七日（淸岡道之助等岩佐關門ヨリ藩廳へ上書）

皇國當今の形勢奉伺候處將軍樣御上洛御大名樣方御參府御緩み御婦人樣方夫々國許へ御引取に相成、各國に於ても富國强兵の大基本相立尊攘の大義相辨へ何時夷狄掃除皇國の御武威十分相輝候樣有之度との御廟議と相成候儀は全く先年來御隱居樣方御盡力被爲遊追々大守樣にも御出馬被爲遊御周旋被爲在候處より斯迄御運ひに相成候儀と奉存候且又御隱居樣去冬御上京被爲在御周旋被爲遊候處薩州樣越前樣方とは兎角御違論に被爲渡候御趣御隱居樣には彌（マヽ）張根元の鎖港論御主張被爲在候故の御事に哉御滯京不日御歸被爲在候固より草莽者の可奉推察譯には無之候へ共斯迄御違論に被爲渡速に御歸國被爲在候上は屹度此上御憤發も被爲遊富國强兵の御基本相立他邦は擱き御當國に於ては自然御自立の御覺悟被爲在尊攘の大義何處迄も御確守被爲遊海防御詮議を始め夫々御行屆の御沙汰にも可相成と一同奉仰望罷在候處御歸國以來の御容子如何の御深意も被爲在候哉彌海防嚴備の被仰出も無之御國中士氣御取立の御摸樣共不奉伺却て御國產樟腦の類長崎邊迄御積廻に相成交易品の御手渡に相成候樣頻に風說御座候固より傳承仕候儀に付如何の御仕方に有之候哉不奉存候へ共右等の儀に付人心益疑惑仕り必死の覺悟仕候者も自然相弛み乍恐御政体をも色々奉議候樣子相見へ候且又武市半平太以下の人々に於ても今以て寬典の御處置も無之私共迄も何共恐縮至極に御座候右人々乍不及も尊攘の大義に基き國家の御爲御盡力仕者とは相見へ可申既に是迄相應時勢御用をも被仰付置居候者に御座候間尙其實情正邪の分能々御明辨被仰付斷然の非常寬大なる御處置被仰出度左無くては右等有志の者今日に至り上より重々御疾惡の姿と申樣に相成自然に差響き可申と奉存候前書の通り人心疑惑仕居候場合又々斯くの次第と相成候ては方今の時勢如何の向背に相掛り候哉難計何卒御國內人心の所向屹度御示敎被仰付是迄の疑惑瞭然相晴候樣被仰出度尤も右等の儀今更申迄は無之旣に先達て以來は聊か存

寄等申出候者も有之趣然るに右御詮議如何被爲（在脱カ）候哉今以て斷然たる御示をも不奉拜承私共に於ても此節の御詮議振如何被爲渡候哉と旦夕奉仰望候間何卒非常の時勢故亦非常の御處置を以て尊攘の大義始終御遂被爲遊區々の小義に御泥み不被爲在根元大義御首唱の御國今以て其御姿何處迄も御立被爲遊諸事大義に相關候儀は諸國に御後れ不被爲在樣有之度扨又過日來夷賊長州へ襲來候勢有之諸國應援盛に被行候由右に付因備の輩（隣脱カ）國の爲め援兵人數をも豫め手配致有之儀御國元に於ては如何被爲在候哉孰れ前以て御手配に相成尙其勢に寄り御人數をも差出置申程に無之ては何時火急の變難計若し諸國に取後れに相成候ては甚以て恐入たる次第と奉存候固より私共輕輩とは乍申是迄の御國恩（申脱カ）も愚か敷偏に土佐守樣御馬前に於て萬々遂一死のみに御座候依ては御國事に付不堪感激儀は不得已紙面に仕り差上候間出徙（迸カ）の責幾重にも御寬恕被仰付御國是一定非常一洗御示表急々被仰出度伏て奉歎願候頓首死罪死罪

私共爲決心此處に屯集罷在候間若し夫成の罪名も有之候はヽ後日如何様共可被仰付候以上

元治元年七月二十七日

清岡道之助

清岡治之助

御目附所

右屯集人々同志の儀には候へ共夫々名前相記候も如何歟則私共爲總代右の通差出候間宜敷御披露可被仰付候以上

（佐佐木高行日記）

○元治元年七月廿七日　（藩主ヨリ大目付小笠原唯八へノ直書）

鄕士淸岡道之助等貳拾餘人徒黨を結び兵器を攜へ野根山中へ馳集り事を搆へ强訴し遂に自國を捨て阿州路へ逃亡致す條不屆至極其罪不待吟味於東郡中速かに首刎べき者也

（佐佐木高行日記）

○元治元年七月廿七日（野根山始末〔宮本覺書〕）

抑野根山ノ一擧タルヤ幕政ノ末外交漸ク開キ《ケカ》テ内外多事天下殆ント危機ヲ踏ムノ時ニ膺リ諸國勤王ノ有志百方盡力スト雖モ方向一致セサルヨリ正邪ノ區分相立難ク各藩大同小異アリテ國是確定セス吾高知藩ノ如キモ亦然リ是ニ於テ勤王ノ士天下ノ豪傑ニ氣脉ヲ通シ國家ノ爲大ニ計畫スルノ央時勢増々切迫シテ一途ニ言ヲ獻スル者或ハ幽囚ノ身トナリ或ハ非命ニ斃ル丶者多々有之其慘狀事實ニ照シテ明瞭タレバ贅言セズ然リ而シテ勤王ノ大義ヲ唱ル者百折不撓必死ノ精神ヲ以テ百方盡力スト雖モ赤心ノアル所一ツモ貫徹セサルヨリ其心ハ凝テ殆ント爲ス所ヲ知ラサルモノ丶如キ有樣トナリキ玆ニ於テ吾《マヽ》國中東西ノ有志將來運動ノ方向ヲ定メン爲メ高知ニ集ル安喜郡ヨリハ清岡道之助臨會コノ議ニ與ル衆議シテ曰ク曾テ爲スガ如キ姑息主義ヲ以テ飽マテ言上スルモ其功ヲ奏スル望ミナシ依テ表面迫ツテ有志ノ國家ニ盡ス處ノ正邪當否ノ下命ヲ仰クニ如カスト其

方法ノ如キハ國中ノ有志ヲ三分シ香美郡部落ニ屬スル有志ハ書面ヲ以テ憚ル處ナク死ヲ極メテ上言スヘシ藝幡兩郡ハ一層激ニ出テ國內有志國是ノ成否如何ヲ此一擧ニ於テ決セント各郡有志解散藝郡ハ道之助歸村當日ヨリ諸所ニ集會シテ上言ノ策ヲ議ス各意見アリ或ハ要害ノ地ヲ撰ヒ有志ノ素志貫徹スルマデ上言スベント云ヒ或ハ幡郡ト共ニ東西同時ニ事ヲ發センニハ僅少ノ人員ヲ以テ爲スモ忽チ壓倒サレテ好結果ヲ見ル万々覺束ナシト云フ幡郡ノ巨魁樋口眞吉ニ照會シテ幡郡ニ異見ヲタヽキ再ビ議スルヿニ決シ山本左右吉ノ寓居小高坂村ニ至リ互ニ協議アリ眞吉ハ香美郡有志ノ爲ス所ヲ見テ然ル後一層激ニ出ル方然ル可ク今同時ニ事ヲ擧ケントスルモ幡郡ニ在リテハ速ニ行レ難キ事情アリテ即チ答ニ困ム旨ヲ述ブ左右吉ハ藝郡ニ於テハ方法ノ如何ニ就テ未タ確定セスト雖モ何レ不日事アリト承知アリタキ旨ヲ述ベ置其時幡郡田邊剛次郎等ノ異見アレ圧略ス歸途古川村ノ村田ヲ訪ヒ山本喜三之進外二三士參會シ藝郡粗仮定スル所ノ方法ヲ議ス孰レモ激

藝幡、安藝幡多

村田馬太郎

ニ失スルノ怖レヲ抱ク幸ヒ喜三之進私祭アリテ伊尾木村ニ至ルベシ嫌疑ヲ避ルノ好時機ナレバ其際同村ノ同志山本頼藏宅ニ於テ面會シ香美郡同志ノ意見ヲ述ベント日ヲ約シ左右吉田野村ニ歸リ旨ヲ告ク衆幡郡ノ因循前議ニ悖ルヲ以テ議論紛々湧ガ如シ而シテ喜三之進トノ約日ニ及ビ清岡治之助伊尾木村ニ至リ同人ニ面談スト雖モ藝郡激昂ノ際香美郡ノ意見ヲ翫聞スルノ餘地ナクシテ別ル之ヨリ藝郡ハ各郡ニ謀ラスシテ一郡意ノ向フ處ヲ以テ進退スルヿニ決シ其方法ヲ議スルニ當リ野根山岩佐ナル要地ニ據リ言ヲ獻スト云ヒ或ハ言ヲ獻スル地タル西ニ在リナカラ東ニ退ヒテ岩佐ニ屯集スルハ不可ナリ西ニ進ンテ地ヲトスルモ其地ニ乏シカラスト云ヒ又或ハ田野ヨリ西ニ進メハ郡府ニ後ヲ斷タレ進退自由ヲ得スト又云強テ要害ノ地ニ據ラントスル畢竟脅迫主義ニ近クシテ有志ノ素志ニ反スルモノ、如ク而已ナラス官府ノ怒リニ觸レ折角ノ精心貫徹覺束ナシ寧ロ一同家鄉ヲ出テ高知府下ニ屯集シ餓死スルモ退カス精心ノアル處ヲ吐露スベシ若シ捕縛等ノ擧動アランニハ豫メ用意ヲ整ヘ居リ速ニ割腹セン然ルトキハ生前ニ結果ヲ見ル能ハサルモ死後政府モ其微忠ヲ憐ミ殘ル同志ノ忠告モ入レラル丶ノミカ僅少ノ命ヲ墮シテ一般ノ士氣ヲ皷動スル万々ナラント或ハ又云果シテ其言ノ如ク行ケハヨシト雖モ若シ事ニ臨ミ聊タリトモ醜躰ノ擧動之レアルニ於テハ笑ヲ後世ニ傳ルノミカ吾黨ノ忠言ハ虚言トナリ却テ忠情貫徹セス野根山ニ屯集スル者ハ僅少ノ人員ト雖モ要害ノ地ナレハ進退自由ニシテ充分言ヲ獻スルノ餘地アルヘシ且ツ見込ヲ失スルモ國境外阿波領ニ出ツレハ當時牟岐ノ郡令有志ナレバ輔クル所モアルヘシト信スト是ニ於テ賛成スル者最モ多シ郡令ヲ頼ム原因ハ是藝郡々令ヨリ隣接ノヿ故亡命者等之レアル節ハ互ニ捕縛ノ上引渡ス様致度旨照會ニ及ヒタル回答ニ當時勢ニ付國家ノ爲ニ亡命スルモノ少ナカラスト實際ニ臨マサレハ豫メ照會ニ應シ難シ云々ノ回答アリタルヲ以テ也或ハ又云郡令一己ノ美言頼ムニ足ラス曩ニ中岡愼太郎脱走セシ時ノ事ヲ慮ラスヤ阿州ニ於テ同志ノ居ヲ訪フモ奸者ノ爲メニ一夜ノ安眠ヲ全スルヲ得ス晝間ハ山野ニ臥シ始終夜行ノミ辛シテ中國地ニ渡ルヿヲ得タルニアラ

スヤ之レ全ク國論ノ定マラサル吾國ニ幾倍スルノ感アリト依ツテ該地方ニ向テ現況ヲ視察スルニ決シ川島惣次ヲシテ微行セシメ留マルヿ旬餘日ニシテ歸ル其報ニ曰ク國論一定セス奸黨日増ニ勢ヒヲ得テ正義ノ士ハ嫌疑ノ爲メニ往來モ自由ナラス彼郡令ノ如キモ其職ヲ免セラル、近キニアルベシト衆議阿波ニヨラサルニ決ス然リト雖𪜈野根山ニ據ルノ義ハ贊成スル者依然タリ或ハ又云今時々勢極々切迫シテ事ハ旦夕ニアルベシ而シテ國ノ事ハ必當ノ目的ナシ寧ロ直ニ京攝間ニ出テ、外輪ヨリ國ノ事ヲ救フトセバ決シテ變ニ後ル、ノ憂ヒモ無ク一擧兩全ナラント衆云フ其說大ニ理アリト雖𪜈前日高知ニ於テ決スル處ノ約ニ背ク而已ナラス一言ナクシテ國境ヲ出テ事成ラズシテ斃ル、時ハ數百年鴻恩ニ浴シナガラ匆卒ニモ國難ニ赴クヲ名トシ其實自己ノ名譽ヲ得ントシテ鈍クモ斃レタリトノ誹リヲ免レズ且獄中ニ在ル者ニ對シテモ不深切ト云ハザルヲ得ス兎モ角モ野根山ニ據リ獻言ヲナシ其勢ヒニヨリ臨機ノ計ヲ爲サスンバイツマテ

清岡道之助
山本左右吉
中岡愼太郎

議スルモ其詮ナシト依テ各自一ト先解散シテ再會ノ上速ニ出發ノ期日ヲ定メンヿヲ約シ七月十六日ノ夜安田村不動ノ海濱ニ再會シテ七月廿五日ヲ事ヲ期シテ發スルコトニ決ス翌十七日清道山左右ヘ至急面談ヲ得度旨申來リ即至ル清道曰吾輩熟考スルニ誰レカ應接〔援カ〕ヲ爲スベキ者止マラスシテハ不都合ト思フ君其任ニ當ルベシト山左右曰僕ト中愼トノ二人ハ藝郡中ニテ最初ヨリ國事ノ爲メニ奔走スルハ知ラサル者ナク隨テ嫌疑モ亦大ナリ其任タル毫モ辭スル所ニアラスト雖モ事發セハ忽チ縛ニ就クヿ必セリ果シテ然ラハ實際應援ノ術ヲ施ス遑ナクシテ無効ニ屬スヘシト固辭ス清道曰君ト僕トハ近親ノ間柄ニシテ他ニ其人アリトスルモ衆ノミル所ニツキ聊深慮ヲ加ヘサルベカラス應援ノヿナルモ成ラサルモ天運ニ任ス早晩一死アルノミ何ソ辭スルニ足ラント左右諸ス左右ハ之レヨリ專ラ野川谷ヲ上リ岩佐ニ出ル山間ノ實地搜索ノ事ヲ務メ且ツ國ノ事ナラサルモ倖ヒ身ヲ全シテ國境ヲ出ル事ヲ得ハ京師ニ赴カスシテ先ツ長藩ニ至リ万事

協議ノ末事ヲ成スベシ尤モ衆ノ岩佐ヲ退ク場合トナラバ左右道ヲ轉シテ藝郡畑山村ヨリ並生村ヲ經テ道ヲ北ニ取リ境ヲ出ツヘシ同行スル者長崎隆藏ニシテ路ノ先導ハ刀冶如意助伊尾木村ニ要シテ其勞ニ就カント其準備既ニ整ヒ朝日ニ至リ東西ヨリ集マル者田野村旅亭佐渡屋ニ於テ窃ニ小宴ヲ開キ黃昏過ルヲ待ッテ出發ス然ルニ安田村同志中帶劍ノ都合アリテ頗ル遲刻ニ及フ爲メニ一同拂曉米ケ岡ヲ過クト云フ即夜官ノ探知スル處トナリ郡衙ヨリ早追ニテ急ヲ高知ニ報シ且ツ常備ノ兵員ニ追討ヲ命スル等騷擾極マル郡衙ヨリ樋口皆丑《吾カ》高原省八ノ兩人ヲ岩佐ニ遣シ陳旨ノアル處ヲ問ヒ併セテ下山センヿヲ告ケシム兩人エノ答擧動穩當ナラサルモ全ク不虞ニ供エル爲メニシテ兵器等利用スル譯ニ無之歎願ハ書面ニ陳述シタレハ別ニ語ルニ及ハスト申タル由左右吉ヨリハ出發後ノ現況ヲ報シ置キ尚七月廿八日官兵田野ニ著スルヤ其勢ヒ匆卒兵ヲ交フルニ汲々トシテ歎願ヲ手ニシ徐々詮議スルモノニ無之確信スルヨリ最後ノ報知ヲナシ且

要所備ヲ設クト雖モ獨竹屋村ノミ手宛行屆カス同所ニ向ヒ國境ヲ出ツヘキ旨ヲ告ク此時野川村ヨリス至難思フ可シ官兵田野出發ノ翌日裝束野迄進ミ伴ツテ歎願聽屆ベ〔マヽ〕シ依テ裝束野マテ出テ來ルヘキ旨ヲ命スト雖モ願意採用アランニハヿヲ仰ク旨ヲ述テ應セス不得止官兵岩佐ニ進ム同志ノ輩ハ岩佐ノ官舍ヲ出テ（岩佐關所ニ御殿ト稱スル官舍アリ木下嘉久次代々コレニ住ス）後口ノ深林ニ於テ愈々官兵ノ至ルヲ視テ立退キ竹屋敷村通リ國境ヲ出ツ左右吉等三十日一同岩佐ヲ立退キタル報ニ接シ即夜脱走センヿヲ計リ故アリテ果サス翌日ノ暮ル、ヲ待ツ官兵ノ所々ヨリ田野ニ引取ル者俄ニ騷ク術ヲ設ケ其實ヲ索ムルニ同志輩阿州牟岐ナル寺院ニ屯集ノ知ラセニ依リ加領郷ヨリ早船ヲ以テ甲浦ニ赴クトノ確證ヲ得タリ依テ左右吉ハ脱走ヲ留マリ該地ノ擧動ヲ窺フト雖モ通路遮斷シテ探知ニ由ナク遂ニ阿州藩ヨリ或ハ二人三人ト分チ國境マテ護送シテ引渡サレ九月三日ノ兩日間ニ田野郡府ニ著シ館内爲メニ設クル新築ノ獄中ニ繫カレ元治元申〔子カ〕元九月五日奈半利川原ニ於テ嚴刑

千屋熊太郎ノ刑死ハ誤ナリ

ニ處セラル兩清岡ハ高知繩手ニ梟首遺骸ハ清岡道之助ハ不充分ナカラ行屆ケ死埋葬席次當ヲ得サル者少シトセス野根山事件ノ概略ニシテ些細ノコハ枚擧ニ遑アラス時ニ清岡道之助成章・三十一（年脫カ）同治之助正道年三十九近藤次郎太郎爲美年三十五田中收吉惟清同二十二柏原省三信郷同三十柏原禎吉義勝同二十七新井竹次郎義正同二十六川島惣次郎友則同四十一本下嘉久次秀定同二十一木下愼之助英吉同二十四宮地孫一利涉同十九宮田賴吉能格同三十安岡哲馬忠房同十八岡松惠之助盛直同三十檜垣繁太郎梁之同十六千屋熊太郎孝樹同二十一宮田雪齋致信同二十九小川官次好雄同二十一須賀恒二義氏同三十豐永斧馬方銳同二十七ナリキ嗚呼

（佐佐木高行日記所載）

辭世

生爲皇國民死爲皇國神

身い國よ心を阿波にとゝまりて

清岡治之助正道

靈の柱のたはむものかは

近藤次郎太郎爲美

君か爲盡す誠もいさつらに
我となしたの露と消つゝ

豐永斧馬

露たよもなにか惜まん我命
おしむはをの名のみなりけり

木下嘉久次

斯在時なにか命乃をしからん
死ても國のためをおもへは

川島惣次

奈半利川かへらぬ水の底ふかく
盡すこゝろれなもと成ぬる

檜垣繁太郎

折ゑ《ろカ》る空も何をしかふん眞心よ
　君空民と乃た先とれもへゑ

同志安岡鐵之《馬カ》助父井ノ口村庄屋安岡助六墓參ノ時

兩親の教へよ背むく死出のたひ
　心あふとて又もまとふな

墓ノ雨覆ニ書アル　　　讀人不知

心なき峯れ嵐のもけしきに
　またきをそちれ散るものこふに

右同志廿三人無存掛死罪被仰渡土壇ヘ掛リ候場合詩ヲ吟シ歌ヲ詠シ候ヘ共書留ルヿ被差留歌マテ覺居詩ハ聞留不申由殘念ケ様火急ノ死ニ向ヒ辭世抔致候義一ト通ノ者共ニテ無御座何ソノ時ニハ屹度御用ニモ可立者ヲ可惜事ニ御座候

以上宮本

討手

大目附　小笠原只八

外輪物頭　森本貞三郎

同　福岡三兵衞

同　横田祐造

同　中山助八

安藝郡奉行　仙石彌次馬

同　中山又助

御手許御臨時馭切り　毛利勇雄

（佐佐木高行日記所載）

○元治元年八月一日（瑞山ヨリ姉奈美子及妻富子へ）

元治元年七月廿七日清岡道之助同治之助等野根山ニ屯集シ書ヲ藩廳ニ呈シテ攘夷ノ實行ヲ促シ瑞山等ノ爲メニ寛典ヲ請フ藩廳兵ヲ出シテ之ヲ討ズ

朝夕ハちと〳〵すゝしく相成候へともみな〳〵様御きゝんよく然て度ぞんしまいらせ私事かわる事も御座なく候まゝ少も〳〵御氣遣被遣ましく存まいらせ扱東ノそふどふも數〳〵御人數參り候よしいかなる事ぞ誠に〳〵けしからぬ事あのよふなくたらん事をする人があると御上からは千羽《せんば》一トくゝりに見て口やかましく言ものハみな〳〵あのよふなものとおもひ正義の人のめいわくニ相成候と存申候御上ミからよきものハよきものわるきものはわるきものとよく〳〵御とりわけがなければならんと存まいらせ御城下にも松がもなやら本町五丁目などは御物頭ノ人らかためておると申事いかなる事やらがてんゆかに扱ゝふハ久しぶりニやすみにてさづらにて候○これよりはもふ〳〵どんな事になるやらさほど下番を内へやる事も誠に氣つかわしく候まゝ島村の出る時ニ文頼申候又〳〵さか《あ》んを見あわせ下番さし出ス事も御坐候私などゝふハなにぞ御詮議てもなるら明日ハ御さもゐもなるかと日〳〵待ともいつこふなんのさたもなくたゝた

ゝいかゝと存りゝ扱衛吉も次第ニよき事と存りゝ先〳〵はら〳〵めて度らしく

八月一日　より太

姉上さま

おと乙との

武藤小藤太

この本前へ御とゝけ

武藤ハ小とものよふもで酒が大もきニて取りよせ候處武藤と萩野とへハ酒ハ御さし明ケニならんと云て參り誠ニ〳〵氣のどくニ候夫ゆへ内からもてくる酒をのませてやり申候　（武市家文書）

ロノ文下ノ△チウクルカ

○元治元年八月三日　（瑞山ヨリ姉奈美子及妻富子ヘ）

母など泣なとハ誠ニあさましき事いかに女なれハとてそのよふニあさましき心ニては誠ニ〳〵やはあらん事ニて候扱鳥村出候ニ付其時ニ又〳〵

文さし上まいらせ候下番ハすこし見合せ又〳〵めづなニなりたれハさし出
まいらせ候あら〳〵かしく

八月三日夜　　より太

姉上様　　(武市家文書)

おと乙どの

○元治元年八月初旬カ　(瑞山ヨリ妻富子ヘ)

東のそふどふハ野根山屯集ノ事ヲ云フ

八朔の御文難有拝しまいらせ候扨次第ニ朝夕すゞしく相成候處みな〳〵様御きげんよくめで度そんしまいらせ候私事ふじ候まゝ少も〳〵御氣遣被遣ましく存まいらせ候扨東のそふどふもいなゞ相成候事ゆきのふも〳〵ふも役所ハそんらんめづらな事ニて御坐候私事も〳〵ふハせんきがあるゆゑにハいなゝと毎日〳〵待どもいつこふせんぎもなくいなる事やらわかり不申何分東のそふどふらおさまりての事なと存まいらせ候扨長州も朝敵との仰出され

のよしたゞ〳〵長州を御よくみのよふよて候朝敵なれハ征伐をもるがよあろふ誠よ〳〵恐れ入た事長州ハ朝敵なれハ朝敵ニしておゐて御國ゐとふぞ官軍よてどこまてもいあねハならん今のよふな事よてゐ官軍よも朝敵よもならねたゞのひより見筒井順慶なるへし誠よ〳〵なさけなき事もふ死んでしまうがよろしく候扨伊藤の子京よて討死のよし誠よ〳〵けつこふよて候京都よて朝敵の會津を討て死だれハ是より上の死よよふハ有ましく候それよ△（以下原書斷缺）

伊藤甲之助和義

八月三日夜トアル文ニツヾクカ

○元治元年八月初旬カ（河野萬壽彌ヨリ小畑孫三郎ヘ）

大略御推續々々々
昨夜分へ書添へ

一川曰ク自分ハ盟約之處ハ今ニ置キ後悔不被致ハ至善ニ止マリレト被存テ被居候ヤ　答私愚昧ニシテ如何ニ昨年以來御諭シノ處萬方ニ愚慮仕候テモ誓約之於義ハ仰デ不耻天伏テ不耻（地脱カ）・內不愧心ト存申候　川曰然者

川ハ徒目附川崎省三郎
答ハ河野萬壽彌ナリ
コノ文或ハ慶應元年正月二月ノ頃ナルベシ

卽チ止于至善ト云モノナリ夫デハ御上ヨリケ様御就念《カ》被仰付候カ不當
ト云ヿニ相成ル譯ナリソヲデハ有リマスマイト云テ古例アルヤ否ヤト
云テ大ニ喧シ又易ヲ引タリ何カ萬緒論談ス

一川曰御自分トモノ處朋黨ト御見附被仰付テ申分有リヤ被申出ニハ一点之私ヲ不抱盡忠之爲ニ印ヲ立テラレタトナレドモ已ニ誓中人ニ不義不忠ノ者モアリ又今ニナリテハ大ニ後悔シテ居ル者モアルナリ　答私文盲ニシテ明黨之字義シカト不存候得ドモ先ツ忠黨義黨ト可申欤又君父ヲ捨テヽモ亡命イタス様ノ不義不忠ノ者ノ有之ハ毎々申上候通實ニ言語ニ絶タル反覆之者共ニテ是ハ如何ニモ心外至極ノ義ニテ實ニ難頼ハ人心に御座候　川曰只今反覆ト被言シハ定テ後悔ヲシテ居ル者ヲサイテ言ハルヽデアロウ屹度聞キ處ナリ益其處ニヲイテハ御疑ガ立ナリ
答是ハ存掛ザルヿナリ私反覆ト只今申上候ハ爲君盡忠爲父兄盡孝弟《マヽ》ト屹度誓約セシニ忽チ夫ヲ忘却シテ後君父スル處ノコトニテ御座候只今

被仰聞ルニ後悔ヲシテ居ルト云者共ハ實ニ爲私ニハ先《不カ》覺之者ニテ有之ント大ニ耻敷コニテ中々反覆ト申譯ハ無御座候　川曰不然反覆ト云ハ左樣ノ處ヘハ古語ニモナイコ文章ニモ書カヌコナリ　答私文盲ユヱ字義ノ處慥ニ不相辨候ヱドモ反覆ハカヱリクツカヱルト云ワケニテ爲君ニ盡忠ント約セシ物カ夫《ソレ》カウラ反リテ不忠不義ノ行ヲナスコレ前約ト表裏ス即チ反覆ノワケト思ヒテ申上候コニテ畢竟不調方ノコニテ申上樣ノワルキカラ御聞違ノコニ相成シト存申候

一川曰只今被申忠黨義黨ノ處ハ決シテ無據ナキコニテ黨ト云ヒ忠ト云フコモ義ト云フ譯モナキコナリイヅレニモ數々申合誓約セシハ朋黨ニ相違ナシ蘇東坡ナドハ醇正ノ人デハ無ケレドモ尙國ノ害ハ朋黨ヨリ大ナルハナシトイヘリ能々朋黨ニ相違ナイト云處ヲ思慮セラレヨト云テ古例ヲ引古事ヲ引千萬敎諭スドフモ能辨《マヽ》ヲ極ム感心々々

眞足、河野萬壽彌

一眞足愚按スルニドウモ盟之處依之此正忠ノ功ヲ奏シタト云コモコレナ

ク却テ不義ノ徒多キユエ事ノ殆ド不分明何分不行届之攻《責カ》ハ被免間敷哉然バ斯相成候上ニ而其正忠深切之餘リ監セシヿナレド私黨ト見附ラレ仕方ナシト云テハ如何

（上田開馬藏文書）

コノ文亦タ或ハ慶應元年正月二日ノ頃ナルベシ

○元治元年八月初旬カ　（前書ニ對スル小畑孫三郎付箋）

我カ誠心ノ動カス變ズ間布ヿヲ　神明ニ誓フヿハ決テ非事ニアラス又朋友交際ニ於テ互ニ善ヲ責メ君父ニ事ル忠孝ノ道ヲ討論切磋スルヿハ孔門教育ノ第一義ニテ先哲ノスル處又非事ニアラサル也然ラハ往年天下騒擾ノ時ニ當テ邦君へ忠ヲ盡・《サ脱カ》シカ爲尚其赤心ノ變ス間布ヿヲ我徒ノ　神明ニ誓ヒシヿ且朋友ト天下ノ形勢ヲ論談シ一朝ヿアラン時ハ挺身シテ國君ノ爲ニ御厚恩ヲ報ンヿヲ討論磨勵セシヿハ決テ非事アラズト云ドモ獨リ　神明ニ誓ハズシテ衆ト共ニシ朋友ノ交際及君ニ事ルノ道ヲ磨勵スルニアラスシテ盟書ニ姓名ヲ書セシ處ニ至ツテハ其誠心ノ發スル處ハ上ニ所謂壹

人　神明ニ誓ヒ又孔門諸子ノ朋友交際ニ於テ君ニ事ルノ道ヲ磨勵スルノ意ニ不異聊耻ル處ナシト云圧他人ヨリ其跡ヲ以テ論セラレ形チヲ以テ評セラル、時ハ無據止於至善トモ云ガタク聊間然スルヿナシトモ云カタカルヘシ然則至誠上ヨリ意ノ發スル處ハヨシト云圧形ニアラワレ物ニ應スル處ニ於テ朋黨ノ嫌ラヒヲ受テモ少シク辨解シガタキ處アルニアラズヤ然ラハ聊思慮ノ行屆カヌ處アル乎後日ケ様ノ嫌ヲ受ルト云處迄思慮ノ不行屆ハ所謂不手足不行屆圧可云乎依テ熟〱思フニ本文ニ有之如ク向ニ又至善ニ止ッテ居ルノ積リカト云ハ然リ圧云ガタカルベク又朋黨ノ御見付ヲ被仰付テモ申分アルマイト云ハ、決テ朋―ニテハ無之只赤心ヲ表スル爲　神明ニ誓ヒシ也ト何ッ迄モ云張リ自身ヨリ朋黨トハ云ヌ譯ナレ圧御見付云々ト云ハルレハ仕方ナシ是則前件之止於至善之意ノ發スル處ハヨシト云圧形ニアラハレ物ニ應ズル處ノ不盡善處アルガ故之（マヽ）依テ向後御見付云々ト云ハヾ一人　神明ニ不誓只朋友ト君ニ事ル道ヲ討論磨勵セズシテ云々セシ處ニ至テハ後日跡ヲ以テ論ゼラレ形ヲ以テ評セラレ朋黨抔ト云ノ嫌ヲ受ヨヲカト云處迄ハ考ノ行屆カズ一圖ニ忠誠ヲ而已思フテセシヿ之然ルニ今日如此ツマヅキ候テハ至誠至忠ノ心ヨリ爲セシヿモ却テ朋ー抔ト云ノ御目(見カ)付ヲ受ケ候段畢竟不智短才ヨリ其節ノ仕方不手足ニテ後日ケ樣ノ御嫌疑ヲ受ヨウカト云處迄思慮ノ行屆カサリシハ如何ニモ愚智短才トハ乍申心外至極歎息泣血ニ不堪候被仰聞候處ハ何分形跡ヲ以テ朋ー云々ト被仰付候得共何卒心事御賢察被仰付度奉願候乍然今日御見付云々ト被仰付處ニおゐてハ其節ノ仕方愚智短才故思慮不行屆不手足ニ而後悔罷在・(居)申候

何分不行屆不手足位イノ處ハ云ハ子バナルマイカト奉存候尙得ト御厚考奉仰候大取急前後轉倒重復モ有之難分御推計奉存(願)候　正路

（上田開馬藏文書）

○元治元年八月十日カ（瑞山ヨリ妻富子へ）

今晩のみたしらにとゞき候先〳〵みな〳〵さぬ御きげんそなへふじにて度そんし候爰元かくだんの事もなく候まゝ氣遣有間敷候扨今晩聞候へハ明日も

山内豊範元治元年七月晦日左近衛權少將ニ任ゼラル

太守様之御悦《イハイ》有之候よし何の御いはゐやふ志れ不申候へともいよ〳〵と申事ニて候とふぞ〳〵其御いはゐニ引當みな〳〵かるくすむよふなれハとそんし候へとも中〳〵いくまいとそんし候けふ出候四人もみな〳〵ころされる事ハあるまいかと存候志かし二人ほどハころされ候かと存候ころされる人ハはぢきに志れ申候再吟《サイギン》といふて口書《クチガキ》よみ聞て其後又ふたゝひ吟味ニ出申候けふも出た岩次といふぬも人ハころされるがニて再吟ニて候再吟ハ此の前ニてなはニてくゝり𠆢が二人もゝだてをとりて吟味場へつれ出し申候けふ出た四人もころされる人ハ又〳〵再吟ニ出るきに直ニ志れ申候扨以藏のつられかわのあつき事ハさきに佐藏がそとへ出候處

𠆢、横目ノ符號

岡田以藏宜振獄ノ下番佐藏

先生へよろしうに云てくれへと言つけ候よし誠ニ〳〵あきれ申候牢番なとゟ聞ても誠ニあんな奴ゟことつけなどしてハ誠ニ〳〵ゐるうてたまふん實ニあまり事なやつニて候扨先かくたんの事もなくほふ〳〵めて度らしく

十日之夜　　　　より太

おと乙との

一姉上さまへよろしく

前のおちさんも御きりんよきよし先〳〵めて度候又おもさまの御繁生前のよしめて度事ニて候いかさまおもさまなとの御心中察入申候御祖母さま初外何かたへもよろしれ御申傳へ有へく候らしく（上田開馬藏文書）

前のおちさんハ島村壽之助繁生前ハ出産前ノ意カ

◉ハ目附、森ハ大目附森權次、シマツ、小目附野中太内

〇元治元年八月十二日（瑞山ヨリ獄外同志へ）

十二日ノ詰

樋口眞吉日記ニ、七月九日（元治元年）福岡藤次御用役後藤良輔森權二大監察岩崎二三野中多内小監察云々トアリ

本間ノ事、本間精一郎暗殺ノ一件

◉ハ目附ノ問

△ハ瑞山ノ答

彼ノ者岡田以藏ヲ云フカ

健太、弘瀨健太

彼者岡田以藏

◉但此間ノ通リ尤後ニ森モ出席ス詰ハシマツ一人之

大意左之通リ此間ノコタヘ本間ノヿカ一番論ノ有處ナリ

◉此間ノ筋思慮セラレシヤ△幾重モ思慮仕タ心外只々窮迫ノ極ナリ◉然ハ此席ヲハヅシ別ニ申出筋有之哉△全ク無シ◉然ハ此間ノ筋ニ申分ケ有之哉△別ニナシ此間ノ通リ赤心ナリ其時申出ヌ譯ハ則此間申通リニテ彼ノ者ハ私ノ支配ト申デモナシ又他藩ヘモ出會居候事故其節申出御クルメ等ニ相成テハ却テ我藩ノ惡ヲ顯スヿニモナリ且又人ノ惡ヲ顯スハ不好ヿ故ナリ◉夫ハ心得違ナリケ樣ノ惡行ノ者ノ有ヿヲ國君　御存シノナキハ他ヘノ御耻ナリ依テ申出御クルメニ相成候コソ本意ノ譯ニテ聞タレバ直ニ申出ル譯ナリ蔽ヒ隱タニ相違アルマイ△全ク左樣ニテハナシ◉タトヘ蔽ヒ隱シタテナクトモ左右云ワレテ申分ハアルマイ一体同宿テヲリシ由之△全左樣テナシ又同宿テモナシ弘キ家ニテ入口ノ二階ヲ兼テ健太ナドニ借シテ有シナリ其夜ヨリ彼ノ者病氣トカ云ヿニテ一兩日泊リシト思素

平善、平井善之丞

卯月吉田元吉殺害ノ時、小南五郎右衛門件ノヿ

吉田元吉暗殺一件之件ハ刺客

大石團藏那須信吾即チ吉田ノ刺客

同宿ノ兩人田内衛吉岡田以藏

リ見限リ居ルヿ故尋子モセス其時分ノ總分ノ勢彼是御監察アレバ分ルナリ此一事尤ヤカマシ◉夫ヨリ前ノ事ヲ尋ヌヘシ平善ヘ其後イタカ△一度布師田邊ヘ行シヿアリ其節尋子シヿアリ◉天下國家ノ咄ヲシタカ△忘レタリ格別ノ咄モセヌ様ニ覺ユ◉卯月ノ時五郎右衛門ヘ召捕ノヿ存虜〔慮〕申出シ由イカナル筋ゾ△既ニ其節此上ノ疑ヲ受ケ心外ニ存シ而已ナラス件ノヿ明白ニナラステハ御國威不立依テ愚慮申シ出タリ其筋ハ件ノ仕業實ニ一ト通ノヿニアラス故ニ常ノ盜人捕リ位ノヿテハ迚モイカン屹度然ルヘキ人物御ヱラヒニテ御差立云々ノヿ之◉先達テ尋ノ節大石那須東西ノ者出會云々ノヿ何分御城下ニ頭取アルニ相違ナシト云シ時ニ夫ハ分カリシヿテハナキ歟ト被云タガ如何ナル譯ゾ△夫レハ私ノ見込ハ東西ノ者出會云々ノヿハ那須モ度々他藩ヘ出シ様ニ聞又大石モ其前ニ修業ニ出夫ヨリ歸リ右ノ都合故ニ右兩人他國ニテ出會互ニ約束ヲシテ歸リシヿ歟トノ愚察ナリ◉其元ドモ同志ノ者大坂にて數人云々ノ事アリ殊ニ同宿ノ兩人モ其組之此

件、井上佐一郎
文久二年八月二日下横目井上佐一郎ガ吉田元吉ノ刺客ヲ追跡スルヲ惡ミ平井收次郎久松喜代馬村田忠三郎岡本次郎田內衞吉等大坂九郎右衞門川岸ニ誘殺ス小田原、坂本瀨平殺害一件件坂本瀨平骨肉ノ弟、田內衞吉兩度ノヿ、本間精一郎殺害一件ト井上佐一郎殺害一件ォハ拷問

事先達ヨリ不知ト云ガタトヘ不知ニセヨ不知トノ言ノ〔ハカ〕立マイ△此ノ事先達テ申通リ件ノ者ノイテ居ルヿサヘ不知實ニ存懸ナキヿニテ只々驚愕ノ至リ誠ニ人心不可計我不智不明ニ耻入而已◉又小田原ノヿモ京都ゟ兼テ件ノ者ヲ切害ノ含ミニテ骨肉ノ弟ナド云々ナリ△實ニ驚愕々々◉右ノ通同志ノ者數人右惡行アリ又其內兩度ノヿハ其元同宿ノ者ナリ依テ形ニ於テ免レン處アリ△御噂ノ所一々御尤至極イカニモ形ニヲイテハ御疑アルヘシ然ニ私ニヲイテハ眞ニ不知誠ニイタシ方モナキヿ實ニ不明トモ只々耻入申候◉又本間ノヿハアナタノ差圖ニテ云々ト云イ出テアル素ヨリ以藏ハ大ノ虚喝ナレト悉クウソモ云ハン既ニ大坂ノヿナド以藏ガ白狀ニヨリォニ至リ苦痛ニ極ルト皆〳〵白狀ニ及フダ有リ底〔體カ〕ニ眞ヲ被云出ヨ△實ニ心外左樣御見付ナレハ如何樣ノォテモ被仰付度シ左樣ノ不義卑劣者テナシト憤然ト云タリ此言甚タ過キタリ◉色ヲ替ヘ左樣ノ卑劣トハ見付ケン御士ノ身分ナリ一体ォハ万々不好事之然共御作法故ニ終ニハ左樣ニ及フ事モ有

△大ハ吉田元吉暗殺一件

ルヘシ尚筋ヲ立テ被云出ヨ今日先ツ是限リ尚思慮云々追而左様被仰付候
京都ノ一義御不シンニ及ヘシ云云
△大ノヿテ疑ヒ夫ヨリ何事モ同様ニ見付ケテノ口氣ナリ一ツトシテ確證
ナシ實ニ大丈夫ナリ
本間ノ〔コト脱カ〕云出スノ論ハ⊙ノ方カ高論カ諸君ノ御論朝迄ニ爲御聞奉願候時勢
ヲ不知シテ見ル時ハ⊙ノ方カ正論カト存候正論ト定マレハ心得違ノ恐レ
入ヲ云ハ子ハナラン左様ナルト蔽ヒタ〔ト脱カ〕見付ケラレテモ致シ方ナシト云子
ハナルマイ歟御考ノ處クワ敷爲御聞百拜

諸賢兄

一△大ノヿヲ大ニ疑ヒ間違ナイト見テ居ルト見ヘテ此ノ間出タ時ニモ初ニ
云ニ屹度ナラズ此ノ席ヲハッシ被云出事アル哉ト問シナリ亦今日モ初
ニ右ノ事ヲ云イシナリ先達而ノ通リ屏風カコイナリト如何様トモ出來
ル云々ト云イシナリ

七兒、岡田以藏虚言、自白ノ意

一七兒ノ虚言ハ本精ノ事而已ナリ其余ノ事ハ七兒ノ虚言等ノコ都テ不言七兒虚言シタレハ云フ譯ナリ　（上田開馬藏文書）

○元治元年八月十三日（瑞山ヨリ獄外同志ヘ）

◉目附、シマツ、野中太内、林、林勇カ
◉、目附ノ問
△、瑞山ノ答
本間、本間精一郎暗殺一件
大坂ノコ、井上佐一郎暗殺一件
愚弟、田内衛吉

十三日◉シマツ林｜例之通リ大略ナリ御察◉思慮セラレシヤ△昨夜快寢不仕實ニ愚昧ノ極只々落涙而已ノコ之昨日被仰聞候筋モ畢竟愚故ニ聞違モ有之又申上ルコモ不辨故心事ヲ不盡今日ハ申上ル筋何卒相分リ候樣可申上先最初御尋ノ本間ノコ可申上此ノ事ハ私ノ了簡違ニテ其節申出ヌガ御爲ト一ト筋ニ存シ込シコ誤リ大坂ノコハ既ニ愚弟云々ノ旨何トモ驚愕ノ至リ私ニ於テモ實ニ奉恐縮コ之又同志ノ者云々ノコ其亦御疑ハ御尤ナレド全ク私ノ常ニ議論等仕候者ハ一人モ其内ニ無之一ト通リ心易キ者或ハ弟子ナトニテ候然ニ此ノ者共右等ノ惡心ノ者トハ嘗テ不存故ニ追々御上京ノ後ニ至リ度々議論モ聞シコアリ實ニ不明極耻入申候云々◉今日被

ンマク、巧ニトノコト

云筋ヨク相分ルナリ然ハ心中ニ於テハ忠義一片ナレド形ニ於テハ免カレンヿ故ニ同様ノ罪ヲ受ケテモ申分ナキト思ウカ△（同）・國様デナキ故ニ同様ノ罪ハ受ケル道理ナシ◉地ヲ替テ考候時ハイカニ△大意ヲ云ヘハ同様ノ論ノ者ノ内ニ悪事アリ殊ニ同宿ノ者骨肉ノ者アレハ疑ウナリ夫ヨリ其實ヲ探リタレハ悪物ハ悪物善物ハ善物ト分明ス私儀ハ右不明不行屆ノヿハイカニモ致シ方ナシイカ様被仰付テモ申分ナキ之然ニ右悪行ノ同様御見付ノ義ハ存シ懸ケナシ◉先ツ木曾義仲ノ臣兼平院ノ御所ヲ焼云々心ハ忠ナレト形ニ於テ其罪ヲ受子ハ足ラント云様ノ形ノ事ノ之△心ニ悪クナシ行ニ悪キ仕業ナシ右ノ筋ニ御見付ハ恐レ入ルヿ之ヨク〳〵御賢察ヲ仰之

右ノ筋甚都合ヨク誠ニンマク云ナリ奴カ云様ニ得書キ盡サズ◉云ニ脱人アリ諜反人アリ人殺シアリ實ニ甚シ其ノ内ニテ誰カ見テモアナタガ頭取ト云云々實ニ言語同斷ノ語ナリ嗚呼甚シ京都ノ夫レ〳〵尋子ラレタレド一ツトシテ悪シキヿナシ是等ハ諸君ヘ御咄シ申テ入用ナキヿニ

付不記

⦿ノ主意今日ノ所ニテヨク分リタリ黨ヲ立一國ノ人氣ヲ亂シ云々等ノヿモ云タリ諸君尚思召ノ筋委敷爲御聞奉願候⦿ノ意可畏々々可憎

盟ノヿハ今日迄不云依テ考レハ盟ノ頗連類アル故ニ是ハ決シテ表ニ出サヌヿト存候時勢ノヿニ付人氣ヲ亂シ云々ノヿヲ釀シ成シ云々ノ所ヱ罰付ケ候ヿ歟今日ノ詰ハ何モクダ〱シキヿハ⦿モ言ハズ終《ヲハリ》ニ至リ先ツ被申出ル所ハ聞キ取タ立レヨト云テ歸リシナリ例之尚思慮セヨ等ノヿハ不言

（上田開馬氏藏文書）

十二日十三日分二通アリ意全ク同ジタヤ体裁ガ異アリ今一通ニハ盟ノヿ云々ヨリ以下ナシ盟ハ血盟書ノ事

東水トハ其頭高知中新町ニ東水トイフ老翁アリ初メ醬油ヲ鬻ギ後落魄シテ煙管ノラウ替トナル性酒ヲ嗜ミ醉ヘバ客ノ需メニ應ジテ唄ヒ且ツ躍ル、唄頗ル拙ニシテ踊マタ奇ナリ、子女東水ノ過ルアレバ手ヲ拍チ笑ヒ

○元治元年八月中旬カ（瑞山ヨリ妻富子へ）

むらくもの月よゐミりしもれまをい
まつい千年のおもひなりけり

そんぢんやるそのふ扨東水もごじや〱していゐん又次よ申候らしれ

迎フ、ヨリテ歌ノ拙ナルモノチ稱シテ東水トイフ猶腰折トイフが如シ　校訂者識

衛吉、田内衛吉

○元治元年八月十五日ヵ　（瑞山ヨリ妻富子へ）

おとつれのもんのみたしかにとゝき候先〱みな〱さま御きけんよくそなたふじ愛度そんし候爰元次第ニこゝろよく少も〱氣遣なるましく候扨きのふハたれぞよひ出されるかと存候處たれも不出扱なぶんの事色〱とかんがへて見るにまづなろふてついやふか又四ケ村きんそくか又ハ貳石もなりとられてそのまゝにか又ハたゞそのまゝ《れカ》をむかとおもひ候先〱ついやふとおもふておれハ大丈夫かとおもひ口今の世の中ゆへ誠まゑなとハ見とふしつなず先〱ついやふ位とおもふておるがよかろふと存候先〱かくだんのもなしもなくいまのもよふなれハ又〱あう事が出來るとおもひてたゝ〱たのしみ夜もねられずて色〱とおもひ候又々一兩日の中下番やり候今晩ハ貞吾が衛吉〱へいくと申事ゆへついでにたのみ候なら〱かしく

十五日

より　太

おと乙との

御姉上さまへよろしく

このかし番人ヨもらひ候まゝ小供ヨ御やりこの本前へたしかに

（武市家文書）

岡田以藏

○元治元年八月中旬カ　（瑞山ヨリ妻富子へ）

この間ハ御とふ〱敷みな〱さぞ御きげんよくめて度そんしまいらせ〱私事次第ニこゝろよく相成くつろき申候もはやふだんのとふりニ相成候まゝ少も〱御氣遣つかわされましく〱れ〱そんしまいらせ扨きのふもけふもぎんみヨ出申候もはやぎんみもいう事ハすみ候様ニそんしまいらせ先〱以藏が云た事ハ晴れ候様ニ存まいらせこれハそのはぼの事とそんしまいらせ私のわるきと云處を以藏が人をころした事を聞たれは・御上ミへいイ出ねハならん處をその氣がつかざつたといふ事と又出ほんなどするよふなわるき人とこれまで付キあひよつたそのわるき事をしらざつたといふ事はあ

りよて御坐候それゆへもこしもおそるゝ事ハなく候へともいまの御役人ゆへどんなつみを付るやら知れぬといろ／＼とそんしられ先／＼かくたんの御もおしもなしなら／＼申上られ又近／＼の内下番やり申候めて度かしく

より太

姉上さゆ

おと乙との

この文前へ御とゝけ

（武市家文書）

前、島村家

七以、岡田以蔵

益、河野萬壽彌

○元治元年八月十六日（田内衛吉ヨリ小笠原保馬へ）

十三日ノ守憘《マヽ》ニ同日落手仕候シカルニ段々御國ノモヨフ不安七以ガ白状ニ依テダン／＼入獄實ニ血泣々々モトヨリ以死正ニ死シ申候間御安心々々シカルニ端盟書申出之義先日ノ約束トチガイ益ナド先約ノ通両度申

孫、小畑孫三郎

衞、田内衞吉

島外、島村外内

村忠、村田忠三郎

以、岡田以藏

樋口眞吉日記ニ「八月十一日（元治元年）町便狀達ス久松喜（マヽ）久馬、森田金三郎、村田忠三郎、岡本次郎、四人岡田以藏申口ニヨリ類族御預追テ揚屋入又本獄ニ入ル」ト見エタリ

出候樣左候得バクイチガイ候故此後ノ心得ト相察シ此度端申出ノ所隣《リン》獄之孫益へ見セ候處衞孫三ナド先約ノ通不知ト申合ノ由ニ付何卒右掛合ハ出來マイカト相談ニ付衞ガ方ヨリモヨキ下番有之趣ニ候間請合申候尤益ゟ掛合ノ事別紙ニ相認候間開覽ノ上承知ニ候ハヽ嶋外方へ御出掛合宜敷御賴申上候ムツカシク候ハヽ仕道無御座候

扨村忠以ト對決ノ在之由聞申候哉實ニ切迫不安時勢嘸哉々々心痛察入申候大取急キ乱筆御察讀奉賴候

八月十六日　　井　手

鏡　川　君

今一度御返事奉願候十九日ノ夜番參リ申候

○元治元年八月十九日カ　（瑞山ヨリ獄外同志へ）

◉ハ目附、眞邊榮三郎、森權次

元敬、大石彌太郎

平井善之丞、小南五郎右衛門、吉虎、吉村寅太郎

元吉、吉田元吉

大坂ニテノ事、井上佐一郎暗殺一件

十九日出大息々◉惣揃　眞榮專云偶々森モ云外無言ナリ　大略

◉是迄被云出始終隱してをらるゝ先初より承りへくと云抑修行ニ出し事ゟ問△以前之通り夫々答タリ◉江戸ニ而長州人ト相交リ時勢ヲ聞夫ゟ長人ト約束せし事あるべし△約束せし事都てなし此ノ一頻ル疑フ様子ナリタリ返シ詰ル應答長シ◉然は江戸ニ而申出てよき事ニあらすや△其節元敬ナド相談セシハケヶ程之大事ニ付歸りて親しく申出事當然幸野拙自力修行之身ニ付外に少々自用も有之ニ付歸リタリ江戸ニ而も元敬ゟ申出る譯ト心得しなり◉平井へ參りし筋如何ニ又小南へ參り候筋如何ニ△先達之通リ答タリ◉吉帍長州へ參リ夫より歸り長州ゟ書狀も參り候よし如何ニ△左樣之事なし成程帍太ニ面會せし事あれど長州などへ參りて後に逢し事都てなし◉元吉切られし後比島山へ會ス之儀有リしよし如何ニ△都て知らす◉是ハ只之風說と云譯にてもなし△以前も其事御尋あれと左樣の事都て知らぬ◉大坂ニ而之事不知とは如何ニ△露知らぬ◉知らんとは云

弟、田内衛吉
八兒、岡本次郎
森金、森田金三郎
村忠、村田忠三郎
喜代、久松喜代馬
本間ノ事　本間精一郎暗殺一件
大守様、山内豐範
以藏、岡田以藏

われん已に弟も又皆弟子且同志之者なり△先日以來申出る通りニ而八兒ハ其內一番年も參りし者なれど野生全ク心易クせしに又森金村忠是又同様ナリ喜代ハ弟子ナレド時勢論なとせし事都てなし⊙然も本間之事ハいかゞ△是は先日も申通り了簡違なり其節も

太守様被爲奉

天朝ゟ深御依賴之　勅を抑御滯京初之時ニ而左様之事天下ニ顯候時必御名之惡しき事ト存ぜしなり⊙然ニ右等之事致ス者其儘ニ致し置候ハゞ其上如何程之大事ヲ仕業スル計リ難き譯ナリ內々以藏ニ屹度異見ニ而も致ス譯ナリ△以藏ハ見限リ居し事故何も不申⊙見限リ居たと云へど上之御大事ヲ思へは異見ハせねはならぬ譯ナリ此ノ「六ツヶ敷云イ長シ△是は何分了簡違なり⊙又本間之事ハ其元之差圖と憶ニ以藏が云イ出ておる△例之虚言なるべし種々辨解ス⊙以藏僞云なれど悉く僞りなし大坂之事ゟ明白なり△都て合点ゆかぬ野生事我惡事ありながら夫を蔽隱ス様之者ニ

てもおしよく〳〵御賢察ヲ願ナリ◉成程左様之人とも不思候へとも見通しにおひて知らぬ事ハ決してなきナリ元より悪しき事と思ひてする事ニてはゐるまし忠情ゟ出しには相違有るまい△成程私其場へ出會て居たとト申欲何ぞ掛り合し事あれは眞ニ知らぬ事ニ而も知らぬと申事立難き譯もあれと眞ニ露知らぬ事ニ而致し方なし◉皆〳〵同盟迄之ておる其内の人之せし事知らぬ事はあるまい△盟は兼而申通り云々既に老公へ御覧に入焼き捨夫ゟサッハリせぬむかしおり殊ニ又八兒村忠久喜なと又弟なども盟せし者にあらず追々京に而盟せし者欲と覺ゆ平收ノ書ヘシ加脱カタリ是等之處事實に而只今ニ而も八兒ナド御詮儀マヽ有之候ハヽ相分ルなり◉然れども被云處ニおゐて決して疑ひ晴れず知らぬ事之有ろふ理なし

但盟事ハ夫ゟ云ハズ只知ラヌコハナキト色々様々性《シヨウ》ノツマヌ事ヲくり返〳〵シ頗る長し

△形ニおゐて御疑ヒイカニモ御尤ナリ然ニ事實ゟ右申ス通リニ相違なく候間幾重御明察ヲ希なり◉云ひるゝ處ニおゐて決して疑ヒ晴れず尚々思慮云々終ル

眞榮、眞邊榮三郎
森、森權次

右之外種々之事を云なり大意右之通り中々眞榮頗ルロブテヲホヲなりニタマラン〳〵森ハ靜ニ事ヲ分ケをり〳〵云なり

元ト眞榮之時ニ御互ケ樣相成候事故罪なければは自分之落度故欲獨り疑を決してをる樣ニ云ナリ中々〳〵

中須未按

中須之書之通り或程今が初かともおもわれ申候尚見通り爲御聞奉願候矢張此間之通リニ而別ニ確證ハナシ云ウ處之ツヾマル所ハ本間事ゟ大坂事知らぬ事ハなきと云なり

外之事ハ格段なし

（上田開馬藏文書）

○元治元年八月十九日（瑞山ト眞邊榮三郎應答書ノ附箋）（瑞山ヨリ島村壽之助へ）

◉目附眞邊榮三郎

谷守部、後子爵谷干城

野生、瑞山

◉大坂ニテ稲荷へ會シヿアル由イカニ△其ヿアリ是ハ太守樣御不例ノ處御全快最早御湯等も被爲遊候由御側醫ノ咄ト云然ニ御上京ノ被仰出ナシ然處天朝ニハ　太守樣御上京大ニ御待被爲遊候旨谷守部京ヨリ來リ聞キシニ付御快氣被爲遊候ハヽ早速御上京被爲遊筈之處都テ其御沙汰ナキ故惣分御供之者イカヽト存シ込一同伺ヒ出トノヿニテ右稲荷へ會シ居タリ私ヿハ右稲荷へ會シ居ルト云ヿヲソク承リ候ニ付直樣參リ見候ハヽ《ヘカ》果シテ會シ居タリ依テ一同御役人ナドヘヲシ掛ケ參リテハ不宜ニ付差扣へ可申ト一同へ論シ右御上京ノ御沙汰ナキ云々ノ筋野生罷出伺ヒ可申ト申論《サト》シ直ニ御陸目付へ其旨伺出候處一兩日之内被仰付トノヿニテ一同大ニ安心シテ歸リタリ

◉右ノ集リシ社中ハドンナ人ゾ△色〳〵ノ人入交五郎藏ナド其内專ラ八ケ間敷申居タリ夫夫人ハ不覺其内ニハ知ラヌ人モアリタリ

（上田開馬藏文書）

平井、平井善之丞　◉目附眞邊榮三郎元敬、大石彌太郎

小南、小南五郎右衛門

○元治元年八月十九日（瑞山ト眞邊榮三郎ト應答附箋）

一平井へ立寄リシト云ヿ◉素ヨリ心易キ人欤イカナル譯ゾ△未タ面會セヌ人ナレド江戸ニテ元敬ヨリ聞世ニ君子ト呼フ人物ニテカホドノ大事ハ耳ニ入度思フニ付道ノ側故一寸立ヨリ咄シヲケトノヿニテアリシ

一◉小南ハイカナル譯ソ△此ノ人ハ他邦ニ名アリ薩人ヨリ度々イカヾ暮シ居ル哉ト尋子ラレタリ夫故ニ尋子時勢ノヿヲ談シタリ

一◉江戸ニテ云イ出シハ元敬カ△野生ノ元ト右ノ時勢ヲ聞キシハ元敬ナリ夫ヨリ元敬同道ニテ長薩（藩カ）へ出合タリ故ニ江戸ノヿハ何ニヘン元敬心得シヿ之素リ元敬ヨリ時々云イ出ルヿト心得居ルヿ之野生ハ自力修行ノヿ故不取敢御國へ右見聞ノ形申出ルヿ當然ト心得歸リシナリ

（上田開馬藏文書）

○元治元年八月十九日（田内衛吉今橋權助ヨリ島村壽太郎へ）

岡以、岡田以藏

八月十三日（元治元年）村田忠三郎、岡本次郎、久松喜代馬、森田金三郎入獄

以印、岡田以藏

三ツ口、兎口坂本瀨平ヲ云フ

檜淸、檜垣淸治

秋冷相催候處
尊公樣愈御安全ニ御暮可被成奉大賀候隨而兩人共無異送日仕候間左樣御放
意可被仰付候
扨天下形勢益不穩肝□（奸カ不明）國ニ蔓（マヽ）リ衰乱の世の習とハ乍申實ニ歎敷次第ニ御
坐候扨御國も同樣是には筆お（マヽ）投し申候御心痛奉察入候扨岡以過日拷問之
節樣々の事共口外仕存掛なき人數々獄入ニ相成實に不安次第ニ奉存候定
而此一條モ追追吐露可仕事と奉存候不忠不義不孝不容天地乃大罪人如何
樣之事ヲ吐露致共不限厭不申候得共以印申分ニ依テ五十人一同ヲ詮義（マヽ）ニ
相成可申与奉存候左なく共彼三ツ口ヲ於京師同行斷候儀ニ急度子細可有
ト追々嚴敷御吟味被仰付候樣ニ御座候間顯然同行ヲ斷リ候段ハ一同ヲ聞
合セニ相成可申事ト奉存候間何卒御周旋ヲ以一同ヘ御掛合置被仰（付脫カ）度奉願
上候須崎組にも別して心得居候樣御通達奉願上候去冬檜淸御吟味之節彼
須崎へ參リ居候ニ付其地の人々も彼か人とおり承ルト答ヘ居申候ニ付公

公藤、公文藤藏

尊叔君、島村壽之助

惣捐ハ掛リノ大小目附皆捐フチ云フシマツ、野中太內

藤ハ顯然問レ可申叓ト奉存候間何卒御通被仰付度奉願上候僕共ガ事ハ決而御氣遣ニ及不申〆木ハ勿論鼎鑊の苦覺悟ノ前ニテ御座候決而御氣遣御無用ニ御座候申上度儀海山無限候得共難申盡右（先カ）も得貴意申度早々如此御座候恐惶頓首

八月十九日　　兩人

島山太郎様

尊叔君へ宜御傳聲奉願候

（上田開馬藏文書）

○元治元年八月二十日カ（瑞山ヨリ獄外同志者へ）

◉惣揃シマツ一人囂シ外一言ナシ大略　廿日

◉扨是迄被云出處ニ於テハ一ツモ惡シキヿナシ然ニ重キ御侍ヲカク被仰付タ處ハ上ノ落度欤イツレケ様相成リ此ノ上始末付カズテハ不成其元ノ考ニハ罪ナキ者ヲケ様シ誠ニ上ノ不明ト思欤何ト思ゾ△私儀被對京師云

石部ノヿ、幕吏、渡邊金三郎大河原重藏等暗殺一件
大坂ノヿ、井上佐一郎暗殺一件
小田原ノヿ、坂本瀬平殺害一件

正親町三條實愛
中山忠能

々且御不審ノ筋云々ト被仰付候ヿニ付テハ素リ不智短才者故於京師屹度落度大過アリシヿ欤何レ御不審被仰付譯ト相愼居シナリ然處御不愼之筋承リ候處案外之ヿ而已其内形容ヲ以御疑之筋ハイカニモ御尤ト存ス御疑ヲ無理トハ全ク思ハス然ニ其事實ハ是迄申通リナリ◉只形容而已ヲ以揚リ屋等被仰付道理ナシ有様云ハレヨ先京師ノ周旋其元ナド同論御方ハ朝敵トナリシナリ又同志之者夫レニ組シ　禁闕ヘ弓ヲ引タリ又石部ノヿモ其元同志之者數々アル又大坂ノヿ同志同宿又小田原モ同様ト種々ノヿヲ上ケ云コ《マヽ》チカラ答チサセシ八ケ間數云△夫レハ大ツカミノ御事ナリ左様御疑ノ事なれは最早申解モ無益ナレド誠ハ誠テ貫ステハ不相成事故尙最一度右ノ夫レ〲ノ御疑ヒ可申解先ツ公卿方御謀反ハ不知タトヘ私ノ拜謁セシ御方不殘御謀反ニテモ私ノ知ラサルヿ殊ニ又長州ノ方ヘ御出ニナリシハ三條様計リナリ其余ハ拜謁シタヿナシ正親町三條様中山大納言様専ラ御懇命被仰付シガ是ハ只今イカニ又同志ト云ヘハ論ノ違ウ者多シ亡命セシ者

以藏、岡田以藏

トテ野生ノ同志而已ニアラズ正義ト思ヒシ人ノ不正ニテ見リシヿハ數々アルナリ是等ノヿ以藏而已ニアラス云々マヽト答ヘ居候處中ニテトリ◉先ツ大概ヲ以テ問ナリ此ノ上白狀ニモ及ハヌヿナレハ屹度シタ證ヲモ出スナリ△其ノ證承リ度◉追々云ウベシ上ヨリハ手順ヲ立テ御尋アルナリ終ニハ御サ法モ有事故士ノ御取リ扱ニモナラズ見グルシキ事ニモ及ブベシ倘思慮云々

（上田開馬藏文書）

○元治元年八月廿日（瑞山ヨリ妻富子へ）

又〳〵さへあへり候處みな〳〵様御きげんよくそなたふじめて度そんし候爰元ふじ少も〳〵氣遣無用ニ候扨此間ゐもふせむろふらとおもひおり候處又〳〵くりあへし以前あらの事色〳〵とゑれ其上に以藏ら云たといふ事をやあましくいゑれこまり入候きのふもけふも出候これあらいどふなることぞごふもんにでもせるらまざなにやらゑあり不申又きうに拷問

ハもまんとおもひおり候扨先〳〵らくだんの事もなくなら〳〵申まいらせ候
らしく

廿日　　　　　　より太

おと乙との

姉上さまへよろしく
又〳〵二三日の内下番やりまいらせ候其せつ色〳〵もなしいゐし候

（武市家文書）

前、島村家

一この本前へ御とゞけ

○元治元年八月廿三日　（瑞山ヨリ島村壽之助ヘ）

別書共

久喜、久松喜代馬

今日之貴書慥ニ拝受先御勇健奉賀候今日ハ久喜出申候大坂の事のむしつの云ゐけのよし格別の事なし扠盟書之事ハ此間只取寄たと計云て飛脚便とも何便とも不申候ニ付もし此後問ハレタレハ飛脚と答へ可申候然ニ其

叔父様、島村壽之助

川萬壽、河野益彌敏鎌

樋口眞吉日記ニ廿三日（元治元年八月）御前様（藩主夫人毛利氏後ノ御子）長劦ニ付五藤都合ニ留主居敷へ御引移ト見エタリ

節ハおちさんも御上京らと覺申候依而ハ京都ニておちさん方と互ニ申合セ下モ〳〵の者爲國決心してをる處の誠心ヲ御上へ申上度存候より申合せ御叔父様が御國へ云ておこして其後飛脚便りに來タト答へ可申候私ゟ飛脚ヤラ何ニ便ニ來タヤラ不知ト答へ可申候間其御積りニて宜御賴申候もし又右之答へがわるけれハ急々御申越可被遣候是ハ矢張り柳井健二上京の節持參ト云てハいかゝニ御座候哉飛脚ハ品物ハいかにも覺へ書キを取ト存申候左様ニテハ不宜候柳健ハ同志ニて江戸ニ盟ヲシタト川万壽も答へ有之事ニ付明白ニ柳井主用ニテ上京ノ節持參ト申度急々御報承り度候

扨昨日ハ太夫惣登城ノ由是ハイカナルヿニ候哉承り度候政府之模様分候ハヽ爲御聞

扨終ニ今日歟　御前様御離別五藤へ御下りの由何トモ申様無御座候右迄

早々頓首

八月廿三日夜　　　　　　依太郎

入道様

七兒、岡田以藏始末ヲ付ケ以藏ヲ毒殺スルコト

二白七兒ノヿイカ、候哉是ハ何分ニモ早ク始末ヲ付ケ度クレ〳〵相考申候扨諸同志先傍觀の議論之由寂早論スルヿ無御座候只天口(不明)次第ト存申候所謂やたけ心を盡しての後こそ吹め伊勢の神風よて臣タル者臣ノ道ヲ盡サズシテハ迚モ天ノ惠モ有之間敷實ニ血涙長大息之至奉存候

（上田開馬藏文書）

口、目附ノ問
〇、瑞山答
其時分ハ文久二年四月八日吉田元吉暗殺ノ際ノコト
佐川、國老深尾鼎

〇元治元年八月下旬カ（瑞山ヨリ島村壽之助へ）

前文斷缺カ

口云先其時分アナタノ聞テ居ル風説承リ度候

〇云風説ハ其後種々聞テ居ルナレド風説ノヿニテ屹度トリトメシヿナシ素ゟ順序モ不立故ニ云テ無益ナレド先日以來達テ御尋ニ付風說聞シ儘ノヿ不殘可申先間御噂ノ大夫ノヿモ承リ居ル佐川柴田山内宿毛ナトゝ聞

深尾氏ノ臣井原應輔、濱出辰彌、大橋鐵猪、那須源馬等元治元年八月十四日脱走ス、瑞山其名ヲ答ヘテ暗ニ累ヲ國內ノ同志ニ及ボスヲ避ク

八日ノ夜、郎
吉田元吉横死
ノ時ノコト

大石團、大石
團六

シナリ尤佐川ヨリ事ノ出シ説モアリ佐川ハ臣下ニ激裂（マヽ）ノ人物モアルナリ

□名ヲ問

○云此間ノ脱走ノ名ヲ云夫ヨリ

□云那須ハ元佐川ノ人ト聞ク

○云其時分ハ實ニ人心離レ吉田ヲ切ルト云テ居タ人ハ何ン人モアリシ説ナリ西ヨリモ切リニ出カケ候中八日ノ夜ノ丁須崎邊ニテ聞キ歸リシ人モ有リト云説アリ東西寄合シ丁ニ付テノ御不審モアレト一体其時分ノ人氣ハ右ノ通リナリ且又大石團モ他國修行ニ其前ニ行キタリ又吉村扇太抔ハ微行シテ何ン度モ他國ヘ出シ由之依テハ他國ニテ約シ歸リシ丁歟ノ説モアリ既ニ　御隱居（樣ノ字脱カ）・ヘモ言上致セシ丁アリ夫ハ浪士共御國ノ太守樣ヲシチニトルト云議ニ定メ君上伏水御泊リノ夜京師ニテ事ヲ發シ候議ヲ右ノ脱人ナド聞キ歸リ俄ニ八日ノ夜ノ事ニ及候説モアリ右ノ大

守様ヲ質《シチ》ニトルヿハ眞ノヿニテ有リシ由故ニ御隠居様へ言上セシヿアリ

口云小南園新ナドハ兼テ謀儀《マヽ》ニ預リ居ル説ヲ聞イタ

○云小南ハ江戸ヨリ歸リ二三度尋タ位ニテ其後京都ニテハ度々參リ心安クナリシナリ左様ノヿハ決シテ有ル間敷園モ二度位イ行尤革製《マヽ》ノ用事ニ付其節咄モ致シ候ヘドモ頗ル神掛リニテ天下國家ノ論ナドハ出來ヌ人ト思フタリ夫位ノヿニテ候故不知何ンゾ右兩人ノ攜《マヽ》ハリ居ルノアルヤ

口云ヲサヘ所ハナシ九日ニ太守様へ御目通リシテ言上セシヿアリ口云川野万スハ其夜出會シト云イカヽ○云川万ハ私ト江戸ゟ歸リシ男ニテ同志ナリ歸リシ後モ度々來リシナリ左様ノヿハ決シテナシ口云團藏ハ他國ニテ虎太ナド、約シ歸リ嘉助ハイカヽ○不知事ナレド團藏ノ信友ニテ團ゟ掛ケシヿ欤

小南五郎右衛門、園村新作

文久二年四月八日ノ變アルヤ園村新作ハ藩主ニ謁ヲ請ヒ速ニ吉田派ノ有司ヲ黜ケズンバ大變ヲ生ズベシト進言セリ

大石團藏、吉村寅太郎、安岡嘉助

三人ノ家中ハ深尾鼎、柴田備後、山内下總ノ臣ノ意公子ハ如何ハ吉田暗殺一件ニ山内民部、同大學等ノ關係アルチ云フ大坂ノ事、井上佐一郞殺害一件

以ハ岡田以藏忠ハ村田忠三郞、八ハ岡本カ郞、喜ハ久松喜代馬、次郞ハ嘗テ八之助ト云ヘリ

安馬ハ下橫目小川安馬、良吉ハ吉永良吉井上佐一郞絞殺一件

村ハ村田忠三郞

右之通之意味ヲ云て問答頗ル長シ今日ハシマツガ政府へ聞ヘテ居ル所ノ眞ヲ云タリ又小生ノ云シヿヲ信シタル色見ヘタリ佐川の脫人ト三人の家中ノ僕ナド申合セテヤリシ樣ニ云タリ口云公子ハイカ、○云其節ハ聞シナレド雲上ノ事ニテ決テ不知右之事件信ト云ヿヲガテン致シタル樣子ニ見ヘタリ夫ヨリ大坂ノヿニ及ブ口云大坂ノヿハ數人ナレド連類へ事及ビテハ六ツケ敷誰レ〳〵御處置ニナリテヨキゾト云○云此問岡本二郎ナド白狀ニ及ビシト御噂イカヾ申出候哉更ニガテン不參口云是ハアナタノ知ラヌヿナシ以忠八喜ナド白狀シテヲル然ニ未口チアハス其内初メヨリ謀儀《マヽ》ニ係リテ居ルモアリ又ハ何ノ事モ不知急ナ御用有ルニ付參レト云テ來リ候ニ付行キ候處カク〳〵スルト云是ハ私ノヿニテナシ御上ノ御內命ナリ則橫目モ來テ居ルト云テ初メハ下橫目ノ安馬良吉兩人酒樓ニツレ行キ其歸ニ數人待テヲリ右橫目兩人ハハヅシ四五人ニテ手拭ニテシホリ殺シ村跡ニテ一刀サシ夫ヨリ川へホリ込ミ數人

アナタノ弟、田内衛吉

本精、本間精一郎殺害一件

石部一件、文久三年九月廿三日ノ夜江州石部ニテ幕府ノ與力大河原重藏、渡邊金三郎、森孫六等チ薩長土ノ浪士カ暗殺シタルチ云フ

大建ハ即チ大建依則ト云フヿニテ瑞山ノ隱語ナリ

吉虎、吉村寅太郎

往來ノ立廻リ至（マヽ）シタル者モアルベシ是ハマダ〳〵口ガ合ハズ横兩人未詮儀（マヽ）モセズ夫ユヘシカ〳〵ハ云ヘンアナタノ弟モ携ハツテ居ルト云○云更ニガテン不行□云横目ガ入テ居ル故五郎右衛門抔モ疑ウナリ是ハアナタノ知ランヿハナイト云且又本精ノヿナドハアナタノ差圖ニテヤツタト以藏ガ云テ居ル又石部一件モ明白ニ云テ居ル是ハ死タ者モアリ又御ガカリ（マヽ）ニナラヌ者モアル扨是ヨリ京師ニテ他藩ヘ引合ノ筋彼是クハ敷承ハラ子ハナラヌ明日ノ事ニ致スベシト云テ歸リシナリ

先大略右ノ通リ大坂ノヿ大建ノ差圖ナドト云テ居ル者ハマダ無キ様子ナリ

右本文△印ノ事脱人ヘハ子カケ不本意ノ様ナレド追々害ニナラザルヿニテ詞ニ窮セシ故右ノ通リ答ヘタリ元佐川ゟ起リシヿト取リ込デヲリ申候

又御郭（マヽ）の家來ト云名モ問ハレタレト名ハ不知京師ヘ參リテ居タ者ニテ顔ハヨク知リテ居ル是等ハ京都ニテ吉虎ヨリ聞キシヿ之ト云フタリ

右佐川人ゟ△ノ事起リシ推察ハ壽之助衞吉ナド私ノ信友ニテ互ニ是等ノ推察咄シハ致セシヿモ有ルト云タリ

（上田開馬藏文書）

おぢさん、島村壽之助、禎吉、大利鼎吉罸文、吉田元吉ノ首級ニ添ヘシ罸文

○元治元年八月廿八日（瑞山ヨリ島村壽之助へ）

別紙佐川ゟ事起リ脱人へハ子カケ候事ハ不本意ナレト實ニ詞ナク又此上右之脱人ハ二度歸る事も有間敷候へハ追々害になる事も有間敷且又風説の事もしおぢさん此後御吟味も有之候節ハ佐川ゟ起リ△ト家中ノ家來禎吉ナドノ事手ヲ下シ首ヲカケ罸文出シ等ハ佐川ノ永野守馬橋本鋏猪ナドガ致シタト云の風説聞キシヿアリ依太衞吉抔トハ竊ニ右之風説ヲ聞キ推察咄シヲシタヿモ有ルト御云被遣度禎吉ナトハ間崎の塾ニ居テ吉扁ゟツメリタ様ニ云テヨシ廿八日ノ夜認頓首百拜

入道様　より　太

（上田開馬藏文書）

シマツハ大目付野中太内

吉虎、吉村寅太郎井原應輔、那須信吾、橋本鐵猪、濱田辰彌八月（元治元年）十四日脱走

大石團藏

△ハ吉田元吉暗殺一件

○元治元年八月廿九日（瑞山ヨリ島村壽之助ヘ）

きのふもけふもシマツ一人なり明日は大目一人の筈なり

昨日ノ佐川ノヿ何ゾ證據ハナキ哉ト云フ素ヨリ決シテヲサヘ處ナシト答又問誰ヨリ其風説ヲ聞キシゾト云昨日モ申ス通リ屹度聞シヿハナケレド吉虎ノ咄口其香氣に聞へたり又問佐川人激烈人誰ゾ答云井原那須橋本ナドノ脱人ヲ云夫ヨリ名前ヲ書キ付ケタニ又云然ニ證據無クテハ御召捕ハ出來ズ近頃四五人亡命セシ者有リト云○大ニ驚テ聞タリ惣分同志ノ者ハ御上ヨリハ一様ニ御見付ケモ有ヘケレナレド全ク左様ニテナシ初ハ正論ノ人モ追々暴論ヲ出ス者モアリ既ニ私ナドヲ大ノ因循物ト云テ笑者モ數々アルナリ玆等ハヨク〱御監察有リ度大石團ハ弥太郎ノ同姓又其同郷ニ團藏ノ竹馬ノ友モ數々アルヘシ然ニ右△ノ事ハ弥太郎ナドモ決シテ知ラヌヿト思フ

右之通ノ大略ニテ十ニシテ八九ハ信ジタリ今日ハ大阪ノ事ナドハ不問

シテ歸ル明日ハ京師ニテ彼是セシヿノ承ロウト云明日出ル筈ナリ

廿九日

（△ハ吉田元吉暗殺一件四人ハ岡田以藏、岡本次郎、村田忠三郎、久松喜代馬、）

△ノ事ハ明白ニハ不知只ノ疑ニテ色々云ナリシマツヲ色々問イ其香氣ラ見ルニ委敷ハ不知然ニ大坂ノヿヨリシテ終ニ事顯シ可申依テ下ノ四人ヘ手ヲ付ケ度大ニ急勢

廿九日之應接之大略

（上田開馬藏文書）

○元治元年八月廿九日（瑞山ヨリ獄外同志ヘ）

今日も一寸出候へとも格別ナシきのふの云た事佐川邊ノ事證據トスルヲサヘ處ゟナイカト云ヿ素リナシト答ヘタリ眞ニ疑イトケタト云ニテハナケレト先十ニシテ八九ハトケ候樣ノ色合ナリ今日ハ大坂ノヿハ不問明日又京師之事ヲ咄ス筈ナリ

（久松喜代馬）

今日も久喜出タリ此上人ノ名前ヲ出サネハヨケレド必出スヿ是ノミ當惑

良、吉永良吉 安、小川安馬

コノ文前後省略アリ年代誤入標記ノ條ニ再出スヘシ七兒ハ岡田以藏天祥丸ハ毒藥ノ事全快ハ死亡ノ意大建ハ瑞山、石組ハ石部暗殺組阿部川ハ島本審次郎端吉ハ島村衛吉カ海ハ檜垣清治

ノ至ナリ良安へ急々御手ヲ御廻し可被成候以上

廿九日夜急

○慶應元年二月廿九日　（森田金三郎ヨリ島村壽之助ヘ）

（上略）扨過日以來七兒轉申候而隣近に相成居申候岩屋二（字義不明）用候よも大に都合宜一兩日大に苦心仕申候何か厚思召も御坐有間敷哉彼是外論之御周旋被仰付度奉存候少シ病發ニも相成申候へは機會を以天祥丸など送り可申七兒一日も早く全快仕候得は誠に大建初石組ニも大ニ幸に御坐候委細之儀は阿部川ゟも申上候趣に付御承知可被仰付候端吉には海より申上候樣子に御坐候實に天之與處にて急務々々何卒御思召御巨細之御報奉希上候（下略）

隈谷松太

（田岡正枝文書）

○元治元年八月下旬ヵ（瑞山ヨリ獄外同志へ）

兒祭ハ以藏毒殺ノ𪜈

一兒祭大に御盡力ノ由偏ニ祈𪜈ニ御坐候然ニ此ノ𪜈モ考ヘ見ルニ外ニ策略アルマジク飯ノ内ヘ入ル欲左スレハ今日デモ出來ル𪜈之病ノ時ヲ待テハ一年モ頰ハヌ𪜈有ルベシ

親ハ以藏ノ親

親モ承知ハスルロヲケンド失策シタレハ死ナ子ハ𪜈足ラヌ𪜈故恐クハ〻ヤルマイ此ノ𪜈何欲良策御坐候哉大意承リ度候

一土屋ハ頗ル名人ニテ眞ニカアラン𪜈ヲ云テ問ヒ落ス由ニ付新小ヘヨク〳〵申含ヲキ度候且又新小ノ云イ口彼是新小ノ同郷ヘ通シ置ク𪜈是等ハ申モ疎カ

久兒、久松喜代馬村兒、村田忠三郎〆ハ獄ノ略

一只々氣遣ハ久兒ナリ次ニ村兒ナリ

一新小ノ〆ニ下ラヌ𪜈又石組ノ〆ニ皆々入ラヌハ人氣ヲ恐レテシメ出ニヤル𪜈カ

○元治元年九月五日（清岡道之助同治之助奈半利磧ニ於テ斬罪申渡書）

清岡道之助
清岡治之助

右は徒黨を募り兵器を携へ野根山中へ屯聚强訴の上謀叛の企所業遂に阿州表へ遁亡不届至極の科を以て打首被仰付於雁切川梟首三日間晒以後拔捨被仰付

九月五日

（佐佐木高行日記）

○元治元年九月五日（寺尾權平以下二十一士奈半利磧ニ於テ斬罪申渡書）

寺尾權平　柏原禎吉　柏原省三
木下嘉久次　木下愼之介（マヽ）　吉本培助
田中收吉　近藤次郎太郎　安岡鐵馬
川島總次　檜垣繁太郎　千屋熊太郎

宮田頼吉　　横山英吉　　宮地孫市
小川官次　　岡松恵之助　新居竹次郎
宮田節齋　　豐永斧馬　　須賀恒二

右は徒黨を募り兵器を携へ野根山中へ屯聚強訴の上謀叛の企所業遂に阿州表へ遁亡不屈至極の科を以て打首被仰付

九月五日　　　　　　　　　（佐佐木高行日記）

○元治元年九月（徳島藩野根山事件ヲ口實トシテ長州征伐ニ出兵ヲ辭スル件）

子九月阿州侯使者口上竝御答

内實は土州と不和の上此度脱走人二十五人國許へ立込み右土州より渡呉候樣申來候處譏〔纔カ〕之人數受取として五百人程の人數押寄候赴〔ママ〕不得其意脱走人も兵器相攜候体脱走は表之唱にて國中へ立込み土州政府と同意之上如何之計略有之哉難測若追討に向ひ候時は虚に乗し打入候も是亦難計乍併

左兵衛督ハ吉井藩主松平信發カ

前件之次第書取を以願候義は難相調右之意味を以御斟酌之上御周旋被下候様申上候處(按以上使者の口上)左兵衛督様於土州は決而左様之事は有之間敷如何に土州人無人と云へども元來大國故是等無謀之企致候無思慮人は有間敷假令万々一左様之義有之候とも秀吉公などは大に悦候處にて國中大擧下民に至迄不殘長州へ向ひ其虚に乘し打込候時は天下之全力を以土州を打取候得は一先被取候得共土阿二國を領し阿州に於て大幸也と云使者頗る赤面致候由

(田岡正枝文書)

大◉シマツハ大目付野中太内シマツハ嗄聲ノ方言小◉ハ小目付毛ハ毛利恭助中ハ中山左衞士野中太内文久二年正月七日當分大目附兼帶慶應元年二月朔日大目附トナル

○元治元年九月上旬カ (瑞山ヨリ島村壽之助へ)

大◉シマツ一人小◉毛中二人陸目三人ニテ詰ハシマツ一人外ハ一言セス◉是迄云ハレテ居ルヿ初ヨリ逐一承允江戸ニテ長人ノ云イ合セハ如何ナルヿゾ△長人ノ云イ合セハ不承聞ク處ハ天下ノ形勢ナリ右ニ付薩長大ニ盡力時宜ニヨリ義擧等ノ勢ヲ見實以容易ナラザルヿ故國ニ歸リ申出デタ

渡邊、渡邊彌久馬、大彌、大石彌太郎

平井善之丞

二人、河野萬壽彌島村衞吉

リ◉右聞シヿニ確證アリシヤ△確證ハ不得レトモ薩長ノ勢ハ慥ニ見タリ依テ右彼是深ク御探索アリ夫レナリノ御覺悟可有樣ニ申出デタリ◉江戸ニテ渡邊ヘ申出ノ由彌久馬ノ答ハイカニ△江戸ニテ申出シハ大彌ナリ◉然者彌久馬ニ面會ハセザリシ哉△大彌ト同道ニテ一度尋子面會シタリ然レドモ薩長ノヿナド深ク聞カザル先ノヿニテ右樣ノ咄ハセザリシナリ◉御國ニ歸リ政府ヨリ外誰カニ咄ヲシツロウ△平井ハ江戸ヨリ歸リガケ立寄咄ヲシタリ是ハ愛國ノ人ト聞シ故ナリ◉善之丞ノ答ハイカニ△格別答ト云ハナシ只安カラヌヿト繰反云ウタリ◉一人行キシヤ△二人ナリ同伴ハ先キ（ニ脫カ）歸リシナリ◉善之丞ヨリ此ヿハ某ヘ咄セト云ハセザリシヤ△左樣ノヿ不言◉右之筋政府ヘ云出候節政府ノ答ハイカニ△格別ノ答ハナシ右ノ筋ホリ入テ尋子アリシナリ◉其時分ノ心持ハイカニ有リシゾ△申出候上ハ政府ノ御詮議ニアルヿニテ探索等アルヿト心得シナリ事起リシ時一人ニテモ御用ニ相立人ノ出來候樣ニ思ヒ心アル人エハ時勢談ヲシタリ其

丁子、銚子

本精、本間精一郎、以藏、岡田以藏、薩人ハ田中新兵衞ヲ云フ

後口外御差留ニ相成ヨリ他言ヲヤメタリ○〔脱カ〕先達テ屹度ナラズ尋候節元吉下手人等ノヿ尋候時以下々々惣分ノ人氣ハ元吉ヲ殺サ子バ國ハ治マラン云々ノ由被云シヿ是ハイカニナル譯ニテ有リシゾ△夫ハ先達モ申通リ俗說甚シキヿニテ或ハ銀ノ丁子或ハ證文藏ノ金粉ヲ盗ナト種々樣々ニテ專政治ヲ私シ自ラ奢ヲ極メ御國ノ御勝手ハカラニナッタトカ風說ナリ◉然バナセ其筋ヲ政府ヘ申出ザリシヤ天下形勢サヘ確證モナキニ申出ルヿナレバ國ノ仕置ヲ殺等ハ尙更云イ出ル譯ニテハナキヤ△右ハ風說ニテ目途不立故申出ヿ不相成天下ノヿハ櫻田一擧或ハ東禪寺或ハ宮樣御東下又薩長ノ往來等屹度目途ノ有リシヿナリ（是ヨリ本精ノヿニ飛ブ）◉本精一ヲ以藏ト薩人ト切害セシ由ヲ翌日田中ヨリ聞クト云是ハ以藏ハ太守樣ノ御供人ニテ殊ニ同盟ノ者公邊ヨリ御不審等有レバ御上ノ御身ニ掛ルナリ依テ聞タレバ其手ヘナゼ申出ス〔ヌ〕ゾ（此ヿニ至リ聲高クナリ頻ニ詰メル）又以藏ガ云ニハ半平太ノ差圖ヲ受供〔共カ〕ニヤッタト申テヲル△以藏は若年ノ時ゟ世話致

シ候者ナレドト角心行不正ニテ度々義絶ノヿ思ヘドモ親方度々被頼候故只々親ヲ氣ノ毒ニ存シ其儘ニテ居シナリ然ニ本間ノヿ其時分ニ至リテハ最早サツハリ見捨居リシナリ又本間ハ諸藩ノ離間ヲナシ又公武ノ間ヲモ亂ス大ノ奸物トハ諸藩人ノ云ヿヲ聞キシナリ私ノ至ラヌ所欲政府ヘ申出以藏御クルメ等ニ其節相成候而ハ他藩ヘモ關係ノヿニモ相成反テ不宜哉ト存誰ニモ不申シナリ又私ノ差圖云々等ハ以藏ノ虛言ニテ是等ノヿ以藏ト對決スルモ實ニ耻カシキヿニ付其節私ノ以藏ヲ見カキリ居候事等ハ其參リ候私親シク致シ候者等御尋合ノ上以藏カ虛ヲ云カ私ガ虛ヲ申欲深ク御監察被仰付度⦿笑テンマク云イヌケルナド云義ヲ絶ヌ中ニ心中テ見カギリテイタナドハアナタニ似合ヌ口上ナリ天下ヘ突出テモ筋ガ立マイナド、此セリ合尤甚シ百方辨論ス⦿以藏ガ云ヿ夫〱僞ニテナシ既ニ大坂ノヿナド以藏ガ云通リ誠デアツテ夫々白狀ニ及デヲル今日ハ先是レ計リ尚思慮云々大坂ノヿ小田原ノヿモヨク分ツテ居ル又又次ニ夫〱不審ニ

クルメ、制裁ノ意

⦿目付

大坂ノ事、井上佐一郎殺害一件

小田原ノヿ、坂本瀬平殺害一件

及ブベシ云々ト立レマセ

大略右ノ通ナリ何事モ全ク確證ナシ又大坂ノヿナドヨリ分ツテ居ル等ハ

七兒、岡田以藏

虚言ナリ本精ノヿハ七兒ガ慥ニ云テ居ルヿ故ニ此一事ヲ强ク云ナリ

シカ〳〵讀反シモセス御推讀

（上田開馬藏文書）

○元治元年九月上旬カ　（瑞山ヨリ姉奈美子及妻富子へ）

夕へは御ふみ被遣ありかたく拜しまいらせ先〳〵みな〳〵さま御きけんよくめて度そんしまいらせ私事ふじ少も〳〵御氣遣つかはされましてそんしまいらせ誠にこの間に私のゆう事を聞キとつたと御目附が云しゆへもふよきこととそんしすこしはくつろぎおり候處まさ〳〵せんかふのことへもどりむつらしく云申候其内以藏が京で薩摩《さつま》の人と一所に本間《ほんま》といふ人を切りし事あり此事を以藏が云ニ私のさしづにて切たといふておりますげな先〳〵このことがおもにて御座候誠に〳〵こまつたやつにて候扨けふ

薩摩ノ人田中新兵衛

本間精一郎

も又出るよふニゆうてきましたけんどけふハちとふこゝちゆへことわりましたひ明日頃ハ又出るつもりでごさりまにいつれにしてももふ〳〵そふ〳〵なあきことハあるまいと存り〳〵誠にこの間ハみな〳〵を御よろこばせ申て御氣のどくにて御座候扨小笠原よめもふくゐんのよし志みちもなき事にて候先〳〵ほふ〳〵かしく

より太

姉上さま

おと乙との

一このゐ前へ御とゞけ

又〳〵二三日の内下番やり申候

前、島村家

○元治元年九月上旬カ（瑞山ヨリ島村壽之助へ）

色々云シヿアレド難盡大畧ニテ御座候

野多ハ野崎紀カ

七月十九日禁門ノ變ヲ云フ

大目付麻田楠馬

居サンセ方言居給ヘノ意

九ツ時小監《野多》不時ニ牢ノコヲシヘ來リ云扨此間內モ段々相尋度ヿモアリ又アナタモ何欲云イタイヿモ有ルロウト思ヴ扨京師モ先達テ戰爭又長州ヘモ夷人來リ甚シキ戰ニ及ヒタリ段々右ノ書キ付モアル今日ハシミ〳〵何角咄シ聞度又右ノ書付モ御目ニ掛ケ可申トテ誠ニ平日ノ同志ノ如クナメシテ夫ヨリトヲセ時合ヲ見テ申越シ可申ト云テ頗ル好言令色ニテ歸リ夫ヨリ八ツ前頃ノ(マヽ)呼ニ來ル

吟味場ノ內ヘ屛風ヲ引麻楠ト野多兩人ナリ夫ヨリ野長州ノ搜索書キ　朝庭(マヽ)ノ勅書其餘搜索書キ數通色々話シテ深切ニ見セル夫ヨリ扨先日內段々之御吟味モ有之事然ニアナタノ心中ハヨク〳〵ガラン(ノ脫カ)ヿ之アノ席ニテハ問イタイヿモ有レド橫目牢番ナドモ居候事ニテ言ハレザルヿモ可有之故ニシミ〳〵アナタノ心中ヲ尋子度候ニ付自由ニ居サンセ先アナタガ心中ハトヲ思ゾト云夫ヨリ答私昨年存シ掛ケモナクケ樣被仰付如何ナル仔細ト存シ尋子出候哉ト度々存候ヘトモ根元御上ヘ差出候身分ノヿ上ヨリ角

盟ハ血盟ノ丁

△ハ吉田元吉暗殺一件
下總、國老山内下總

被仰付上ハハヤ〳〵御糺明モ可被仰付ト存シ只々相愼罷在候内心外差迫リ度々絶食等ノ丁ヲ存候ヘトモ御疑ヲ受居内死スルノ道ナシト思ヒ止リ居候處先達初テ御不審ノ筋承リ候處存シ掛ケモ無キ丁ニテ種々御尋モ被仰付只私命ヲヲシミテ身ニ覺ノ有ル丁ヲカクシ候樣ノ御嚀モ有之實以心外至極私一命ヲ捨テ御爲ニ相成事ナレバ本望至極ニテ平生御上ノ御爲ニ死スノ居〔据カ〕リニテ骨ニキサミ居候事其内盟ノ丁ハセズトモ宜シカリシト存シ候盟ノ丁モ私黨ナドヽ被仰付候ヘトモ全ク左樣ニテナシ右盟ニ書キ記シ有之處赤心ニテ以下〳〵ノ者赤心ヲ　君上ヘ入御尊覽度候故ニ差上候處御意ニ是ハ人ガ見ルト不宜候ニ付燒キ捨候樣被仰付候ゟ誠ニ御意ノ通リ人ガ見テハ色々ノ疑出候丁ト直樣燒キ捨申候其文ハ則大石彌太郎ノ執筆ニ候間尚是等ハ彌太郎ヘ御尋被仰付候ハヽ尚更其誠心相分リ可申ナドヽ云タリノ｜云然ニ△ノ丁ハ下總殿ヨリ起リシ丁公子方モ御揣〔マヽ〕リニテ下總殿ヨリ或人エ談シ夫ヨリアナタヘ云アナタゟ右ノ者ヘ談シ候由ニテ

ワシ自分トノコト

ト問フノ略

コ答ノ略

大臣、國老深尾鼎、山内下總公子、山内民部、山内大學等ヲ暗ニ指ス

其夜アナタハ弥立合サルヿハ明白ナリ是レハ申出テ居ル者ガ有ル右ニ付此義ハ寛大ナル御所置有ル譯ナレド角ク〳〵（マヽ）致シタ譯デカク〳〵ト明カニナラズテハ不相濟誠ニワシナトモ實ニ心痛ケ様ノヿハイヤナレド此役被仰付候上ハ糺明セ子ハナラス而已ナラズ是カ明ニナラズテハ御威光不相立　君上ノ御痛心誠ニ恐レ入ルヿ右ノヿハ大石團藏ガ直ニ承リ居ルト申出テ居ル者有ルト云答右等ノヿ都テ不存セ其時分ノ人心ハ實ニ以下〳〵ノ者ハ放レ居候ヿニテ大様相分居可申又東西寄合右之ヿニ及候等ノ御疑御尤ナレド是等ハ相分リ候事ト思フ御郭ノ家來ナド大ニ力ヲ合セ候様ノ風説ハ追々京都ニテ承リ候ヿニテ候私義ハ不存ヿナリト云　ト其郭ノ家來ハ誰ノ家來ソト云　コ人ヲハ京師ヘ參リ居候ニ付存知ナレド名ハ不知玆等ヲ御監察アレハ相分リ候哉ト云ノ云然ニ是ハ此ノ上イカナル御所置ニ相成候ハハ可宜ト存ルゾイヅレ大臣（マヽ）公子ガツラナリシヿニテ素リ御寛大ノ御所置ニナラ子ハト存候ヘトモ分ケ不分テハ御所置ハ不出來故ニヨク

喜代馬、久松喜代馬

八之助、岡本次郎

△ハ吉田元吉暗殺一件

藤印、藤本駿馬

〱義ノ輕重ヲ考ヘカヨヲニシタレハ御威光モ立相治ルト云ノ考ヲ聞キ度シイツレ今直ニヨキ考モ出來間敷トヲセ又明白《日カ》承ハロフト云私愚ニテ迚モ考ノ出ル筈ハナケレド尚トクト相考ヘ可申ト云テ濟其時喜代馬ハ誠ニ實ナル人ナレド大坂抔ニテハヨク〱ノボセテ居タ者ト見ヘル大坂ノヿハ八之助ガクハシク云タゾヨ誠ニ人ノ勢ニ乘リシト云者ハイヤナモノチヤ八之助ハ承知テアロヲ一分ヲ立テ申出テヲルト云、左様デゴサルカト云ト野ガ云此間内アナタノ云ヿニ違ウヿモアレド屹度考ヘガアリテ云ウヿト思旣ニ大坂ノヿナドガ明白ナヿ尚ヨク〱考テケ様ニシタレハ御威光モ立チ惣分ノ疑モ散スト思フヿヨク〱考テクレヘト云テ歸リシナリ

右△ノヿ云テ居ル人ニハアナタヲ逢スヿモ出來ルト云是レハ藤印カト疑ウナリ今日ノ言イ口ハ自分ニ身ニ引受テ死子トイハンバカリナリ

右之通リニ付明日モ又〱出ルナリ何事モ不知不知ト云ゟ外ナシ最早甚六ケ敷事ニ至リタリ

東郡ノ清岡道之助

九月五日(元治元年)清岡道之助等廿三士奈半利磧ニ於テ斬罪ニ處セラル

□ハ横目濱田良作瑞山等ノ同志

下番佐藏

七兒ハ岡田以藏、親ハ以藏

東ノ清道ナドノ事モクハシク聞タリ是モ寛大ノ御所置被仰付タト云首ヲ切ルガ寛大ヂヤゲナハゲシキヿ之可歎々々

（上田開馬藏文書）

○元治元年九月六日（瑞山ヨリ島村壽太郎へ）

御紙面夫々慥ニ拜受仕候御揃御勇健之旨奉賀候扨□ナド之處大ニ御周旋之旨誠ニ々々御心中奉察候□ナドノ云イヌクイ處ヲ以考候へも多分瓦解セシヿ歟ト存候イヅレ少々ニ而も帆向キノヨキ事ナレバ早ク云譯ナレド千萬之事ニ至リ居可申然ニ瓦解ト相成候事ナレバ□モ素リ今之處ニ居ルヿ不能又小生ハ病氣ニ而出ズトモ外ニ數々詰問スル人多キ譯ナリ然ニ其事もなし更ニガテン參らぬ兼而申通リ今日死てもなんとも不存候間□ノ處ギシ〳〵ト御問ヒ詰奉願候明朝も相分ト申事故明夜も幸ひ佐藏之廻リニ付遣し申候

七兒之事親へ御申解之由隨分受けよきよし只々此事而已祈申候然ニ又一

ノ親

又一ツ七兒生しハ岡本次郎自白ノコトカ同流ハ以藏ト同シク其親ニ申含メテ毒殺スルコト

ツノ七兒生し何とも歎息之至ニ御座候是も七兒同流に行度事なれとも今の處にてはいかんとも不相成大息々々

新小ノ問ヒ落サレシヿ早一ツ有之候誠ニケシカラヌヿ急々新小へ屹度御申通シ奉願候

佐席、佐井寅次郎

誠ニ色々御厄介相掛ケ實ニ々々御氣之毒千萬ニ御座候へとも右之旨三治ト佐虎トへ急々御引合置よろしく奉願候先ハ右計早々頓首

六日夜　依太郎

太郎様

尙以七兒の親之勢を御聞せ奉願候

浪穗、島村衛吉

別紙ハ六〇六頁ノモノヲ云フカ

久兒、久松喜代馬

一書添申候扨今日も浪穗出則別紙之通ニ御座候

七兒も出居申候是も策之おこなはれ候事欲いゐゝ只々此事計奉祈候

扨久兒ニも實ニ込リ入申候

七日認

涙穗、島村衞吉

靜庵、醫萩原醒庵

野多ハ野崎紀カ、野中太内カ猶攷フベシ

大學、山内豐榮
民部、山内豐譽

一別紙新小に之引合急々奉頼候誠よけいならぬ人なり云ハいでもよき事迄申實ニ可畏々々々々

一浪穗之詰矢張リ形容而已之事是ト云確證更ニナシ矢々死解もせぬ者と申候又兒組も夫々虚言もせぬものと見へる

私病氣先同前今日も靜安參リ血ヲ取リ申候決而御懸念被下間敷候百拜

（上田開馬藏文書）

○元治元年九月上旬カ（瑞山ヨリ島村壽之助へ）

○ハ野多△ハ自分

今日少々快候ニ付出ル野多一人ニテ例之通屏風ヲ引問先以此ノ間ノ儀御考イカニト云答テ此間御尋ヲトシ候公子大夫方之事御噂有之候ヿイカナルヿ歟承リ度シト云○云其儀ハ大筋ハヨク／＼相分リ居ルナリ然ルニ其元ヨリモカク／＼セシ次第ト打明ヶテ云ハル、ヿナレハカクスヘキ事ナシ大學様民部様秀馬様大夫ニテ下總殿鼎殿備後殿平士ニテ武藤小藤太園村新

秀馬、山内勇、山内下總、深尾鼎、柴田備後

作ナドノ名出ルナリ

△云都テカテン不參此ノ間被仰聞候儀ツク〴〵相考候處愚昧ニテ何トモ考無御座ヨシ又考ヘアリシト・〔テ脫カ〕今此ノ身分ニテ決シテ口ヘ出ヌヿ之此ノ上ハ御上ノ御明察ニ有之ヿ之

御兩殿、容堂豐範

○云カクノ如ク改ラズ打トケテ談シルハ則アナタノ心中ハ存知ノヿ故ナリ實ニ此度ノ儀ハ乍恐　御兩殿樣御苦心何トモ申樣モナキヿ故ニ御上ノ御爲ト少シニテ・〔モ脫カ〕存ルヿハ不包申ハ當然ナリト色々辨〔マヽ〕ヲ盡スヿ甚シ

△云左樣ナレハ愚存申述ナリ右ノ如ク乍恐公子方ノ御名迄出ルト云ハ驚キ入候次第以ノ外ノ事然ニ又其時分ノ惣分人氣彼是相考候ハ中〳〵一ト通ノ事ニアラス故ニ只今其ノ儀ヲ糺明ニナリタレハ御威光ハ立ヘケレド却テ其跡ノ亂トナリ若ヤ御國亂ト相成リハスマイカト右兩樣ノ輕重ヲ計リ候ハヽイカヽニテモ有之候哉今ツイ廿人計リ死シテ御威光モ相立萬人ノ一和トナリ跡ノ治リユク事ナレバ無此上モ事ト考ル

以藏ハ岡田以藏、忠三ハ村田忠三郎、喜代ハ久松喜代馬、八之助ハ岡本八之助卽チ岡本次郎此儀、大坂ニテ井上佐一郎暗殺一件卯月ハ四月八日吉田元吉暗殺一件

○云其儀ニ付甚心配ナリイツレ本末ノ有ル譯ニテ一寸云ハ、一ヨリ十迄ニ至《マヽ》シテ見ルト其下手人等ハ五六位イナリ一二三ノ所ヲステ、五六ヲ以所置ハナラズ既ニ　君上樣ノ思召ハ掌《賞カ》罰ハ國政ノ本故ニ此ノ儀ヲ糺明セヅ《マヽ》シテハ不相濟國ノ參政ヲ殺シ其儀ヲ糺明シテ國ノ亡ヒルヿナレハ亡ヒテヨシ罪人ノ糺明モ出來ヌト云程國主ノ權ガナクテハ世ニ有ルモ無益故ニ此ノ糺明ヲ妨ル者ハ打チ捨テヨト云ノ思召是亦御尤ニテ野生ナド右ノ思召ヲ受ケ彼是スル心中察シ下サレタシ此間モ尋子候節貴樣知ラスト云大坂ノヿモ段々白狀ニ及ビ只今以藏忠三喜代八之助四人ハ明白ニ申出テラ《チカ》ル其内拷問ニナリシ者モアリナラザルモノモアルナリ此ノ儀迚モ數人ノヿ今揚リ屋入御クルメニ相成リ居ル者ゟ外ニモ携ハリ居ル者も數々アル誠ニカク事カヲキテクレハイヤトモ糺明セ子ハナラス此ノ儀ハ卯月カラ見ルト小事ナレト實ニ心配ナリ右ニ付今日ノ所ハカ樣〳〵ト被云ルガ實ニ御爲ナリアナタモ其節ノ公子大夫大臣彼是ノ風說ハ知ヌヿモアルマ

シセメテハ風説ニテヨク候間承リ度園村新作ノ同志ゟ委敷申出テ《ナカ》ラル事ニト色々様々云《言カ》ヲ盡シ情ヲ盡シノヘ《ベカ》スヘラレタリ

△云成程其節ノ風説ハ様々アリテ承リタリト云内ニセン氣ニテイタミ迷惑セシ所氣ノ毒カリ又々イツニテモアナタノ心地ノヨキ時ニ承ルヘシ先〳〵ヨク〳〵御イトヒナト好言甚シ右ニ付△云風説ハ云テ御爲ニモナルマイケレド御爲ニナルヿナレハ次ニ可申ト云テ歸ル

右園新同志ト云ハ森四郎ニ相違ナシ

右下獄實ニ甚シ全ク七兒同様ナリ森金ハ感心然ニカク數人虚言ニ至リ種々ノヿ申出テハ何トモ致シ方ナキヿ終ニ數十人穢多ノ手ニ掛リ可申追々ノ事ニ至リ申候血涙而已誠ニ虚言人可憎　老公ノ思召ハ僞リニテハ有ルマシク左スレハ一人モ殘ル人ハナシ

虚言人數々アリテ色々ノ數へ立言ハル、ト實ニ應接ノ詞ニ窮シ申候○ハ其筈ナガラ頗ル辨《辯カ》才アリ感心々々

七兒岡田以藏、森金森田金三郎

老公、容堂

○ハ野多チ指ス

右ハホンノ大略ニテ○カ云様ニハ中々書キ盡スコ不能御察シ△ノ云シ事モ色々アレド大略

小南五郎右衛門
小野、平井善之丞

○云公子方へ之手ツヽキモ一通リハ分リ居ルナトヽ云シナリ小南ト小野トヲ云ハズ是ハ奴カ云落シカ合點ユカズ（上田開馬藏文書）

乾、退助後ノ伯爵板垣退助
毛、小目付毛利泰助

○元治元年九月上旬カ（瑞山ヨリ島村壽之助へ）

乾ト毛《牢ニテ引キ國澤四郎右衛門替ル》二人ニテ例之通リ屏風之内別テ和談ナリ格別替リシコナシ乾計リ云ナリ初ニ病氣ノコナト懇々問ヒ扨一体御不審ノ筋アナタノ巨魁ノコハ一國ノ人ノ見ル所然ニ是迄口ヲ不開尤口ヲ開キテハ脇々へ關係致シ大事ニ及候トノ考且又大臣ニモ及フコ故ニ御爲ニナラヌトノ心得ニテ可有之故ニ此ノ通リシテ表ヲ張リ御吟味ハ不致勿論アナタノコ故ニゴザ〳〵シタコヲアゲ是ハトラ《ヲ》ゾ〳〵ナドヽ盜ナドノ様ニ御尋ハ不致唱義ノ武士ノ

大坂ノ事井上佐一郎暗殺一件
八之助、岡本次郎、喜代、久松喜代馬、忠三、村田忠三郎
以藏、岡田以藏
收二郎、平井收二郎

ヿ故ニ有ルヿハアル無キヿハ無キト是ハ明白ニ云ハル、譯ナリ既ニ大坂ノヿナトハ皆々申出テ居ルヿ其内八之助ナドハ格別丈夫ナ男ニテ初ヨリ自分一人ノヿ斷然ト云テ居ル然ニ喜代忠三ナドハ皆々愚直ノ人ナリ夫ヲ鼓舞シテ遣ヲテ居ル人アリ一体ノ議論彼ハ奸物故ニ除カネハイカント云ノ議ニ定リ其ノ上ノヿト云既ニ以藏ノ申出ハアナタト收次郎ト頭立テ議ヲ定メ云々ト〔云フ脱カ〕テ居ル右之通リ明白ノ上ハアナタモ自分一人ノ處ハ被云候テコソ志士ノ本意ナルヘシカク御吟味ナキ邊モ右ノ事顯レシ上ハ名乘リ出ルコソ義士ナリ決シテ脇々ヘ關係ハナイゾヨ夫ニ心配ハナイト此ノ事頻リニクリ返シ云

答御尋ノ筋一トシテ存シ掛ケナシ御懇ニ被仰聞筋不肖ナカラ氣遣ナシ此ノ上ハ一ツ〱證據ヲ以御尋ニ預リ度成程巨魁ノ御見附モ御尤ナリ兼テモ申通リ私虚名高ク故ニ何事モ私ノ心事ヨリ出ル樣ニ御見附ナレト決シテ左樣ニテナシ論ノ違ウ人多シ一樣ニハ不參ト反覆辨解ス

圓太郎、久松圓太郎
コザ〳〵方言ゴタ〳〵ノ意

△云左様ニ云ハル、ヿナレハ何ヿモ知ラヌヿナルベシ左様ナレハ脇々ヲ詮儀《マヽ》スヘシモシヤ是ノ上脇々事明白ニ及ヒテハ誠ニ恥辱無此上弥ヨキ欲トクリ返シ云

答此ノ上脇々ヲヨク〳〵御詮儀《マヽ》被仰付證據ヲ以テ御不審被仰付度惣テ人ノ心腸ハ目ニ不見ヿ故多言ハ不仕所謂棺ヲ蓋テ事定ルヘシト斷然ト放言ス

△云先ツ證據ハ圓太郎之狀且又村田馬太郎之云出其余色々コザ〳〵致シタヿヲ參考スルニ是非トモノガル、ヿナシト云

夫々長州幕府ナドノ咄ニウツリ終ル

右モホノ《ンカ》ノ大略ナリ巨細書キ盡シ難シ口上ノ口氣巨魁故ニ白狀サセ罪ヲ鳴シ外〳〵ノ人ハ深ク糺明ハセヌト云意味ナリ喜代ナドハ脇へ引《マヽ》ノキノ考ヘ見レハ誠ニ不憫ニ思ウ物ノ位一二三四五ト有ル所ニテ一二ヲステ四五ノ所置ハナラヌナド云シナリ

（三兒、久松喜代馬、岡田以藏、岡本次郎）

右之通故ニ此ノ上ハ何事モ三兒組ノ詮議ヲツメ彼ガ口ゟ云ハスル勢ナリ
依テ亂ル、コモ治ルコモ下獄組ノ考ヘ次第ニ決ス
小生近々拷ニ至ル必定ナリ村馬ノコ重松ノ状ノコナドヲ以是ハイカ、〳〵
詰（ト脱カ）メルヘシ
只今ノ處ニテハ屹度シタ確證ハナキ口氣ナリ
△云

（△ハ目付ノ問）

大坂ノ事平收彼是指揮セシヨシ平收トハアナタ眞ノ同盟依テ供々（マヽ）議ヲ
定メシコ無疑ナド、云シナリ

（赤穗人之事、赤穗藩家老森主税ヲ暗殺セシ西川升吉等ヲ平井收次郎等ノ庇護セシヲ云フ）

既ニ赤穗人之事ヲ誠忠ト唱小畑孫二ナド大ニ周旋セシナリアナタモ同
論ナルヘシ
答此ノ事ハ私江戸ニ居テ何モ不知ト云タリ

（上田開馬藏文書）

○元治元年九月上旬カ（島村衛吉ヨリ瑞山へ）

陸ハ徒士目付
シマツハ野中太内

玄瑞ハ長人、久坂玄瑞
依太ハ瑞山

今日も大小目揃　陸ハ東ノ方に西向キニ居ル詰ハシマツ　外無言
○此間モ申出通リ形ニ於テハ申分無イト申カ愈知ラヌ證據有哉○毎々申上通心ニ於テ不忠不義ノ覺ナシ幾重ニモ厚ク御詮議被仰付度奉存○其方ハ深ク玄瑞ニハ不出會トイヘ共父子兄弟ノ如クスル依太ハ終始親クシタリ其玄瑞ハ禁庭《マヽ》ヘ弓ヲ引シ者ナリ夫ニ其方𪜈ノ同盟ノ者同意シテ供ニヤツテヲル此處ニ申開キ有カ○玄瑞ハ大學者ニテ天下ノ人皆尋ルナリ且暴論アレ𪜈名利ノ爲ニアラズ眞ニ憂國ノ心ヨリ出ル事なれ《マヽ》ば又益々《ニカ》成ルヿモアルベシ○其益々《ニカ》成ル箇條ヲ云ヘ○夫ハ只今覺不居○夫ハ只云計ノ事ニテ實ハ申合セ國ヲ亂サントノ事ナルべし其故證據有マジ其方ノ申處ハ形ニ於テハ申分ナク只心ヲ賴ニシテ居ルカ○左樣ナリ只明察ヲ願ヒ奉ル○（一字不明）賴ニシテ居ル心ハ二年計ニ成ル殊ニ輕格ノ身トシテ御直ニ申上ル程ノ事忘ルヽ樣ナ心ナレバ中々賴ニナラズ余ニ申分有ルカ○成程此間モ被仰聞通是程ノ事ヲ忘レタト申テハ不相濟故其後ハ快寐モセズ考シ

處漸一ヶ條計思出シタリ其節大人數ニテ御目通リ願ヒシハ五十八參着否ノ儀又孰モ身輕キ者御上ノ尊顏ヲ不知且愚存ヲモ申上度トノ事其愚考ノ筋ハ古今未曾有ノ非常ノ時故非常ノ御手當被遊度ト申意ナリ○非常ノ手當ト云ハドウ云事ゾ○右之通リ申上シ處御意ニ物本末アリ本不立テハ不成如何シテヨキヤト御尋ニ付其器ニ當ル人其任ニ居ハリ下々ノ者迄向フ處ヲ知ラシメ人心和スル樣仕度ト申上ゲシト聞《云カ》○其器ニ當ル人ノ名サシヲシタカ○名サシハセス○依太抔ガ只彼者共ハ忠義ノ者ト申上ゲ既ニ大坂ニテ佐ヲ殺シ又小田原ニテ瀬平ヲ殺シタ樣ナ事ハカクシテ只忠義ノ者ト申上ゲシハ不忠共何共申樣ナシ又御尊顏ハ御他出ノ節御馬上ナレハイツデモ拜メルヿ何分大勢申合上ヘ迫リ又上ヲ擁シ奉ル心有ツロウ○中々左樣ノ心毛頭ナシ○マダ外ニ屹度シタ證據モアリ又自身ノ口ヨリ出テ居ル事モ有其聞イテ居ル者モアリ追々申聞クルナリ幼少ヨリ親クセシ久兒抔モ大坂ノ事アリ誓ノ表忠義ノ爲ト云ヘト其姿不立又依太ノ指揮ニテモ

佐、井上佐一郎
瀬平、坂本瀬平
久兒、久松喜代馬

七兒、岡田以藏

大坂ノ事、井上佐一郎殺害ノコト

シマツ、野中太内

七兒本精ヲヤッテ居ルドヲシテモ遁レヌゾ○久兒ハ幼少ヨリ親シクスレド時勢ノ論ナドスル人デナシ更ニ合點不行本精の指揮依太ノ事抔所捕ナシ○其方ハ存掛有マイ○是モ七兒ガ明白ニ云テ居ル又大阪ノ事モ骨肉ノ弟殊ニ一家同前ノ處ニ居テ知ラヌ事ナシ知ッテ有ル事云ハ子ハ御作法之通見苦敷御吟味被仰付尙得ト思慮セヨトテ歸ル

右取急ギ愚筆難分御推讀奉願候

別紙ハ今夜御書之內ヘ御封シ込被遣度奉願候

浪穂

依太様

不辨者《マヽ》イキヅミ出シ居ル內シマツ引重々出故存分得不云事多シ江戸ニテ存寄ノ事云シ時夫ハカクシテ居タレト夫レテハ却テ不審立故右之通リ申ステ有フ此事抔ハ伺タレハ直ニ分ル事ナリ右等ノ事忘ルヽト云フ無キ譯ナリドヲ云フデ忘タゾ其子細ヲ聞ント云ニ付△何も子細ナシ毎々申上ル通リ頗ルキヲク惡敷故ナリ○キオクガ惡敷トテ是ホトノ大事忘ルヽ事ナ

シ夫ナレハ江戸ヘ行テ親ノ有事ヲ忘レ狀モ越サヌ程ノ事ナリ又子カ何人有ト云フ抔モ忘ル、物ニアラス畢竟上ヲ大事ニ思ハヌ故忘タ者カ抔一向甚敷實ニツマラヌ事ニ御座候只長州ノ盡力ノ手初ヲ聞カヌト云□蝕今云テハ都合惡敷故不云カ何分屹度約束シテ居ツロフト云フヤカマシキナリ又誓ノ事愈忠義ノ證據有ルカ抔云實ニ甚敷事ナリ追々ヰニ至リ可申奉存候

前後混雜大略ニ候

（上田開馬藏文書）

ヰ、拷ノ略

コノ文九月十二日（元治元年）ノ下ニアルベキカ六二二頁ヨリ六二九頁迄參照

村馬、村田馬太郎

藤駿、藤本駿馬

石川、小目付石川石之助

○元治元年九月上旬（瑞山ヨリ獄外同志へ）

右ニ申候村馬之事ハ實ニ反覆ニ付割腹サスル譯ニテ候然ニトクト相考候處多辨にて色々チンジ可申決シテ割腹ノ事ハ不被行事ナリ然ニ其儘さし置候ハ、必御召捕ニ相成對決ト相成候ハ、必種々の虚言ヲ云イ出ほヘシ依テ竊ニ鴆ヲ用ユルフ第一ト相考此ノ獄組說モ同論にて御坐候是ハ藤駿なと、違ひ石川へ云ておる事實ニ明白ニて疑敷無御座候是よおゐてわ三

兒之策とゟちごのひいゐ様とも出來候事是をもし其儘ニしておた對決と云事に至リ實ニ不相濟實に因循不相成事ゆへ明朝早々斜目ヲ差出申候宜ク御頼申候勿論私ゟいつ迄も不知對決ヲ願フト云候ニ付左様御承知被仰付度候

斜目、横目

（上田開馬藏文書）

○元治元年九月九日カ（瑞山ヨリ妻富子へ）

夕への文たしらにとゝき候先〳〵ゟふもうと〳〵候處みな〳〵さ母御きゟんよくそなさふじめて度そんし候爰元ゟふい又〳〵ちと下り候へとも一度にて先とまり惣分のこゝちも先〳〵かくだんの事もなくゟふは春同もきてくれ先〳〵同前と申事にて候少も〳〵氣遣有間敷くれ〳〵そんし候扨ゟふいどふゆふものぞ下あらもたをも出ば又この處よりもたをも出ば役所もむやく引ケけしあふぬ玄つらな事まて候扨　太守様にも廿日とも廿三日ともいふがまざ玄らと御きまりまもなふぬ事らと存候いつれ御

春同、醫楠瀨春洞

山内豐範元治元年十月七日發途上坂

⊙ハ役人ヲ指ス

ᘓハ容堂ヲ指ス符號

少將様、山内豐資藩主豐範ノ實父

びハ、枇杷ノ實ノコト

立まてよゐみあ〳〵御さもれも有之事とそんし候誠よこの頃の⊙の處の
つまふん事ハ何とも〳〵〳〵いゝよふもなく思ふても〳〵〳〵太守様が
御むしんな事よて候
一此上番より内々もなしを聞候へハ此間
太守様がᘓ様御屋敷へ御出よて今揚り屋ニ入てあるものハみな〳〵忠
信なものゆへもふ出してやろふらと御意被遊候處ᘓ様ら大玄らりにて
けしあふぬ事あれハみあ〳〵不忠もの大あく人と御意被遊大玄あふ迄
よて夫より　少將様御屋敷へ御出にて御泣《ナキ》被遊候よし
誠の事のよふニ承り候げよも〳〵御むしんな事よてこのよふな咄を聞
ていたとへうそよても涙がこぼれ申候
扨めしのさんハみそつけの焼肴《ヤキサカナ》ら一番んまれよ
々ふ春同がみらんのかゐりニさとふへ何やろ入てやろふと云よつた口
があゐくゆへびハのよふなものら誠よゐ丶らのふ

先〳〵かくだんの事もなくゐふ〳〵めて度かしく

九日晩　　より太

おと乙との

姉上さまへもよろしく

前、島村家

一この文前へ御とゞけ

又〳〵近〳〵の内ニ下番さし出候

（武市家文書）

○元治元年九月十日　（瑞山ヨリ妻富子へ）

東ノ衛吉村島衛吉重險《タカ》

以藏、岡田以藏

八日之文慥ニ相達候先〳〵みな〳〵さま御きげんよくそなたふじにて度そんし候爰元無事先〳〵氣遣無用ニ候扨きのふけふハ休口にて氣をやもめ申候扨一昨日ハ東ノ衛吉せんきニ出申候これももや下へ落さするやら知れ不申誠に〳〵なけかしき事にて候さそれハ爰元も明日頃はせんぎ有之事らと存しおり候以藏のあ方がおとつれさおとつれとつゝけて出申候

又〻なまゐ大うそを云と見へ申候扨そなゝ事ももゝやみれんな事ハなきとの事誠ま〱うそしく候とふそ半平太の妻と人まもいはれ候よふニとくそ〱もそんし候養子の事もがてんのよしこれ又安心いゐし候我等事人の頭《かしら》まて人まよけしられておる事ゆへ御上あらち風がよけあたるろふとおもひ候近〻の内まゐ下へ落され拷問ニあひ候事とそんし候とふぞ拷問まてし也ころされ度おもひ候此間東の人などのよふま打首なとゐいやとおもひ候ゐ太の手ニりゝり候事ゆへ拷問まてし也ころされたれハそれにてよきとおもひ候まゝどふなるやら志れ不申候先はら〻申殘候しらし

東の人ハ清岡道之助等ヲ云フ
ゐ太ハ穢多

九月十日の夜八ツ時

姉上さまへよろしく又〻近〻の内文さし遣候

（武市家文書）

○元治元年九月十日頃カ（島村衛吉ヨリ瑞山へ）

カンモク、眼目

瓢ハ容堂

玄瑞、久坂玄瑞

△、目付

健太、廣瀬健太

石部云々ハ幕吏大河原重藏暗殺一件

半平太實弟、田内衛吉

大坂ニテ云々井上佐一郎暗殺一件

小田原云々坂本瀬平殺害一件

今日之ガンモクハ長人ト申合幕ヲ討ント約束シタト云處瓢公ヘ數人迫テ吾思通ニ何事モ爲ントスルト云處同志ノ者長州ノ朝敵ヘ組シテ居ルカラハ誓ハ謀反デモ企ル積リト云處ナリ

先達テ△長ノ内ニ玄瑞壹人ハ諸侯公卿頼ニタラズ草モヲノ志士ヲ募リ暴發テナケレハイカント云論ヲシタリ外ノ人ハ一國之力ヲ以テ盡力セ子バイカント云シト云タリ是事今日モ云タリ○其暴發論ヲスル者ヲ尋子シハ如何ソ其樣ナ論ヲスル者ハ見限リソヲナ物ナリ如何△是ハ健太ニ被導參リシカ以前トハ論モ違フツロフカト思ヒ且江戸ニテ懇意ニ致シタヿ故烏渡參タヿナリ○健太ハ既ニアレ程ノヿヲ致切腹迄被仰付シ者ナリ其云出證據ニアラズ聞トレズト云タリ又健太ハ石部ヘ行テ人ヲ暗殺シタ者ヂヤ抔モ云△其時云ントスレバ打ケシテ云ハセヌ○又半平太ガ實弟抔モ大坂ニテ人ヲ殺シ又小田原デモ殺タリ其方ノ親敷スル者モ同ジヿナリ何ノ恨デモ有カト思ヘバ左樣テナシ論ガ違フト右之通リヤル抔モ云タリ

○又忠臣ニ黨ヲ結ブト云ヿナシ夫ハ謀反人或ハ盜賊ヨリ外ニナイ抔モ云タリ

マダ外ニ何角云タレド忘レタリ詰スル所ハ玄瑞暴論ト知ナカラ尋シ事公御目通リノ趣意同志ノ内ニ多ク謀反人有リ長州人盡力ノ手順右ノケ條逐一承ロフト頻ニ詰ラレタリ

一昨日詰書御手元ニ御座候哉

（上田開馬藏文書）

○元治元年九月十一日（瑞山ヨリ島村壽之助等ヘ）

大監不殘小目モ陸目モ同座大監ノ内ニテ乾ガ一人ヤカマシ五良ハ盟ノヿ計リニガ〱敷云タリ小廝ナド其外穩カナリ

問△印指揮ニテ既ニ其夜其方宅ニ會シ居夫ヨリ參リ候旨逐一可申ト云

答先達テモ御尋有リシナレド都テ不知既ニ其時ニモ世上ヨリ被疑其朝早々下横目監察ニ來リシナリ

大監、大目附、小目ハ小目附陸目ハ陸目付乾ハ乾退助後ノ伯爵板垣退助、五良ハ後藤良輔後ノ伯爵、後藤象二郎、小廝ハ小笠原唯八ト廝田楠馬
△ハ吉田元吉暗殺一件ノヿ

ト問ノ略符以下同ジ

重圓ハ重松圓太郎

藤駿ハ藤本駿馬

衛吉ハ島村衛吉

コ答ノ略符以下同ジ

墨龍、瑞山久坂氏、長藩士久坂玄瑞

三人ノ者、那須愼吾、大石團藏、安岡嘉助

ト其後比島山ヘ會シ脱走等ノ議モ起リ候由是ハ重圓ノ反覆ヨリ事發露ニ付自訴ノ論モアリ脱ノ論モアリ其節同盟ノ内ニ藤駿ト云者論違ヒ候故其方宅ヘ論シニ行候處客來ニ付衛吉方ヘ參リ候由是ハ藤駿ヨリ慥ニ申出テ居ルト云

コ右藤駿ハ私兼テ名ハ聞居候ヘドモ不知成程參リシヿアリ時勢咄ノヿト云ニ付衛吉ハ同志ノヿ故衛吉方ヘ參リ呉ヘト云衛吉方ニテ藤駿ノ云シヿハ何ヲ云タヤラ衛吉ニモ不聞

ト墨龍宛ノ狀アリ久阪氏ヨリノ割符モアリトテ割符ヲ見セタリ

コ決シ(テ脱カ)不知ト云

ト京師ニテ高(屋脱カ)友右衛門エ三人ノ者ハ南海ノ豪傑ト云ニ付アレハ御召歸シアリ度ト申出候由是ハイカヾト云

コ左樣ノヿ申出シ覺ヘ更ニナシカテンユカズト云

ト何事モ不知ト云然ハ其方ハ天下事迄知テ居ルヿナルニ此御國ノヿ不知

道理ナシ東ノ者ト西ノ者到（致カ）シ候ヿハイカヽ思フゾト云

ヿ私愚昧ナレド右等ノヿ知テ居テカクシ候ヒレツナ心更ニナシ其節モ自分ニ疑ガハレル而已ナラズ第一右等ノヿ不知テハ御國威ニ係リ恐レ入候ヿ故大目付ヘ愚存申出タヿアリ其趣ハカヽル大事ヲナシ候者ナレハ一ト通リノ捕手ニテハ不參ニ付屹度人物ヲ御撰ニテ御差立ノヿ申出タリ私事誠ニ懦弱ナレド平日忠臣義士ノマ子致シ度常ニ骨ニキザミ居候ヿ故上ヘ向テ虚言ハ不申其節吉村扁太郎ナド云者ハ他國境ノ者ニテ度々長州邊ヘモ參リ候由又ハ東邊ヨリモ修行等ニ出シ者モアリ依テハ他國ニテモシヤ云合セテ歸リシヿモ候哉是レホンノ推察ニテ候

ト其方共連判の同志ハ誰々ゾト云

ヿ島壽の二人楠六小保三兎上官田駒上楠阿多堀賢川茂岡恒大弥森助檜眞ナドアラ〳〵云

ト盟ノヿ私黨ノ御見（付脱カ）ニテ申分アルマイト云古ヨリ忠臣ニ左様ノヿナシト

島村壽之助、同壽太郎、楠瀬六衛、小笠原保馬、三原兎彌太、上田官吉、田所駒吉元道カ、上田楠次、阿部多司馬、堀内賢之進、川原塚茂太郎、岡本恒之助、大石彌太郎、森助太郎、樋口眞吉

云

コ是亦先達申候通リ互ニ善ヲ責メ合一點ノ私ヲ持ヌ證據ニ致シ候コ故私黨ニテナシト云

此ノ事甚八ケ間敷互ニ爭ヒテソチコチ暫クノ間云タリ終ニ五良云其方ノ心得違ニテ私黨ト云者ナリ私黨テナシト云ソチコチ云上ヨリハ私黨ノ御見付ケト云君ヘ忠ヲ盡スハ誰モ當然ノコニテ盟ヲセズトモヨキコ之ナド、甚シク苦カ〳〵敷云タリ

終承知セズ

大坂ノ事、井上佐一郎暗殺一件以藏、岡田以藏

ト事ヲカヘテ大阪ノコ頻ニ問フ不知ト答ヘタリ然レトモ以藏カ云其方ノ指揮ト明白ニ云ト云

以藏ハ不義第一ノ大虚言ノ者ニ付左様ノコ申出タカ不知候ヘトモ不知ト答

ト老公ヘ盟書入御覽候節モ脱走ノ論アリシ由イカヽト云

コ是ハ以下〳〵ノ者ノ赤心ヲ御覽ニ入レタリ左樣ノヿナシ
ト其節脱シテ水戸へ賴ニ參候由ニテ明白ニ分リテ居ルナリ
コ其時分間崎鐵(哲カ)馬ハ水戸人へ引合脱スル含ノヨシ御召捕ニナリシ時ニ知
レタリ其外左樣ノヿナシト云
ト老公樣へ京師ニテ斬奸ハ御國ノ者致シ候由申上候ヿイカヽト云

老公、容堂

コ左樣ナリ以藏本精ヲ切リシヿアリ
トソレモ其方ノ差圖ノ旨以藏申出テ居ルナリ其餘斬奸ノ事モ有ルヘシ
コ左樣ノヿナシ先日モ申上ル通リ以藏ノヿハ田新(辰カ)ヨリ聞タリ其余ハ不知

田所辰次後ニ騰次郎ト改ム大和殉難者

以藏ト云ヤツハ先年江戸ニテ池庫太ト同意ニテ脱走シテ水戸人ナドヽ
安藤樣ヲ討ノヿアリ脇ヨリ聞テ屹度イケン致シタリ左樣ノヿ私へ相談
セス
云何事モ知ヌ〳〵ト云ヘト是程明白ナヿヲカクスハ其方ト不思ナトヽ或
ハヲドシ或ハスカシ或ハナダメ種々樣々甚シ不言トモ御所置被仰付尙

トクト熟慮可致ト云テ歸右糺問ノ勢中〳〵甚シク何分藤印兒兩人樣々虚言云テ居ルナリ且又其外ニモ申出居ル者モ有ルト云是ハ眞僞不分

右ハホンノ大略ニテ筆紙ニ難盡依テ是ヨリハ直ニ拷問トナルカ又ハ同志ノ名サシ致候者被召捕皆々ヲ糺問スルカ又ハ是ナリテ連判私黨ノ名ヲ以首ヲ切ルカ差當リ三ツ合ナリ多合巨魁ノ見付ケ故明日直ニ落シ拷トナル欲ト覺ヘ候可歎〳〵然ニ吟味場ヘ出ルト少シハ氣分ハリ申候

云小畑孫三（マ、）平井收二ナド赤穗人ヲ忠臣ト唱ヘ御國ヘカクマイ夫ニテ御國ノ議論ヲカタメル積リナド、云且又△ノヿ行フ時夫ヨリ前ニ同志ノ者京師初長州邊ヘ割符ヲ以遣ワシ兼テ引合ヲキ御國ノ役人跡ヘハ誰〳〵出ルナド云テ兼テ京師ヘモ聞ヘ居候由ナド、云タリ今夜ハ役所ノ引ケモヲソク見付ケニ丁チンヲツケ居候由一寸相考候ハ、先刻ノ名ザシノ人々御預ケ等ニ相成候事カトモ相考申候嗚呼ホドナク穢ノ手ニ掛ルニ至リ是ノミナサケナク候

藤印、藤本駿馬　兒兩人、岡田以藏、岡本次郎

赤穗藩ノ家老森主税用人村上某ヲ斬リタル西川升吉西川邦治等ヲ平井等住吉ノ土佐陣管ニ滑服セシメシヲ云フ

△ハ吉田元田暗殺一件

丁チン、提燈

九月十一日ノ夜　依太郎

諸賢兄

尙以檜眞ノヿ盟ハセヌト同志故ニ云タリ急ニ同志間ヘ夫〱御通シ是ヨリ拷問ニナリ誰ガ云タナド、云テ誠ラシク詰問アリシトテ毎日〱セメラレタ迚心ヲ動カシ申間敷一統其御心得被下度申迄もナキヿニ御座候

一樋眞ノヿハ云アヤマリ此後出候ハヾ云ナヲシ可申候元カラノ同志故ニ不思言申候樋眞ヘヨロシク

平收云々ハ井上佐一郎殺害ノ事ハ平井收二郎ノ指揮ニテ決行セシト岡田以藏等カ陳述シタル旨ノ獄吏ノ口上

△井上佐一郎暗殺一件

○元治元年九月十二日頃カ（瑞山ヨリ島村壽之助ヘ）

今日之貴書慥ニ拜受仕候寒相成候處被成御揃御勇健奉賀候私事快相成一昨日ゟ政府ヘ快氣之届候處よふ〱今日被呼出別紙之通ニて御座候初――△ノ事私ノ名ハ不言ト云平收ゟ申來リ右之通リ云しと是ハ誠と相考ヘ

六人ハ岡田以藏、村田忠三郎、岡本次郎、久松喜代馬、森田金三郎、田内衛吉
森印ハ森田金三郎、弟ハ田内衛吉
禎吉、大利鼎吉カ
石川ハ小目附石川石之助
△ノ事、吉田元吉暗殺一件
傳、曾和傳左衛門
小孫二、小畑孫二郎

申候其内六人口を揃て申出タと云事がてんゆかず相成森印と弟とはまだ左様にゐ至り申間敷と相考へ申候應接中佐川邊の事ちと相分り候哉と問候處△云ニ段々かんさつ致しよる然ニアナタカ云人はみな〳〵脱走しておられと云私驚て左様ニ候哉然も此頃ニ至りちと尻こそほふなりて出タ者欲實ニ何事も其機を失てゐいかんとも不相成扱家中の僕にてまじり有と吉虎ニ聞し事ありいかゞと問△云それは誰ゾと云答て禎吉とゐ云ものなりと云ておきたり石川と云奴愚人ゆへこちゟ色々サグリ見れと△ノ事ハ是と云手掛リナシ大ニ窮し居る様ニに見ゆれ扱村馬太の云タト云事實ニ不安事よて御坐候依て此狀の屆キ次第急々村馬え方へ行屹度相尋何とぞ致しおた度小事の様なれと實ニ大事よてかにの穴ゟ堤のクヅレル事ゆへ片時も早ク手ヲ廻サ子ハナラズ村馬の云しと云ハ虚言の問い落しよてハなし彌ノ事之

一傳の策行ハル、コハ存シ掛ケも無キ事小孫二一昨日欲此南ゐら衛吉と

徒目、徒目付
川清、徒目付
川崎省三郎

同宿相成下の牢の咄承り則別[紙脱カ]之通り徒目抔の行りぬ日もなきと申事よて候川清と云奴實ニ奸物絶言語申候
一今日も喜忠八三人ハ出候處見受ケ申候勿論至テ靜ナヿ何ヲ云シカ不知レ

（上田開馬藏文書）

○元治元年九月十二日頃カ　（瑞山ヨリ獄外同志へ）

△ハ石　○ハ自分　△卯月　△大坂

今日ハ石川一人ナリ頗ル愚人可笑口上多シ

壽之、島村壽之助
平收、平井收二郎
斬奸ハ吉田元吉暗殺一件
御作法云々ハ拷問ノ事ヲ云フ

一△云元誠忠ヨリ起リ四五人同盟シ夫ヨリ追々壽之ノ手ヨリモ弘マリ又平收ヨリモ弘マリ其余手ヨリ〱弘マリ種々僞朋出來候故一様ニハ申サレサルヿナレトイヅレ惣分ヨリアナタヲ頭ト見込居ルヿニ候處斬奸ノ筋一ツモ不知ト云ハレテハイツ迄モ御不審不晴晴テハ御作法之通リイヤトモセ子バナラズ然ニ天下ノ人ノ知ルアナタノヿニテ左様ノヿニ至リテハ

△小ハ井上佐一郎暗殺一件
以、岡田以藏
喜、久松喜代馬
八、岡本次郎
忠、村田忠三郎
金、森田金三郎
惠、田内衛吉ホチカムリ頬冠
大彌、大石彌太郎
久喜、久松喜代馬

△大ハ吉田元吉暗殺一件

誠ニ不安實ニカク相成事モ自然ノ勢ナリ第一不審ノ筋ハ△小ノヿ是ハ以喜八忠金惠右六人口ヲ揃ヘ申出タ皆〱平收ノ差圖ヲ受ケテヤツタト云出テアナタノ名ハ不言候ヘドモ多クアナタノ弟子ナリ其余數人ホヲカムリシテ立廻リ居シ由ナリ是程ノヿ不知ノ利マヽ決シテナシ且又先達テ大弥ヲ初メ久喜ナド上書ヲシタリ其趣ハ尊攘之ヿ𪜈此度ノ入獄人ノ事ニ及ブ入獄ハ被對京師云々ト被仰付候處聞ケハ△大ヲ糺明ノ由御爲ニ不成トナリ右之御爲ニナラスト云譯ヲ相尋候ハヾ《ヘカ》下ヘ信ヲ失ト云ナリ甚尤ノヿ之其内ニ云入獄ノ者△大ノ事決シテ致ス者ニテナシト云イ出テタリ然ニ右ノ通リ云出シ久松ガ△小ヲヤリテ居ルナリ依テ大ニ疑念ヲ生ズルナリ

○答都テ御不審ノ廉一ツモガテン不參決シテ不知ヿ之ト夫レ〱事ヲ分ケテ答

夫ヨリ〱樣〱應接ス終ニ是ト云屹度セシ證ナシ故ニツマズ

△同上吉田元吉暗殺一件

△云△ノヿハ四月初ニ伏水ニテ承知セシ人アリ是ハ或人江戸ヘ參リガケ

大團、大石團藏　園新、大園村新作　下總殿、國老、山內下總　備州、國老柴田備後　依太、瑞山

伏水ニ泊リ居ル時ニ亡命ノ郷士來リテ江戸へ御出ナレバ間哲門爲ヘ傳言頼ミタシ御國ノコモ追々ハコビ近日△ヲヤリ跡ヘハ誰〳〵出ルコニ決シタト御傳へ被下度ト云或人答テ云夫ハ實ニ大事ナリ云コハ安ケレド違イテハ不成ニ付一寸書狀認ムベシ慥ニ屆ケ可申ト云テ直ニ書ヲ認メサセ江戸へ持參セシナリ右故ニ老公ニモ疾ク御存知ナリシ然ニ右ノ者追〳〵御國へ歸リ居ルナリ依テ呼出テ右ノコヲ誰ヨリ聞キシゾト尋候處右ノ者ノ答ニ大團《ダン》ヨリ聞キタリ園新下總殿へ度々行キ△ノ不正ノ筋ヲ云候處下總殿モ備州ナドへ相談ニテ終ニキズヲ付ケタレバ跡ハイカ樣トモ云コヲ園新承知シテ歸リ夫ヨリ依太ヲ呼ビ云〳〵ノ事ヲ云イ依太ヨリ大團承知ト云シナリ此ノ時大團ガヤルトハ不申候處私亡命シテ追々歸リテ見タレバ大團ガヤツテ居リマシタト委細ニ申出テヲル右ノ者ハ則村田馬太郎ナリ今日コヽヘ呼ビテモ右之事ハ明ナリト云

○答存掛ナシ今村馬ト對決セシトテ中ニ一人ノキヱテ居ルコ故ニ無益ナ

間哲、間崎哲馬

△ハ吉田元吉

村馬、村田馬太郎

リ又園ハサシテ心ヤスキ人ニアラズ又村馬モ元トヨリ知ル人ニテナシ江ノ口ヘ出テ居リ間哲ヘ度〳〵行ク由ニテ折〳〵尋子參リシヿアリ種々辯解シ終ニ證ナクシテ不分ス

△又云徳增屋弁七ト云者ヘ何ゾ云テヤリシヿ有ルロヲト云

○答夫ハ何タルヿゾガテンユカス

△云右弁七ノ悴御トガメヲ受ケ野市ヘ參リ居タリ壹人右ノ者ノ方ヘ參リ扨貴様不慮ニ御トガメヲ受ケ甚以氣毒ナリ然ニ此ノ様ナ悪政ニテハ不安ニ付近日△ヲヤルベシ左様相成レバ政府モ反覆スルナリ天下ノ勢ハカク〳〵ナリ依テ人タル者ハ志ヲ起ス時ナリ貴様モ志ヲ起シ共力《ニカ》ヲ盡サンカ政府引キクリ返シタレハ又イカ様トモ貴様モヨキヿニナル云々ト云シヨシ右ノ徳增屋存外同意セス其時内々或ル御役人ヘ届ケテヲル徳增屋ヘ參リシ者モ亦村馬ナリ依テ先日呼立右之筋相尋候處村馬ノ答ニ弥其通リナリ實ハ依太ノツカヒニ參リタリ依太云ニ是ハ眞ノヿニテナケレド右之

私ハ村田
野市ハ香美郡ノ地名
安方ハ阿呆

通リ云テ憤ラセ同盟ニ入レ度シ信ニスルデハナイゾヨト云ハレタリ依テ行キタリ右德增屋ハ元ト依太ヘ入門ヲ云テキテ依太斷リシヨシ其時ハ私馬ニ乘リテ來リヲリ直ニ馬ニテ野市ヘ參リタリト明白ニ云イ出テヲル右之筋イカナルヿ歟眞ニスルヿニテハナシト云ヘト見前其後△ノヿアリシナリ此ノヿハ今皆〳〵存生ニテ今對決シテ相分カル之ト云

○答是亦案外ノ事之夫レハ何ンソ間違ニテハナキヤ右德增屋ト云者都テ不知者之成程入門ヲ云テキテ斷リシヿアリ大町人ト聞キシ故ニ斷リタリ私ヿイカニ安方トテ不知ル人エ卒爾ニ左樣ノヿヲ云ヿ出來候哉大樣御考ニテモ分ルヘシ然ニ村馬ゟ慥ニ右之通リ云テ居ルヿナレハ對決仕ルヘシ實ニ存シカケナキヿ之

△云アナタガ左樣云テ見ルト又村馬ヲ御召捕ニ成ラ子ハナラズ右之事ハ決シテ間違ハナシ左樣ノ間違ノ有道理ナシ夫ゟ色々辨解スレド終ニ此事ハトケス何レ近日對決トナルヘシ其内日暮ニナリ又次ニト云テ歸ル

（上田開馬藏文書）

○元治元年九月十二日頃カ　前略ノ附記カ（瑞山ヨリ獄外同志ヘ）

村田馬太郎
園村新作

△云村馬ハ園新ニ逢候由自分ニ云ウタリ何分園ハカテンユカズ是非ノガレヌ男ナリ何ンゾ聞テハ居ヌカト云○答何モ不聞園ハ兼テモ申通リ時勢論ナト出來ル人トハ不思只神ノ告ケ或ハ神ノ知ラセナト云様ナ人ニテ何ニヲ聞コヲモ懇意ニセズ出會タヿモメッタニナシ○問被對京師云々ト被仰付此ノ儀ハイカナルヿニ候哉承リ度△答其儀ハ追々御尋被仰付然ニ是ハアナタガ二度位イ是ヘ出タレハ分カルヿナルヘシ六ッケ敷ヿハ無キ様ニ聞ユ

大坂ノ事、井上佐一郎絞殺一件、喜、久松喜代馬、岡本次郎八、

○又問大坂の事實ニガテン不參喜も論の出來る人にてなし彼レハ須崎へ參リ居候故私江戸ゟカヘりてハ不參太守様之御供被仰付て（後脱カ）須崎ゟ歸リしと存ス又内ニ居て日々參リ候とて時勢論ナドハ不出來男ナリ又八ハ兼て

村忠、村田忠三郎、森金、森田金三郎、弟、田内衛吉

見知リシ男ニ候處イカナルヿカ太守様御上京之前フト稽古ニ折々來リタレト素リ時勢論等セズ大坂にても一度來りし事アリ夫ヨリ御上京の後度々參リ時論等もセシナリ村忠森金皆實ナル人ト見ユル且又弟なと更ニガテン不參素リ何邊思慮ノナキ草卒ものニ候へとも左程の事ヲスレハ私へも相談もせる譯ナリ一体弟モ村忠も誰ゟ聞テイカナルヿニテ致シタト云テ居候哉

△答一体屹度論ノ詰ニテセシヿニテハナキ由之平収ゟ申シ來リ夫ヨリモヨリ〳〵エ言イ次キ致セシ由之何分誰カツレ出シ酒ヲ呑セ帰リニヤリ候由之クハ敷咄セハ中々長シト成程衛吉ハアナタト違イ只剛氣ナ男ニテ所謂猪武者ナリナドヽ云シナリ

石奸ハ愚人ニテコチカラ色々問イ落シ見レド大⃤ノヿハ屹度確證ナシ只窮シ居ル模様ナリ然ニ村馬ノ虚言徳増屋ノ件甚以不安ヿ之

右徳増屋云々ノヿ村馬來リ何欲咄シノツヾキヨリ徳増屋ヲツノルト云ヿ

〇方、村田馬太郎、呼立、藩政府ヨリ呼立、格吾、村田角吾、石川、石川石之助、島村、島村壽之助、森、森助太郎、山本、山本喜三之進、曾、曾和傳左衛門、大石、大石彌太郎、村角、村田角吾、野本平吉、渡邊彌久馬、門田爲之助、間崎哲馬、大石彌太郎

ハ慥ニ覺テ居ルナリ於此事ニハ何トモ不安事無此ノ上

六〇九ノ「右ニ申候云々」ヘツヾクカ

（上田開馬藏文書）

〇元治元年九月十三日（大石彌太郎ヨリ瑞山ヘ大石等村田馬太郎訪問ノ聞取書）

昨十三日晩景歸着即ち〇方を窺ふ處何も呼立杯の樣子あし是より新宮に會し又山北に會し議論を決し今朝格吾〇へ行過る八月五日及び同月下旬被呼出石川へ應接の次第を問ふ極めて平和の体にて問しあり其答に先達て島村にて申せし通り且吾輩共にも語りし如しと夫より森山本大石谷《曾カ》村角追々に行四方山の談しよりして初めは緩和に伏水にて野本某に逢し事あり其節渡邊間崎門田大石抔へ言傳し來りし事覺て居候哉と云〇答其通りなり問其時如何成言傳せしぞ〇曰夫れは京師にて大動搖のあらむと云事なり問其野本は何と云ふ人ぞ〇曰平吉と申て櫻馬場《小高坂カ》の人なり問德增屋弁七へ行し事あるべし〇曰其通りなり又問其時何を談したり哉〇曰苛政を歎し汝輩も遂に飛禍を受しなとゝ云しと云ふ於此今日罷越候は足下の

此書瑞山前掲ノ書取カ

間哲、間崎哲馬

平井先生、平井善之丞

△ハ吉田元吉暗殺ノコト

口決、斷乎トシテ言ヒ切ル

大團、大石團藏

身に於て尤大切一大事を聞たるより昨日以來寢食を忘れ憂苦を極む則ち此書を見玉へとて寫書を示す○顏色變せず流るゝ如く一讀して此レハ如何にも不安次第なり併し眞僞は彼面々と對決すれは分明なるべし外に道なく一も存懸ヶなき事之と云問野本平吉を尋ねしは何ッ頃なりし哉○答慥には覺へぬとも去暮か當春・〔か脱カ〕と思ふ又問ふ其時何を語りたぞ○平吉より毎度立寄呉候樣申來し〔故脱カ〕行たる所先達而伏見にて御國の事抔知て居た樣之如何して聞て居たそと云ふにより間哲より聞て居しと云し問其聞きたるは何ぞ○曰御國も平井先生抔か役に出たれば行き宜るべし抔と申せし問平井先生が出たれぱと云へは其本が有る筈之誠に突出なる事なり夫の時に先生方が出役の勢存懸けなき時之然レハ△の事を語り續いて先生抔の事に至りしなるべし○答決して左樣にてなし只夫の先生達か出たれは直るべしとのみ云ふたり口決問△の事大團より云々とあり此時には足下には出府を同志中より留めてありし故其節は大團より告しと思ふ山喜カ問

否物ハイナモノト訓ムベシ方言變ナ物若クハ疑フベキコトノ意

村田角吾ト馬太郎ハ叔姪ノ關係アリシカ

對決、瑞山ト對決

舍弟ハ馬太郎ノ舍弟ニテ村田忠三郎

之○曰圍へ行し事もありしか決して△の事には及はず又圍より開し事もなしと種々辯解す問德增屋入門の取次せしと有り其時馬にて往來して居る之如此蟻歩を照す如に石川か云しは否物ならすや○曰馬にて往來せし事の有は醫にて有故也入門取次抔の事決而不存尤先年瑞山にて彼が入門を乞しと云事は聞て居し人其入門介に馬上往來せし事決してなし德增屋へ行しは他日歩にてありし之と云

此度の義は叔姪の間なり朋友と申ても近族同樣の交誼なれば失禮なる事申も足下に耻受けしめまじと思ふ赤心より出る事なり露も包み玉ふまじ只今言語に行違ひ出來る事少しも苦しからず此上對決は近日の事其節に至り操節立ずては上は公子大夫よりして一國の大破敗に至り足下の身も戮を免れず祖宗以來の靈を辱しめ朋友以て爲す所を知らず已に舍弟は足下に優り剛腹なる人と思ヒ他に向ふても一廉の丈夫ぞなどゝ吾輩伐りし

口を聞く自白ノ意

事ありしが先過日の次第に至り吾と約せしに豈計んや口を聞きたり此しも他に關せぬ樣云とは聞ゆれども吾輩に於ては切齒して居る之又候足下の身に於て不信の事なれば吾に於て何とするぞと種々言を盡す

（田岡正枝文書）

○元治元年九月中旬カ（瑞山ヨリ島村壽之助へ）

雪彌、村田馬太郎、元敬、大石彌太郎

出ハ吟味場ニ出ヅルノ意

雪彌一件實ニ大事無此上片時も早く元敬なとの始末之處承り度只〳〵失策之なき樣ひたすら祈居申候

又明後日頃私出候はゝ必雪彌之事ニ及可申其時ハ私ゟ對決之事申出候含ニ御座候此段元敬邊へ御掛合をき被遣度奉願候

六三八頁ニ所謂別紙カ

○元治元年九月中旬カ（小畑孫二郎島村衛吉ヨリ瑞山へ）

井手、田内衛吉
古川ハ香美郡古川村村田馬太郎ノ住スル地名
早ク終リチ付ケンニハ馬太郎チ毒殺セネハノ意カ
召捕云々トハ藩廳ヨリ馬太郎チ召捕ルベシトカ
山本喜三之進等ガ馬太郎ニ瑞山ト監察吏トノ應答書チ示セシチ云フ
村田馬太郎
門田爲之助

夫々拜見中ニも井手君之御書拜見實ニ落涙仕候乍憚御胸中奉察候
古川一條暗中ゟ之事發言之上は早く終りを付不申候而ハ大事中之大事と
奉存候頃日は廻し者杯も夥度（數カ）可有之候ハヽ（ヘカ）數輩集リ候事抔聞へ候得ハ召
捕之事も不計一刻も延されさる事と奉存候勿論諸先生之會議ナレハ過チ
ハ有間敷候得共明白寫書を示し候事ニハ驚申候口（一字不明傳脱カ）喜抔も實にひとき男ニ
御座候
村馬か伏水ゟ賴候書狀ハ門爲を尋候迚知リ可申哉夫ハ何れ後手へ出し候
事に可有之是ニハアザムカレ候事間違なしと奉存候可歎

南ゟ

先生

（上田開馬藏文書）

○元治元年九月中旬ヵ　（瑞山ヨリ島村壽之助ヘ）

雪彌一件村田馬太郎一件

雪彌一件實に難澀至極策なし何レも政府の疑を生ずべし

天祥丸、毒藥

一得心之上天祥丸より外有間敷

一割腹ハ二あるべし

忠、村田忠三郎

反、反リ忠郎チ自白ノ意

一迯も不行策ナレ共忠か出るを伺ヒ途中ニテ切殺シ割腹シテ忠ヵ反ヲ心外ニ思ウテノヿトスレバ嫌疑有間敷歟被行レハ一ヲ以二害ヲ除クニテ上ノ上策歟

馬太郎チ脱走サスヿハトナリ

一脱ハ大禁物迯もトケルヿ難カルベシ

（田岡正枝文書）

○元治元年九月十八日　（瑞山ヨリ島村壽之助ヘ）

此間の御紙面夫々相達拝見仕候先以御揃御勇健奉賀候

古川兒、村田馬太郎、元敬、大石彌太郎

圓太郎、重松圓太郎
墨龍、瑞山ノ綽名
久坂、久坂玄瑞

トチマ、方言葬穴ヲ掘ルモノヽ稱

武政佐喜馬

入道、島村壽之助

古川兒之一件元敬ナド別而心配之旨右ニ付而ハ傳參ル筈ニ相成候由いゐゝ相成候や承り度奉存候扨此間二度横來り色々監察候へとも少も畏るゝニ不足新町之ホリ順と云て名高キ奴ニて候△ノ探索ニ京師迄參り候由自分ニ咄致候此横の云よゐ圓太郎へ久坂ゟ頼之狀之事ヲ専申候墨龍ト云ハ號ら名乘りら抔ト云全く不知由答候處外ニ久坂と心易クセシ人有之候哉ナト、云へ又私ノ號ト名トハ何ントト云ツト問號ハ茗磵名ハ小楯ト答へ申候種〳〵色〳〵の事問候へとも是ハ無益よて御座候色〳〵政府向サグリ見候處屹度確證ハ無之色〳〵樣〳〵と穴を尋子居申候此横ハアマリ堀ルマ、所ニトヲマト云ゲナ可笑〳〵此頃ハ近所のトクイモ無イト申事實ニ可憎奴之

佐喜馬ノヿサシテ氣遣ナヿハ有之間敷御考之通り佐喜馬へ心得サシテヲキタレハ子細ハ有之間敷候私此後詰ノ時此の事ニ及候ハヽ私事ハもし前後トリ間違テ居る事も可有ニ付尚入道を御尋子有之候ハヽ彌私ノ名ヲタ

武政佐喜馬一件ハ第二卷參照スベシ

雪彌、村田馬太郎、南獄、小畑孫二郎、島村衛吉チ云フ

親ハ馬太郎忠三郎ノ親名ハ植造叔父ハ

バカリ候事ハ明白ニ相分リ可申相答ヘ可申候
一私事又一昨日ゟ風邪ニて少し熱御座候間引籠居申候
一昨日も今日も横疾を問ニ参り申候政府ニ私ノ出ルヲ待チ居る様ニ御座
候昨日今日下ゟ誰も不出申先右迄早々頓首

十八日夜　　依太郎

入道様

古川ノ事甚以大事と相考申候ワルクシタレハ躍りがコワレ申候大事〳〵

（柴田家門藏）

○元治元年九月十九日カ（瑞山ヨリ島村壽之助へ）

雪彌一件東人イカ計リ心痛ト相察申候是ハ實ニ大事之人ノ反覆ニ至リテ
ハ何ントモ致シ方無之御座候南獄ノ考別紙ノ通ニ御座候トクト相考候處
何分親ト叔父トヲ歸服致サセ候ヿ・（肝脱カ）要ト相考申候此ノ親モ叔父モ實ニ眞實

村田角吾カ親ト叔父トチ諭シテ馬太郎ニ毒薬チ呑マシムヘシトノ意

馬太郎チ脱走セシムヘシトノ意

ホケ、火氣ホノケノ略俗ニ息ノカヽリシ時ノ意

元敬　大石彌太郎、德增、辨七ノコト前ニ見ヘタリ

石奸ハ小目付石川石之助

依太、瑞山

德印、德增屋

園新、園村新作

ノ人故公子ヨリ大夫及數十人ニ至リ終・國亂〔ニ脱カ〕ト相成ル處ノ大義ヲヨク〳〵トキ聞セ候時ハ隨分カテン致シ可申其ノ上ニテ天祥丸ヲ用ユレハ上策ナリ又自分ニヨク〳〵得心ノ上脱走シテモヨシ尤脱ハ其機會ノ有ルヿニテ此ノ後御呼ヒ立ニナルカ又ハ類族御預ケニナルカイヅレ上ヨリホケノ掛リシ時ニスグニ脱シタレハ其上召捕ラレサヘセ子ハ子細無之然ニ是ハ甚アブナキヿト相考申候

只今もし御呼立ニ相成候迚此ノ儀ノ定ラヌ中ニ・病〔ハ脱カ〕氣ニテ引籠タシイツレ此度ノ儀ハ東人ヘ託クサ子ハ不相成高智〔マヽ〕ゟイクハ不宜目ヲ付ケラレ可申

一此間元敬ノ雪彌ヲ詰問書ニ有之馬ニテ德增ノ入門ヲ取リ次ニ往來云々是ハ間違ニテ候石奸云ニ雪彌カ云既ニ其日ハ馬ニテキテヲリ依太ノ使ニ直ニ馬ニテ德增ヘイタト迄明白ニ云テヲル元德印ハ依太ヘ入門セシナレト依大斷リシヨシ依大ノ咄ヲ聞タト雪彌云シヨシ之又石奸云ニ雪彌ハ園新ニも逢テヲル私モ一度園ヘ參リシヿ有之ト自分ニ云イヨツタト云シナリ

是モ云タヿハ誠ノ様ニ御座候然ニ何ンノ爲ニイタト云ヿハイハズ

○横ト應接大事ノ事承知仕候

○大監小監窮シ横ナドヘ任セ云々の事左様ニてハ無之様ニ御坐候既ニ此間内も私病氣ニ候へども何邊呼ニくるやら知レ不申候

衛吉萬壽なと都て不出何分巨魁ヲ糺明スルノ積リト見ヘ申候

嶋村衛吉、河野萬壽彌

(上田開馬藏文書)

○元治元年九月十九日　(瑞山ヨリ妻富子へ)

先〳〵みな〳〵さま御機きんよくそなさふじ被て度存候爰元先〳〵かくたんの事もなくさして大いたみにもならばぐも〳〵にて候まゝ氣遣有間敷候それゆへまさニ出でハ候扱きふも又森田金三出つよき拷問にてたへかね候我等も少シにても心よく相成候ハゝ出るつもりにて候こんと出たれハもふそれにて下へ落されれ拷問になるら又むりにころハか又ゐゑゝ牢

ゑゝ牢、永牢

田内衛吉

らなよとぞなるろふと思候衛吉なども下へ落されるらとおもへとまゝニ落されもせば候扨ほどなく入牢のむらとり來り去年の此頃の事なと色〳〵おもひ出し志んがれなみゝニくれ申候いつれ今月中の事とおもひおり候扨來吉なとが歌誠に〳〵むまれとのふ丑五郎も誠よかん志ん不相更色〳〵世話いたし候よしたゝ〳〵うれしく候姉上さまへ文さし上不申よろしれちと〳〵此間は御風のよしもふ御心よき事とそんし候扨どふもこの頃上のもよふもとふゆう事やら志か〳〵とあらばいづれ今月中にはとふがなる事と存候先はなら〳〵かしく

丑五郎、瑞山ノ僕村田丑五郎

九月十九日　よ　り　太

おと乙との

（武市家文書）

○元治元年九月廿日（瑞山ヨリ島村壽之助等へ）

別紙今見ルヲ得ス吉田元吉暗殺一件破綻ヲ生セシカ

然は別紙の通の事に至り最早如何とも不相成事ニ至申候只今一統首の除

くを待計に至り兼て〳〵覺悟とは乍申穢多の手に掛る事いかにも歎敷事に御座候最早行ふ事は出來不申とは存候へとも誠に公子樣大臣之身に係り就ては屹度役に立もの數十人死す事實に今日の形勢殘念千萬御坐候此上は外に致し方無之民（部脱カ）・公子樣へ歎願して大老公樣へ願ひ大臣初數百人の一命を助け置候事民公子樣の御身にかけ御願被遊候て實は大老公樣の御內命と相成死罪等不致格別寬大に致し候樣大老公樣の御意ゟ外に治る道無之是は大臣ゟ數十人之事故に終に國の御安危に係り候程之事に候へは民公子よく〳〵御合点被遊大老公樣へ歎願之事出來申間敷哉實に我々とてもにて相濟事なれは子細なく候へとも右之通りに付不安事に御坐候諸君は覺悟被成度奉存候民公子樣にも憂國の思召被爲在候ハヾ是位の事は出來そふな物と相考候に付一應申述候小生も何分しか〳〵不仕候ニ付二三日は得出不申候に付尙一應御熟考承り度右迄早々頓首

九月廿日夜認　　依太郎

民公子、山内民部豐譽

大老公、藩主ノ實父豐資

諸賢兄坐下

急々御決議最一應承り置度奉存候

(上田開馬藏文書)

別紙今見ルヲ得ス岡兒、岡本次郎七兒、岡出以藏次郎カ吉田暗殺一件ヲ自白スルヲ云フ

○元治元年九月廿日カ　(瑞山ヨリ獄外ノ同志へ)

別紙の通りに至り申候實に岡兒の不義七兒に倍り申候依右色々の事申出候と見へて今日も種々いはれ申候公子樣方太夫等之事あれは防ぎ樣無之欲實に國家の大事に至り候故最一應申述候事に御坐候最早一統自訴して銘々の身の事計り云て決して公子樣方の御存じなき事と云出るか何とぞ致さずては獄組計節を守りても公子大夫等の事は役に立ぬ勢にて御坐候當日考慮の上二三日の內御決議爲御聞奉願候

(上田開馬藏文書)

○元治元年九月廿一日カ　(瑞山ヨリ島村壽之助へ)

此間の⦿ノ私をせんきゐ長州邊と組して幕府を打の隱謀と云の疑の樣に

聞へ申候おゐしや〱

○非黨之一件盟之古例くはしく御せんきの上急々御申越し奉願候

先神世にては

　大國主神

　少彥名神　　此ノ御神御二人

義兄弟御始抑初之樣に御座候是ゟ義をむすぶ事追々有之

又平田先生之云ニ我門人ゟみな〱互に盟ヲ立テヲケ朋友ハ互ニ盟ヲ神ニ立をく事本意なりと云ており申候

○盟ノ事ハ誰にても此後せんきの時に問はれたれは明白に對へて夫ゟ京師にて

依太、瑞山

依太ゟ老公へ御覽に入御意にて燒き夫ゟして銘々盟ヲ立ぬむかしに相成り居ると御對へあり度候

扨今夜も大ニふけ右御報迄早々如此御坐候頓首

廿一日　　　　　　　　より太

入道様　　　　　　（上田開馬藏文書）

○元治元年九月廿二日（瑞山ヨリ姉奈美子及妻富子へ）

この間はとふ〳〵敷先〳〵みな〳〵さま御きげんよくめて度そんじ候私事さしたる事もなく候へともまさニなゐ〳〵不仕夫ゆへ其後も出もせはくば〳〵いたし居申候少も御氣遣被遣ましく存候東の衛吉もちと〳〵くお〳〵ちるく候へともこれもさしたる事なし夫ゆへこれも出ばきのふれひがき出申候扨御國のもよふも次第〳〵にへごになりなんとも申様もなき事にて御坐候西の衛吉も東の衛吉ももはや下へ落されるいきおひニ相成申候どうそ〳〵みな〳〵穢多の手ニかゝりて死なぬよふニいたし度事にて候毎日〳〵番人どもに御國のへこ成事を聞がうるさく一日もはやく死にたくおもひ候私事ももはや下へ落されるろふとおもひ候誠に

東ノ衛吉、島村衛吉重險

へご、方言ツマラナク、マズイナドノ意

西ノ衛吉、田内衛吉

申までゐなく候へともいつなんとき死ニ候ともくれ〳〵もみれんな事のなんよふニ願上らせ生たものハとふしても死ぬる事よて又士ゐ尚更死ぬるをきらんてゐとふもならに扨ほとなく又藤並様の御神事ニなり花臺もゐらひもつみと申事誠に御治世よて御めて度事狂言も諸〳〵方〳〵ニ御座候よし他國・（は脱カ）もや軍《いくさ》ニなりておるけなが御國ハ誠よめて度事なんとも申様もなき事よて御坐候

下番佐藏一

扨此間佐藏がくもりをもつて内へいたがつん窂番などら内へといよいたれハくもりを持てきたと誠を言てよし又さん〳〵くるろふなど〻云たれハ一度もこんと御云被成度存らせこゝゐ窂ゐら一度も人のきた事ゐなしと御言被成度候扨又〳〵島村の出候節可申上ゐら〳〵めて度かしく

九月廿二日夜　　より太

姉上さん

おと乙との

るすへ　〆　より太

（上田開馬藏文書）

○元治元年九月下旬（瑞山ヨリ島村壽太郎へ）

昨夜之貴書夫々慥ニ拜受先以御勇健奉賀候扨⦿之事未たかく〳〵不相分趣其内　牛邸公御詩涙出申候

一御叔父様へ申上候別紙シムゟ參リ申候此事ハ甚不都合私之申ソコナイよて候然ニいつれシムハ此の事不審ニ相成候ト存候別紙シムへ遣し候間御覽之上急々御屆奉願候

太郎様　より太

（上田開馬藏文書）

⦿目付
牛邸、山内豐譽
シム、山本喜三之進

○元治元年九月廿一日（瑞山ヨリ島村壽之助へ）

入道、島村壽之助、美稻二郎、小畑孫次郎、小五郎未考、浪穗、島村衛吉

十九日入道君迄美稻二郎ゟ奉願候一書慥御受取小五郎ノ仰付候ハヽ浪穗君御序御座候節爲御聞被仰付度御面倒之儀ニ候得共奉願候百拜

廿一日夜

○元治元年九月下旬カ（山内豐譽ヨリ獄中ナル瑞山ヘ寄セシ詩）

奸徒跋扈事皆空。讜議忠言百里聾。天下總無知己在。獨傾太白待英雄。

牛耶、民部豐譽

備總、家老柴田備後、山内下總

天祥丸ハ、毒藥ノコト、才、獄ノ字ノ略

○元治元年九月下旬カ（瑞山ヨリ山本喜三之進ヘ）

一牛耶ノ歎願並大夫三四參リ候樣周旋ヲ押立居ル之不行歟否不知候へとも先ツ盡ス樣之備總えハ屹度手モ付此臣家大ニ主家の安危ニ懸ル故必死周旋之詰メ息〳〵

一天祥丸之御注文不其意得是ハ才ニ居ル人ノヿ之足下隨分見事ニ御出足ノ出來ル御身之矢張村正ニ而可然々々併シ早マルベカラスソヨ

貞、下横目吉永貞吉
保、小川保馬
未タ來ラズハ獄ニ來ラズナリ

一良保ニハ未タ不來タトヘ來テモ屹度ヨシ能兩人ノ居リアリ

（上田開馬藏文書）

岡本次郎正明

久松喜代馬重和

村田忠三郎克昌

西の衛吉、瑞山ノ實弟田内衛吉茂稔

東の衛吉、島村衛吉重險

岡田以藏

田内衛吉

○元治元年九月下旬カ（瑞山ヨリ妻富子ヘ）

扨大分こゝろよく相成候ニ付明後日ハ出るつもりニて候らふ其上も下へ落されごふもんになるかヌこれなりニ殺そか二ツ一ツとおもひおり候とんと今えもよふハどふなるやらしれ不申いづれ近〳〵の事と存候扨岡本も以藏ニもおとり誠に甚しき人ニてあきれ候夫ニ付て久松も村田も岡本にだまされ以藏と同し事ニなりもふころされるぞありニて候又西の衛吉も東の衛吉ももはや下へ落され可申其内田の衛吉ハこんど出たれハ直ニ落され拷問ニなるハ間ちがいなく候なんとも云よふもなき事ニなりたり森田金三は大丈夫にて候岡本と久松村田ト以藏の四人ハ近〳〵の内ニ切らるゝろふとおもひ候衛吉も拷問ニなりても森田のよふニ一こともいは

ば志めころされるよふニたゞ〳〵いのりおり候この上は拷問まて志めころされる人が一番大丈夫にて候以藏の組へは入りともなく候それとも拷問ニなり一トロもいはんでも無りニ殺もあも志れも候へともいあなれむりよはこころもまんとおもひ候それゆへ志めころされるつもりにて候へは志めころもも物にてはなく候ゆへ其内には又〳〵なまとそなり候とおもひ候

（武市家文書）

檜垣清治別紙缺ク

○元治元年九月廿四日（瑞山ヨリ島村壽之助同壽太郎へ）

被成御揃御勇健奉賀候然も昨今之勢先以格別儀無御座候清治又々出別紙之通ニ御坐候今日も私をうかあしニ参り申候政府より私之出るを相待居申候扨惣分同志事いあゝ御坐候哉明後廿六日之晩迄ニ一應承り度く〳〵奉存候廿七日は役所も有之模様に御坐候間六日之晩迄ニは是非一應諸君之御考へ爲御聞奉願候

○衛吉へ外内ゟ御越し之薬之用ひ様一ト包ヲ一時ニ用ト云人もあり又三ケ一用と云もあり又半分位用と云人もあり尙以當惑ニ御坐候間急々用ヒ様屹差御詮儀之上ニ而明後廿六日之夜迄に是亦爲御聞被遣度奉歎願候先右迄早々如此坐候頓首百拜

九月廿四日之夜　　より太

入道様

太郎様

尙以昨日御賴申候愚弟へ之狀且又薬とも何卒御屆奉願候弟之事只々心懸ニ御坐候只今之處ハ隨分勢よき様ニ而御坐候へとも拷問も一時之事ニ候へハいかなる事にても堪へ可申候へとも幾日も々々様々と色々やらせて而實ニ口にて而廣言ヲハキ候へとも一ト通之人にて而おほつらなく相考申候大概先キヲ計り此上穢多之手にて而かゝらぬ工夫第一ト存居申候最早得御意候も是限りかと存候て而心外殘念血涙々々々

（上田開馬藏文書）

衛吉、島村衛吉
外内、島村外内衛吉ノ兄

愚弟、田内衛吉
薬、毒薬天祥丸

穢多ノ手、斬罪ノコト

弟、田内衞吉

三兒、岡田以藏、岡本次郎、久松喜代馬

○元治元年九月廿五日カ　（瑞山ヨリ島村壽太郎へ）

只今番之小供咄ニ承リ候ハ《へカ》、持居口之方へ亡命人有リ召捕ニ行明日頃ハ捕てくると申事誰ら脱走人御坐候哉承り度候

今日も休日にて靜ニ御坐候然ニ拷ハ倍盛ニなるものと見へ今日ハ吟味場之造作にてつり上ケる車など丈夫ニ出來居申候

只々氣ニ掛リ候事ハ弟之事にて御坐候弟ハ格引強クやぶをる譯ニ付もしや三兒組ニ入ハセぬらと氣遣申候下獄之吟味口又ちと相分候哉爲御聞奉願候

廿五日認

（上田開馬藏文書）

○元治元年九月廿五日　（瑞山ヨリ島村壽之助へ）

此間之尊書慥ニ拜見仕候先以被成御前御勇健可被成御渡奉賀候御病氣いかゞ御座候哉承リ度奉存候次第々々御快方ト奉存候隨而私事先々同樣ニ

靜坊、醫萩原醒庵

春洞、醫楠瀨春洞◉目付

醫入交道碩

天祥、天祥丸ニテ毒死ノ隱

ゟ只々當惑至極ニ御座候昨日も靜坊來り自讒〔慢カ〕甚敷寂少々通し有之候ハヽ宜ト申事ニ候夫ゟ又春洞◉ゟ之差圖ニゟ見て云根元疝より起りし事ナレド自然長々之事ニゟ衰弱疲勞之事故下シハ不宜先今之處ハ服〔マヽ〕力を補ヒ側々〔ゟカ〕凝ヲ解キ候ハヽ自然ジユンカンして通じもよく相成云々急速ニハ治スル譯ニ參らむと申事ニゟ何分靜トハ考へ之違候事故ニ直ニ又替候欲ト存候處今日ハ折柄休日ニ付明日も兼ゟ被仰聞候入交へ替候ト存居申候自分に相考候處最早不治欲存申候飯も食ルニ一日〳〵瘦せ足ナト自分ニ見テサヘピツクリスル位ニテ脊中ナドヘ骨出ナンノヿモナク老〔癆カ〕症之樣ニ御座候又昨夜ヨリ今朝ヘカケ三度下リ今日一度・〔下脱カ〕リ又大ヨハリニテ御座候右ニ付此間中ヨリ色々考へ居申候身前ノ處モ最早拷ノ期ニ相成居候處此ノ病不治ト見シ時ハ寧今此身ノ動ク中ニモウ痛フガトヲシヨフガ無理ニ押テ出テ拷ニカヽリ死ス方カヨカロヲカト樣〳〵憂苦仕候兼テ身前ノ處モ大概見居ノ付キシ事故斷然天祥ト存シ候處又々考ノ處ヲ承リ候テハ天祥ハ卑

語平井收二郎ノ親戚楠瀬春同ニ依賴シテ調劑セシメ携帶セリ或ハ云フ春洞島村家ノ親戚ナリト

劣ノ樣ニテ反テ世ノ誹ヲ受ケル云々トノ事ニテ如何ニモ尤モト存候故拷ヲ受クルカラハセメテノ後世人ノ咄ニモナル位ハト存ジ一ト先仝快シ夫ヨリ出テ乍不及⦿ヲアッシ獄卒ナト魂ヲハグ位ハト內實存ジ居候處天ナル哉此病ニテ是非ナキ事鶯谷集ノ志士數人病死ノ心中ナト思ヒ尙血涙而已ニ御座候

涙穂、島村衛吉

入交、道碩

兒祭、岡田以藏毒殺ノコト

ケ樣申モ只仰山ノ樣ニ候ヘドモ是迄人ノ看病セシニ此樣ニ飯ヲ食テモ次第〱ニ疲勞スル人ニ生タルハマレニ御座候勿論今氣分ニ於テ何モ替リモナク食ノ味モ同ジヿニ候故急ニ死ソヲニハナク候ヘドモト角ニ不治ト思申候故ニ療治ハ無益カト存候ヘドモ浪穂ナトミナ〱ス丶メラレ候故最一度入交ニカヽル積リニ御座候間是又思之儘申咄候

一山庄之ヿ大ニ々安心仕候　一兒祭大ニ御盡力之由中々御心中奉察候

一昨日太守樣御入四ツ半頃ゟ晝過直ニ御歸リ被爲遊候是ハ何モ別條ハ有

間敷當時御親政故折々御入リナクテハ表ノ立サルヿト存候

（新太、山本喜三之進、犭、獄ノ略）

一新太此間中犭卒が出入調ヤ否ヲ度々促シ來ル處何時差閊ナシト時々答候由ノ處一向呼ニ來ラズ一其余誰モ不出

先右迄申上度早々頓首百拜

廿五日ノ夜　　依太郎

入道樣

（佐印、下番佐藏、浪穗、島村衛吉、コノ文或ハ慶應元年二月ニ在ルカ猶攷フベシ）

尚以佐印ヲ以私一人ノ考ニテ竊ニ通スルヿ浪穗計リハ同宿(下番一所之)同前故ニ云ネハ事足リ不申候故是ヘハ咄シ申候間左樣御聞置被仰付度候以上

取山入道樣 尊下 大建依太郎

（阿部川、島本寄次郎）

〔端紙ニテ〕
一昨日ハ阿部川出居申候少々才アリ

此間内此囚誰モ不出申
おしゆんの事も誠ニ皎然タルヿナレハ一モ二モナキヿナレド曖昧タルヿト見ヘ申候　（上田開馬藏文書）

○元治元年九月廿七日　（瑞山ヨリ島村壽之助ヘ）

今日差廻候尊書慥ニ拜受仕候不相更御勇健之旨奉賀候扨名義等之儀巨細御考慮之筋被仰聞難有奉存候然ニ拷ニ死す事ハ口ゟ唱へやすく候得とも一時ニ〆殺せば子細はなく候へとも拷ニて殺す事ハせぬものニて只〳〵手ヲ折り足ヲ折り死なん位ニ致し候苦シマシテ言ハスル譯ニ付是ハ兎角ニ眞ノ豪傑ニアラステハ堪候事ハ六ツケ敷我自分之心力を顧計リテハ中〳〵四五度位ゟ隨分堪候欲ナレト日〳〵久〳〵種〳〵ニ及候てゟもふ否でもくれ切と云事ニ相成候哉ト相考申候然レトモ乍不及拷ヲ受候心得ニテ明日ハ出テ無理無タイに云ヤブリテ知ラヌ〳〵・（ト脱カ）申心得ニて御座候

死なんハ死ナヌノ譌

然ニ又トクト相考見候へハもふ私ナトハサシテ糺明ヲトゲ口ハ不開トモ夫レナリニ首ヲ切ラルヽ事欲トモ相考候此間中政府應接之内其様な口氣モ御坐候只今の自然に任右之通云イヤブリ拷ヲ受ケルノ居リ候間左様思召可被遣候然ニ又小量ニテ良薬御座候由是ハ何分ニモ手ニ入置キ度候間御世話偏ニ奉頼候香の無キ薬ナレハ誠ニ宜ク著物之間へ入レテ居テモヨク又用ユル分量等ハ紙へ包直ニ用ヒテ宜キ様ニシテ御越被遣度何夂何分用ユト云シトテもあリハ無ク候ニ付分量之目方等ハ掛ケ分テ御越し被遣度奉願候明日出明日直ニ落サルヽ事モ知レズ左様相成候ハヽ何卒手傳ヲ以御越し被遣度奉頼候早々頓首

九月廿七日　　　　　　　　より太

入道　様

小南小野之論分リ次第爲御聞奉願候

（田岡正枝藏）

ハカリ、秤

小南五郎右衛門
小野平井善之丞

○元治元年九月下旬（瑞山ヨリ島村壽之助へ）

私事も未快氣不仕候故得出不申空敷暮居申候實はオシテ出候はゝ今日頃隨分相調候へども拷之事發言せられし時又〳〵病氣と申而は千萬心地あしく候故先は全快之上にて出たしたれは死ぬる迄引籠らざる心得に御座候

（田岡正枝文書）

○元治元年九月廿七日カ（瑞山ヨリ姉奈美子及妻富子へ）

この間ゟ御とふ〳〵敷日〳〵うと〳〵敷候處みな〳〵さま御きげんよくめて度そんしまいらせ候私事もけふはひゐもとまり大分こゝろよく候まゝ少も〳〵御氣遣被遣ましくそんしまいらせ候扨此間内ゟ此の處よりはたれも出不申下あらはきのふもけふも森田檜垣なと出申候何もかくだんの事もなくゑつらな事にて候扨　太守樣の御立も又〳〵ぬひ候よしどふゆふ世の中やら不相分扨又この牢の番人のおる處ヲひろげると申事にて明日より

森田金三郎名ハ維種《コレタネ》檜垣直枝通稱清治名ハ正路後直枝ト改ム山内豐範十月七日發途上坂

大工がくると申事ニて候又〳〵やかましき事ト存候番なとがさん〳〵言出てよふ〳〵なをる筈ニ相成申候扨この間ゟ急〳〵御さもゐがむりむぐたんニあるろふとおもひ候處又〳〵むりニもなきよふニ御坐候私事ハこの間の御見付なれハ打首か切腹か又かるうて永牢かとそんし候たとへ身かこみぢニなりても御見付とむりニ云たれハ御受ハせん事なれともしや今の世の中の事ゆへ御受ハせをともむりむぐたんニ殺をやらしれ不申いあなれそれほとの事ハあるまんと存候へとも今の世の中ハ先〳〵そふおもふておらねハならぬとそんし候とんとどふをるやらめの處をゐりよふ出來不申候扨佐藏雄平半兵衛ハ誠ニ〳〵しんせつニしてきのふも雄平ハひざ〳〵見舞ニきてくれ佐藏もこの間ひざ〳〵出てきてくれ申候又〳〵あんらへてなんぞ御やり被遣度この三人ハかくべつニて候扨田内小笠原初どこニもみな〳〵小供もききんよきよし安心仕候先ハかくだんの事もなくなら〳〵申上りゝめて度〳〵

△目附

佐藏、雄平、半兵衛皆獄ノ下番

廿七日夜　より太

姉上さま

おと乙との

（武市家文書）

別封缺ク

江ノ口、獄卒
江ノ口村出身
貞吾

貴家、壽之助
宅、井手、田內
衞吉ノ宅

○元治元年九月廿八日（小畑孫三郎ヨリ島村壽之助外一人へ）

別封御答書早速差出候積にて否相認候得共江ノ口はどふも些疎暴にて氣遣敷其上右仲ヶ間並居合候ても不憚公然と貴家へ參タノ或は井手へ行タノ抔申甚心配仕候勿論態と他へ洩シ候樣之義ハ万々無之候得共何分疎暴故之事と奉存候依て大切之事ハ向後彼へハ用捨可仕其代リニ左ノ仁甚實義ナル人故相賴申候此人根元ハ安喜之產之百性ニて昨年欤養子ニ參リ候趣素より昨今之事故何分士《土》氣之去ヌ處も有之挨拶等は調兼候得共性質スナヲニて大分時勢にも心を用稍慷慨之氣有之小子等之禁獄ヲモ大ニ患ヒ氣ノ毒ガリ居申候殊ニ今二月頃ゟ參リ久敷相馴染時勢ノヿ抔ヨリ〱申

井手、田内衛吉
海部、檜垣清治直枝
唯次郎、森脇唯次郎惟一
斜目、横目
眞印、吉永眞吉

聞此頃ハ餘程能相成申候井手ヘハ折々遣シ申候依而向向ハ此人ヲ以往復可仕候間左樣御含ミ被遣度奉存候井手橋口海部ノ組モ此頃勢ヒ甚惡敷候赴〔趣カ〕何分是も奸物有之蔭より無實ノヿヲ申出ル者有之樣子ト右組ゟ承リ申候今ノ勢ニ而ハ是モ兎角本獄ニモ至リ可申歟と實ニ歎息ニ不堪候右計餘追々ト申留候頓首

九月廿八日　　正道

入道樣

剛八樣

潮江壚屋崎札場ノ際住居　實馬口印抔ハ知ル人ノ由唯次郎隣家ノ由

（田内正枝文書）

○元治元年九月三十日（瑞山ヨリ島村壽太郎へ）

被成御揃御勇健奉賀候然も昨朝斜目相賴候書面御覽被遣候哉良印甚氣遣

七兒、岡田以藏
未御機嫌、未ダ毒死セザルチ云フ
儀平、以藏ノ父
虚吉、自白ノ意
三人組岡田以藏、岡本次郎、久松喜代馬

儀且又七兒も未御機嫌ニ而御坐候哉儀平之上書もい而ゝよて御座候哉セメテ七兒ニても早く御死て度相成候ハヽ大ニ都合よろしく且又虚言の三人組へ何トゾ手ハ付キ不申候哉小野之論も未不相分候哉彼是爲御聞奉願候扨今日も出ル筈ょて御坐候處外ニ御用御坐候哉今日ハ呼ニ不參して出て不申候明日役所有レハ必呼ニ參リ可申存居申候先右迄早々頓首

九月三十日夜　より太

入道様

清治、檜垣清治
別紙鈌ク

清治へ詰問別紙之通

（上田開馬藏文書）

○元治元年九月頃カ（瑞山ヨリ妻富子へ）

小笠原の姉さま、美多子瑞山ノ姉
おこと、琴子瑞山ノ妹内村氏ニ嫁ス

扨

小笠原の姉さぬおことなとい折〳〵きまにら誠ょおことなどらむごうてたまりませんよもふ〳〵世の中のょおりし事を聞もゆるし聞んもゆるし

誠ニ世の中ニ義理《ぎり》ほどつふん物ハなんと申がいあニも其通りニて此よふ
ニもづあしめをうけていきてをるきハなんもふ〳〵此世抔一日でももや
くのあれたんとおもへと水戸の岡崎と云人の歌のとふりニて
みしもちをすゞぶんまでとちりよりも
おしあふぬ身抔なあろふるあ形
私ともゝこのとふりニて水戸の大津と云人之《マヽ》のとふり飯をくゑぞともふ
死んだれハなんほらよあろふとあんへんも〳〵おもへとそふして今死ぬ
るとゑるん事をしておつたきニ死んだと云ゑれ候ゆへ誠ニちりよりもお　きに、方言ニヨツテノ意
しあふぬ身をたへしのび心抔さだめ居申候もふ〳〵世の中の事ハ思うま
んとなんへんも〳〵おもへどこのよふなくふん處ニをるあふら毎日おも
ふてどふもならん是ハ眞《まこと》の大丈夫という物でハなん大丈夫ハ平《へい》生《せい》の心持
ておるものなれハ誠ニ自分の身のどんな事とおもへとも又水戸の人の歌
なと見て見ると皆〳〵同し事ニて候世の中のながあゑしき事ハ死なねど

なをり不申候もふこの様なはなしハやめてきのふら《ハカ》知義の妻が知義よ歌をおこした

知義、檜垣直枝

○原書以下斷缺カ

○小笠原でせわをしてもふをた消《しやう》どく丸又世話をして御越しおり〳〵腹のわるゐ時よのむとめつそふゑゝ

○下番をやる時よこの薬紙をもたせてやるきにまん金丹でもしやうどく丸ても入て御越し

これハ下番ニよりどんなやついハ薬紙をもつていたゑハ万一ら横目がとふた時ニ薬を取ニいたと云う時ニゑゝ

上岡の丸薬ゑあまりゑゝともおもてゑんきに先やめておあふ

上岡艮民

○保元平治物語を前てらつて五巻むあづゝ御越し檜垣が見たいというきに明日辨當の時よてもよし

一田村屋のやんいもふこれきりであつゝろふら鳥渡外ニ見へんが又たふねハ云て御越し

一本ゆひ御越し
一この百人しゆ壽太郎へ御とゞけ
一この下番ハ内村へされ〳〵いくげなぞゐぶん酒ハもきちやそふなのましてやふんせ
一夕をかくハめんどれけんと夜るともられておれて御越し　（武市家文書）

○元治元年九月末日ヵ　（瑞山ヨリ妻富子へ）

此間廿五日の御文おちへの文とも慥ニ相とゞき拜しまいらせ候先〳〵次第ニ寒く相成候へともみな〳〵さま御きげんよくめて度存まいらせ候次ニ私事無事ニ居候まゝ少も〳〵御氣遣被遣ましく存まいらせ候扨衛吉も次第にこゝろよく相成候よし先〳〵安心仕候扨〳〵御國も次第〳〵地ニ落御いんきよ様へ梅を市かつら市なとも二度出候よし又友次卯七郎なと云もの出るとら云事又此間ゟ御つり有之候よし御婦人ガみな〳〵赤のごろふくのおびを

島村衛吉病氣ノ事ハ九月二十二日ノ書翰ニ見エタリ

御いんきよ様、容堂

揃へていたげな御いんきよ様ハあとあら御馬て御出てあつたげなこれハ見た人のもなしよて候又五日よお御いんきよ様の御屋敷の前へどひよふをつきすもがあるげな木戸とも打げな扱又玄むいを下の町人願ておるげなこれもあきそふなと云事誠よ〳〵すもハまざもゐぶんゑゝが玄よふるりハ御法度《はつと》それを御上よ遊してゐもふ〳〵世の末ニなりました

(武市家文書)

○元治元年十月二日カ　(瑞山ヨリ島村壽之助同壽太郎へ)

佐吊、佐井寅次郎

雄印、雄平

今日ノ對決口佐吊ゟ御聞キ取爲御聞奉願候

一明朝ハ雄印出勤ニ付夜分一寸遣シ申候間彼是爲御聞御返事奉願上候

隨分々々御いとひくれ〳〵奉存候早々百拜

二日之夜　　依太郎

入道様

太郎様

（上田開馬藏文書）

○元治元年十月二日（瑞山ヨリ島村壽之助へ）

初今日ノ大略今日ハ兼テ麻楠出會ノ筈ノ處今朔日ヨリ病氣ノ由ニテ五郎[艮カ]來ルシマツト兩人ナリ○ハ五郎[艮カ]口ハシマツ○ハ自分

○太守様御供相蒙リ白札郷士ノ小頭被命御先へ發足中國筋ニテ大石彌太郎京師ノ歸リ掛ケ姫路ニテ逢京師[ノ脱カ]勢ヲ聞サシテ替リシ咄ナシ夫ヨリ大坂着太守様御病氣御滯在其内備前之留守居ヲ尋子又長州之留守居ヲ尋子天下ノ勢ヲ聞又谷守部京師ヨリ來リ京師ノ勢ヲ聞候處君上ノ御上洛大ニ御待被爲遊候由然處君上之御病氣御全快ノ下説ノミナラス御醫者ゟ拜承スルニ御月髮御湯等モ被遊候由然に御上京の御沙汰ナシ依テ惣分以下〳〵ノ者疑惑私儀以テ同様ニテ御目附御奉行へ伺出候處未シカ〳〵不遊ト云ヿ右ニ付數人稻荷へ會し一統伺ヒ出ルト云ヿニ付一統出ルハ不宜ニ付私

麻楠、麻田楠馬
五郎、後藤艮輔後伯爵象二郎
シマツ、野中太内
君上、山内豐範

大坂、井上佐一郎暗殺一件
本間、本間精一郎暗殺一件
石部、幕吏渡邊金三郎等暗殺一件

相止メ一人御屋敷へ行徒目ニ（付脱カ）逢伺候處彌御全快ニ付一兩日ノ内被仰出ト申事ニ而安心仕リ間モナク大坂御發駕京師ニ著私儀ハ折柄病氣ニ而川原町ニ留ル追々應接方被仰付諸藩へ應接且宮樣初公卿方へ謁シタリ夫ゟ諸藩ノ議論ヲ初應接ノ事委敷述へタリ夫ゟ江戸行の始末長州之摸樣暴發ノ事ニ付小田原迄行キ候ヿ是ハ御國ノ人廣瀨健太ナド長州人へ同意ト申事ニ付差止候樣御直ニ被仰付參リ候處弟ナドノ一件之場合ニ而一寸弟へ逢度候處其宿ニハ小（田脱カ）原ゟ番手有之其（甚カ）六ヶ敷夫ゟ急々歸リシ次第等逐一ニ述へタリ是ニテ先ツ相濟

夫ヨリ大坂本間石部等ノ不審ニ及フ此答大坂ハ不知更ニガテン不行本精ハ此間ノ通リ石部ノ事ハカノ同心トカノ奸ハ兼テ高名ニテ諸藩愛國之人ハ孰モ彼レハ不除テハ不宜ト孰モ申居候事ナリ其後承リ候ハヽ（へカ）石部ニテ云々ケ（マヽ）上へ首ヲ掛ケ候由此ノ下手人ニハ薩長肥久留米等ノ由之御國ゟハ平井收二參リ候由聞シヿアリシマツ云夫ハ御國ゟモ數人イテヲル夫

松村善平、安藝郡方下役奈半利磧ノコトニヨリ九月廿二日發狂自殺

〳〵分カツテ居ル事アナタノ知ラザリシヿハナシト云テ笑ウ口チ合松村善平ニ似ル可笑可笑〽ハ好色顯ル、ナリ口云アナタ隱シタレハ人ノ爲ニナルト思ウロヲ又云テ御上ノ御爲ニモナラズ其考一應尤ナレド今日ニ至リテハ是ハカク是ハカクト云ハル、ガ御爲ナド云内〽又云根元アナタ正忠ヨリ起リシヿニテ君上ヲ押シ立三藩ト迄天下ニ唱ヘラレ恐多クモ叡慮ヲモ安奉ルノ事ニ至リ其ノ道筋ニテ其邪マヲスル者五人十人切スツルヿハ實ニ小事ニテ此邪マスル者ハ不除シテハ志ノ延ヒル事ナシ數人先生〳〵ト云テアナタノ下ニシタカイ居候事ニテ其下ノ者ノスルヿヲ知ラスト云道理ナシナド、云種々辯ヲフルイ云ナリ○云素リ爲國家志ハアレド力微ニシ〔テ脫カ〕不能又私ノ手下ト云ヘト全ク私ノ支配ニテモナシ同志ト云ヘト初ハ正論ノ人モ追々種々ノ論アリ決シテ一樣ニ不參平生私ノ事御存シモナキ事ナレド生得人ヲ殺シ生キ居ルヿ不出來物テ長州ハ云々藩〔薩カ〕ハ云々ト云ヘド長ニモ薩ニモ公平論モアリ暴論

久喜、久松喜代馬

モアリ實ニ種々ナリ夫ヲ一樣ニ御見付ケニテハ不相成御國迚モ同シヿニテ私ナトモ惣分一樣ニ御覽アレド中ニハ種々アルナリ暴論モノハ公平ノ人エハ竊ニカクシテ激ナルヿヲスル私ナト惣分ノ人ヨリ大ノ因循者ト云モアリ激ト云モアリカゲニテ誹ルモアリテ暴人ノスルヿハ私ナトヘカクシテスルナリ是等ハヨク〳〵御監察アリタシ

〇又云根元アナタハ耻ツカシキコト決シテナシ對京師其儘ニ擱レザルト被仰付シ事ニテ佐市郎石部等ノヿハ小事ナリ小事ナレドカク行キ當リシヿ故ニヨク〳〵ワケ相分リ不申テハナラズ只今アナタガ此ノ事ノ詮議セシ所ニテ四人ノ物ハ半平太モ承知ト云ニアナタ一人不知ト云テ疑ハズ濟ムカト云〇云甚尤ナリ可疑ワケナリ然レトモ久喜ナドノ事更ニカテンノ參ラヌヿ何卒右之者ニ逢テ其子細ヲ相尋弁《マ、》論致シタシ相分ルヘシ口云對決ト云ヿモアレド兩人先ツ出デシ所ニテ一人ハカク一人ハカクト云シトテ水カケ論ニナリ終ニ不分久喜ナドモ一ト先申出テ居ル事故ニ間違ハナキ譯ナリ是ヨリ法ノ通リ相成對決ナド、云フニナリテハ不相成フナド、云イツ迄モカテン不行云テ終ルᘏ云今日ハ服臟(マヽ)ナシノフニテ素リ表立シフナシ是ヨリシラベ致シテ又〳〵此ノ通リシテ御尋子可申其内段々大立(マヽ)チシフ可有ニ付追々御不審可申爲國家輕重彼是ノ處ヨク〳〵思慮云々政府ノ詮議振リ先ノ頃トハ勢替リシハ間違ナシ何分京師ノ事ヲ何歟引出シ罪ニ付ケル者ト見ヘル更ニカテンユカズ大坂ノ事ハ六ツケ敷石部ノ事ムク不知ト云テハヨカラズ右之通リ答ヘシナリ平收ゟ外ニイタ者ヲ問ウ不知ト答ヘタリ

（上田開馬藏文書）

平收、平井收二郎

○元治元年十月上旬（瑞山ヨリ島村壽太郎へ）

一●江戸ゟ小田原へ御出之事始末いかゝと云

一○長州之暴發へ御國人同意ト云フニ付直々御前へ被召出御意ヲ奉シ且又人數等然るへきもの誰まても召連是非共留候様被仰付參りゐり終ニ

小田原迄參リ健太ナドヘ逢ヒ止メ安心致しおリ折柄弟ナド一件之場合ニ付弟へも一寸逢度候へとも小田原役人六ケ敷故ニ不逢

健太、弘瀬健太
弟、田内衞吉

一 ◉御陸目へ御引合ノ有ルヘシト云

○他邦ノヿ故不首尾ノヿハナキヤト存シ尋子タリ格別不首尾之ヿモナキヨシニ付　相蒙リ候御用筋覆命急キ候ニ付直樣江戸へ歸リタリ

◉無宿者之屆ニ不相成ても一統陸目へ迫リ候勢ニ付陸目も其取リアツカヒ致シタト云左樣之事有之候哉ト云

坂本瀨平ヲ無宿者トシテ小田原藩ニ屆出デタルヲ云フ

○左樣之事不知と答へタリ

右之外少々咄も御坐候へとも一濟御咄申樣之事なし

御目付ゟ被申付たとて横之間合セナリ

（上田開馬藏文書）

○元治元年十月二日　（河野萬壽彌ヨリ島村壽之助同壽太郎へ）

益御安泰ニ御座可被成奉欣喜實ニ毎度御懇情被仰付御禮の申樣も無御坐

難有奉存候毎度之儀恐入候得共海邊と一封石川竹之助印ハ愚弟武之助へ
御渡被仰付度伏願上候近日出府仕候心得ニ御坐候間返も〳〵も宜く奉願
上候
右計得貴意度早々如斯ニ御坐候誠恐惶頓首

出府獄庭ニ出ヅルコト

十月二日　　　　　　　　　　　　　　　　　　小介

入道様

太郎様

(上田開馬藏文書)

○元治元年十月三日　(瑞山ヨリ島村壽之助へ)

コノ文別ニ本書アリシナルベシ今コレヲ缺ク

書キ加へ申候今日ハ近頃珍敷事ニテ吟味人一人モ無ク又役所モ七ツ前ニ
引ケ申候

五良、後藤良助、後伯爵象二郎

近頃ハ日暮頃ニ毎日引ケ候處右之通更ニガテン不參扨昨日五良ノ云シ被
對京師云々ノ更ニガテン不參昨日此ノヿヲ問ヲト存シ居候内外之事ニ

佐賀老、小南五郎右衛門
衛吉、島村衛吉
萬壽彌、河野萬壽彌
七兒、岡田以藏
三兒、久松喜代馬、村田忠三郎、岡本次郎
大坂ノ事、井上佐一郎暗殺一件
件井上佐一郎
大坂、井上佐一郎暗殺一件
石部、幕吏渡邊金三郎等暗殺一件
△、吉田元吉暗殺一件

ウツリ不問シテ歸リ申候今度又出候ハヽ、對京師其儘ニ閣レザルト被仰付候事イカナル子細ニ候哉ト問ウ積リニテ御座候

佐賀老人初惣分御預ケ上リ屋等ニ相成候人々をイカヾ被仰付居候哉承リ度衛吉万壽彌ナドハ只御詮議掛リヲ以揚リ屋入ト被仰居由之被對京師云々ト蒙リ居候ハ私一人よて候哉佐賀老人之所御聞合被遣度奉頼候七兒ハ親ノ書出候ハヽ、夫ニテ宜ク只憂ハ三兒ニテ候可成ハ大坂ノヿハ四人ツレニテ呑ニ行キ候處件ガキテヲリ共〳〵呑其歸ニ兼テ奸物ト聞居候ニ付四人申合テ云々ト云出テ置キテ用ヒ候ハヽ、此ノ上モナキヿ之三兒承知ノ上ニテノヿナレハ如何樣トモ參リ可申尚御考合奉願候

十月三日ノ夜　依太郎

入道樣

ガテンノユカヌヿハ五良ノ云シ被對京師云々ト被仰付恥カシキヿナシ大坂石部ナドハホンノ小事ト云ヿカテンユカス然レハ△ノヿヲヲモトスル

ヿ歟又△ノヿハ不言シテ京師ヘ對シナド丶云テ嚴罰ニスルヿハイヅレ私ヿハ巨魁ノ見付ニ付ノガレザル勢ニ見ヘ申候□ノ處ヨク〳〵御聞キ被遣度奉願候

（□ハ勤王家ニ聲息ヲ通ゼル獄ノ横目濱田亘作ノ田ノ字ノ符號ナリ濱田ヲ以テ内偵セシメヨトノ意ナリ）

（上田開馬藏文書）

○元治元年十月三日（瑞山ヨリ姉奈美子及妻富子ヘ）

此間ハ御とふ〳〵歟一兩日もちとぬくさ廻り參り暮しよく候處先〳〵みな〳〵さま御きげんよくめで度そんじまいらせ候私事先〳〵替る事も御座なく不相更本なと見くふし居申候少も〳〵御氣遣被遣ましく存まゐらせ候此間内ハ役所もゑづらにて毎日〳〵七ツ頃にゑ引ケ申候下かふハきのふも岡本村田以藏など出申候へども近頃ハ静なる事にて御座候衞吉ハいつこふ出不申いかゞと氣遣申候病氣を次第によき事と存候扨近頃小笠原御姉上さまの御目ゑいかゞにて候哉たゞ〳〵色々氣遣申候おこやおみちなとみな〳〵きげんよき事とそんじまいらせ候扨今むんも又ふけ候まゝ又〳〵

（岡本次郎　村田忠三郎　岡田以藏　小笠原美多子）

次ニ申上りしめて度らしく

三日　　より太

姉上さゐ

おと乙との

〔上包〕

るすへ　　より太

（武市家文書）

○元治元年十月三日（小畑孫三郎ヨリ島村壽之助へ）

鬼ハ獄吏

三木、森田金三郎、陸、徒目付

去廿九日昨二日兩通共慥に拜誦陪〔倍カ〕御壯猛ノ御旨奉賀候政府日增ニ切迫し〔之カ〕御旨血涙而已廿九日ノ分此間中ハ妙ニ便リ惡敷殊ニ一昨日昨日ト兩日ハ三木ノ居候牢ノ前ノ番所へ赤ヤラ青ヤラノ鬼カ來テ無間斷定詰ニテ夫故無據不任心漸今朝屆ヶ申候尤昨日ノ分モ今朝同斷ニテ御座候今日ハ甚都合能一度モ鬼不來候鬼ニハ善惡有之惡鬼ノ番ノ日ハ詰切リニテ込〔マヽ〕リ入申候今日三木ヨリ別封被相賴候間御屆ヶ申候○昨日ハ八ッ前ヨリ陸カ來リ

本獄組段々詰有之暮合ニ歸リ申候其中七兒計相分リ余人ハ不知今日ハ省三岸圓トカ九ツ前ヨリ來リ本組段々詰アリ三木モ出阿部川も出申候今日ハ頻ニヲダヤカニ喩シタリナメシタリ致候由然レ𪜈素ゟ聊モ不屈候處後ニ大ニオコリ明日ハ會所ヘ召出シ本ニスル抔申候由可惡々々嗚呼可歎乎哉

七兒、岡田以藏　徒目付、川崎省三　圓、岸本圓太　阿部川、島本審次郎

十月三日　　　正道

道（マヽ）入様　玉机下

三木モ益盛ニテ丈夫ノ丈夫タル處乍其笘慼ニ不堪候　（田岡正枝文書）

○元治元年十月三日　（森田金三郎ヨリ島村壽之助外一人へ）

廿九日二日之御尊墨難有拜見委細承知仕候勿論彼品差懸リ入用と申譯ニ而も決而無御坐候間御尋御調置なくても先よろしく御坐候間左様御思召可被仰付候扨七兒カ俊（マヽ）欲小田之事政ニ委細知る由可歎之甚敷事ニ御坐候

彼品、天祥丸ノコト　七兒、岡田以藏　政、政府

○福ノ説有如何易事無之御坐候哉後便も御坐候得ハ爲御聞奉希候いつ迄も初念動事無御坐候間御一同樣御安心々々返々も奉希候恐惶謹言

十月三日　松　多

入道君

小六兄

貴下

(上田開馬藏文書)

○元治元年十月四日ヵ　(瑞山ヨリ妻富子へ)

けふハ又あぢな天氣ニて候先〳〵みなさま御きげんよくめて度そんし候爰元なにも先〳〵かくたんの事なく候まゝ少も〳〵氣遣なるましくくれ〳〵存候扨けふハ喜代馬が出ており候外ニたれも出ぬめづらな事ニて候

久松喜代馬

一太平記ハ川野が見たいと云事ニてとりよせ候

河野萬壽彌

一前の保元平治物語りどふぞ又かりて御越し明日でも又明後日でも其次

の日でもよし
先〳〵かくだんの事なく又〳〵あさつて頃ハ佐藏をやり可申候なら
〳〵めて度かしく
四日　　　　より太
下番佐藏
おと乙との
（武市家文書）

○元治元年十月八日（田内衛吉ヨリ剛八ヘ）
益御勇猛奉賀候扨別封大急ギ何卒々々御届被遣間敷哉奉伏願候
扨此間毎度御細書夫々拜受仕候病氣ゆゑ〳〵せば早速御返事不仕失禮恐
入奉希候此頃大方快方ニ相成申候
右御禮迄早々如此御坐候百拜
十月八日　　　　ヒグ倉

剛八様　　　　　　　　　　　　　　（上田開馬藏文書）

貴　下

○元治元年十月十日カ　（瑞山ヨリ姉奈美子へ）

竹馬、山崎愼三ノ幼名
仲吉、山崎愼藏ノ弟

きのふも御文被遣ありがたくそんしまいらせ候先々みな〳〵さま御きげんよくめで度そんしまいらせ候私事もちと〳〵こゝろよく相成候まゝ少も〳〵御氣遣つかはされましく存まいらせ候私わるき事ハすこしも〳〵かくし不申候まゝどふぞ〳〵御氣遣ハ御無用とくれ〳〵存まいらせ候竹馬なと毎日〳〵辨當を持て参り誠にたまるまいとそんしまいらせ候仲吉もよふ手習もし書物もよみまにげな誠に〳〵うれし（く脱カ）存候とふぞ〳〵よき人にならねばならぬ事にて候扨私の病氣勝賀瀬兄さんなとめつそふ氣遣候よしとふぞ〳〵氣遣ぬよふニとそんしまいらせ候先々かくだんの事も御座なくあら〳〵申上まいらせ候めで度かしく

十日　　　　　　　　　　　　　　　　依太

姉上さ母え

（武市家文書）

○元治元年十月十八日（小畑孫二郎島村衛吉ヨリ島村壽之助同壽太郎ヘ）

日増ニ寒氣加り候處先以益御堅勝可被成御坐奉恐賀候随而私共不相替罷在候間御安心奉願候然も一兩日先格段之事無御座候大建氏モ快相成候處一昨日頃ゟ又風邪ニテ平臥之趣ニ御座候尤さしたる事無御座候間御氣遣御無用ニ奉存候田惠森金モ其後ハ出不申四兒ハ出其内過日も七兒頗長談岡次村忠モ随分長シ何ヲ云ヤラ心元無ク存候今日ハ七ツ時頃御入御座候テ日入前頃ゟ海部出ル則別紙ノ通ニ御座候今日ハ至テ靜成事ニテ外ニ御詮儀者出居不申候處夕方俄ニ右之通リニ御座候明日ゟハ又々キビシク相成可申歟と奉存候扨村馬ノ虚言驚入申候然ニ大弥抔引受候由ニテ過日大弥等應接書拜見仕ニ奴ガ〔マヽ〕辨スル處合點不參其上秘書ヲ彼ニ見セ候上ハ弥

田惠、田内衛吉

森金、森田金三郎

村馬、村田馬太郎

大彌、大石彌太郎

油斷不相成急々所置不仕テハ此上如何樣ノ大變ニ至リ候事難計奉存候御愚ハ有間敷奉存候得共猶御考慮奉願候先も右計如此御坐候

十月十八日之夜

美稻

浪穗

入道樣

太郎樣

尙以詰問之節奸吏頗ル惡口スル由實ニ不堪事ニ御座候△棒デモ用テモヨカリソフニ存シマスケレト人ガ有マイ可歎々々

（棒ハ村田馬太郎ヲ棒ニテ打ツノ意カ）

乍御面倒別書宜奉願候

（上田開馬藏文書）

○元治元年十月十八日カ（瑞山ヨリ妻富子へ）

この間ハくハしき御文ありかたく存まいらせ次第に寒〔ニ脱カ〕むかひ候へともみな〳〵さま御きけんよくめて度そんしまいらせ私事一兩日ちと又風を引候へ

衛吉、田内衛吉

いなし、方言返ス

ともさしたる事無御座候まゝ少も〳〵御氣遣被道ましく扨衛吉も先〳〵大丈夫と申事ニて安心いたし候此間内出るか〳〵とおもひ候へともいつこふ出ば一両日も下からたれもいでば私事も病氣ゆへなをり次第出る筈ニて御坐候こんど出て見たれハもふたんてん落はか落さんか相分り候と存居候

○きものハ去年着ておつたひとへものハあるかもおりハみな〳〵いなしてなん此間もてきた紋付の羽織と紙もめんのがと二枚ニて候こちニあるハつむぎのわた入とひとへものと是ハ去年からある此間もてきたあわせ二ツもだぎ二ツたひ二ツこれきりニて候夫ニもおり二ツ外ニ壹枚もなし

一ふるきひとへもの

一わた入りもおり

又々御越し先なら〳〵格別の事無御座候かしく

十月十八日夜

〆　るすへ　〆　〆
無事　依太郎

（武市家文書）

○元治元年十月十九日（小畑孫三郎ヨリ南六へ）

三木、森田金三郎

愈御壯健可被成御渡奉賀候僕無恙罷在候間御放念可被下候扨天下國家共正邪顚倒勢ヒ日々迫（マヽ）切之由血涙歎息之至ニ御座候先達而ハ三木君も無實之浮言ゟ御禁獄追々御赤誠之處不貫通本獄ニ迄被下種々之拷問數度有之趣何とも申樣無之御氣の毒至極血涙淋漓僕幼少之砌ゟ同社之好有之別而痛哭ニ不堪候然れども元來身ニ御覺之ナキ事故ト角ニハ御赤心相貫き可申と奉存候扨過日左の一條君迄相通辞呉候樣被相賴候處折節此間中ハ慥成便リ無之夫故無據些延引ニ及申候

一兼而御心易き獄卒より過日彼頃之日記ハ無之哉と被相尋候由ニ而無之旨被相答候由然處御留守之皮文庫之内ニ子ズ表紙之本有之右之分甚氣掛りニ付急々君御立越之上火中ニ御投し被下度尤右文庫之鍵ハ皮之巾着ニ入有之候由若火中都合惡敷候ハヽ彼項計なり共破り捨被下度將又右取扱方之義ハ君御壹人御立越之上密々君計之御取扱に被成下候様彼是君迄御通辞申吳候様被相賴候間此段及御掛合候尙急々彼是宜敷御取計之程奉願候已上

十月十九日　　正路拜

南六様　机下

（田岡正枝文書）

三木、森田金三郎

○元治元年十月十九日（小畑孫三郎ヨリ島村壽之助へ）

今九日之尊翰拜閲仕候倍御壯猛之御旨奉賀候御托之品慥ニ三木氏へ相届申候間御安意可被遣候此御返答早速可仕之處折節過日已來件之人古〔マヽ〕郷へ

參リ居候而出勤不致夫故大ニ延引仕候此間中ハ惣分之模様も不承候得共益切迫と推計仕候

一井手氏も終ニ本ニ相成すも有之候由何とも申様無之血涙ニ沈申候其前より病氣之處才等之故欤疝氣引起シ食事等も聢々不進様子至極氣の毒ニ御坐候尤爲差事ニ而も無之様子ニ御坐候右病氣故十一日十七日両度出入申參候得共不相調候三木兄も十一日ニ出候已來些病氣ニ而昨日ゟ藥服初相初居申候右故是も十七日〻今日〻出入申來候得共不相調候十一日已來十七日迄と如何之故欤出入不申來候察スル處左ノ都合故欤〻奉存候

一十一日ニ出候節詰ニ曰キが云ニハ大ヨ之門ニテ其方ニ逢タト云丘比（マヽ）は其方ト共ニ酒ヲ呑ダト申ト云ニ付左様ノ丁決テナシト答候處弥宜敷欤ト云ニ付ヨシト申候處若夫ガソヲデナカツタナラバ忽落命ニ及ブ程ノ丁ニ至ルガ宜欤ト云ニ付ヨシト答候處然ラバ詮議（マヽ）ヲスルニ付立ト云フニテ帰リ候由其翌日ヨリ又々頻ニキ忠比丘等出候趣ニ御坐候然ニ比丘も云ニ不

キ、久松喜代馬
大ヨハ料理店大與
比丘、岡本次郎
忠郎、村田忠三

七兒、岡田以藏

井ハ拷問ノ略
井手氏、田内衛吉

安部川、島本審次郎

足候得共キ抔ハ武術をも研究いたし候身として七兒が浮言ニ陷ラレタレバ逆義烈ノ徒ヲ又七兒ガ浮言ニ習フテ己ガ徒ニ引込ン゛トス實ニ言語道斷ノ人也不義トヤ云ン不忠トヤ云ン獨リ三木氏凜々トシテ不屈不義ニ不陷眞ニ丈夫ト可云君幸ニ尊慮を勞し玉ふ事なられ然共度々之才苦痛如何計ナラント眞ニ血淚ニ沈申候井手氏も益確乎タリ○近日之中又々揚リ屋入有之樣之事御聞ハ無御坐候哉今十四日大工両人揚リ屋之見分ニ來リ寸尺等相改歸リ申候何分牢屋敷之中へ造營有之樣被察申候

一別封三木兄より被相賴候義有之僕執筆を以南六兄迄贈り候間御屆被遣度尤三木兄御留守ニ氣遣敷書付有之右始末方之義申通辭《マヽ》候義ニ付何卒早速御屆被遣度奉願候○安部川も今日出候處存外此間之勢与も違イ穩なる趣此模樣なれバ大ニ安心之樣奉存候先右計可得御意草々頓首

十月十九日夜　　正路再拜

入道先生

玉机下

安部川ゟ海部行之分御序之節宜奉願候

一模様ニ寄明晩再可差出候間御隙御坐候得ハ御報被遣度奉願候

（上田開馬藏文書）

○元治元年十月十九日カ　（瑞山ヨリ島村壽之助ヘ）

昨晩之尊書慥ニ相達難有奉存候不相更御勇健之旨奉賀候私事今日ハ大分快方相成安心仕候此模様ニ御座候ハヽ明後日頃ハアチラヘ出ル様ニ相成可申存居候雪弥一件實ニ大事無此上片時も早く元敬なとの始末之處承り度只々失策之あき様ひたもら新居申候扨此間内二三日ハ三兒組出不申又三木も弟も出不申弟はちと病氣之由

八喜忠兒此四人ゟ最早口あひ候哉承り度口之處御聞合御申越奉願候平収之差圖と皆々言出候哉名ハ弥言こんと言事誠よて御座候哉急々承り度候

雪彌、村田馬太郎
三木、森田金三郎
弟、田内衛吉
八、岡本次郎
喜、久松喜代馬
兒、岡田以藏

みて、方言無クナルノ意

又明後日頃私出候ハヽ必雪弥之事ニ及可申其時ハ私ゟ對決之事申出候含ニ御座候此段元敬邊へ御掛合をき被遣度奉願候

一先達而貳朱三ツ御越し被遣候處囚中よて散材〔財カ〕仕りはやみて申候何卒急々貳朱二ツ計御越し被遣度くれ〳〵奉願候

右御報迄早々如此御座候頓首百拜

十九日の夜　　より太郎

入道様

（上田開馬藏文書）

雪彌、村田馬太郎

○元治元年十月廿一日（瑞山ヨリ島村壽太郎へ）

貴墨慥ニ拜見仕候御揃御勇健奉賀候扨雪彌之一件いかなる事歟大ニ可怪事ニ御坐候へとも先々右之通ニ候得も別ニ致し方も無御座此の上も私出候節深ク此の事被糺候時ハ對決ヲ願ゟ外無之候私も次第ニ快方ニ相成候ニ付明日頃被呼立候時ハ出ル心得ニ御坐候

七兒、岡田以藏

扨今日も又七兒出居申候其余壹人も出に至て靜なる事ニ而七ツ前ニ役所も引ヶ申候明日も又御寄合ニ付必盛ナル事ト存居申候扨七兒初虚言組の言出御聞合之上爲御聞奉願候扨七兒之親之上書ハいかゝ相成候哉承り度先々別ニ御咄申事も無御座右御報迄早々頓首

御越之書狀夫々慥ニ相屆候間左樣御承知可被仰付候百拜

十月廿一日之夜　より太

入道樣

(上田開馬藏文書)

○元治元年十月二十二日　(河野萬壽彌ヨリ島村壽之助ヘ)

美稻、三木郎
森田金三郎
井手、田内衞吉
口、濱田甚作

廿一日之尊翰両通慥ニ相達拜閲仕候倍御壯猛之御旨奉賀候御托之美樹兄井手氏へ之分両通共夫々早速慥ニ相屆ヶ候間御安慮可被仰付候口も嫌疑甚しき中ゆゑも今以忍而出居候御旨如何計欲苦心可致と心事推察仕候將又美樹兄より御賴之一條南六兒早速御始末被成下候ニ付右之段三樹兄へ相

傳、曾和傳左衛門

通辭《マヽ》候様御託シ之義是亦直様相通候間御安意可被遣候○扨卒ノ内ニ壹人心ある者あり其者過シ夜酔テ來テ美樹兄へ密ニ左ノ通リ談シ候由右ハ傳アタリニ託シ《サレカ》候事欤又ハ卒ノ考欤不審シ顯然哥抔も一二度位之吟聲ヲ聞迚可知筈なし誰ゾより敎シナルベシ尚御詮議可被仰付候尤右卒ノ事ハ兼而御存ト奉存候間名ハ恐レアレバ略シ申候御存なくも傳印へ御尋アレバ相分リ申候

一卒來テ密ニ美樹ニ云云々ノ哥二首ハ御自分ノ詠ナラント云ヒ出シ候テ夫ヨリ外輪ノ說ヲ承ハ此度ノヿハ假令死𪜈云ヌガ宜イト云人アリ御自分ハ卽チ其御積リテアロウ乍然夫ハ御心ノ内ニアルヿ之然𪜈万一如何共不成シテ口ヲ開ク様ノヿナレバ尚外輪ノ模様モ御聞被成御間柄へモ御相談被成候方可然其節ハ私へ被仰聞ヨ如何様共御通ジ可申ケ様ニ申ト問落ス欤抔ト御疑念モ可有之候得共決テ左様ニテハナシ少シ心アル者ニテ何ヿモ存知テ居ルト云　美樹云右ノ哥ハ誰ニ聞シヤ　卒云右ノ

御噺シ仕ニ突然ト申シ出シ様ナシ如何セント云シカバ或人云夫ハ右ノ哥ヲ以テ云ヒ出スヘシ是則美樹ノ詠ナリト敎ヘ呉シ者アリ依テ知レリ

又云三兒等今十日コラヘタリヤヨカツタニ甚殘念之私ハ役ハ役デ勤メ志ハ又志シ聊疑ヒ玉フナ　又云ケ様ニ申モ御自分ノ御心ヲ承リ候故申ス脇ヘハ決テ御他言御無用之何卒私ノ心中御察シ被遣度實ニ不安候段々ケ様ニナルト最早自分ノ身ノ上ヘ來ハセヌカト思フ抔ト種々ノ密話イタシ候由然ニ右ノ哥ハ二首共高ラカニ吟シ候ヿ有之故其節若ヤ聞コスリハセヌカト思ヒ若クハ又傳ヨリ敎ヘ候歟ト半信半僞《疑カ》故美樹兄ヨリハ何事モ格別不申ニ唯御心中察入候御志ノ程感心イタシ候嘸色々御心配ニテ可有之尤此方ノ處ハ決テ御氣遣被下間敷位ノ處答候由

右ハ問落ヒテハ有之間敷ト奉存候眞實ナレバ感心仕候乍然平常ノ爲人宜キ者ニテハ無之候故油斷ハ不相成候此ノ一段ハ祕中ノ祕故申迄ハ無之候得共先御両所計御承知被遣度將又傳抔ヘ御詮議被成候テモ白地ニ

ハ御噂被遣間敷聊存寄ル筋モ御坐候
貴報旁右計草々頓首
十月二十二日
道入（マヽ）先生
玉机下

〔安部川、島本審次郎〕

尚以安部川氏方も過日之御禮宜申上呉候様被相頼候

一御噂之如ク屢之往復ハ甚不宜候得共不得止事有之無據度を重ネ申候此度之義ハ何卒慥ニ相達候ハヽ御序ニ尊報奉祈候再拝

〔海部、檜垣清治〕

一昨夜吉吾海ノ留守ヘ行候處夜前山田カラ狀カ來テ居タガ急ニト云フ故今橋ノ弟ガ草戊ヘ屆テ遣ロウト云フ故頼ンダカ最早屆イタカシランテト云フニテ有シ由之頓首
ま（マヽ）拝

（上田開馬藏文書）

○元治元年十月下旬カ　（瑞山ヨリ島村壽之助ヲ經テ島村衛吉ヘ贈リシ書翰）

シマツ、野中大内カ

一ツラ〳〵思フニ先達中。野生ノ詰ト同ジヿニて候初ニハシマツガ只色々形容ノ處ヲ以頻に責問三四度ニ及候處一ツも確證ナキ故ニ詰メ上グルヿ不能シテ終ニ聞キ取ツタト云テ歸リタリ其後出シ處眞榮初惣出ニテ

眞榮、眞邊榮三郎

眞榮一人先ヅ口ヲ開キ初テ最初江戸ヨリ歸リシヿノ初長州人ト約束ノ疑ヒヨリ今日兄ヲ詰シタ通リ同樣ノ詰デアリシナリ其ノ次ニ出シ處最初ノヿハサツバリ不云又形容ヲ以シマツガ呶々タルヿニテアリシナリ

△ハ吉田元吉暗殺事件

一シマツハ△ノヿハ一ツモ口ヲ開カヌ也是迄一度モ不言（尤屏風ガコイノ時ニ色々尋夫レヤ〳〵答タリ）

右ヲ以テ推察スルト何分シマツト眞榮ト實ハ腹ガ合ヌ也カク揚リ屋入トシタ上ハ何卒名ガ付子ハ御威光不立故ニ色々罪ヲ尋子只形容ナト以種々辨《マヽ》ヲ震ヘド證ナキ故ニ治リ付カズトシマツハ云テ居ルロヲ左右スルト眞榮ガ元トケ樣ニシタヿ故ニ治リガ付ヌト云テハ眞榮ガ立ヌ也依てヲラガ治リヲ付ケルト云テ出テ來ルニ違ヒナシ故ニ土居ナド初ノ組

土居、陸目付土居彌之助

犭ハ獄ノ略

⦿、目付

藤本駿馬

ヤマルロチ止まるであらうノ意

村馬、村田馬太郎兄ノ忠三郎

元敬、大石彌太郎

石奸、陸目付石川石之助

ヲ引キ出シテ共ニ仕上ケヲスル積リデアロヲ實ニ御互組ノ犭は最初頗ル⦿の粗暴ナリ只形ヲ以見通シヲ付ケタ計リニテ一ツモ確證ヲニキラス依テ又次ニハ駿云々ノヿハヤマルロヲ證ナケレパドウシテモ詰ハセン

右確證ノ無キト云確證ヲ取タリ夫ハ以前屏風ガコイノ平詰ノ節石奸か云ニ△ノヿヲアナタカ知ラヌヿハナイ譬ヘ自分ハ手ハ下サンナレド是非知ツテ居ルロヲナド巧言令色ニテ色々ト尋子其ノ上ニテ云ニトントアナタノ名ノ出ル所ガ一ツ有ル村馬ガ云々ト云フヿヲ眞面目ニテイカニモ誠ラシク云タリ依テ是コソ誠ト思ヒ直ニ下モヘ掛ケ合テ傳ナト立越元敬ナド、責問シタヿアリ然處其後都テ此ノ事ヲ不云今此ノヿヲ考フレハ是モホンノ風説位ノヿニテ慥ナヿデモナキヲ石奸ガ吾レヲ問ヒ落サン爲メノ僞言デアリシト思フ（僞言チ信シテ村馬チウラミシヿ獨リ耻縮ス）右之通リアナタノ名か茲ニ一ツ出ルト云タヿサヘ虚言故ニ弥確證ノナキト云フ確證ハ

玆ニテ取リシナリ

右の愚慮御考いかゞ北へも御廻し被下度候

北、北獄ニテ河野萬壽彌小畑孫三郎ヲ指ス

浪穗大人　　　　　　　　　治徳

テツシリ、シツカリ又ハタシカニノ意

誠ニ申迄ハナケレトテツシリ胸《ムネ》ニ當ルヿヲ云ハレテモ弥落チ付キ色ヲ變セズ靜ニ御答⦿ガ聲ヲ張リ上クレハ吾ハ尙聲ヲ靜ニシテ斷然ト御答敵ノ色ニ付カヌヿ要之申陳多罪々々

野生ハ石奸ノ愚人ニサヘウツプケラレタ心外々々

前書「ツラ〳〵思ニ先達中云々」ノ附箋

實ニ感服仕候御同意ナリ村馬ノ一件實ニ虛言ト奉存候其節僕等モ晝夜ヲ不辨責問候處如何ニモ馬ハ知ラヌト見請タリ　　　新太

新太、山本喜三之進

同　右

乍其筈大ニ御明説大ニ奉感服候何分吟味口ガ去年先最初ニ出候時分ノ處

ト符合ニテ御座候呉々モ御活眼ニ信服仕候
過刻ノ御手便ノ御返事鳥渡被御聞奉願候

眞足、河野萬壽彌

眞　足　拜

（上田開馬藏文書）

○元治元年十月廿三日カ　（瑞山ヨリ姉奈美子及妻富子へ）

以藏、岡田以藏　今橋、今橋權助　檜垣、檜垣清治

みな〳〵さま御きげんよくめて度存まゐらせ候私事も今日ハ大分こゝろよく相成申候ほんの少しせんじやこしけの下りにて外ニかくだんのこともなく候まゝ少も〳〵御氣遣被遣ましくそんしまゐらせそれゆへまゞに出不申毎日〳〵といに參り候へともゑゝ出不申このもよふなれハ明日明後日ハ出るつもりにて罷在まゐらせきのふハ以藏と今橋と出申候又以藏がなより云うたろふとそんしまゐらせけふハ檜垣と今橋と出又拷問にて誠に〳〵又むらひたをそおなし候私事もとふなるやらしれ不申下へ落されたれハもふ〳〵それぎりにて候されともよふいにハ下へハ落しはもまいとそんしまゐらせ又〳〵二三日の中下番やりまゐらせ候なら〳〵しらし

廿三日の夜　　　　より太

姉上さゐ

おと乙との

前、島村家

一この本前へたしらに御とゞけ　（武市家文書）

○元治元年十月末日カ　（瑞山ヨリ妻富子へ）

扨夜がなかく相成候ゆへ又〳〵ねられぞねられんと色〳〵御國の事やら又我身の事やら又内の事やら色〳〵おもひ〳〵て倘祢られもこまり入申候此間も雨がふりねられもよふ〳〵又書物をあけよみてそれからね申候　（武市家文書）

○元治元年十一月朔日　（小畑孫二郎ヨリ島村壽之助へ）

寒氣相募候得共愈御壯健与奉大賀候然ハ別紙之通過日ゟ相認有之處又々

壚《マヽ》東行故延引仕候今日之尊翰慥ニ相達拜見形勢委細被仰聞難有奉存候美樹兄へも慥に相届候間御安意可被仰付候余ニ得御意度筋御坐候得共今日俄之事故明後日壚之便与殘し申候愚弟ゟ御面倒奉願大ニ御世話被仰付難有奉存候先も右計略答なごのふ如此御坐候已上

美樹、森田金三郎

十一月朔日　　正路

道入様

別封南六兄へ迄送り呉候様被相頼候間宜奉願候　（上田開馬藏文書）

○元治元年十一月三日　（瑞山ヨリ島村壽之助へ）

此間も御遠敷奉存候先以両三日も暖和ニ御坐候處被成御揃御勇健御持疾次第ニ御快御事ト奉存候扨其以來先々替リ候事無御座下ゟハ毎日々々誰レあれ出申候へとも至て靜なる事よて都て拷も無御座役所も七ッ前後ニも引ケ申候尤今日ハ下ゟ壹人も出不申昨日も忠八七兒三人出居申候此邊

忠、村田忠三郎
八、岡本次郎
七、岡田以藏

◉、目付

てんぽふ、方言アテズツポオト云フニ同ジ

依太郎、瑞山

ハ誰も一向呼出され不申何分らてんのゆゐぬ事よて御坐候◉之模様ちと何欤相分り候哉承り度候且又亡命人捕之事ハ爰ニ居ると言事慥ニ相分候上まて參り候哉又てんほふいきニ參り候物ニ候哉承り度候且又昨日勘助ニ一寸承リ候《ヘカ》ハ、亡命人ゟ使參り候よし京師之勢且又長州邊之勢いゐゝ御坐候哉承リ度奉存候◉ハ何分脫人取り歸る迄先見合候事欤いづれ依太郎ナド之事糺明シカケ候へとも屹度確證ナキ故脫人とりニ參り候事欤ト相考へ申候只々恐るゝ事ハ何欤七兒組ゟ虛言ヲ吐ねハト是のミ之事ニ御坐候七兒組之勢もちと相分リ候哉承リ度奉存候先々格別之儀も無御座候右迄早々頓首百拜

十一月三日夜　　より太

入道様

（上田開馬藏文書）

○元治元年十一月三日（森田金三郎ヨリ瑞山へ）

肥公、正候共ニ未考

美樹、三木郎チ森田

伊知、武市カ

去廿六日之貴札忝拜見いたし御揃愈御安健之由珍重之至ニ御坐候扨先日御通達申候義御不審御尤ニ御坐候否詮議致申候處便リ都合悪候而漸朔日ニ差立候趣ニ付定而御受取被下候事と奉存候追々御左右承リ度存候留守之模様毎々爲御聞被下又愚母詠哥抔承リ實ニ安心大慶之至ニ御坐候扨時勢ハ益窮迫之模様肥公（ママ）之事をも入道様ゟ正候（ママ）之御紙面致拜見承知いたし申候惣分之模様猶猶（猶一字剰カ）又追々爲御聞可被下候先ハ右計取急如此御坐候

十一月三日　　美樹

伊知老兄

尚々入道様迄愚を（以下断缺）

（上田開馬藏文書）

○元治元年十一月四日（田内衛吉ヨリ島村壽之助へ）

益御勇健奉賀候扨昨夜愚兄ゟ之愚簡御差越被遣慥ニ拜受仕候御序之節別封御届奉伏願候右取急ギ乱筆御返事御頼計早々如此御坐候百拜

十一月四日早朝　ヒゲ倉

朱雲龍

入道老　（上田開馬藏文書）

老公ハ容堂ノコト御入ハ會所入ナリ
井手トハ田内衛吉ノ家井出淵ト云フ所ニアリタルヲモツテ田内ノコト云々セリハ衛吉白状セリトテ檜垣ヲ責メントナリ
亘ハ、今橋權助亘ナリ
ふさぐ氣絶ノヿ

○元治元年十一月九日カ（檜垣直枝ヨリ山田町獄組へ）

一昨七日引おろされ昨日甚敷拷に遭ふたり老公御入故にか殊に甚敷詰の主とする所は井手を以て云々せり僕答に井手は左様の言掛を仕者にあらず又三人追掛行事なれば遙々不行共朝は夜深く立夕は夜に入宿付事故前弘く如何樣共相成譯也井手明白に申出居るにお上を疑ひ申不屈者〆殺せと申て責る也亘も追々白状に可及左すれは其方一人也言譯有まいにゐ先太樣如此甚敷に相到ゐ追々思慮して申出よ千變萬化に言出る餘り甚敷に付面目なくもふさぎ申候痂氣差込夢中の如くに相成ゐ面目次第も無御座候終に青駄とか言物に乗り歸り申候詰の數々して千變萬化豫め難盡僕が

僞言を吐た抔と可言決而疑ひ玉ふなよあの位の事氣をとちては實に心外大体昨日の吏音聲も相・《脱アルカ》へ可申御察奉願候新牢へ落され候得は物事不任心あら／＼申上候君決而莫疑々々々々御疑御同獄様へよろしく

（田岡正枝文書）

○元治元年十一月上旬カ　（田内衛吉ヨリ森田金三郎ヘカ）

過日以來毎々貴簡忝此方ヨリハ失敬而已御察可被下候茶炭ナト大ニ御世話々々々千萬忝奉存候扨古兒ガ事御キカセアノ趣ナレハ又少々ムゴキ所モ有之一入ビク兒憎ムベキ事我一心ノ事ナレ共ビク兒ナケレバ久兒古兒ハ確乎タルベキヲザン子ン々々々

○君ト共ニ此間詰ニ出タ時ハ粗アチラデ申タ通リ小田原一件ハ一言も詰無之浪花是計也

詰ノ大略○ハ奸吏△ハ僕

古兒ハ村田忠三郎其故郷ノ香美郡古川村ナルニヨリ之チイフ
ビク兒ハ岡本二郎カ
久兒ハ久松喜代馬
小田原一件ハ坂本瀬平殺害ノコト
浪花ハ井上佐一郎殺害ノコト

ガリハリ、我意張ノ意
ウンシ、汝ト云フコト
七兒ハ岡田以藏、其家七軒町ニアリシヲ以テナリ
四人ハ岡本、久松、村田、岡田ナリ
村田忠三郎
シャントハ方言端的ノ意

○此間以來トクト思慮シタカ△此間拷問ノ節何モ申上候通思慮スル丁ハ御座ナク候ヘ共若哉ト存シ病苦ノ間シカト相考ヘ候ヘ共於私ハイヨ〱御尋ノ事存シ不申候ニ付此段申上ル○只存ジン〱ト云フテマダカクスカ此間ヨリヒドイ拷問被仰付ガ明白ニ申セドウナリヤ△全クカクストユウ丁ハ夢ニモ御座ナク候如斯ニシラン丁ハシラズト直言ヲ申出テヲルニソレヲカクスト御疑アリテ拷問被仰付ル、ハモウ仕方ナシ如何様共被仰付ヨ○夫ハガリハリト云フ者ヂヤウンシガ云フ通リナレバ上ヨリカク拷問ハ被仰付レンケレ共七兒初メ四人ガ口ヲ揃ヘテシカト明白ニ申出テヲルコレ誠ナリウンシガ云フテヲル丁ハ僞リヂヤ依テガリハリ也ドウゾ△夫ハ彼ノ四人ガウソノ云イ掛ケ也於私ハ存シマセン○明白ニ申出テヲル忠三郎ヲ此處ヘ召出シ對決ヲ被仰付タレバドヲナリヤ△サア召出サレマセ對決ヲシマショウ彼ノ者ハ今迄申出テヲル通リ申シマスロウ何万言申シタトテ皆僞ナリ私ハ今申ス通リ也○ソレハシャントガリハリ也△何モ

左一、井上佐一郎
六人、田内衛吉、村田忠三郎、岡本次郎、久松喜代馬、松山深藏、岡田以藏
大與ハ料理店ノ名

ガリハリデハ御座ナク候○衛吉ヨクウケタマハレ七兒ガ申出テヲルニハ子ヤ彼ノ左一ハ奸物故生ケテヲイテハイカント云フテ六人ノ者ヘ平井收二郎ガ下知ヲシテ六人トモニ大與ニ行キ其處ヘ左一ヲツレダシ來リ酒ヲ呑ミヨハセ又其處ヲ出テ茶屋ヘユキ又其處テ酒ヲ呑ミ大酔ニイタシ歸リノ節六人シテシメ殺シ忠三ガ短刀ニテ刺ス其節其方ガボクリデ七兒ガ手ヲフンダゲナ又歸リノ節忠三郎ト同道シテ松山深藏ニ道ヲ問ヒカヘリシ趣又喜代ガ申出ルニハ今迄私ガ口ガアハヌハ衛吉ノイタヿヲカクシテヲリマシタ夫デ口ガアハン依テハ申出ル如右明白ニ申出テアルゾヨモヲカクサズ申セ△左樣ノヿハ夢ニモヲボヘザル事也ミナ云イ掛デゴザイ舛又平井收二郎ニ大坂デ遭フタヿナシ○大聲ニテ只ガリハリヲ云フ後刻ヨビ出サレテアラキ拷問ヲ被仰付ル尙思慮セヨツレタセト云フ思慮スルヿハゴザイマセント云フウチ獄卒ニダキ上ラレ門ノ外ニ出ル

（田岡正枝文書）

○元治元年十一月上旬カ（瑞山ヨリ妻富子ヘ）

檜垣清治直枝

うげる、方言騒グノ意

岡田以藏

七日の文たしかにうけ取候先〳〵寒つよく候へともみな〳〵御きけんそあさぶしめて度存候爰元此間内少々せんしやのきみニておしいたみもみニでもゝましたれハなをるぐぶんの事あれど先〳〵ねんのためいしやニかゝり〻ふハもりどもしてもぶんちとよく相成候ほんのもこしのことニ付氣遣無用ニ候扨この間内ハ下あらもだれも出ばゝふハひあきら出たゝんど拷問もなく誠ニめづらな事ニて候おとついハこの北へ入ておる婦人が下へ落され拷問ニてよほどつよき事ニてたゝくやぶうげたゝんどぶつもりともいゑん誠ニ〳〵男まさりニてめづぶ敷婦人ニて候夫ニ付てゑ以藏の事をおもひ出し誠ニ婦人ニても聲を出さんことおもへハ以藏がよふなものハ誠ニ日本一のなきみそとおもひ候扨雄之丞の事色〳〵御申越あれハ誠ニさゑがしき男ニてよほどがまんなよふなものニて候へともどふゆうものぞふしぎニめんせつニしてくれ候外の人へハそれほどニゑせば

みて、方言無クナルノ意

衛吉、田内衛吉

がい、方言酷クノ意

よふでもすくニいか程一トくせなる男ニて候夫ゆへ外の人ゟ雄之丞を包るう言候されとも我等へハふしぎにしんせつニしてくれる此間たすこも二度とりニやり候のちニいく時ニもすやみてましたらと云候とふゆうものそ此間内ハたむこをよけのミみてたと云ふ事なり又衛吉が拷問ニあう時ニふたんもの言があふいきに役人ともが尚がいニするろふト言てすなしふ事もある内へいて雄・丞《之脱カ》が言た事ニ一もうそれない又たドぺふ〳〵言てついしよふ言よふな物てハないぞんがい心ハよきものニて候されども。鉃

○元治元年十一月上旬（瑞山ヨリ姉奈美子へ）

日くれニ雁を聞て

冬の日の空もしぐるゝ夕暮か

あはれをはそふかりの一聲

風ふき寒けれハ

空さへて木《コ》のふし寒しあし引の
山のあなたに雪やふるらし
　わか身をおもひて
み山木のこづゑし谷のあつ氷
とくることなき身ぞあわれなる
例のやしきた御目にかけ申候
　　　　　　　　　　　　より太
　姉上さま
寒あつく御いとひ被遊度くれ〱そんしまいらせ候私事すこしも御氣遣被遣
まじく候

○元治元年十一月上旬カ（今橋權助ヨリ瑞山へ）

瀬平、足輕坂本瀬平
三人、田内衛吉、檜垣清治、今橋權助

小田原一條届書の通りを以一順申出事濟で後
詰是迄度々御詮議被仰付候得共悉く僞を被申出瀬平を殺し候義は狼藉に
あらず三人追掛暗殺したで可有之答存掛も無御座候左様之義は決而無御

中川樣、中川修理太夫久昭

田所嶋太郎、後壯輔

四月一條、吉田元吉暗殺一件

座候私共三人參り候儀は先達而以來申上候通り中川樣一件御朝・（議脱カ）替りに相成其筋を爲御達三人罷下り申・（脱アルカ）詰夫は何ぼふ僞ても御上えは明白に相分て居るに依て明白に白狀可致答白狀は是迄申上る通他事無御座候詰曰京都において瀨平ゟ公文藤三を賴み同行致し呉度賴上候得共一同承知不致藤三ゟ斷候處瀨平以の外怒り此上は公文え屹度御禮可申藤藏か血を見ねば承知不出來と怒り居候事を田所島太郎聞付て夫は其儘難閣と申論に相成候而三人追掛て殺たる事明白に相分り居候也瀨平をきらひし儀は四月一條の時に彼者御撰を以て諸國詮議に（マヽ）參り居るに依て一同承服不致趣也是程委細に相分り居る事あれは僞事なかれ答夫は存掛も無御座候事を承り驚入申候存掛もなき事に御座候私儀も藤藏とは魂意（マヽ）之事殊に其の節相宿も仕居申候得共左樣之事は少しも不承瀨平同行を致し呉度賴來候得共一同不承知と申事に而程能く斷候樣子計藤藏ゟ承候計に而瀨平ゟ左樣の申分致した事抔は少しも不承詰曰夫は何ぼう僞ても御上の御疑は不晴小田

清治、檜垣
亘、今橋

原に而無宿者に致し候儀も其儘小田原に引受事濟たなれば御上へは何の沙汰もなく隱す心得なるべし答全左樣の所存に而は無御座候小田原へ屆置直樣江戶表えも斯之次第に立到て滯留仕と申事通達仕申候詰曰夫は小田原に・(て脫カ)事穩便に不濟故不得止屆出た而るべし又清治さへ疵を受ねは亘は行過て知ぬと言て事を濟する心得なるべし答而左樣に而無御座候清治がきず淺き事ゆへ二宿三宿過る事は相調事なれ共どふも同藩者を狼藉とはいへ共殺し候ては去に不忍故に斷然御屆仕事に御座候詰無宿者に取扱之儀は實に容易千萬なる致方也相應格式も被仰付候者を殺して無宿者に取扱實に人非人の仕方也答無宿者に取扱候儀は他國にて同藩之者が狼藉におよひ不得止切捨て・(た脫カ)と申ては御國辱にも相成可申事と相心得て無宿者に屆方仕詰何の同藩の者ゟ狼藉に及び不得止殺したとて何の御國辱に相成可申譯而し□□(二字不明)迄同藩之者と口論等にて切殺し有之儘を以其處の領主へ屆方に及事多し其儀は無宿者と屆出て小田原にて內々事濟たれば其儘事

死牛ニ芥

三人、田内衛吉檜垣清治今橋權助

をしらぬ體にて濟す心得なるべしとと(剰カ)ふも清治が疵を受候故養生中は去事不出來死うしにあくたの譬へにて瀬平がなき故に言たひ樣に言也何ほふ隱しても委細御上へ相分り居る事なれは無是非直樣に可申出此處千變萬化之詰あり然共不辯者愚物之事故論破抔仕事相調不申然共只今京都において瀬平に對面しか〳〵不仕委細話も不仕行違て目禮した計の事故何も不承瀬・(平脱カ)を程能斷り候と言事を藤三ゟ承計也無宿之儀は御國辱と相心得て無宿者に取扱屆方仕候瀬平を跡ゟ追掛る樣とは存も寄らず三人は御朝議替りを御達の爲に參る也小田原に而清治疵は聊也二宿三宿行兼る事はなけれ共去□□(二字不明)斷然と御屆仕一切屆書之通に御坐候と言切候得共詰追々嚴しく御吟味可被仰候見苦敷御吟味も可被仰事思慮して追々眞直に白狀可致答思慮は無御座候只今申上る通御座候未言葉の切れめ(ぬカ)中に立れませと言事長き故略し申上取急御推讀可仰候

(上田開馬藏文書)

○元治元年十一月十一日（森田金三郎ヨリ伊知郞ヘ）

夜前ハ能キ御都合ニ而當六日之御貴札被投忝仕合ニ奉存候先以　殿方様
ニも御機嫌之由奉欣喜候然も過日之品々夫々御受取被下候忝致安心申候
彼の集爪ニ而相記候ら趣意と申譯ニ而ハ無御坐候へとも當方ニ而集置候
ニ墨ニ而も且被見候事をそれ申候つめよてもことそあきなとハよむ・〔た脱カ〕おそ
れてもふき申事ニ御坐候何卒乍慮外御加筆奉願候然ニあまり笑止と見へ
候口〔不明〕れ御もふき被下度候初ニ御坐候うきあさ浪のあつる事とハと有をう
きあさ浪の立む物とハと御直し置可被下候扨野多もハタへ參り候趣於小
子ノタハ今之役者あと存居申候合点參り不申候扨其後七日ら出いさし申
候前同様扌ニ而もなし昨れ井手比丘出致申候定而對向なふんと存申候處
對ニ而も扌ニ而もなく前同様ニて操返し巻あへし致候よし扨先日ねをみ
追申候當方之猫も近日歸り申候とふら松山邊ハ今日あさり押出し長ゐ參
り申候様ノ噺おら〳〵相聞へ申候御耳ニも入候へハ委く爲御聞可被下候

野多、野崎紀カ野中太内カ

未弦幡多郡
扌ハ拷ノ略
井手田内衞吉
比丘岡本次郎

先も取急右計如此ニ御坐候

十一月十一日　松太百拜

伊知郎樣

（上田開馬藏文書）

◉、目付小川安馬、後平川光伸

樋口眞吉日記ニ十二日（元治元年十一月）山崎德砲會此日討長ノ決議及田壯割腹ノ說チ聞桑原義之助亡命ノ屆出ル脫走ハ今九日ナリ同行保馬清雪ト見エタリ七兒組、岡田以藏組、三木、森田金三郎、愚弟、田內衞吉

○元治元年十一月中旬（瑞山ヨリ獄外同志者へ）

昨日之尊書夫々慥ニ拜受仕候先以御揃御勇健奉賀候扨◉之勢彼是御申聞難有奉存候私儀も其後ハ都て沙汰無御座候安馬之事誠に々々殘念ニ奉存候然ニ只今も脫人取りも參り居候場合ニ付而も甚氣遣敷事ニ御坐候脫之字ハ當時（ニ脫カ）・取り禁物之所致し方もなき事ニて御坐候今朝欲御飛脚も著候よし長征伐等いかゝ御坐候哉又　京師雲上等も先替ル事も無御座候哉承リ度奉存候

扨口ノ云七兒組ハ今ても所置されハ出來ると云てこれハみな〳〵詮儀（マヽ）詰之ニ相成候哉承り度三木又愚弟なとも知らぬと云事知らぬニ立ぬけ候哉

平收、平井收二郎
口、濱田艮作

都てがてん參り不申候且又指揮した人ゟ平收がしたと皆々申出居候由なれハ指揮したものも兒組ゟ申出て居る譯に候もぼや口ノ云⊙ノ論ニ今所置をもれハ罪の輕重ニよりてもくに出來ると云事更ニかてん不參七兒組ハみな〳〵口詰ニ相成候ハヽ其趣爲御聞奉願上候又私など色々せんぎ有しとて一も證據なし何を以せんぎをもるぞ⊙ハ余程コマツテ居るろふと相考申候私一人之處ゟ又巨魁の見付にて何とり無理ニ罪をこしらへ候らなれと其外万壽彌小孫なとみな〳〵おちさん方之處ニ至りなんともるぞ

萬壽彌、河野萬壽彌
小孫、小畑孫三郎

（上田開馬藏文書）

六九〇頁ニ入ルベキ分誤入

○元治元年十月二十一日（小畑孫三郎ヨリ島村壽之助へ）

愚兄、小畑孫二郎
海部、檜垣清治

益御健勝可被成御坐奉恐賀候隨而私儀不相更罷在候間乍憚御安心奉願候然も過日以來毎々愚兄へ之書御願申上時々御面倒相掛何共恐入難有奉存候扨十八日之夜相認候書差上候節海部ノ詰書封込置候處御受取被遣候哉

依太、瑞山

七兒、岡田以藏

雪瀾、村田馬太郎

兄ゟノ書ニ十八日之書達候趣ニ付御落手被遣且又慥成便リ故間違ハ有間敷候へとも尚依太先生への御書の端へデモ御受取之様子御書加被遣候ハヽ猶安心仕候間宜奉願候○扨昨日も今日も會所引ケ至テ早ク七ッ頃ゟチヤント仕廻イ申候昨今共七兒出候趣至テ靜ナリ合点不行候○雪弥一件モ何共不安心之事ニ御坐候此節諸事素人組ニハ弥合点不參候先も右計

十月廿一日之夜認　　三郎二郎

道マヽ入様
尊下

（上田開馬藏文書）

○元治元年十一月廿四日（瑞山ヨリ島村壽之助へ）

良印、吉永良吉

寒氣强相成候處被成御揃御勇健可被成御渡奉賀候御持疾如何ニ御坐候哉疾ク御全快と奉存候

一良印御預ニ相成候樣昨日下地から出る上番ニ承り候いかゝニ御坐候哉

⦿、横目

□印、濱田辰作

横、横目卽チ監察吏小田原一件、坂本瀬平殺害一件

⦿、目付

久喜、久松喜代馬、村忠、村田忠三郎

安、小川安馬十一月（元治元年）九日脱走

一新町邊之先キ達而引候⦿みな〳〵役ら付居候處見付〔目カ〕ゟ支ハリ皆々御免ニ相成候よし就而も□印等いかゞ御坐候哉萬一御免ニともハ不相成哉ト大ニ氣遣申候

一扨今日横之問合御坐候則別〔紙脱カ〕之通外之事ハ何も不問小田原一件計ニて御坐候御咄し申様之事も無御坐候

一今日も又松山之御使者參り候よしいかゝ候哉

此間著之御飛脚之上國之勢且又長征等之事何欤ちと相分り候哉

一⦿之勢いかゞ御坐候哉

一今日ハ久しぶりニ久喜ト村忠ト両人出居申候吟味ニも出ざつた様ニ被思申候

一氣掛之事ハ良印いかゝニ御坐候哉是ハ安馬之脱ニ付急ニ御預ニ相成候哉又御預ケ等之含ニて安ヲ御呼ヒ返ニ相成候哉是等之事⦿之勢彼是承リ度くれ〳〵奉存候

老公様、容堂

一今日も　老公様七ツ頃ゟ御入リ被遊日暮頃御歸座被遊候

先右彼是御尋申度如此御坐候頓首

廿四日之夜　　　　　　より太

入道様

斜目、卽チ横目

今夜も斜目出候ニ付何角承リ候と實ハ内々存居候處本も參らに殘念ニ

奉存候乍面倒爲御聞奉願候

（上田開馬藏文書）

○元治元年十一月廿八日（瑞山ヨリ島村壽之助へ）

今日之貴墨慥ニ拜讀仕候寒强候處被御揃御勇健愛度奉存候隨而私無事消光乍憚御安神可被仰付候扨［　　］（御病カ）氣次第ニ御快氣之旨嘸々御安心と奉存候日々いかゝと御氣遣仕候處安心仕候扨昨日之犭之咄も疾御承知之旨實ニ御噂之通是迄なき事ニ而三木ハふさき候様ニおもはれ申候近々勵敷事も（よカ）至り可申只々斷腸之至ニ御坐候門爲役付之由是も至極よき事ニ御座候尤

犭、獄ノ略

三木、森田金三郎

門爲、門田爲之助

監察場之預らざる譯候へハあてニも不相成候へとも盟之事を以罰せる事なれハ一統之事誠ニ門爲なとも誰ら見ても頭立候ものゆへ先々よき事ニ御座候扨西之口之狂暴以之外之次第素り右等事有之候ハヽ我輩同志之見付致し可申嗚呼大口〔息カ〕之至ニ御座候

今日今橋と清治出則別紙の通り愚弟の白状云々甚以氣遣度〔數カ〕彌白状仕候哉之處尚口之邊御聞合被遣度候尤先日私出候時も乾か愚弟の白状云々と申候に付萬一問落しかと存候何分口之處御聞合の上急々御申越被遣度候もしも左樣の虚言申候時は天祥丸を急々さし遣可申候實に〳〵難忍事に御座候扨又長征援兵義旗之旨御噂之通失策之事實ニ氣遣千万ニ御座候扨又下へ獄が新ニ出來居候由近々盛なる事ニ相成可申◉之勢先格別もなきよし聊にても替り候事御坐候ハヽ爲御聞奉願候右御報迄早々頓首百拜

廿八日之夜認　より太

入道樣

西之口未考

今橋權助、檜垣清治

乾、大目付乾退助カ

口、濱田辰作

天祥丸ハ毒藥ノ隱語文天祥ノ故事ヨリ命名シタルモノニシテ同志中ニモシ拷問ニ堪ヘザルモノアル時ハ之ヲ服セシムル約アリシナリ

夜更甚早筆御推讀

◉以下ハ島村壽之助ノ附書カ

◉、目付
◒、横目

かん懸、園村新作

◉ノ模様承リ合セ候處頓と賢弟之事など不相分先格別之事なしと云新獄此比成就ニ相成申候又誰そ入ハもまゝ欲ト歎息之至に奉存候◒カ須崎へ參り森四郎ゟ何角尋合候由反覆甚しき男なれハ如何様之虚言も難計終ニハかん懸ニ風當可申哉ト相察申候

（上田開馬藏文書）

○元治元年十二月一日（瑞山ヨリ島村壽之助へ）

舍弟、田内衛吉茂稔
衛吉元治元年十一月二十八日獄中ニテ仰毒自殺
虚言ハ自白ノ意

今日御認の尊書且別紙夫々慥ニ拜受仕候先以被成御揃御勇健可被成御渡奉賀候隨私不相更無事御安心可被仰付候扨ハ舍弟之儀巨細被仰聞難有奉存候いゐ様萬端彼是御心添被遣候事千萬難有奉存候彼是無別儀相終候旨大よ〳〵安心仕候然ニ聊虚言等云々ノ次第實以てけしからぬ事今更何と申ても致し方無之實ニ諸君へ對し面ほく次第も無御坐私之心中御察可被仰付候然ニ右の通速ニ決死致し候に付而も稍膓を治メ候然ニ虚言の次第

等倘委敷御探り之上承り置申度候間追々爲御聞奉願候誠ニ死も兼ての覺悟只々義之一字而已候處虚言して不義に陷リて死候事骨肉の情心外難堪候勿論死候上ハ死ハおそれさりしニ相違なく左候へも只〳〵愚痴なる事と察候而も返而ふびんと存申候

清治も今以万壽弥ト同居ニて牢番も不參是迄之通りニ御座候故阿部川之書も直ニ相違申候又清方返し參り候間慥成便りニ御届奉願候〔阿部川、今橋權助〕

拷の略圖清方さし越候に付懸御目申候實に憤憂ゐへ而ゐき次第之〔清、檜垣清治直枝〕

先別段申上候儀も無御座候右御報迄早々頓首

極月一日夜　より太

入道様

(上田開馬藏文書)

○元治元年十二月四日 (瑞山ヨリ妻富子ヘ)

夕への爲たしらにとゝき候々ふもうと〳〵敷候へともみな〳〵御きゝん

醫師、楠瀬春洞

しん次、島本審次郎

そなたふじめて度そんし候爰元先〳〵かくたんの事もなく扨今日ハ楠瀬を願候處御聞届ニ相成春同參り見てもふん申候夫あふ又楠瀬の藥をもらう事も願候處御聞届ニ相成申候今晩ハ半兵衛を楠瀬へやり申候春同るすなれハ明朝早々ニても楠瀬へ藥をとりに御やりニて辨當の時御こし楠瀬へりゝる事御聞とゞけニなつたと春同へいひんと藥をくれんやふ玄れ不申候又病氣のところハ春同ニ御聞キあるべく候少も〳〵氣遣無用ニ候

一くふれ〳〵（御いんきよ様の事）様御入りえもぼニて候處御延引ニ相成申候

一下あふ玄ん次壹人出居申候外ニたれも出不申玄つらな事ニて候先ハとりいそきなふ〳〵申り〳〵めて度かしく

四日　　　　　より太

おと乙との

姉上さまへよろしく

前、島村家

この〆前へ御とヽけ　　（上田開馬藏文書）

〇、容堂ノ隱符
河野萬壽彌、後敏鎌
小畑の弟、小畑孫三郎正路

○元治元年十二月五日（瑞山ヨリ妻富子ヘ）

けさの〆たしかにとヽき候先〳〵みな〳〵さま御きゝんそあさふじめて度そんし候爰元先〳〵かくだんの事なく候まヽ少も氣遣あるましれくれ〳〵存らし扨今日も〇様御入よて候その時二度出河野も出下ゐら小畑之弟も出居申候〻ふは色〳〵と氣遣おり候處先〳〵かくだんの事もなく役所も引け申候何分どふも無理むたれよ御さもゐのありそふなよふそよて候先〳〵何も外ニかくだんの事なくはら〳〵かしく

五日　　　　よりた

おと乙との　　（武市家文書）

○元治元年十二月六日（瑞山ヨリ島村壽之助ヘ）

斜目、⌓ニ同ジ、即チ横目

良印、永吉良吉

口、濱田良作

⦿、目付

⌓、横目

三木四、森四郎

神ガヽリ、圓村新作

風アテ、嫌疑ノ及ブコト

虚言、自白

センジヤ、疝邪

一昨日斜目へ御託シノ尊書夫々拜受仕候先以寒強候處被成御揃御勇健可被成御渡奉賀候扨御噂之通リ斜目ヲ取ラレタニハ力落申候然ニ下番ノ内佐藏雄平彌吾平ナト云者ハ決シテ氣遣無御座其外之者モ大概ハ氣遣ナク候間左樣御承知可被仰付候扨此間良印詮議ニ出申候亦今日モ出居申候イカヽ御坐候哉應接口相分リ候哉急々承リ度候口ハ病氣ニテ引居候哉此頃ハ出候哉⦿ノ論何欤チト相分リ候哉承リ度候扨⌓カスサキ三木四へ參リ候由三木四ノ云口何欤相分リ不申候哉右ニ付テハ神ガヽリヘ風アテ候由⦿ハ兼テ頗ル神ガヽリヲ疑ヒ居申候三木四ノ虚言ヨリ神ガヽリヘ風ノ當ル《リカ》申事ニナリテハ實ニ大變ニテ御坐候三木四虛言シタレハ自分モ入牢ニ相成譯ナレド只々自分ノヨキ樣ニ云ツロヲ《ト脱カ》・相考申候右等ノ事故カ私ヿモ二三日前呼出サレ候然ニ些例ノセンジヤ且又ノボセ等ニテ今ニゐ出不申出候へハ大概相分リ候ト存シ居申候⦿ノ勢等チト相分リ候ハヽ爲御聞奉願候扨新獄へ佐川人ヲ入候由只今佐川ニテ囚トナリテ居ルハ誰レ々々ニ

海部、檜垣清治

テ御坐候哉承リ度候扨此間中ハ下カラモ誰モ出不申海部モ其後一度出テ拷モナク歸リ申候一両日ハ至テ靜ナルヿニテ御坐候明日ハ御寄合ニ付又々盛ナルヿト存居申候私ヿモ心地次第ニテ出ル含ニテ御座候

扨此間金子四ツ御越シ被遣候旨貴書ニ有之候處色々表紙之内相尋候處都テ見ヘズモシヤ御取リ落シテハ無御座候哉御尋申候

鏡川、小笠原保馬

扨急ナル用事等アリテ書ヤル時ハ鏡川ノ方ヘ迄ヤリ可申夜分ハ留守ヘヤリ申候間鏡川ヘモ御申置被遣度候

右御報迄彼是爲御聞奉願候早々頓首百拜

極月六日ノ夜認　　依太郎

入道様

太郎、島村壽太郎

太郎君初御惣分ヘ宜御賴申候

（上田開馬藏文書）

○元治元年十二月六日（瑞山ヨリ妻富子ヘ）

だんせつ、家名断絶
檜垣清治

武藤、小藤太
番、獄番

二三日前の文たしかニとゝき候先〳〵寒つよく候へともみな〳〵さま御きけんよくそなハふじめて度そんし候爰元此間内ちとのほせやらせんじやけにて候へともなんにもかくたんの事ハなく候まゝ少も〳〵氣遣有ましく存候ほんのすこしの事なれど先〳〵ゐしろふており候此間よび出されたけんど出不申先〳〵よく〳〵なをりて出るつもりにて候扨田内おもて初みな〳〵さしてめりこみもせば色〳〵せわいたし候よし先〳〵安心ゐさし候までニた《だカ》んせつともなんともならざるよしなるほど檜垣などの御はもゐがなけれハとふもなるまいとおもひ候扨此間内ハ下からもだれも出ば去づらな事にて候檜垣も其のち出たけんど拷問もなくかへり候扨又下へ新ニ牢も出來よるけなたぞか入るぞ誠に〳〵恐れ入た事にて候扨武藤もまでニ御はもゐもなくこまり入候島村金が番がやまつたにゐ誠に〳〵ちからがおち《脱カ》たこれからハ佐藏雄平彌五平雄丞之内を夜分ニやり申候これなれハすこ・も〳〵氣遣ハなく候扨又此間から潮江の半之丞と云も

ざこは、雑喉場地名
ひじま、比島地名
いにしだにハ歸途ノ意
みて、無クナル
前、島村家
壽太、島村壽太郎
小畑、小畑美稲

の下番ニなり參り候これハ誠ニよきもの丶よふニ見うけ候ぢきにざこを
の渡しのむこふぢやげな小笠原どもにゐひよつと知てゐおるまれりとお
もひ候又近頃ひじまからも年のいたものが出よるこれも誠ニよきものニ
て候ためしニこんど出たをハいにしだに内へ本むかりもたせてやり候ま
ミよくか巳ゐごりて酒ども御のませ有へく候
○扨内の事をいろ〱氣遣候もふ金どもゐ内ニゐのふなつろふのふなん
とおもふてもいたしかたのなき事ゆへ遣錢どもみてたをハ前へそふだん
をもるより外ニ玄みちもなく候まゝ壽太へそふだんしてせ巳をして御も
られ有へく候
○扨不相更本を見又此間より歌をもじめ小畑などになをしてもらをたり
色〱のだれを出してみな〱ヤジキダツよみたのしみおり候先〱か
くだんのともなくはら〱し

極月六日の夜　　　　よりた

おと乙との

御姉上さまへ別ニ文さし上不申よろしく

一この本前へ御とゞけ

一佐藏ハ誠よしんせつニしてくれ候ニ付なんぞらんらへて御やりよ

（武市家文書）

入道君、島村壽之助

◉、目付猫ノヿ、井上佐一郎

保、小川保馬

○元治元年十二月上旬（吉永良吉ヨリ島村壽之助へ）

（良）⦾印ハ入道君ヨリ東ニアタリ候者ノ名印トス此以來名ノ頭字ヲ書スヿ無用ナリ

⦾印ニ◉ヨリ問ニ猫ノヿ八月二日カト問フ答ニ日ヲ追テ外（他人ナリ）ヨリ二日トキク◉ヨリ左樣ナレハ必申合セ仕筋ナラント詰ム⦾答ニ拙者ト外ニ一人（保ノヿナリ）同行ノ砌猫ヨリ途中ニ而誘引ニ預リ其意ニ應シ猫カ趣ク所へ隨

行ス刻限を申ノ刻ニテモ候哉と疑而答ル夫ゟ◉ヨリ猫ニ別レ口如何ト問フ◎答ニ酒ヲハリテ坐上ニ而暇乞ヲツケ拙者幷保等ト両人カヘルト答フ

◉ゟ其砌御國他人近邊ニ一席ヲ設ケ居ハセザルヤト問◎答ニ他人多ク居レトモ國民ナルヲ不見ト答フ此セリ合長シ御推察々々

國民、未攷

◉ゟ問イ多ケレドモ僕答ハ言葉スクナフシテ不入ヿハ不言是ヲ肝要トス且又◎印答ノ中ニ瑞水先ヲ初正路君ノ兄又下ニ居ル久喜幷八゜島弟等ハ爾來ハ不知人ニ候處戊年御供以來一通ノ知人ニテ默禮イタス位ノ人ナリ其他ハ都而不知ト答有之各樣深ク御心得置是祈

瑞水先、瑞山先生
正路ノ兄、小畑孫三郎ノ兄孫二郎

◉ノ人々ハ三ヲ初徒等モ問落サントスル口上多シ可恐々々正路君ヘ申入レル下坂且同宿人之又坂出足トモ少シモイツハルベカラズ御存知之通◉改ヲよきり居申候且又民字ハ夫々申合相濟屹度心得居ルニ付少シモ御氣遣被成間敷同人ハ其砌病氣平臥ノ時ニ付左樣答ルツモリナリ

三、村田忠三郎
徒ハ兄ニ同ジ岡田以藏等

◎印答ル處ハ兄等初他ノ人ヲカタトラス只獨立ノ答ナリユヘンハ其時以

△、井上佐一郎暗殺一件

犭、獄

右之通以下ハ島村壽之助ノ附書

來官ニアル故ナリ
◎印△ハ二日ノ夜ト追而キクト答アル御考計々々
一盟約ノコハ孰モ不知ト云フツモリナリ是ハ外同志モ兼而申合セ有之御一統御心得置是祈
一◎印ハ始終獨立ノ答ニ而酒婁（樓カ）ノコモ不知誰一人トシテ見カケスト答有之ニ付左様御心得是祈尤下ノ犭人々可恐々々實ハ是等ゟコノヤソ（フカ）レトナリタゾヨ

以上

御清書之上御廻し是祈

◎ゟ

入道大君

右之通書付差越し候間其儘差出申候尚御熟覧之上齟齬致候處御坐候ハヽ御申越可被下候

（上田開馬藏文書）

○元治元年十二月上旬カ（瑞山ノ詠草）

八日の朝雪ふりけれハ

野も山も玄らぬ身なれハ今玄むし

玄ゐてふらあんまとの玄らゆき

夜月さし入けれハ

夜を寒み空さへ包ふる月影の

物おもふ包ゞ袖包氷れる

朝梅の花よく咲けれハ

物おもふ包坐と玄りてや梅の花

いろりも杰とに今朝ハ咲けり

のこりなく咲ハ又ぉるぉるをうし

心しなゝん花ぁめの梅

初雪

朝まだきおたつゝ見れはおりあへぬ
　庭のこの葉にかゝるしらゆき
　山家雪
まれにとふ人もありしにこの頃の
　ふりつむ雪に道やたへなん
都《ミヤコ》べの人に見せもやヱあさとの
　木《キ》ごとの花のゆきのなしきを
又やじきだ御なくさみニ御らんニ入り

（武市家文書）

○元治元年十二月十二日（瑞山ヨリ島村壽之助へ）

七日ノ貴書憺ニ拜受仕候先以寒氣弥强候處被成御揃御勇健可被成御渡奉賀候隨而私無異儀候間乍憚御安慮被仰付度奉存候扨金貳朱四ッ御越被遣

セン、疝
へ、横目
海部、檜垣清治
阿部川、島本審次郎
スサキ、地名須崎
三木四、森四郎

難有拜受仕候此頃惣分如何ニ御坐候哉日夜憂慮仕事ニ御坐候私事も先日ゟセン之氣味ニ而引籠居申候實ハホンノ少々ノ事ニ候ヘトモ腰痛足ノ筋ナト引候故今日ハ藤崎ニハリナト致シモライ申候今日ハイカナルコ歟へカ二度ウナガシテ參リ申候取リックロイ出ルコハ出來シカト申テ參リ候ヘトモ右ノ病氣ユヘ斷リ申候ト角全快ノ上ニテ出ル心得ニテ御坐候海部此間出又今日モ出申候今日ハ頗ル甘言ニテ大ナメシニナメシ候由可恐々々其余此間内下ゟ誰モ出不申尤阿部川ハ此間出テ一度拷ニ掛リ申候此ノ人ナドノコモ今日海部ノ應接ヲ承ルニ是ト云證據都テナシ實ニ何ノ確證モナキニ只ノ疑等ニテ拷ニ掛ケルコハ實ニ暴政以外ノ事ニテ御座候余何モ御咄シ申事無御座候

一此間御尋申候スサキ三木四ノ虚言等ノコ相分リ候哉

一◉之論チト相分リ候哉

一上國ノ勢カノ築（マヽ）葉ノ勢等イカヽ御坐候哉

市八、市原八郎右衛門

一市八又御用役ニナリ候様承ル實ニテ候哉

右之外ナト替リ候事御坐候ハヽ爲御聞奉願候

佐、下番佐藏

又十六日ノ夜佐出候ニ付何歟御尋可申上先右御尋御報迄頓首百拜

極月十二日ノ夜認ム

別紙達スルノ道御坐候ハヽよろしく御頼申候

建依太

鳥山入道様

坐下

(上田開馬藏文書)

十一月廿八日(元治元年)田内衛吉仰毒自殺

○元治元年十二月十二日（瑞山ヨリ姉奈美子へ）

此間ハ佐藏をさし出しくはしき御文被遣ありかたくそんしまいらせ候先々次第ニ寒つよく候へともみなさま御きけんよく又田内にもおもさま初みな〳〵はづらひもせぞ候よし誠に〳〵めで度ぞんしまいらせ候御前さまにも田内へつめて御世話被遊候よしにてのこるところなくあれこれさゝあり

徳永達助
せんじや、疝邪
みぞゐ、短

もなく初七日の法事まつりもすみ候よし誠ニ〳〵安心いたしまいらせ候其内田内おもさまの哥いかにも涙ニむせび申候徳永もあの哥を見てゟ世の中をなげいておるよふニぞんじまいらせ候扨私事も此間内ちと〳〵せんじやのきみニてこしいたみ今日ゟ藤崎ニもりをしてもらゐ申候外ニハるき所ゟこしも御座なくほんの少しの事ゆへ少も〳〵御氣遣つかハされましく〳〵存まいらせ候いしやニかゝるほどの事もなく候へともたゝ〳〵用心のためニいしやニかゝり居申候間返ス《マヽ》も〳〵御氣遣つかハされましく存まいらせ候扨今年もほどなくくれかけ誠ニ〳〵このよふニしておると長かりそふなものなれとみぞゐぞ〳〵ほんの一年の間ゆめのよふニおもひまに扨又十六日ニ申上まいらせ候ほら〳〵らしく

十二日の夜　より た

姉上さまへ

（武市家文書）

セン、痂

〔一〕、横目即チ監察吏

⊙目付

七兒、岡田以藏

喜、久松喜代馬

八、岡本次郎

忠、村田忠三郎

ミゾク、短

海部、檜垣清治

○元治元年十二月十五日（瑞山ヨリ島村壽之助へ）

十二日御認ノ尊書慥ニ拝受仕候先御揃御勇健之旨奉賀候隨而私セン未同様ニ御座候へとも聊之事ニ付万々御懸〔念脱カ〕被遣間敷奉存候實ニ少々之事ニ候へとも快氣ト申候へハ詰問ニ出ル譯出ルトウスベリノ上へ居ハラサレ長談ニ相成候事故必ツヨク引起シ候ニ付シカト全快スル迄ハ出ヌ積リニテ御坐候然ルニ此間内毎日々々◉ガ参リイカヾ〳〵ト促シ参リ申候⊙大ニ急キ居候様ニ相見へ申候ツラ〳〵相考候處何分巨魁ニ付先ツ々々巨魁ヲ正シ上ケルノ詮儀カト相考申候サスレハ無理ニ下へ落シ拷ニ致シ可申歟ト存シ居申候

一咋日ハ七兒出申候今日ハ喜八忠出居申候頗ルミゾク相見へ申候⊙㝡早窮シトヲデモ早ク所置スル積リト思ハレ申候右四人ハ㝡早口詰ニ相成候哉ト存候

一海部此間出候處格別ノヿナシ只無宿者ニシタト屆ノ違ト此ノ二ツヲ以

詰メ候ヨシ反覆辨解致シ候由之◉云其・〔方脱カ〕ニ限リ一ツモ恐レ入ランガ重キ人命ヲタチ候ヿ又無宿者ニシタヿ此二ケ條ハ恐レ入テ居ルカ尙トク思慮致セト云候ヨシ又云天定テ人ニ勝ニテ今則天定タ時ナリ其方共ハ人多キ時ニ乗シ長州人ナド、種々ノヿ致シ人ヲ殺スヿアクタノ如クシテ居ル疾〔篤カ〕ト思慮致セト云候實ニ何トモ大息之至リ之右海部ノ答ヘノよし相談ニアツカリ左之通申ヤリ候右仕業事跡ニヲイテハ士道ニヲイテ不得止ヿ之然ニ彼ノ者ノ仕業ハ可憎ノ極リ之ト彼ノ者モ御上ノ臣下ニ付テハ對御上シテ恐レ入テ居ル譯ト相考申候

彼者、坂本瀬平

一右二ケ條ヲ恐レ入ラシテ夫ニテ所置スル積リト相見ヘ申候

口、濱田辰作

一口未歸リ不申候哉只々◉之勢少々タリトモ聞タキヿニ御坐候

南邸、山内兵之助豊積

一ツクハ山至テ盛ニ相成候よし實ニ愉快極申候何卒都合ヨク相祈申候明後日ハ　南邸御發駕之由チト同志之内御供御坐候哉

先右御報迄何角承□御坐候頓首百拜

極月十五日之夜認ム　太

入道様

三木四、森四郎

犭、獄ノ略

⦿毎日々々促シテ不參日ハナシ色々考見候處都カテン不參三木四ノ虚言ノヿナレハ此間内不出ヿ故◉カ牢ノ口ヘ問合ニクルロヲト存シ候處都不參依テ又考見レハ何モ證ナキニ付盟ノヿヲ以恐レ入ラシ夫ニテ所置スル積リカイツレ急ニ所置スル事欲トモ思候ヘトモ又下ノ新犭ノヿヲ思ヒ見ルト又ガテン不參

⦿ノヿチト分リ候ハヽ為御聞奉願候

別封久《マヽ》下ノ書御頼申候

一下番往來ニハ小《ホソ》キ本ガヨク候小キ本ナレハフツクロヘ入レルニ都合ヨク候何分表紙ノ裏ヘヤレタ本ハワルク相考申候表紙ノ厚キカタキ本カヨク候

太郎様、島村壽太郎　良印、吉永良吉

せんしや、疝邪

以藏、岡田以藏宜振　久松喜代馬重和　村田忠三郎克昌　岡本次郎正明

太郎様初惣分へよろしく御頼申候

○良印ノ應接口ハ不相分候哉格別虚言等ノ氣遣無御座候哉

（上田開馬藏文書）

○元治元年十二月十五日ヵ（瑞山ヨリ妻富子へ）

八日の夕又十二日の夕たしかにとゝき候先／＼寒つよく候へともみな／＼さま御きげんよくそなたふしのよしめて度そんし候爰元ふじ少も／＼氣遣有間敷候せんしやもほんをこしの事候まゝ返ス／＼も氣遣無用候せんられしたといふとぎんみニ出ねハならば出るとうすべりの上へなごくいざらねハならはそふをると又／＼ゑらうなるきにそれゆへふだんのとふりゑやんとなをるまで出ぬつもりまて候扱きのふハ以藏が出又げふハ久松と村田と岡本とが出申候もはやせんぎつみ候かとおもひ候どふかなることぞ扱以藏くか《マヽ》ら見まれなどくれ又又啓《ケイ》吉見まれニもまゐり候よし誠

柳櫻はドチトモ付カヌ義

丑五郎、瑞山ノ僕

みて、無クナル

川野、河野萬壽彌

小畑孫三郎

檜垣清治

武藤小藤太

にむしんな事にて候以藏の事もくわしくするまんくれハ不相更柳さんらでおるがよく候扨又田内にもみな〳〵きげんよきよし安心にて候扨又丑五郎もなにらよふせわをするよしうれしく候下番も中番もみな〳〵丑をほめるぞ〳〵辨當をほふがふなら持てくるに外の家來ハまだ用事があるといううちニもやいに候へとも丑ハもふ用事ハなんなといふてなんと云までまちよるげな外の人とはちがふておるといふてほめうれしく候丑ニ御もなし扨内もまだなよりもみてゝすまひもせぬよし先〳〵安心いたし候毎日〳〵番人のもなしニ米がなんぼするわさがなんぼするとてしよ品のたあき事を聞て聞たひことにあきれ申候川野小畑檜垣などハ内がなんともならんげな其筈《ハズ》の事とおもひ候扨武藤おぎのまゝ御さもゐもなくこまり入り候武藤ハ誠にびんぼにて其上まゝ母にて氣のどくにおもひ候辨當のめしがもくなく朝めしのなきときがさん〳〵あるそれゆへ爰元のめしなさん〳〵くわし候めしのさんもうるめみそこのもの位にて誠に〳〵きの

どくまて候扨ふとんきものなどの事御申越しきものもふとんも志うぶんニ付なんまもいらん又めしのさいも時〳〵せわをしておこもにハおよゞんそよ扨又四五日の内下番又〳〵やり申候もはや今年も十五日ニなつたのふ〳〵し

十五日夜　　　　　より　た

おと乙との　　　　（武市家文書）

○元治元年十二月廿日（瑞山ヨリ妻富子ヘ）

此間の文たしかにとゝき候先〳〵寒つよく候へともみな〳〵さわ御きゝんよくそなたふじのよしめて度そんし候爰元次第ニよく候まゝ少も〳〵氣遣有ましく候扨今年ももはや七八日ニなり年のあけるをたのしみ候なさけなき世の中まて候扨此間うけのよろこひ前よりもらい候よしふじの歌おもしろく候丑もらんしん〳〵扨きのふもけふも岡本村田など出ておる

うけ、有卦
岡本次郎忠保
村田忠三郎克昌

がどふしたものぞまるニせんきのつまぬことかとおもひ候近頃ハ拷問もなくしづらな事ニて候扨この人ハ安喜の人ニて中番ニて候喜太次と云てく實馬のともだちニて誠ニしつてんこの上もなき人ニてしんせつニしてくれ申候をこしもきづらんなく候まゝやり申候江ノ口へ出てきており候よしどふそ酒などのませねんころニをるがよく候

一この本前へたしらに御とゝけ

神代系圖　折本

——ちまちのぬきほ　此間云てやつた本

右之本こふて御越し

其外歌をよむニよき本があれハ御こし

扨ふの字の歌をおもへともとふもいらんよ

春風のふけハいつしら冬ふかみ

ふりつむふしのふゞきさへきゆ

おあしや〳〵
長州ゟこのころおとろへて水戸のつくは山ぐみあはげしきと聞て
冬ざれハよそひし萩もあれはてゝ
つくはの山の風そさやけき
うき雲をふきはらいなんわしのすむ
あはれつくはの山おろしの風
扨又近〳〵の内佐藏出候ハヽヤリ申候又この喜太次ニもたのみやり可申
候先〳〵らしく
わるき事ハすこしも〳〵氣遣あるましく〳〵れ〳〵そんし候
廿日の夜　より太
おと乙との
（武市家文書）

○元治元年十二月廿日（瑞山ヨリ島村壽之助ヘ）

三木四、森四郎
兒組、岡田以藏等
◉、目付
□、濱田良作

此間ノ貴書憷ニ拜受仕候先以御揃御勇健可被成御渡奉賀候隨而私儀無異御安神可被仰付候然ニ未全快不仕候ヘトモサシタルヿ無御座候間決て御懸慮被遣間敷奉存候扨日々促シ參リ差掛テ御不審之筋有之ニ付取リツクロイ出候樣申來リ候へとも右病氣ニ付出張不仕罷在居申候每日々々促ニコヌ日ハ無御坐其內今日ハ參リ不申候色々考へ候處一向カテン不參三木四ノ虛言カ又ハ兒組ノ虛言カ又ハ盟等ノヿヲ恐レ入ラシ夫ニテ所置スルカ何トモ解セ不申◉之模樣□ゟチト相分り候哉承り度奉存候兒組昨日モ出又今日モ八忠兩人出居申候是等モイカヽト存シ申候私ナド惣テ罪ヲ明ニスルヿハ出來申間敷只袋打ニ永牢位ニスルカ又ハ三木四兒組等虛言有之候ハヽ夫ヲ以拷デモスルカト色々考へ居申候◉之摸樣相分候ハヽ爲御聞奉願候兼而申候通モシ永ニナリ候時ハ生キテ居候間左樣御聞置被遣度候

○扨此ノ人ハ安喜ノ人ニテ仲番ニテ御坐候頗ル實直ノ人ニテ實馬ノ朋友

ニテ御座候殊ノ外懇情ニ致シクレ決シテ氣遣ハ無御坐候尚太郎殿御ア
（江ノ口、下番貞吾）
イ被下内々ノ筋御頼ミヲキ被遣度江ノ口ハ居候ニ付差掛ル丁御坐候ハ、御頼被遣候ハ、直ニ達シクレ申候且又勘助モ御筒方へ出居候ニ付差掛ル丁ハ是ニ頼ミテモ子細無御座候此ノ安喜人ハ喜太次ト申テ此ノ春ノ頃モ出又其後モ出居申候
（ツクハ、筑波）
扨其後ハ御飛脚も著不申候哉只々ツクハ之勢ヲイノリ申候
うき雲を吹拂なんわしのすむあもれつくもの山おろしの而務
先右迄申上候頓首百拜極月廿日之夜認

入道様　ゟ太

心地次第ニて一両日之内ニ出る積りニ而御坐候左候ハヽ直ニ袋打ニヤラル、欲も知れ𪜈以下斷缺

（上田開馬藏文書）

○元治元年十二月下旬（瑞山ヨリ島村壽之助へ）

小孫兄弟、小畑孫二郎、同孫三郎、□、濱田良作

當夜貴墨忝ニ拜受仕候御揃御勇健奉賀候私事追々快方ニ御坐候間乍憚御安慮可被遣候扨小孫兄弟ナド早く御作配之説且又⦿も人氣之落合さるヿちと〳〵さとり候よし無此上御國之大幸ニ御坐候口も又出郷之由私事ももふ春の事ト御噂之通心得居申候其内ニ而又チト⦿之勢も相分候哉ト相考申候扨築葉勢聞度毎々只々飛立樣ニ存候實ニ其筈之ヿと相考申候大坂邊之義擧一日も急キ申候實ニ只今之機ヲ失タレハ如何とも相成不申候扨又廿六日ニ可申上一寸御報迄申上候頓首

〆

依太郎

入道樣

（上田開馬藏文書）

○元治元年十二月廿三日（瑞山ヨリ島村壽之助ヘ）

一筆啓上仕候嚴寒節ニ御座候處先以被爲成御揃益御堅勝可被爲成御座珍重之御儀奉恐賀候隨而私儀無異儀罷在候間御休意被仰付度奉存候然乇天

下之形勢大分愉快模樣之由奉大慶候將又私共當年中ニも御差別〔配カ〕御座候哉と相樂居申候處最早月迫ニ相成日數も僅ニ相成候ニ付孰春ニ相成可申と奉存候扨又河益ゟ無據儀被相賴申上も如何敷奉存候得共不得止御相談申上候實ハ右人爾來困窮ニ而家內一同貸〔賃カ〕仕事抔仕居申候處先達而以來祖父病氣ニ而坐敷□歩行も出來不申高が八十余ニ相成故余程ヤケモ出候ニ付家內之手仕事も止リ其上諸品高直日々米之足し等ニも必死ト差泥候譯ニ付色々世話方仕候得共難調由ニ付甚心痛仕候誠ニ一昨年來余計之御出金被成候事ニ付何共申兼候得共何卒拾金程御相談申上呉候樣申來候間其儘申上候宜御聞取被仰付度奉願候有無之御返事早キ便ニ御申越被遣度奉存候誠ニ右等之事申上兼候得共中途ニ而斷申譯ニも參リ不申候間不惡御聞込被遣度奉存候先も右計如此御座候恐惶謹言

（河益、河野萬壽彌敏鎌）

十二月廿三日朝　　浪穗

入道樣

尊下

二白月迫ニ相成御世話敷御事と奉察候隨分寒氣御厭之上御世話被爲成度祈候
（上田開馬藏文書）

小畑孫三郎
老公、山内容堂
シン、園村新作

○元治元年十二月廿八日（瑞山ヨリ島村壽之助へ）

被成御揃御勇健奉賀候扨昨日は尊書慥に拜受仕候最早何と申ても御家用御繁昌と奉存候扨孫三之此間の應接書キハ又次ニ可差出申候且又孫三ゟ承り候處先日内私事ヲ頻りニうなかし候事ハ何やら不相分候へども　老公之御入之筈之由私出候へハ　老公御入有之筈にて夫ゆへ私の出ルコ出來るか出來ぬかえ所問に參リ候由に御座候何とも恐入次第歎息難堪候ト角來陽御咄可承隨分よき御年被成度奉存候右迄草々頓首百拜

二十八日

別紙シムへ御屆被遣度候

一昨日晩方鎗をもたせ早追つき候よしちと上國の動相成候哉相分らば爲

入道様　依太郎

御聞

（上田開馬藏文書）

元治元年十月廿四日武田正生等八百餘人ヲ率ヰテ西ニ奔ル十一月朔日下野ニ入ル

○元治元年十二月頃カ（瑞山ヨリ曾和傳左衛門へ）

扨大坂之一擧もいかゝ哉只々一日も早くあれかしといのる事に御座候日夜氣に掛るは筑波之義徒に御座候

前ノ叔父サン島村壽之助　壽太郎、島村壽太郎　按此書前後斷缺カ

○元治元年十二月頃カ（瑞山ヨリ妻富子へ）

申スマデモナク候ヘドモ女ノ道《ミチ》ヲ守《マモ》リヤサシク何事《ナニゴト》モ前ノ叔父サン壽太郎ナトヘ御相《ソウ》ダン可被成候今《イマ》更《サラ》外ニ云事モナシソナタノ身《ミ》ノ上ノ事思《チモ》イ廻セハイカニモ不《フ》便《ビン》トモ何《ナン》トモ申様モナク候ヘトモ今《イマ》更《サラ》到《イタ》シ方有之間《マ》敷《シク》此上天地ノ御見《ミ》放《ハナシ》モナク神ノ御惠《メグミ》モ有レハ又逢事モ可有之神ヲイノル

ヨリ外ノ事ナシ

彌次喜太御一笑〳〵

（武市家文書）

○元治元年十二月頃カ（瑞山ノ詠草妻富子へ）

濱への雪

もしほやくけむりと見しを須磨浦
並木もこらぞふきるしふ雪

明石がた雪の夕暮ながむれば
波の底より帰るつり舟

潮〔湖カ〕雪

近江ノ〔マヽ〕海雪の夕暮見渡をば
浪やおゆふんかふ崎のまり

驛路雪

ふりつもる雪に鈴鹿の路も絶に《ぬカ》
關のこなさに宿はからまし

川邊雪

思ひやれふねはもさゆる雪の夜に
綱手もおもき淀の曳舟

社　雪

八幡なるもりの梢にかゝる雪
神の名におふ旗と見ゆらん

故鄕雪

草も木も枯てしら雪降里は
消るばかりに物や思はん

山家・雪《脱カ》

音信も絶てふりにし山里も

今朝の初雪人ょ見せむや

初　雪

有明の月や照もと打見れむ
落葉ゟ上ょふれる白雪

浦邊の雪

明石ゐさ降くる雪ょかきくらし
遠くなりゆく淡路し乃山

（題脱カ）

さ夜中にまと吹風の身に志みて
寒けき床に匂ふ梅ゟ香

冬れ日い（ヘカ）いくゐもあふし咲ゐふれ
鶯さそえまとの梅ゟ香

初　雪

わか宿の木々の紅葉むちりもてゝ
寒けさまさるけさの初雪

山家雪

ぬる雪ふ谷の水さえ《ヘカ》音たゑ《えカ》て
さひしさまさる山すみのひを

故郷の雪

いつしかも野べの草木ハ冬かれて
むかしをしのふ故郷の雪

(武市家文書)

○元治元年十二月下旬カ　(瑞山ヨリ妻富子ヘ)

天滿宮御祭りの日御やしろの梅の花をもらひけるハ
眞《マ》心を神やしりけんかしこくも
けふみやしろの梅の初花

惠《メグ》まれし梅の色香にたぐゑ《ヘカ》つゝ
　君かこゝろをともにめてなん
　　ふぢむかまといふを折《ヲリ》句《ク》によめる
ふる雪のちりくるさまを花と見て
　香さへやありとまどひけるかな
ふることをぢゝふおもひて春の日も
　かなしかりける松風の音
　　ふゆの梅
吹風にゆき打さきてのそみ見れは
　うかへる月そめつへかりき
ふるさとのゆきは夜な〳〵のこりけり
　うらかなしくもめぐる月日か

折句《チリク》といふハ五《イツ》もし七《ナヽ》もし五もじ七もじ七もじのくの頭《カシラ》へふゆの梅なれハふの字《ジ》を入二のくへゆの字を入三のくへのゝ字を入四のくへうの字を入五のくへめの字を入れるものでこざりまにと

ふゆのうめ

ふ《ふ》るさとのゆ《ゆ》めハ夜な〳〵の《の》こりゝり。
う《う》らかなしくもめ《め》くる月日か

御わらんぐさ御目ニかけり〳〵

用事

一半紙少々
一かに少々（かに、粕紙）
一細キ玄んかきの筆壹本（本ノ間へても入て御越し）
一細キ小刀《こぎたな》（そふ紙よて細キ本ニとぢて御越し）

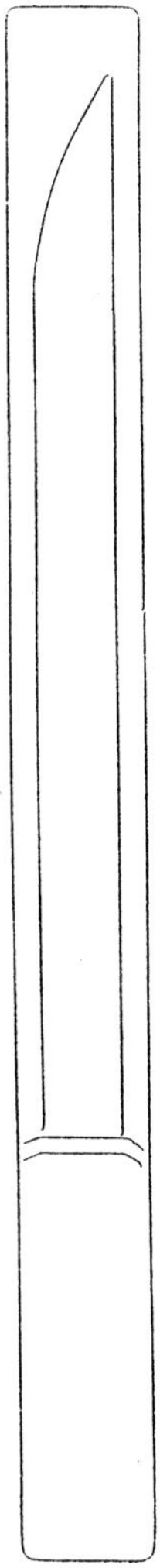
この様なさやの有ゟ小刀をよく〳〵といで御越し
本の間へ入て御越

一國々の人の名前をかき付て有る本
これハつくへの引出ゟ又こりゟニ《マヽ》入れてある
竹葉紙よて青きひよふしの横張ナリ

一日本外史ノ川越本
これハ又保馬へても頼どこぞニなれハかつてもよし又なゟれハ書林て
買《カツ》ふてもよし
三歩二朱カ壹兩位スルデアロ

小笠原保馬正寶瑞山ノ義甥

一此間ちうもんをした書物箱ハ火入れを入てあんりニしたり又ひぢをけニしたり又りん臺《ダイ》よしたりするきニ随分丈夫ニ御ちうもん右之外史ヲ入れて御越し又内ニある書物箱も御越し可被下候

一玄よふるり本三冊返すあとハのこしをく

一玄ゆうんりんのしよふるり本其外なんでも御越可被下候

一たもこ　　御越し

一扱さん〳〵下番をやりたいりんとあまり度々やるもよおらに候へとももをや役所もなくなり候まゝ毎日やつてもかまひ不申候

一保馬も俄ニこん禮をしたけな次て度〳〵

一めしのさんなどニけんもんをするろふがけんもんをするにハ及ハんぞよ

一青き物を見た事もなしたゝ聞事もありがたのしみにて候まゝ細《脱アルカ》くかき付て置《チイ》て下番をやつた時ニ御越し雪かふつても雨かふつても見る事ハてき不申只〳〵聞かたのしみなれともなに事も聞へず候夜るは御城のあ[illegible]と犬《イヌ》の聲朝ごとのにハとりの聲であり(に)て候どふぞ雁《がん》か鶴かもせやうぐいすなども鳴ろふなれともまてども〳〵聞へず候

一竹のつゝをこしらへて梅の花をいけて御越し被下度々ふゑひごきノ下番か紅梅を持てきて誠に〳〵〳〵目かさめ久しふりにて少々もらの心地をなをし候又あすかあさつてハ下番をやり申候

（武市家文書）

○元治元年十二月下旬ヵ（瑞山ヨリ妻富子ヘ）

つどひしてかたりあいなん二年《ふたとせ》の
つもるうきをいむあしあぞして

つどひしてト云ハアツマリテト云ヿかゝりあいなんト云ハタガイニハナシヲシタイト云ヿ

姉上さゐへ別ニ文さし上不申よろしく

一この本前へたしらよゆとゞ参

年の暮

あもれてふことの葉をのミくりあへし
いとゝなみゝふ暮《くる》るとしあ𛀁
うきことハくれゆく年よたぐゑやりて
むのおもひのもるをむあへん

○元治元年十二月下旬カ　（瑞山ヨリ姉美多子及妻富子へ）

昨夜は御細々の御文くり返し／＼今朝まて拝し候皆様御きけん愛度・（存脱カ）候皆様も大丈夫の御心を承り大安・（心脱カ）し／＼うれしく存候

逢事のならぬ此身となりぬれと

　こゝろの逢そうれしありける

扨色々ちうもん物御越しおかしき本なと御世話難有存候皆様の御歌誠に／＼あんしん／＼取わけ前の御祖母さまの句にはいかにも／＼あんし候私事はぞんの東《トチ》水《スイ》にてわあり不申誠にこれまてちと歌の事をならをていたれはよかつろふとそんし候

一今年も一両日なりたれとも暮やら何やら囚の中にて忘れ不申あきねんど（マ）門松なとの賣聲を

　聞てこそしる年の暮とは

内もさだめて愼《ツヽシ》ミの中にて年の暮のよふにもあるまいと存したゝ月日

のうつり行ごのたのしみよて候けさゟ又よき梅花を御越しうれしや〱

たをりこし梅の一枝見てしより

家人ニ逢心地こそそれ

この梅の花をハ君の面影と

おもひかへしてなかめくらさん

御めんとふなから何かく御もあし御きかせ被遣度願上〳〵けふハ下

番か上番の用事で其へんへ行きふ序《ツイテ》よ申上候

又一兩日の中よなふら御咄申上〳〵愛度らしく

此下番を御前らきてくれるとなふらよくわかつてゐゝなどゝ云てなめ

しておくらえゝそよ

一此狀前のおちさんへ御とゝけ

一上岡へ保馬がいつろふら少しもいそぎハせんけんと鳥渡相談をしてお

くがへゝ

治徳

（武市家文書）

御姉上さん

おと乙との

武市瑞山關係文書第一 終

日本史籍協会叢書　137

武市《たけち》瑞山《ずいざん》關係《かんけい》文書《もんじょ》　一

発行　一九二九年一二月二五日　発　行
　　　二〇〇三年一二月　一　日　覆刻再刊

［検印廃止］

編　者　日本史籍協会

発行所　財団法人　東京大学出版会

代表者　五味文彦

一一三―八六五四　東京都文京区本郷七―三―一　東大構内
電話＝〇三（三八一一）八八一四
振替〇〇一六〇―六―五九九六四

印刷所　株式会社　平文社

製本所　誠製本株式会社

日本史籍協会叢書 137
武市瑞山関係文書 一（オンデマンド版）

Digital Publishing

2015年1月15日 発行

編　者　日本史籍協会
発行所　一般財団法人　東京大学出版会
代表者　渡辺　浩
〒153-0041　東京都目黒区駒場4-5-29
TEL　03-6407-1069　FAX　03-6407-1991
URL　http://www.utp.or.jp
印刷・製本　株式会社 デジタルパブリッシングサービス
TEL　03-5225-6061
URL　http://www.d-pub.co.jp/

AJ036

ISBN978-4-13-009437-5　Printed in Japan